GESCHICHTE
DER BERLINER VERWALTUNGSBEZIRKE

Herausgegeben von Wolfgang Ribbe

Band 15: Hohenschönhausen

Stapp Verlag

Anke Huschner

HOHENSCHÖNHAUSEN

Stapp Verlag

Lektorat der Schriftenreihe: Rosemarie Baudisch
Redaktion des Bandes: Gabi Huch

Photographie: Georg Krause
Graphik: Michael Bock
Kartographie: Karsten Bremer
Das Umschlagfoto zeigt das ehemalige Rathaus der Gemeinde Hohenschönhausen in der Hauptstraße.
Auf der Rückseite sind die Siegelstempel der vier Gemeinden Hohenschönhausen, Wartenberg, Malchow und Falkenberg aus dem 19. Jahrhundert abgebildet.

CIP-Titelaufnahme der Deutschen Bibliothek

Geschichte der Berliner Verwaltungsbezirke hrsg. von Wolfgang Ribbe. Berlin: Stapp Verlag.
NE: Ribbe, Wolfgang [Hrsg.]; Historische Kommission Berlin

Bd. 15. Hohenschönhausen / Anke Huschner. – 1995
ISBN 3-87776-070-8

© Stapp Verlag Wolfgang Stapp, Berlin 1995
Herstellung: Buchwerbung in Berlin GmbH
Druck: Color-Druck Dorfi GmbH, Berlin
Bindung: Industriebuchbinderei Stein, Berlin

Vorwort

Die Geschichte Berlins ist – von rühmlichen Ausnahmen abgesehen – lange Zeit ein Stiefkind der Forschung gewesen. Erst in den letzten Jahrzehnten kann ein zunehmendes Interesse vieler Wissenschaften an den politischen, wirtschaftlichen, sozialen und kulturellen Zuständen und Entwicklungen in der preußisch-deutschen Hauptstadt konstatiert werden, die sich in der nationalen Metropole häufig klarer und schärfer zeigten als anderswo.

Was für Berlin insgesamt gilt, trifft aber auch auf einzelne Teile zu, aus denen die Großstadt zusammenwuchs. Diese ehemaligen Provinzstädte und ländlichen Gemeinden haben seit 1920 in Gestalt der damals gebildeten zwanzig Verwaltungsbezirke an der kommunalen Entwicklung entscheidenden Anteil. Soweit diese Bezirke aus selbständigen Städten hervorgegangen sind, zogen sie auch in früheren Jahrzehnten die Aufmerksamkeit der Historiker und interessierter Laien auf sich. Die 1920 in den Großstadtverband inkorporierten ländlichen Gemeinden blieben dagegen weitgehend unbeachtet. Erst in jüngster Zeit ist wieder eine intensivere Beschäftigung mit den einzelnen Ortsteilen zu konstatieren, wobei vorrangig bestimmte Themenbereiche (Arbeiterbewegung, NS-Zeit), aber auch kleinere städtische Quartiere in sogenannten »Kie(t)zgeschichten« untersucht werden.

Die Einbeziehung schriftlicher Quellen und zuweilen auch der einschlägigen Literatur scheiterte oft an ihrer mangelhaften Präsenz. So lagen den älteren Untersuchungen noch Quellen zugrunde, die heute als verloren angesehen werden müssen oder die aus politischen Gründen nur schwer zugänglich waren.

Es war eine wesentliche Aufgabe dieser »Geschichte der Berliner Verwaltungsbezirke«, heute noch vorhandene Urkunden und Akten, einschließlich des Plan-, Karten- und Bildmaterials, die sich nicht nur im zuständigen Landesarchiv, sondern an vielen anderen Stellen verstreut befinden, aufzuarbeiten und für die weitere Forschung zu erschließen. Diese zuweilen noch unbekannten, manchmal auch unsachgemäß gelagerten und aus vielerlei Gründen noch unbenutzbaren Materialien sind – soweit nötig und möglich – in den Bezirken ermittelt worden, wofür allen Beteiligten an dieser Stelle ausdrücklich gedankt sei.

Als die Historische Kommission im Rahmen des Berliner Stadtjubiläums 1987 eine Publikationsreihe mit Monographien zur Geschichte der Berliner Verwaltungsbezirke begründete, mußte auf die Darstellung der damaligen Ost-Berliner Bezirke zunächst verzichtet werden, da der Zugang zu den Archivalien aus politischen Gründen versperrt war. »Sobald sie benutzt werden können, wird diese Lücke geschlossen werden«, hieß es im Vorwort zu den West-Berliner Einzeldarstellungen. Nachdem sich – schneller als zu vermuten war – die Gelegenheit dazu bot, konnte das Vorhaben realisiert werden. In einem ABM-Programm, das dem damaligen Planungsbeauftragten des Bezirks Charlottenburg, Knut Lienemann, zu verdanken ist, haben Ost-Berliner Historiker nach einer Rahmengliederung gearbeitet, die bereits für die West-Berliner Reihe galt. Sie sieht im ersten Teil eine Zustandsbeschreibung vor und legt in einem umfangreichen zweiten Abschnitt Zeitstufen der historischen Entwicklung fest. Im einzelnen nennt die Rahmengliederung folgende Merkmale:

1. Gegenwärtiger Zustand und Tendenzen der weiteren Entwicklung
   Lage, äußere Grenzen und innere Gliederung
   Bevölkerung, Gesellschaft
   Wohnen
   Wirtschaftsstruktur
   Kulturelle Entwicklung

2. Historische Entwicklung (einschließlich Ortsteile)
   In vorindustrieller Zeit
   Zur Zeit der Industrialisierung
   Als Bezirk von Groß-Berlin in der Weimarer Republik und während des Nationalsozialismus, einschließlich Zweiter Weltkrieg
   Neuaufbau nach 1945

Den Autoren blieb es freigestellt, die Themenbereiche den jeweils besonderen Voraussetzungen und Bedingungen »ihres« Bezirks anzupassen, so daß die einzelnen Darstellungen in kein starres Schema gepreßt sind und trotzdem vergleichbar bleiben. Die Quellen- und Literaturhinweise beziehen sich ausschließlich auf die in den Anmerkungen genannten Titel, das Personen- und Ortsregister verzeichnet nur im Text genannte Begriffe.

Von den geplanten und im Vorwort zur Reihe A (ehemals West-Berliner Bezirke) erwähnten ergänzenden Forschungen zur »Geschichte der Berliner Verwaltungsbezirke« ist ein Teil bereits realisiert worden. Die Arbeitsergebnisse einer entsprechenden Tagung sind unter dem Titel »Stadtentwicklung im 20. Jahrhundert. Die 1920 nach Berlin eingemeindeten Städte: Wirkungen und Entwicklungen während der Weimarer Republik« als Heft 6/1992 (Geistes- und Sozialwissenschaften) der Wissenschaftlichen Zeitschrift der Humboldt-Universität zu Berlin erschienen. Im Anschluß an die Bezirks-Geschichten wird dann noch eine »Auswahl-Bibliographie zur Geschichte der Berliner Verwaltungsbezirke« veröffentlicht, als Ergänzung zur großen Berlin-Bibliographie, die in der Berliner Senatsbibliothek erarbeitet wurde und in der Schriftenreihe der Historischen Kommission zu Berlin erschienen ist.

Der Herausgeber dankt allen Autoren für ihre engagierte Mitwirkung und die stete Bereitschaft, sich auch in eine entlegene und wenig bekannte Materie einzuarbeiten, denn es galt jeweils einen historischen Bogen zu spannen, der von der Vor- und Frühgeschichte bis in die Gegenwart reicht. Besonderen Anteil am Gelingen unseres Projektes haben Dr. Gabi Huch und Dr. Detlef Kotsch, die den Autoren bei der Erarbeitung ihrer Texte hilfreich zu Seite standen, sowie Rosemarie Baudisch von der Historischen Kommission zu Berlin, die das Lektorat übernommen hat. Dies gilt in gleicher Weise für den Photographen Georg Krause und den Graphiker Michael Bock. Dank ist an dieser Stelle auch denen zu sagen, die der Autorin mit Ratschlägen, Material und Fotos zur Seite standen, vor allem den Mitarbeitern im Heimatmuseum Berlin-Hohenschönhausen, im Landesarchiv Berlin, Außenstelle Breite Straße, und in der Stiftung Archiv der Parteien und Massenorganisationen der DDR im Bundesarchiv.

Berlin, den 3. Januar 1995

Prof. Dr. Wolfgang Ribbe
Historische Kommission zu Berlin

Inhaltsübersicht

Vorwort	5
Der Bezirk Hohenschönhausen heute	9

Historische Entwicklung

Vor- und Frühgeschichte	18

Die vorindustrielle Zeit ... 23

Die mittelalterlichen Dörfer Hohenschönhausen, Wartenberg, Malchow und Falkenberg	23
Hohenschönhausen	26
Wartenberg	29
Malchow	33
Falkenberg	34
Wechselvolle Geschichte im Laufe der Jahrhunderte – Die Dörfer bis zum Ende des Dreißigjährigen Krieges	37
Die Dörfer im 17. und 18. Jahrhundert	47

Die Zeit der Industrialisierung ... 64

Preußische Reformen und wachsende Großstadt Berlin – Die Dörfer bis zur Wende des 19. Jahrhunderts	64
Kontinuität und Wandel in den Dörfern, vorstädtische Entwicklung in Hohenschönhausen	80
Beginn von industrieller Entwicklung und organisierter Arbeiterbewegung	86
Hohenschönhausen, Wartenberg, Malchow und Falkenberg nach der Eingemeindung 1920	96
Hohenschönhausen, Wartenberg, Malchow und Falkenberg im »Dritten Reich«	109

Der Bezirk nach 1945 ... 128

Die Ortsteile Hohenschönhausen, Wartenberg, Malchow und Falkenberg in der Nachkriegszeit	128
»Die Umarmung fiel anders aus.«	139
Gründung der »Einheitspartei« und Wahlen 1946	146
Sozialistischer Aufbau in den Ortsteilen des Stadtbezirks Weißensee	149
Der 17. Juni 1953 in Hohenschönhausen	158
Nach dem 13. August 1961	163
Vom Ortsteil zum Stadtbezirk Hohenschönhausen	165
Aufbruch zu politischen Veränderungen	170
Der Herbst 1989 in Hohenschönhausen	171
Quellen- und Literaturhinweise	174
Personenregister	189
Ortsregister	193
Abbildungsnachweis	199

Charlottenburg	Karlshorst	Konradshöhe	**Treptow**
		Lübars	Adlershof
Friedrichshain	**Marzahn**	Tegel	Altglienicke
	Biesdorf	Waidmannslust	Baumschulenweg
Hellersdorf		Wittenau	Bohnsdorf
Kaulsdorf	**Mitte**		Johannisthal
Mahlsdorf		**Schöneberg**	Niederschöneweide
	Neukölln	Friedenau	
Hohenschönhausen	Britz		**Wedding**
Falkenberg	Buckow	**Spandau**	
Malchow	Rudow	Gatow	**Wilmersdorf**
Wartenberg		Haselhorst	Grunewald
	Pankow	Kladow	Schmargendorf
Köpenick	Blankenfelde	Staaken	
Friedrichshagen	Buch		**Weißensee**
Grünau	Buchholz	**Steglitz**	Blankenburg
Müggelheim	Niederschönhausen	Lankwitz	Heinersdorf
Oberschöneweide	Rosenthal	Lichterfelde	Karow
Rahnsdorf			
Schmöckwitz	**Prenzlauer Berg**	**Tempelhof**	**Zehlendorf**
		Lichtenrade	Dahlem
Kreuzberg	**Reinickendorf**	Mariendorf	Nikolassee
	Frohnau	Marienfelde	Wannsee
Lichtenberg	Heiligensee		
Friedrichsfelde	Hermsdorf	**Tiergarten**	

Das neue Hohenschönhausen aus der Vogelperspektive; Aufnahme 1994.

Der Bezirk Hohenschönhausen heute

Hohenschönhausen zählt zu den jüngsten Berliner Bezirken. Die Gemeinden Hohenschönhausen, Wartenberg, Malchow und Falkenberg gehörten bis ins 20. Jahrhundert zum Kreis Niederbarnim. Sie wurden 1920 nach Berlin eingemeindet und waren bis 1985 Ortsteile des Bezirks Weißensee. Im September 1985 wurde der Stadtbezirk Hohenschönhausen gebildet. Er umfaßt neben dem alten gleichnamigen Ortsteil und den genannten drei Dörfern die seit 1984 beiderseits der Falkenberger Chaussee entstandenen großen Neubaugebiete, die den Bezirk maßgeblich prägen. Bis 1990 wurden hier etwa 30 000 Wohnungen gebaut, was mehr als einem Viertel aller in diesem Zeitraum in Ost-Berlin fertiggestellten Neubauwohnungen entsprach. Von den über 47 000 Wohnungen im Bezirk sind rund 40 000 nach 1945 entstanden.[1] Die Grenzen Hohenschönhausens bilden im Osten der Bezirk Marzahn sowie der Außenring der Deutschen Bahn, im Süden Marzahn und Lichtenberg, im Westen Lichtenberg und Weißensee sowie im Norden die Landesgrenze zwischen Berlin und Brandenburg.

Verkehrsmäßig ist Hohenschönhausen durch die S-Bahnlinie Westkreuz—Wartenberg erschlossen; auf dem Bezirksterritorium befinden sich drei S-Bahnhöfe. Hinzu kommen mehrere Straßenbahn- und Buslinien sowie Straßentrassen, darunter die Falkenberger Chaussee/Hansastraße, die Konrad-Wolf-Straße/Landsberger Allee sowie die Rhinstraße, die Hohenschönhausen mit dem Stadtzentrum und

---

1 *Berlin Handbuch. Das Lexikon der Bundeshauptstadt,* hrsg. vom Presse- und Informationsamt des Landes Berlin, Berlin 1992, S. 568.

den anderen Bezirken sowie über Lichtenberg, Marzahn und Schöneweide mit dem südlichen Autobahnring verbinden. Über Darßer Straße/Malchower Chaussee ist die Verbindung zur Autobahn in Richtung Norden gewährleistet.

Der Bezirk hat eine Fläche von 2 600 Hektar; rund die Hälfte davon entfällt auf Gebäude- und Freiflächen. In Hohenschönhausen leben knapp 120 000 Einwohner, davon fünf Prozent Ausländer. Das Durchschnittsalter liegt bei etwa dreißig Jahren. Hohenschönhausen zählt mit seinen fast 40 000 Kindern und Jugendlichen zu den kinderreichsten Kommunen Deutschlands. In der Bezirksverwaltung wurde daher auch die Stelle eines Kinderbeauftragten geschaffen. Jedem Kind des entsprechenden Alters kann in Hohenschönhausen ein Kita-Platz angeboten werden. Trotz bereits realisierter oder vorgesehener Neubauten von Schulen, der Errichtung von über zweihundert mobilen Unterrichtsräumen und verbesserter Freizeitangebote für Kinder und Jugendliche gibt es nach wie vor große Defizite vor allem hinsichtlich der materiellen Bedingungen im Schul- und Sportbereich.[2] Als einziger Berliner Bezirk verfügt Hohenschönhausen bisher über kein Krankenhaus. 1996 soll jedoch mit dem Bau einer Klinik an der Wartenberger Straße begonnen werden. Auch bei der ambulanten Versorgung durch niedergelassene Ärzte besteht erheblicher Nachholbedarf.

Hohenschönhausen wird durch das teilweise direkte Nebeneinander von Alt- und Neubauvierteln, von städtischen und ländlichen Ortsteilen geprägt. An das »alte« Hohenschönhausen erinnert in der Hauptstraße noch die Dorfkirche, deren ältester Teil aus dem 13. Jahrhundert stammt und in der regelmäßig kleine Konzerte stattfinden. Außerdem befindet sich hier das ehemalige Gutshaus (»Schloß«), das nach seiner – aufgrund der enormen Kosten bisher noch nicht möglichen – Rekonstruktion unter anderem das Heimatmuseum beherbergen soll. Hinzu kommen einige umgebaute Bauernhäuser und die ehemalige Gemeindeschule (heute Anne-Frank-Bibliothek) aus dem 19. Jahrhundert. Die Entstehungszeit der Viertel am Oranke- und Obersee oder der Gartenstadt reicht bis zur Jahrhundertwende zurück. Manches Gebäude beiderseits der Konrad-Wolf-Straße stammt gleichfalls aus dieser Zeit und offenbart nach der Sanierung wieder etwas von seinem ursprünglichen Aussehen, so das 1911 entstandene Rathaus der Gemeinde Hohenschönhausen in der Hauptstraße 50 oder das gegenüberliegende Gebäude der Berliner Sparkasse. Auch in den anderen drei, nach wie vor mehr ländlich geprägten Ortsteilen gibt es noch Bauern- und Gutsarbeiterhäuser, die in das vorige Jahrhundert datieren. Im ehemaligen Malchower Gutshaus, das 1951 von der Humboldt-Universität übernommen wurde, haben Institute des Fachbereiches Agrar- und Gartenbauwissenschaften der Fakultät für Landwirtschaft und Gartenbau ihren Sitz.

Der älteste noch erhaltene Industriebau des 19. Jahrhunderts in Hohenschönhausen ist die Ruine der Löwenbrauerei an der Konrad-Wolf-Straße, deren Mälzereigebäude und Fabrikantenvilla erhalten bleiben sollen. Auf dem ehemaligen Brauereigelände werden knapp einhundert Sozialwohnungen errichtet. Neue Wohnungen entstanden unter anderem am Malchower Weg und in der Simon-Bolivar-Straße. Auch für die kommenden Jahre ist die Errichtung von Wohnungen – so im Neubaugebiet Hohenschönhausen-Süd – vorgesehen. Südlich der Siedlung »Mar-

---

2 Vgl. *Berlin Hohenschönhausen 1993/1994*, hrsg. vom Bezirksamt Hohenschönhausen von Berlin, Berlin-Hohenschönhausen 1993, S. 4; *Hohenschönhausener Lokalblatt* (1995), Nr. 44.

Blick auf die ehemalige Dorf- und heutige Hauptstraße in Hohenschönhausen; Aufnahme 1992.

garetenhöhe« in Malchow sollen achtzig Reihen- und Einfamilienhäuser entstehen. Der größte Teil des Hohenschönhausener Wohnungsbestandes wird von der städtischen Wohnungsbaugesellschaft HOWOGE verwaltet. Rund 85 Prozent ihrer Mieteinheiten sind Neubauten. Die HOWOGE zeichnet außerdem für eine Reihe von Wohnungs- und Gewerbebauvorhaben in Hohenschönhausen verantwortlich.

Neben dem Wohnungsneubau, der Neugestaltung und Sanierung der Plattenbauten und Altbauviertel sowie der Instandsetzung von Straßen steht die Entwick-

Die Tabor-Kirche (frühere Dorfkirche) in der Hauptstraße; Aufnahme 1992.

lung der Infrastruktur vornehmlich in den Neubaugebieten des Bezirks im Mittelpunkt der Kommunalarbeit. Umfangreiche bauliche Veränderungen vollzogen sich am Prerower Platz. Im neuen Stadtteilzentrum, dem »Linden-Center«, haben seit Herbst 1995 ein Warenhaus, Supermarkt, Bibliothek, Post, Büros und rund achtzig Geschäfte sowie zahlreiche weitere Gastronomie-, Handels- und kulturelle Einrichtungen ihren Platz. Eröffnet werden konnte nach sechzehn Monaten Bauzeit im November 1994 das »Allee-Center« an der Landsberger Chaussee, das neben mehreren Großanbietern fünfzig Einzelhandelsfachgeschäfte umfaßt und zur Verbesserung der Infrastruktur in diesem Einzugsgebiet maßgeblich beiträgt. Beide Center wurden durch die ECE Projektmanagement GmbH realisiert. Neugestaltet wird ebenso das Areal rings um den alten Dorfkern von Hohenschönhausen in der Hauptstraße. Begonnen wurde mit der Rekonstruktion der Konrad-Wolf-Straße, der Hauptmagistrale von »Alt-Hohenschönhausen«. Größtes Planungsgebiet im Bezirk ist derzeit das Areal »Weiße Taube« zwischen Arendsweg, Ferdinand-Schultze- und Schleizer Straße sowie Landsberger Allee. Hier sollen rund 1 500 Wohnungen, des weiteren Dienstleistungs- und Gewerbeeinrichtungen sowie eine fast zwei Hektar große Grünanlage entstehen.

Hohenschönhausen ist nicht nur wegen der großen Neubaugebiete vor allem eine »Wohnstadt«. Das Bezirksterritorium war bereits in der Vergangenheit stets eine strukturschwache Region. Zudem gingen seit 1990 Arbeitsplätze in den wenigen Betrieben verloren, weil diese nicht wettbewerbsfähig waren oder ihnen, wie den landwirtschaftlichen Produzenten, kaum Möglichkeiten eingeräumt wurden, sich der Konkurrenz zu stellen. Viele Betriebe wurden stillgelegt, andere privatisiert. Durch Flächenstillegung, Kapazitätsliquidierung und Umstrukturierung der

Landwirtschaftlichen Produktionsgenossenschaften (LPG) verloren auch die meisten der in der Landwirtschaft Beschäftigten ihren Arbeitsplatz.[3] Die Arbeitslosenquote in Hohenschönhausen war Anfang 1995 zwar niedriger als die der beiden Nachbarbezirke Marzahn und Hellersdorf, die gleichfalls dem Arbeitsamt VIII zugeordnet sind, und lag auch unter dem Durchschnitt im Westteil der Stadt. Dennoch waren zu Beginn des Jahres rund 6 000 Hohenschönhausener ohne Arbeit, davon über die Hälfte Frauen. Nicht unbeträchtlich ist zudem der Anteil von Beschäftigten in Arbeitsbeschaffungs- und Teilnehmern an Bildungsmaßnahmen, die für viele Betroffene zumeist die einzige Alternative darstellen und zugleich den Arbeitsmarkt entlasten.

Neue Arbeitsplätze sollen unter anderem durch den Ausbau der beiden an Lichtenberg und Marzahn grenzenden Industrie- beziehungsweise Gewerbegebiete geschaffen werden. Ferner ist die Erschließung von Gewerbegebieten an der Darßer Straße und an der Pablo-Picasso-Straße vorgesehen. 1993 zählte Hohenschönhausen über 5 200 Gewerbebetriebe (1990: knapp 2 000). Die gegenwärtige Wirtschaftsstruktur wird vor allem geprägt durch eine Mischung kleinerer und mittlerer Betriebe des produzierenden Gewerbes und des Handwerks – darunter insbesondere Betriebe der Baubranche und des Metallbaus – sowie des Handels und der Dienstleistungen.[4] Im Frühjahr 1994 konstituierte sich der »Wirtschaftskreis Hohenschönhausen« – ein gesellschaftlicher Zusammenschluß von Industriefirmen, Handels- und Handwerkseinrichtungen sowie Angehörigen freier Berufe und Bürgern, die an der Förderung des Wirtschaftslebens in Hohenschönhausen interessiert sind.

Größter Betrieb im Bezirk ist die INTECH-Baugesellschaft mit rund 2 000 Mitarbeitern. Auf dem Gelände des ehemaligen Wohnungsbaukombinates (WBK) Berlin in der Gehrenseestraße entstand ein Werk für Beton-Fertigteile, die insbesondere bei der Sanierung und Neugestaltung der Plattenbauten in den Bezirken Hohenschönhausen, Marzahn und Hellersdorf Verwendung finden. In der Berliner Pilsner Brauerei GmbH an der Indira-Gandhi-Straße, die mit 900 Beschäftigten gleichfalls zu den größeren Unternehmen des Bezirks gehört, wird vor allem »Berliner Pilsner« und »Schultheiss Pilsner« gebraut und abgefüllt. Bis 1996 entsteht hier einer der modernsten Betriebe in der Region. Bereits 1990 übernahm die Coca-Cola-Erfrischungsgetränke GmbH (CCEG) die alten Hallen des Berliner Getränkekombinates in Falkenberg und errichtete hier eine große Abfüllanlage. Zudem verlegte die Firma ihre Zentrale in das neue Verwaltungsgebäude an der Hohenschönhauser Straße. Die Angebotspalette des Arbeitsförderbetriebes INU Umweltberatung & Analytik GmbH in Falkenberg reicht von der Umwelterziehung über labortechnische Untersuchungen von Luft, Boden- und Wasserproben sowie Staub- und Lärmpegelmessungen bis zur Unternehmensberatung. Zu den marktführenden mittelständischen Unternehmen in der Region Berlin-Brandenburg gehört die TGA Technische Gebäudeausrüstung Berlin GmbH in der Marzahner Straße mit rund 400 Beschäftigten. Über 150 Facharbeiter und Ingenieure sind im

---

3 *Bei vielen Wartenbergern ist die Schmerzgrenze erreicht*, in: *Berliner Zeitung* vom 24. September 1993.
4 *Wirtschaftsstandort Berlin-Hohenschönhausen*, hrsg. vom Bezirksamt Hohenschönhausen von Berlin, Abt. Wirtschaft, Umwelt und Finanzen, Berlin-Hohenschönhausen 1994, S. 4f.; *Berlin Hohenschönhausen 1993/1994*, S. 4; *Berlin Handbuch*, S. 569.

Technologie-Zentrum-Mechanik der Siemens AG in der Goeckestraße beschäftigt, das aus dem ehemaligen Werk für Signal- und Sicherungstechnik hervorging.

Eine wichtige überregionale Funktion hat das Klärwerk Falkenberg. Es reinigt die Abwässer der Bezirke Friedrichshain, Hohenschönhausen, Hellersdorf, Marzahn sowie teilweise von Lichtenberg und Mitte. Das gereinigte Abwasser gelangt über die Wuhle und den Marzahn-Hohenschönhausener Grenzgraben in die Spree. Im Zuge der Umstellung der sieben Berliner Klärwerke auf eine modernen Erfordernissen der Abwasserreinigung entsprechende Verfahrenstechnik sind für die Erweiterung und Modernisierung des Klärwerkes Falkenberg bis zur Jahrtausendwende umfangreiche Investitionen vorgesehen. Damit sollen auch Geruchs- und Schadstoffbelastungen der angrenzenden Wohngebiete beseitigt werden. Gegen den Bau einer Klärschlammverbrennungsanlage auf dem Gelände des Klärwerkes hatten Hohenschönhausener Bürger und Politiker 1994 erfolgreich protestiert. Trinkwasser bezieht Hohenschönhausen über ein bei Wartenberg/Lindenberg gelegenes Pumpwerk, das aus dem Wasserwerk Friedrichshagen gespeist wird.

Aufgrund der geringen Industrieansiedlung und des Anschlusses zahlreicher Wohnungen an das Fernwärmenetz gestaltete sich die lufthygienische Situation im Bezirk bislang relativ günstig. Zur Luftbelastung tragen vor allem die Luftschadstoffe der angrenzenden Bezirke, insbesondere Lichtenbergs, sowie der zunehmende Kfz-Verkehr bei. Lärm- und Schmutzbelastungen, insbesondere durch Bauschuttsortier- und Recyclinganlagen, konnten in Hohenschönhausen teilweise reduziert werden. Dem jahrelangen Ringen einer Bürgerinitiative sowie des Bezirksamtes ist die vom Senat finanzierte Errichtung einer Lärmschutzmauer entlang der mitten durch das Neubaugebiet verlaufenden Bahntrasse zu verdanken.

Auf der Hochfläche des Barnim im Berliner Nordosten gelegen, weist der Bezirk eine interessante naturräumliche Vielfalt auf, wenngleich durch den Eingriff des Menschen das ursprüngliche Bild bereits stark verändert wurde. Bei der Umwandlung der ehemaligen Rieselfelder in Erholungsflächen und andere Nutzungsarten erweist sich die jahrelange Abwasserbelastung der Böden als problematisch, so daß zumeist kostenaufwendige Rekultivierungsmaßnahmen nötig sind. Zum Bezirksterritorium gehören neben den vier Seen (Oranke-, Ober-, Gehren- und Malchower See) dreißig Kilometer Fließgewässer sowie etwa sechzig kleine stehende Gewässer. Eine Bademöglichkeit besteht jedoch nur am Orankesee. Das dortige Strandbad mit seinen weiten Rasenflächen und alten Bäumen ist ein attraktives Ausflugsziel, nicht nur für Hohenschönhausener. Alljährlich im Januar treffen sich dort außerdem Hunderte von Eisbadern, um vor zahlreichen Schaulustigen ein mehr als kühles Bad zu nehmen. Beliebtes Ziel von Spaziergängern ist der Malchower See. Der dort verlaufende Naturlehrpfad wird von der in Malchow ansässigen Naturschutzstation betreut. Zur Naturschutzstation in der Dorfstraße 35 gehören ein Freilandlabor sowie ein Aquarium mit einheimischen Süßwasserfischen, beides Novitäten im Ostteil Berlins. Schöne Parkanlagen erstrecken sich auch rund um den Obersee, der seinen Namen aufgrund des Höhenunterschiedes zum Orankesee trägt. Auf dem Lindwerderberg am Obersee steht der denkmalgeschützte Rumpf eines Wasserturms, der 1994 an einen privaten Investor verkauft wurde und einer kulturellen Nutzung als Gaststätte, Galerie und Aussichtsturm zugeführt werden soll. Erholungsmöglichkeiten bieten zudem die vielen Kleingartenanlagen des Bezirks. In Falkenberg und Wartenberg entstanden Reiterhöfe und

Rumpf des Wasserturms (erbaut 1900) auf dem Lindwerderberg am Obersee; Aufnahme 1992.

in Malchow ein »Kinderbauernhof«. Im Juni 1994 konnte in Wartenberg auf dem Gelände des ehemaligen Sport- und Reitplatzes der LPG eine neue Sportanlage für den Schul-, Breiten- und Vereinssport eingeweiht werden. Das nach zweijähriger Bauzeit fertiggestellte Projekt war das größte im Rahmen des Sportanlagen-Sanierungsprogrammes des Berliner Senats.

Größere Grünzonen befinden sich im Gebiet des Malchower Sees, des Wartenberger Luchs, der früheren Rieselflächen nördlich von Falkenberg und des ehemaligen Wildschutzgebietes Hohenschönhauser Straße. Der Bezirk hat eine wichtige Funktion im Berliner Naturschutz. Hier haben vom Aussterben bedrohte Vogelarten ihre Rastplätze, gibt es naturnah bewirtschaftete Grün- und Ackerflächen, brüten regelmäßig zwei Paare des Weißstorches (in Malchow und Falkenberg), existieren bedeutende Amphibienlaichplätze mit mehr als sechs Arten und der letzte intakte Laichplatz der Rotbauchunke. Zu den Naturschutzobjekten des Bezirks gehört das etwa fünf Hektar große Flächennaturdenkmal Malchower Aue. In diesem eiszeitlichen Niederungsmoor leben unter anderem noch Zauneidechse und Grasfrosch, Pirol, Nachtigall, Waldkauz und Mäusebussard, und hier kann der Großstädter sogar noch ein Froschkonzert hören.[5] Einige Feuchtgebiete sind in die neuen Wohnviertel einbezogen worden, so das »Am Berl« und der «Krumme Pfuhl«. Letzterer ist ein ehemaliges Ackersoll, das man im Rahmen des Wohnungsbaus sanierte und als Parkgewässer gestaltete. Seit der 1989 erfolgten Fertigstellung siedeln hier ständig seltene, geschützte Tier- und Pflanzenarten. Der »Krumme Pfuhl« ist im Ostteil der Stadt ein Demonstrationsobjekt für die Verbindung zwischen Wohngrün und Naturschutz.

Dennoch wurden aufgrund des umfangreichen Wohnungsneubaus in diesem Gebiet seit 1984 nicht wenige Feuchtbiotope zerstört und besteht ein Defizit an siedlungsnahen Freiflächen, öffentlichen Park- und Grünanlagen. Ein Schritt zur Erschließung von Erholungsflächen nicht nur für die Hohenschönhausener Bevölkerung ist der geplante »Landschaftspark Nordost«, der eine Fläche von 850 Hektar einnehmen soll. Die Gebiete um den Malchower See, die Falkenberger und War-

5 Vgl. *Umwelt- und Naturschutz in Hohenschönhausen*, hrsg. vom Bezirksamt Hohenschönhausen von Berlin, Abteilung Umwelt- und Naturschutz, Berlin-Hohenschönhausen 1990.

tenberger Feldmark sowie das Wartenberger/Falkenberger Luch bilden einen wichtigen Teil dieses künftigen Landschaftsparks, der sich etwa zur Hälfte auf das Territorium Hohenschönhausens erstreckt; der andere Teil entfällt auf den Bezirk Weißensee und den Landkreis Bernau. Mit den Arbeiten wurde bereits begonnen; bis zum Jahr 2000 sollen das Terrain am Malchower See und nördlich von Falkenberg durch das Gartenamt fertiggestellt sein.

Der Bezirk verfügt über eine Reihe von kommunalen oder in freier Trägerschaft agierenden kulturellen Einrichtungen und Vereinen, die zu Lesungen, Ausstellungen, Konzerten und anderen Veranstaltungen oder auch zu eigener künstlerischer Aktivität einladen. Dazu zählen mehrere Bibliotheken, Jugendfreizeiteinrichtungen, die Schostakowitsch-Musikschule, die Freie Musikschule »Musikhaus e.V.«, die Galerien Arcus und »100«, das »Studio im Hochhaus«, der Mikado-Talentladen und das Keramikzentrum »Gartenlaube«. Als größte im Bezirk nutzt die »Anna-Seghers-Bibliothek« ihre neuen Räume im Linden-Center. Andere Institutionen haben seit 1990 in vormals vom Ministerium für Staatssicherheit (MfS) verwalteten Häusern um den Obersee ihr Domizil gefunden, so die Musikschule und das Standesamt. Auch über das Anfang der dreißiger Jahre von Ludwig Mies van der Rohe für das Ehepaar Lemke errichtete Haus in der Obersestraße 60 verfügte bis 1989/90 das MfS. Seither befindet es sich in Rechtsträgerschaft des Bezirksamtes und trägt den Namen des berühmten Architekten. Das Mies-van-der-Rohe-Haus ist heute ein kulturelles Kommunikationszentrum; der Verein »Freunde des Landhauses Lemke« hat hier seinen Sitz. Als einzige museale Einrichtung des Bezirks öffnete im März 1993 das Heimatmuseum am Lindenweg 7 seine Pforten. Es erforscht und dokumentiert die Geschichte der Ortsteile des heutigen Hohenschönhausener Territoriums und sammelt materielle Zeugnisse der Alltagskultur. Seit seiner Gründung als Heimatgeschichtliches Kabinett 1987 konnten bereits mehrere Ausstellungen gestaltet werden, die von historisch interessierten Bürgern, vor allem aber von zahlreichen Schulklassen besucht wurden.[6] In der Degnerstraße ist mit dem »Venus« das einzige Hohenschönhausener Kino gelegen.

Das Sportforum Hohenschönhausen (vormals Dynamo-Sportforum) untersteht der Senatsverwaltung für Schule, Berufsbildung und Sport. Seit 1989/90 gibt es hier auch Möglichkeiten für den Breitensport, vor allem aber dient es als Trainingszentrum für den Sportclub Berlin und den gesamten Berliner Spitzensport. Das Sportforum ist Olympiastützpunkt der Hauptstadt für vierzehn Sportarten, darunter Leichtatlethik, Boxen, Turnen, Schwimmen, Fechten, Eiskunst- und -schnellauf. Bei der 1987 fertiggestellten Eisschnellaufhalle handelt es sich um die einzige ihrer Art in Deutschland und eine von drei derartigen in der Welt.[7] Im Oktober 1994 wurde der Grundstein für eine Werferhalle und für die neue Sporthalle der Humboldt-Universität zu Berlin gelegt; Bauherr ist die landeseigene Sportstättenbauten GmbH. Die Errichtung von modernen und teuren Anlagen für den Spitzensport auf dem Gelände des Sportforums hat jedoch eine Kehrseite. Es gibt in Hohenschönhausen ein enormes Defizit an Hallen und Freiflächen für den Schul- und Breitensport. Dieses auszugleichen, sollte für den Bezirk und seine

---

6 *Berlin Hohenschönhausen 1993/1994*, S. 34, 49; *Entdecken Sie Berlin Hohenschönhausen*, hrsg. vom Bezirksamt Hohenschönhausen von Berlin, Berlin-Hohenschönhausen 1994.

7 Gerhard Fischer, *Berliner Sportstätten. Geschichte und Geschichten*, Berlin 1992, S. 165ff.; *Berlin Handbuch*, S. 1108f.

Mies-van-der-Rohe-Haus in der Oberseestraße 60 (erbaut 1932/33); Aufnahme 1992.

zahlreichen jungen Bewohner Priorität haben, von seiten des Landes sind jedoch bislang kaum Investitionen vorgesehen.

Bei den Wahlen zur Bezirksverordnetenversammlung am 24. Mai 1992 entfielen 35,5 Prozent der abgegebenen Stimmen auf die PDS (= 18 Sitze), 27,3 Prozent auf die SPD (= 13 Sitze), 13,1 Prozent auf die CDU (= 6 Sitze), 10,3 Prozent auf Bündnis 90/Grüne (= 5 Sitze) und 5,2 Prozent auf die Republikaner (= 2 Sitze). Die PDS stellt derzeit drei, die SPD zwei sowie CDU und Bündnis 90/Grüne jeweils einen der Stadträte. Zur Bezirksbürgermeisterin wurde Brunhild Dathe (parteilos, für Bündnis 90/Grüne) gewählt.[8] Bei den Wahlen zum Deutschen Bundestag am 16. Oktober 1994 konnten die SPD im Wahlkreis Hohenschönhausen/Pankow/Weißensee den höchsten Anteil der Zweitstimmen, die PDS mit dem größten Erststimmenanteil ein Direktmandat erringen.

Das Rathaus von Hohenschönhausen steht in der Grosse-Leege-Straße 103; das Gebäude wurde bis 1989 vom MfS genutzt. Teile der Bezirksverwaltung haben in Außenstellen ihren Sitz. In Verantwortung des Bezirksamtes erscheint monatlich das »Hohenschönhausener Lokalblatt«; eine Heimatzeitung gleichen Namens wurde bereits 1899 gegründet. Die erste Städtepartnerschaft Hohenschönhausens besteht mit der Gemeinde Timrat in Israel.

Am erstmalig veranstalteten »Tag der offenen Tür« des Bezirksamtes am 27. Oktober 1993 wurde Hohenschönhausen durch den Berliner Senat das neue Bezirkswappen verliehen. Gestaltet hat es der Hohenschönhausener Grafiker Heinz Schauß, dessen Entwurf aus über fünfzig Vorschlägen im Rahmen eines Wappenwettbewerbs ausgewählt wurde. Die vier Ähren auf blauem Grund symbolisieren die vier Dörfer, aus denen der Bezirk erwachsen ist. Im Kontrast dazu steht – begrenzt durch eine diagonale, gestufte Linie – die weiße Fläche, die die großräumige Bebauung assoziiert.

Im September 1995 feiert Hohenschönhausen seinen 10. Geburtstag als Bezirk. Dieser Zeitraum ist aber nur ein Mosaikstein in der langen und wechselvollen Geschichte des heutigen Bezirksterritoriums.

8   *Berlin Hohenschönhausen 1993/1994*, S. 16f.

Historische Entwicklung

Vor- und Frühgeschichte

Erst seit der Späteiszeit (etwa 12500 v. Chr.) entstanden aufgrund spürbarer Klimaverbesserungen im Berliner Raum Bedingungen für einen dauerhaften Aufenthalt von Menschen.[9] Bereits für die Zeit um 10000 v. Chr. lassen archäologische Funde darauf schließen, daß am Tegeler Fließ, in Wannsee, Biesdorf und Köpenick sowie im Umland von Berlin Rentierjäger lagerten.[10] Dennoch bleibt zu vermuten, daß das Berliner Territorium bereits während wärmerer Phasen des Pleistozäns von Menschen bewohnt wurde. Der bislang einzige Hinweis darauf fand sich in Hohenschönhausen. Dort konnte eine gut erhaltene Feuersteinklinge geborgen werden, deren Artefaktcharakter offensichtlich war. Obwohl die zeitliche Einordnung problematisch ist, kann dieser Feuersteinartefakt wahrscheinlich in die Mittlere Altsteinzeit datiert werden.[11] Der älteste »Berliner« könnte daher vielleicht schon vor über 100 000 Jahren gelebt haben,[12] wenngleich er nicht unbedingt ein »Hohenschönhausener« gewesen sein muß.

Die Mittelsteinzeit währte im Berlin-Brandenburgischen Raum etwa bis ins 5. Jahrtausend v. Chr. Die Menschen jener Zeit waren Jäger, Sammler und Fischer. Sie siedelten vor allem in Fluß- und Seeniederungen, denn ihr Wasserbedarf, der Fischfang als eine Lebensgrundlage sowie die Nutzung der Gewässer als Verkehrswege machten dies notwendig.[13] Die Art ihres Nahrungserwerbs brachte es mit sich, daß sie ihre Lagerplätze nicht ständig bewohnten, sondern periodisch aufsuchten. Auch am südöstlichen Ufer des Malchower Sees lassen Bodenfunde, beispielsweise von Feuersteingeräten (Mikrolithen), auf einen mesolithischen Rastplatz schließen.[14]

Im Raum Berlin-Brandenburg vollzog sich die sogenannte neolithische (agrarische) Revolution nur sehr allmählich. Erst Ende des 4. Jahrtausends v. Chr. hatten sich im Rahmen der jungsteinzeitlichen Trichterbecherkultur Ackerbau und Viehzucht, Hausbau und Töpferei durchgesetzt.[15] Darauf aufbauend entwickelte sich in der zweiten Hälfte des 3. Jahrtausends v. Chr. die Kugelamphorenkultur, deren materielle Hinterlassenschaften sich erstmalig im gesamten Berliner Stadtgebiet einschließlich der Barnimhochfläche nachweisen lassen.[16] Einzelfunde von herzförmigen Pfeilspitzen deuten darauf hin, daß auch am Malchower See während des Neolithikums Menschen siedelten.[17]

9   Bernhard Gramsch, *Alt- und Mittelsteinzeit*, in: *Berlin und Umgebung* (= Führer zu archäologischen Denkmälern in Deutschland, Bd. 23), Stuttgart 1991, S. 38f.; Arthur Brande, *Klima- und Vegetationsgeschichte*, in: *Berlin und Umgebung*, S. 14.
10 Gramsch, *Alt- und Mittelsteinzeit*, S. 40.
11 Bernhard Gramsch, *Ein paläolithischer (?) Flintabschlag von Berlin-Hohenschönhausen*, in: *Ausgrabungen und Funde 4* (1959), H. 2, S. 65ff.; Gramsch, *Alt- und Mittelsteinzeit*, S. 36; Rüdiger Schulz/Michael Eckerl, *Archäologische Landesaufnahme der Funde und Fundstellen in Berlin*, Berlin 1987, S. 402.
12 Gramsch, *Alt- und Mittelsteinzeit*, S. 38.
13 Gramsch, *Alt- und Mittelsteinzeit*, S. 40ff.
14 Fundarchiv der Arbeitsstelle für Bodendenkmalpflege beim Märkischen Museum, Akte Berlin-Malchow; Schulz/Eckerl, *Archäologische Landesaufnahme*, S. 401, 403f.
15 Eberhard Kirsch, *Jungsteinzeit*, in: *Berlin und Umgebung*, S. 46f.
16 Kirsch, *Jungsteinzeit*, S. 49f.

Die Bronzezeit bildete einen Besiedlungshöhepunkt in der Vor- und Frühgeschichte des Berlin-Brandenburgischen Territoriums; sie begann hier etwa um 2300 v. Chr.[18] Eine dichtere Besiedlung des Barnim setzte jedoch erst mit der jüngeren Bronzezeit (etwa seit 1200 v. Chr.) ein,[19] in der der Berliner Raum an das Gebiet der Lausitzer Kultur angrenzte.[20] Auf Hohenschönhausener Territorium zeugen Keramikfunde sowie (nicht mehr existierende) Hügelgräber von einer ausgeprägten, vor allem jüngeren bronzezeitlichen Siedlungstätigkeit.[21] Die Träger der Lausitzer Kultur lebten zum Teil bereits in befestigten Siedlungen und betrieben Ackerbau und Viehzucht. Eine wirtschaftliche Voraussetzung der hohen Lausitzer Besiedlungsdichte im Berliner Raum bildete das an Mineralien reiche Wasser der Seen und Flüsse, das die Herausbildung einer Kulturlandschaft förderte. Mit Getreide, Holz, Wolle, Fleisch, Leder und Honig wurde Handel getrieben.[22]

In der älteren vorrömischen Eisenzeit (seit 500 v. Chr.) wurde der Berliner Raum vor allem von der Mittelelb-Havel-Gruppe, einer Untergruppe der in weiten Teilen Norddeutschlands beheimateten Jastorfkultur, geprägt. Ein Teil des heutigen Bezirks Hohenschönhausen war jedoch von Trägern der Göritzer Gruppe besiedelt, die um 700 v. Chr. im Odertal und seiner Umgebung aus der bronzezeitlichen Lausitzer Kultur entstand. In der Nähe von Malchow befand sich eine Siedlung der Göritzer Gruppe.[23]

Etwa seit dem 6. Jahrhundert v. Chr. bildeten sich auf der Basis der Jastorfkultur germanische Stämme heraus.[24] Auf Berliner Territorium mündete die materielle Kultur der Mittelelb-Havel-Gruppe in die elbgermanische Kultur ein; dieser Raum gehörte zu jenen Gebieten, in denen sich die Ethnogenese der Germanen vollzog.[25] Im Havel-Spree-Gebiet siedelte der im 1. Jahrhundert n. Chr. in schriftlichen Quellen erwähnte Stamm der Semnonen, der sich möglicherweise aber schon seit dem 2./1. Jahrhundert v. Chr. als Einzelstamm der Sueben herausgebildet hatte.[26] Im Rahmen eines in der zweiten Hälfte des 2. sowie im beginnenden 3. Jahrhundert im Berlin-Brandenburgischen Raum einsetzenden Landesausbaus wurden die Hänge und Uferzonen der auf der Barnimplatte gelegenen Seen, wie die des Malchower Sees, erneut besiedelt oder erschlossen.[27] Eine Reihe von Grabungen im Berliner Stadtgebiet, so in Marzahn, Hellersdorf und Kaulsdorf, ermöglichte Aus-

17 Fundarchiv, Akte Berlin-Malchow; Schulz/Eckerl, *Archäologische Landesaufnahme*, S. 401.
18 Klaus Goldmann, *Bronzezeit*, in: *Berlin und Umgebung*, S. 62f.
19 Rolf Barthel, *Die Besiedlungsgeschichte des Barnim*, in: Gerhard Schlimpert, *Brandenburgisches Namenbuch*, T. 5: *Die Ortsnamen des Barnim* (= Berliner Beiträge zur Namensforschung, Bd. 6), Weimar 1984, S. 12f.
20 Goldmann, *Bronzezeit*, S. 62; Barthel, *Die Besiedlungsgeschichte*, S. 13.
21 Fundarchiv, Akte Berlin-Hohenschönhausen, Berlin-Falkenberg, Berlin-Wartenberg; Schulz/Eckerl, *Archäologische Landesaufnahme*, S. 401ff.; Bernhard Matz, *Methodische Fragen der Siedlungsarchäologie, erläutert am Beispiel der ur-und frühgeschichtlichen Besiedlung von Teilen des Berliner Stadtgebietes*, in: *Ausgrabungen und Funde* 26 (1981), H. 6, S. 271.
22 Goldmann, *Bronzezeit*, S. 64.
23 Heinz Seyer, *Vorrömische Eisenzeit*, in: *Berlin und Umgebung*, S. 71ff.; ders., *Zur Besiedlung Berlins in den Jahrhunderten vor Beginn u. Z.*, in: *Zeitschrift für Archäologie* 17 (1983), S. 41f.
24 Eberhard Bohm, *Die Frühgeschichte des Berliner Raumes* (6. Jahrhundert vor Chr. bis zum 12. Jahrhundert nach Chr.), in: Wolfgang Ribbe (Hrsg.), *Geschichte Berlins*, Bd. 1: *Von der Frühgeschichte bis zur Industrialisierung*, München 1987, S. 23ff.
25 Heinz Seyer, *Germanen, Slawen und Deutsche im Berliner Raum*, in: *Berlinisch. Geschichtliche Einführung in die Sprache einer Stadt*, Berlin 1986, S. 21f.; Seyer, *Vorrömische Eisenzeit*, S. 76f.
26 Seyer, *Germanen, Slawen und Deutsche*, S. 26.
27 Achim Leube, *Römische Kaiserzeit*, in: *Berlin und Umgebung*, S. 82.

sagen über das germanische Siedlungswesen.[28] In die Zeit germanischer Besiedlung datieren im Bezirk Hohenschönhausen mehrere Bodenfunde im Ortsteil Malchow aus der Vorrömischen Eisenzeit sowie aus der Römischen Kaiserzeit, darunter eine Bronzemünze des Kaisers Trajan.[29]

Ungeachtet einer im 3./4. Jahrhundert beginnenden Abwanderung semnonischer Stammesteile lebten im Berliner Raum nach wie vor germanische Bevölkerungsreste.[30] Zwischen diesen spätgermanischen Siedlern und den seit dem 6. Jahrhundert einwandernden frühslawischen Stämmen bestanden möglicherweise Kontakte, die aber archäologisch nicht eindeutig nachzuweisen sind. Der Übergang von der spätgermanischen zur frühslawischen Besiedlung könnte sich in der zum Teil ähnlichen Gestaltung der Keramik, insbesondere aber in der Tradierung von vorgermanischen und germanischen Gewässer- und Ortsnamen widerspiegeln.[31] Allerdings ist eine bislang vermutete relativ dichte germanisch-slawische Besiedlungsabfolge, wie zum Beispiel in Marzahn, erst jüngst problematisiert worden.[32] Die materiellen Hinterlassenschaften und die Siedlungsweise sprechen dafür, daß die in den Berliner Raum einwandernden Slawen vornehmlich aus dem Weichselgebiet stammten.[33] Sie gehörten vor allem zwei Stämmen an, den Sprewanen und den Hevellern, wobei die im Gebiet des Niederbarnim ansässigen Slawen wohl den Sprewanen zugeordnet werden können.[34]

Wartenberg zählt zu den ältesten Fundplätzen im Berliner Raum, an denen sich in einer spätgermanischen Siedlungskammer frühe slawische Keramik – vermutlich aus dem 6. bis 8. Jahrhundert – nachweisen ließ. Die typische Lage der Siedlung an einer wasserführenden Niederung der Barnimhochfläche stimmt mit altslawischen Siedlungslagen anderer Gebiete überein.[35] Weitere frühslawische Siedlungen befanden sich südöstlich des Sandsees bei Wartenberg[36] und in einer Niederung des Malchower Sees.[37] Das Malchower Seengebiet war auch in mittel- und spätslawischer Zeit (9. bis 12. Jahrhundert) besiedelt.[38] Insbesondere in spätslawischer Zeit erfolgte durch die Sprewanen ein verstärkter Landesausbau auf Bar-

---

28 Rosemarie Seyer, *Zur Besiedlung Berlins in der Kaiser- und Völkerwanderungszeit*, in: *Zeitschrift für Archäologie* 17 (1983), S. 198f.; Leube, *Römische Kaiserzeit*, S. 83ff.
29 Schulz/Eckerl, *Archäologische Landesaufnahme*, S. 401.
30 Seyer, *Germanen, Slawen und Deutsche*, S. 26f.; R. Seyer, *Zur Besiedlung Berlins*, S. 197.
31 Barthel, *Die Besiedlungsgeschichte*, S. 17f.; R. Seyer, *Zur Besiedlung Berlins*, S. 200f.; Joachim Herrmann (Hrsg.), *Die Slawen in Deutschland. Geschichte und Kultur der slawischen Stämme westlich von Oder und Neiße vom 6. bis 12. Jahrhundert. Ein Handbuch*, Neubearbeitung, Berlin 1985, S. 33f.
32 Leube, *Römische Kaiserzeit*, S. 86f.
33 Michael Hofmann, *Die Slawen*, in: *Berlin und Umgebung*, S. 89; Barthel, *Die Besiedlungsgeschichte*, S. 18; Bohm, *Die Frühgeschichte*, S. 66.
34 Barthel, *Die Besiedlungsgeschichte*, S. 22f.; Hofmann, *Die Slawen*, S. 90f.
35 Bernd Fischer/Heinz Seyer, *Neue altslawische Siedlungen von Berlin-Wartenberg und Berlin-Marzahn*, in: *Jahrbuch des Märkischen Museums* 1 (1975), S. 64; Joachim Herrmann/Peter Donat (Hrsg.), *Corpus archäologischer Quellen zur Frühgeschichte auf dem Gebiet der Deutschen Demokratischen Republik (7. bis 12. Jahrhundert), 3. Lieferung: Bezirke Frankfurt, Potsdam, Berlin*, Berlin 1979, S. 316.
36 Michael Hofmann, *Die slawische Besiedlung des Barnims*, Diplomarbeit, Humboldt-Universität zu Berlin, Sektion Geschichte, Berlin 1989, S. 99.
37 Hofmann, *Die slawische Besiedlung*, S. 95; Barthel, *Die Besiedlungsgeschichte*, S. 18.
38 Davon zeugen Keramikfunde mit Kammstrich- (9./10. Jh.) und Gurtfurchenverzierung (11./12. Jh.) am Ufer des Malchower Sees sowie am Rande des Wartenberger Luchs auf einem Geländesporn. Hofmann, *Die slawische Besiedlung*, S. 95, 98; Herrmann/Donat, *Corpus archäologischer Quellen*, S. 315; Schulz/Eckerl, *Archäologische Landesaufnahme*, S. 401, 403f.

nim und Teltow.[39] Gewässer- und Ortsnamen aber auch Landschaftsbezeichnungen künden bis zum heutigen Tag von der slawischen Besiedlung.[40]

Während des 9./10. Jahrhunderts bestanden im slawisch besiedelten Raum Burgbezirke (civitates), die jeweils etwa fünf bis zwanzig Siedlungen umfaßten. Mehrere dieser »civitates« bildeten das Gebiet eines Stammes, der auch über eine Stammesburg verfügte.[41] Im Barnim sind bereits für die frühslawische Zeit kleine und mittelgroße Burgen nachgewiesen, darunter die in Berlin-Blankenburg.[42] Die stark befestigte Burganlage befand sich, wie Heinz Seyer schreibt, *inmitten einer Siedlungskammer am Panketal und den benachbarten Niederungen einschließlich des Malchower Seengebietes* und stellte wahrscheinlich einen Burgbezirks-Mittelpunkt dar.[43] Wurde die Blankenburg anfänglich wohl vorrangig als Zufluchtsmöglichkeit genutzt, könnte sie in den folgenden Jahrhunderten die von Köpenick abhängige Landesburg im Barnim gewesen sein.[44] Die Ausgrabungen auf dem Gelände der ehemaligen Blankenburger Anlage, zu deren Burgbezirk die slawischen Siedlungen des Hohenschönhausener Territoriums demnach gehört haben dürften, geben einen Einblick in die natürlichen Bedingungen und die wirtschaftlichen Verhältnisse, unter denen die Menschen jener Zeit lebten.

Entscheidende Grundlage der Wirtschaft war der Ackerbau; die Haustierhaltung hatte eine vergleichsweise geringe Bedeutung. Die slawischen Siedler bauten Roggen, Gerste, verschiedene Weizenarten, aber ebenso Hirse und Lein an.[45] Zu den wichtigsten Haustieren zählten Schwein und Rind, deren Knochen außerdem zur Herstellung von Geräten dienten, sowie Schaf und Ziege. Als Nahrungsquelle überwogen jedoch Wildtiere, darunter vor allem der Hirsch sowie Reh und Wildschwein, aber auch Fuchs, Iltis, Luchs oder Wildkatze wurden nicht verschmäht. Neben dem Getreideanbau spielte demnach die Jagd eine erhebliche Rolle beim Nahrungserwerb.[46] Außerdem betrieben die Slawen verschiedene Handwerke wie die Eisenverarbeitung, das Spinnen und Weben, die Töpferei sowie die Geweih- und Knochenbearbeitung. Seit dem 10./11. Jahrhundert waren die Sprewanen wie die Heveller zudem in den sich entwickelnden überregionalen Handel einbezogen.[47]

39 Hofmann, *Die Slawen*, S. 94.
40 Dazu zählen Namen wie Rotkamp, Berl, Luch oder Orankesee und auch der Ortsname von Malchow. Vgl. Gerhard Schlimpert, *Die Geschichte Berlins im Spiegel seiner Namen*, in: *Berlinisch*, S. 306, 309f.; Hermann Schall, *Der Name Oranke-See*, in: *Märkische Heimat* 6 (1962), H. 2, S. 160ff.; Gustav Berg, *Flurnamen aus Weißensee*, in: *Berliner Heimat* (1959), H. 1, S. 25ff.; Alexander Giertz, *Chronik der Gemeinde Weißensee bei Berlin*, Berlin-Weißensee 1905/06, S. 11f.; Günter Nitschke, *Anmerkungen und Erläuterungen zu den Straßen und Straßennamen im Stadtbezirk Berlin-Hohenschönhausen* (= Beiträge zur Geschichte Hohenschönhausens, H. 1), Berlin-Hohenschönhausen 1988.
41 Seyer, *Germanen, Slawen und Deutsche*, S. 31f.; Herrmann, *Die Slawen in Deutschland*, S. 186f., 253f.
42 Die Existenz der Blankenburg währte etwa vom Beginn des 8. bis zum Ende des 10. Jahrhunderts. Barthel, *Die Besiedlungsgeschichte*, S. 19.
43 Heinz Seyer, *Die Burg in Berlin-Blankenburg und die altslawische Besiedlung des Niederen Barnim*, in: *Archäologie als Geschichtswissenschaft. Studien und Untersuchungen* (= Schriften zur Ur- und Frühgeschichte 30), Berlin 1977, S. 394.
44 Bohm, *Die Frühgeschichte*, S. 84; Barthel, *Die Besiedlungsgeschichte*, S. 19.
45 Elsbeth Lange, *Das Pollendiagramm von Berlin-Blankenburg. Ein Beitrag zur frühgeschichtlichen Landwirtschaft und Vegetation*, in: *Archäologie als Geschichtswissenschaft*, S. 545f.
46 Hanns Hermann Müller, *Die Tierreste aus dem slawischen Burgwall von Berlin-Blankenburg*, in: *Archäologie als Geschichtswissenschaft*, S. 541f.

Die Landschaft der näheren und weiteren Umgebung der Blankenburg, also einschließlich des heutigen Bezirks Hohenschönhausen, wies in jener Zeit sowohl dichte und undurchdringliche als auch lichte Mischwaldgebiete mit größeren Freiflächen auf. Sie bot damit einerseits Bär, Hirsch, Luchs und Wildschwein sowie andererseits Hase, Reh und Ur entsprechenden Lebensraum. In Gewässernähe lebten Biber, Fischreiher und Haubentaucher; die Seen und Flüsse bargen zahlreiche Fischarten.[48]

Das Hohenschönhausener Territorium, vor allem jenes um den Malchower See, weist somit vom Mesolithikum bis zur Slawenzeit eine mehr oder minder ausgeprägte Besiedlungsabfolge auf, die über das Mittelalter bis in die Gegenwart reicht. Die Wahl gerade dieses Siedlungsraumes resultierte nicht nur aus der vorgefundenen Bodenart; neben der unmittelbaren Wassernähe spielte die naturräumliche Vielfalt eine wesentliche Rolle.[49]

Seit dem 10. Jahrhundert erfolgte eine wechselnde Eingliederung des Barnim in den ostfränkisch-deutschen und polnischen Einflußbereich. Die Eroberung der Brandenburg im Winter 928/929[50] war mit der Ausdehnung tributabhängiger Gebiete des Ottonenreiches im Raum zwischen Elbe und Oder verbunden. Bis zu diesem Zeitpunkt hatte der Barnim zum Machtbereich der Hevellerfürsten gehört.[51] Im Jahre 983 wurde im Ergebnis des großen Lutizenaufstandes die deutsche Herrschaft in Brandenburg beseitigt.[52] Gegen Ende des 10. Jahrhunderts geriet der größere Teil des Barnim zeitweilig unter polnische Oberhoheit. Nachdem bereits im Jahre 1157 der Askanier Albrecht der Bär die Brandenburg und Teile des Havellandes erobert hatte und sich fortan Markgraf von Brandenburg nannte, gelangte der Barnim schließlich gegen Ende des 12. Jahrhunderts vollständig unter deutsche Herrschaft, und es siedelten sich in der Folgezeit deutsche Bauern an. Der Verbleib der slawischen Bevölkerung ist seit der Mitte des 13. Jahrhunderts durch archäologische Funde nicht mehr nachzuvollziehen, was vor allem der Übernahme der qualitativ besseren deutschen Keramik durch die slawischen Siedler geschuldet sein dürfte.[53]

---

47 Hofmann, *Die Slawen*, S. 90 und S. 92f.
48 Müller, *Die Tierreste*, S. 543; Joachim Herrmann [Ltg. eines Autorenkollektivs], Berlin. *Ergebnisse der heimatkundlichen Bestandsaufnahme* (= Werte unserer Heimat, Bd. 49/50), Berlin 1987, S. 27f.
49 Matz, *Methodische Fragen*, S. 270ff.
50 Christian Lübke, *Regesten zur Geschichte der Slaven an Elbe und Oder (vom Jahr 900 an)*, T. 2: *Regesten 900-983* (= Giessener Abhandlungen zur Agrar- und Wirtschaftsforschung des europäischen Ostens, Bd. 133), Berlin 1985, Nr. 25, S. 40f.
51 Bei der Gründung des Bistums Brandenburg im Jahre 948 wurden unter den zehn zur Diözese gehörenden slawischen Gauen auch Heveller und Sprewanen genannt. Lübke, *Regesten*, Nr. 83, S. 107f. In den Burganlagen von Köpenick und Blankenburg fanden sich für das 10. Jahrhundert jedoch keine Spuren deutscher Herrschaft; man kann daher annehmen, daß die Sprewanen lediglich tributpflichtig gegenüber den deutschen Burgen in Spandau und Potsdam waren. Hofmann, *Die Slawen*, S. 92.
52 Herrmann, *Die Slawen in Deutschland*, S. 345f.
53 Barthel, *Die Besiedlungsgeschichte*, S. 24; Hofmann, *Die Slawen*, S. 95.

Die vorindustrielle Zeit

Die mittelalterlichen Dörfer Hohenschönhausen, Wartenberg, Malchow und Falkenberg

Die frühen mittelalterlichen Besiedlungsvorgänge auf dem Barnim sind nach wie vor Gegenstand der wissenschaftlichen Diskussion.[54] Die Geschichte Berlins und Cöllns seit Beginn des 13. Jahrhunderts bildete den zeitlichen wie historischen Rahmen für die Gründung der meisten Dörfer im Berliner Raum. Von den seit 1920 zur »Stadtgemeinde Berlin« gehörenden 59 Landgemeinden wurden 55 im Mittelalter gegründet.[55]

Im Berliner Raum stießen konkurrierende Interessen der askanischen und wettinischen Markgrafen, der Magdeburger Erzbischöfe und der Pommernherzöge aufeinander.[56] Diese rivalisierenden Fürsten versuchten, ihre Eroberungen zu sichern und zu erweitern, indem sie den Landesausbau durch deutsche Bauern förderten. Während eine Siedlungswelle um 1200 die Randzonen von Teltow und Barnim erfaßte,[57] wurden in den ersten Jahrzehnten des 13. Jahrhunderts deren Hochflächen voll von der bäuerlichen und gewerblichen Siedlungsbewegung ergriffen. Die Bauern stammten aus den ostsächsischen, brandenburgischen und mittelelbischen Gebieten; einige waren auch niederländischer Herkunft. Allerdings lassen sich die Herrschaftsbereiche der Askanier, Wettiner und der Magdeburger Erzbischöfe bis in die vierziger Jahre des 13. Jahrhunderts nicht eindeutig abgrenzen.[58] Erst seit diesem Zeitpunkt gehörte der gesamte Barnim zur Mark Brandenburg und zum Machtbereich der Askanier.[59]

Den Höhepunkt des Landesausbaus auf dem Barnim bildete die eigentliche Phase der Dorfgründungen um die Mitte des 13. Jahrhunderts.[60] Anhaltspunkte für die Herkunft der Siedler und den Zeitpunkt der Entstehung der Dörfer Hohenschönhausen, Malchow, Falkenberg und Wartenberg ergeben sich aus der Verknüpfung verschiedener historischer Komponenten. Dazu zählen Urkunden mit direktem oder indirektem Bezug auf diese Orte, die Deutung der Orts- und Adelsnamen,[61] siedlungskundliche Hinweise sowie nicht zuletzt die Charakteristika der alten Dorfkirchen. Bereits in der ersten Hälfte des 13. Jahrhunderts gab es in unseren vier Dörfern aus Stein erbaute Kirchen, die wie alle frühen Kirchen dieser Gegend vermutlich keine hölzernen Vorläufer hatten.[62] Die Hohenschönhausener

---

54 Wolfgang H. Fritze, *Das Vordringen deutscher Herrschaft in Teltow und Barnim*, in: *Jahrbuch für brandenburgische Landesgeschichte* 22 (1971), S. 81ff.; Eberhard Bohm, *Teltow und Barnim. Untersuchungen zur Verfassungsgeschichte und Landesgliederung brandenburgischer Landschaften im Mittelalter* (= Mitteldeutsche Forschungen, Bd. 83), Köln-Wien 1978, S. 272ff.
55 Adriaan von Müller/Heinz Seyer, *Die mittelalterlichen Dörfer auf dem Territorium von Berlin*, in: *Berlin und Umgebung*, S. 133ff. mit Abb. 47: *Städte, Dörfer und Wüstungen in Berlin mit ihren Ersterwähnungen*.
56 Fritze, *Das Vordringen deutscher Herrschaft*, S. 153.
57 [Eckhard Müller-Mertens], *Die Entstehung Berlins. Die mittelalterliche Stadt*, in: Ingo Materna [Ltg. eines Autorenkollektivs], *Geschichte Berlins von den Anfängen bis 1945*, Berlin 1987, S. 62.
58 [Müller-Mertens], *Die Entstehung Berlins*, S. 69f.
59 Barthel, *Die Besiedlungsgeschichte*, S. 60ff.
60 Müller/Seyer, *Die mittelalterlichen Dörfer*, S. 138.
61 Barthel, *Die Besiedlungsgeschichte*, S. 31f., 44ff.
62 Kurt Pomplun, Berlins alte Dorfkirchen (= Berliner Reminiszenzen 38), 4. Aufl., Berlin 1973, S. 9f.

Dorfkirche ist als einzige erhalten und das älteste Bauwerk im Bezirk; die anderen drei Kirchen wurden in den letzten Tagen des Zweiten Weltkrieges gesprengt und sind völlig zerstört.

Aufgrund der Planmäßigkeit der Besiedlung des Barnim ist auch ein planmäßiger Bau von Kirchen seitens der Landesherren, vornehmlich aber der Bischöfe und missionierenden Orden anzunehmen. So waren die Bistümer von Havelberg und Brandenburg sowie Prämonstratenser- und Zisterzienserklöster wohl an den dörflichen Kirchenbauten beteiligt.[63] Als Baumaterial für die frühen Feldsteinkirchen dienten in Ermangelung anderer Stoffe zumeist Granitfindlinge und andere auf dem Feld aufgelesene steinerne Materialien, die zu Quadern verschiedener Größe behauen wurden. Auch beim Bau unserer Dorfkirchen fanden sicherlich eiszeitliche Granitbrocken Verwendung. Eine geognostische Karte der Umgebung von Berlin aus dem Jahre 1850 verzeichnete 38 Findlingsblöcke, die wahrscheinlich alle während des Mittelalters verbaut worden sind. Allein im Gebiet nordöstlich von Wartenberg lagen acht solcher Granitblöcke.[64]

Die Kirchen waren innen zumeist bemalt, wie auch ihr Äußeres neben der graublau-roten Tönung der verwendeten Steine farblich gestaltet sein konnte. Die Fenster waren zunächst wohl mit Tierhäuten bespannt und erst später verglast. Der Bau der Kirchen erfolgte durch gelernte Steinmetzen und Maurer, die wahrscheinlich aus dem niedersächsischen Raum kamen. Die Baumeister wanderten später wieder ab, was sich in der Entstehung des sogenannten »Mischmauerwerkes« widerspiegelt.[65] Auch unsere vier Dorfkirchen waren über Jahrhunderte die einzigen Massivbauten inmitten der aus Fachwerk bestehenden Bauern- und Kossätenhäuser mit ihren Strohdächern. Die ursprüngliche Schönheit der Kirchen des heutigen Bezirks Hohenschönhausen lassen Zeichnungen Heinrich Wohlers aus dem Jahre 1834, das heißt vor dem Umbau vieler Kirchen in der zweiten Hälfte des 19. Jahrhunderts, erahnen.[66]

Der niederdeutsche Einfluß zeigte sich auch in der Sprachentwicklung. Alexander Giertz beschrieb Anfang unseres Jahrhunderts die sogenannte *Barnimsche Mundart*, die zum Niederdeutschen gehörte, aber eine besondere niedersächsisch-niederfränkische Mischmundart darstellte. Insbesondere aus Malchow und Wartenberg wurde der Gebrauch einer *Messingschen*, das heißt *Misch-Masch*-Mundart vermeldet, ein *Gemisch von Berlinisch mit platten niedersächsischen Brocken*.[67]

Die Gründung und Verwaltung der Dörfer des heutigen Bezirks Hohenschönhausen erfolgte unter Leitung eines vom Landesherren beauftragten Lokators, der dafür mit einem Schulzengut belehnt wurde und die niedere Gerichtsbarkeit innehatte. Das Land wurde vermessen, gerodet und die Gemarkung auf die Hufenbauern verteilt. Hof und Hufe befanden sich im erblichen, jedoch nicht teilbaren Besitz der Bauern; sie erhielten ihr Land somit nicht als freies Eigentum. Die Hufenbau-

---

63 Winfried Wendland, *Märkische Dorfkirchen*, in: Wolfgang Gericke/Heinrich-Volker Schleiff/Winfried Wendland, *Brandenburgische Dorfkirchen*, Berlin 1985, S. 17.
64 Hans Klose, *Die eiszeitlichen Denkmale und der Mensch*, in: *Brandenburgische Jahrbücher* 8 (1937), S. 51.
65 Wendland, *Märkische Dorfkirchen*, S. 19f.
66 Renate Petras/Ernst Oskar Petras (Hrsg.), *Alte Berliner Dorfkirchen. Die Zeichnungen Heinrich Wohlers*, Berlin 1988, S. 26f., 34f., 46f., 74f.
67 Alexander Giertz, *Bausteine zu einer Geschichte des Barnim sowie seiner Dörfer Petershagen und Eggersdorf. Chronik nach Quellen. Drei Theile. Mit 59 Abbildungen und Urkundenabdrücken*, Petershagen bei Fredersdorf 1901–1905, S. 135.

ern waren persönlich frei, hatten aber Abgaben und bestimmte Dienste an den Grundherren zu leisten. Allerdings werden sich diese insgesamt in Grenzen gehalten haben, denn das dürfte eine wesentliche Motivation für die bäuerlichen Siedler bei der Erschließung des neuen Landes gewesen sein.[68]

Die typische Flurform war bis ins 18. Jahrhundert die Hufengewannflur als eine Sonderform der Gewannflur. Der größte Teil des Ackerlandes war zumeist in drei Gewanne unterteilt, die wiederum aus jeweils sovielen Streifenparzellen bestanden, wie das Dorf Hufen hatte. Jeder Hufenbauer verfügte somit über eine solche Anzahl Parzellen, wie er Hufen sein eigen nannte.[69] Das Bestellen des Ackers wurde von der Hufengemeinde gemeinsam geplant und durchgeführt, wobei jeder Bauer auf seinem Feldstück arbeitete. Der Boden wurde mit dem eisernen Schaufelpflug bearbeitet, den Pferde oder Rinder zogen. In den Dörfern baute man vor allem Getreide (Roggen) an, das mit der Sense gemäht und in Wind- und Wassermühlen gemahlen wurde.[70] Neben der Eigenversorgung (Ernährung und Saatgut) spielte für den relativ einseitigen Getreideanbau der überregionale Handel eine wesentliche Rolle. Schon im 13. Jahrhundert ist Berliner Roggen in der Hansestadt Hamburg nachzuweisen.[71]

Für die Dörfer auf dem Barnim geht man von durchschnittlich 53 Hufen mit einem Umfang von jeweils etwa sieben bis acht Hektar aus; Zahl und Größe der Hufen konnten jedoch erheblich differieren.[72] Sie blieben aber vielerorts bis ins 18. Jahrhundert fast unverändert.[73] Zudem unterschied man Freihufen und Zinshufen. Freihufen wurden an Vasallen, Pfarrer und Kirchen sowie an die Schulzen vergeben. Zu den Freihufen zählten auch die Ritterhufen, welche zu herrschaftlichen Eigenwirtschaften gehörten und durch Frondienste bearbeitet wurden. Zinshufen dagegen gehörten zu selbständigen Bauernwirtschaften, deren Besitzer dafür Abgaben in Form von Pacht, Zins und Bede zu entrichten hatten.[74] Die durchschnittlichen Abgaben der Bauern des Teltow und des Barnim betrugen im Jahre 1375 je Hufe 11,5 oder 15 Scheffel Getreide sowie fünf oder sechs Schillinge.[75]

Einen geringeren Umfang und oft schlechtere Bodenqualität als das Hufenland wiesen die sogenannten »Beiländer« auf, an deren Gewannen auch die Kossäten beteiligt waren.[76] Die Kossäten besaßen zumeist ein Häuschen mit Gartenland, hatten aber im Gegensatz zu den Hüfnern keine Rechte an der Allmende (Wald, Wasser, Weide). Aufgrund ihres geringen Bodenbesitzes waren sie gezwungen,

---

68 Eckhard Müller-Mertens, *Hufenbauern und Herrschaftsverhältnisse in den brandenburgischen Dörfern nach dem Landbuch Karls IV. von 1375*, in: *Wissenschaftliche Zeitschrift der Humboldt-Universität zu Berlin. Gesellschafts- und sprachwissenschaftliche Reihe* 1 (1951/52), H. 1, S. 59f.; Eberhard Bohm, *Siedlung und Agrarwesen*, in: *Bürger, Bauer, Edelmann. Berlin im Mittelalter*, Berlin 1987, S. 52.
69 Anneliese Krenzlin, *Die mittelalterlich-frühneuzeitlichen Siedlungsformen im Raume von Groß-Berlin. Ein Beitrag zur Frage der ostdeutschen Plangewannfluren*, in: *Die Erde* 90 (1959), S. 328.
70 Müller-Mertens, *Hufenbauern*, S. 39.
71 Felix Escher, *Berlin und sein Umland. Zur Genese der Berliner Stadtlandschaft bis zum Beginn des 20. Jahrhunderts* (= Einzelveröffentlichungen der Historischen Kommission zu Berlin, Bd. 47), Berlin 1985, S. 26f.
72 Müller-Mertens, *Hufenbauern*, S. 44; [Müller-Mertens], *Die Entstehung Berlins*, S. 119.
73 Escher, *Berlin und sein Umland*, S. 24f.
74 Müller-Mertens, *Hufenbauern*, S. 40f.
75 [Müller-Mertens], *Die Entstehung Berlins*, S. 117, Anm. 2. 1 Scheffel = 40 Kilogramm; 1 Schilling = 12 Pfennige.
76 Krenzlin, *Die mittelalterlich-frühneuzeitlichen Siedlungsformen*, S. 328f.; Bohm, *Siedlung*, S. 52f.

Lohnarbeit auf den hufenbäuerlichen oder herrschaftlichen Eigenwirtschaften zu verrichten.[77] Ebenso gehörten zur Dorfbevölkerung das Gesinde der Bauernwirtschaften und Ritterhöfe, auch wenn es in den mittelalterlichen Quellen kaum Erwähnung findet, sowie verschiedene Handwerker.

Über die unterschiedlichen Besitz-, Abgaben- und Herrschaftsverhältnisse, die sich in den neugegründeten Dörfern des heutigen Bezirks Hohenschönhausen bis ins letzte Drittel des 14. Jahrhunderts bereits herausgebildet hatten, gibt das Landbuch Kaiser Karls IV., seit 1373 zugleich Markgraf von Brandenburg, aus dem Jahre 1375/76 erstmalig Auskunft. Das Landbuch läßt erkennen, daß Berliner Rat und Bürger zu diesem Zeitpunkt schon über beträchtlichen Besitz an Bauernwirtschaften und Kossätenstellen verfügten und aus diesen Natural- und Geldabgaben bezogen. Desgleichen übten Berliner Bürger in vielen Dörfern die Gerichtsbarkeit aus; in einigen gehörten ihnen auch Ritterhöfe und das Kirchenpatronat. Im Umkreis von zehn Kilometern, das heißt einschließlich unserer vier Dörfer, war der Lehnsbesitz der Bürger und des Rates von Berlin doppelt so hoch wie der ritterschaftliche und markgräfliche.[78] Wagendienst, Pacht und Bede sowie die obere Gerichtsbarkeit in den Dörfern hatten die Markgrafen bis 1375 schon weitgehend veräußert. Als deren Besitzer oder Eigentümer erschienen nunmehr vor allem Berliner Bürger und in den Dörfern ansässige Ritter. Hinzu kamen schloßgesessener Adel und geistliche Institutionen. In fast allen Dörfern gab es somit zu diesem Zeitpunkt bereits mehrere Grund- und Gerichtsherren, gingen die Abgaben an verschiedene Empfänger, wenngleich diese nicht unbedingt vollständig im Landbuch verzeichnet sein müssen.[79] In vielen Dörfern waren bereits Elemente der Gutsherrschaft ausgebildet, die dadurch charakterisiert ist, daß Gerichts- und Grundherrschaft zusammenfallen.[80]

Hohenschönhausen

Der erste schriftliche Hinweis auf die Existenz eines Dorfes *Schonenhusen* findet sich in einer Berliner Ratsurkunde aus dem Jahre 1284. Unter den Namen der Ratsherren taucht der eines *Conradus de Schonenhusen* auf.[81] In einer Urkunde aus dem Jahre 1352 begegnet uns der *rector ecclesie in alta schonehusen*, das heißt der Pfarrer der Kirche von Hohenschönhausen, namens Heinrich Billerbek.[82] Die Hohenschönhausener Feldsteinkirche wurde jedoch schon wesentlich früher erbaut. Der rechteckige Chor als ältester Teil eines frühgotischen Granitquaderbaus weist

---

77 Escher, *Berlin und sein Umland*, S. 28f.
78 [Müller-Mertens], *Die Entstehung Berlins*, S. 115ff.; Eckhard Müller-Mertens, *Untersuchungen zur Geschichte der brandenburgischen Städte im Mittelalter (III u. IV)*, in: *Wissenschaftliche Zeitschrift der Humboldt-Universität zu Berlin. Gesellschafts- und sprachwissenschaftliche Reihe* 6 (1956/57), H. 1, S. 4.
79 Müller-Mertens, *Hufenbauern*, S. 41.
80 Müller-Mertens, *Hufenbauern*, S. 73.
81 Ernst Fidicin (Hrsg.), *Historisch-diplomatische Beiträge zur Geschichte der Stadt Berlin*, T. 1: *Berlinisches Stadtbuch*, Berlin 1837, Nachdruck der Originalausgabe, Berlin 1990, S. 66.
82 *Codex diplomaticus Brandenburgensis. Sammlung der Urkunden, Chroniken und sonstigen Geschichtsquellen für die Geschichte der Mark Brandenburg und ihrer Regenten*, hrsg. von Adolph Friedrich Riedel, 1.-4. Hauptteil, 35 Bde., 1 Suppl.-Bd., Berlin 1838–1869 [künftig zitiert: CDB, A-D]; A 13, S. 169.

Erste Erwähnung des Dorfes Hohenschönhausen in einer Urkunde des Johann von Rochow für die Kalandsherren auf dem Barnim, 4. Februar 1356.

an seiner Ostwand schmale Spitzbogenfenster und eine Kreisblende auf;[83] auch ein zugemauertes spätromanisches Rundbogenfenster deutet auf die erste Hälfte des 13. Jahrhunderts als Entstehungszeit. Das Langhaus und die an der Nordostseite befindliche Sakristei aus unregelmäßigem Feldsteinmauerwerk stammen aus dem 14./15. Jahrhundert. Schließlich findet in einer Urkunde vom Februar 1356 das Dorf direkt Erwähnung. Der Adlige Johann von Rochow und seine Söhne bestätigten darin den Kalandsherren auf dem Barnim den Besitz von zwei Hufen *in campis nostre ville alte Schonehusen*.[84]

Der Name des Dorfes ist wahrscheinlich von dem Ort Schönhausen in der Nähe von Havelberg übertragen, und dieser wiederum könnte von einem niederländischen Ort gleichen Namens stammen.[85] Die Namensübertragung läßt auf die Herkunft der Siedler aus dem askanischen Herrschaftsbereich schließen, ist aber noch in anderer Hinsicht interessant. Nach Alfred Peter deuten die Patrozinien des Barnim und Teltow bis ins beginnende 14. Jahrhundert siedlungsgeschichtlich vor allem auf eine Besiedlung dieses Gebietes aus Richtung Rheinland und Westfalen mit starkem Einfluß des Erzbistums Köln hin. Darüber hinaus würden die Verbindungen dann auf die Bistümer Lüttich und Utrecht weisen.[86] Peter erwähnt eine

---

83 Ernst Badstübner/Sibylle Badstübner-Gröger, *Kirchen in Berlin. Von St. Nikolai bis zum Gemeindezentrum »Am Fennpfuhl«*, Berlin 1987, S. 218.
84 *Historisches Ortslexikon für Brandenburg*, Teil 6: *Barnim*, bearb. von Lieselott Enders unter Mitarbeit von Margot Beck (= Veröffentl. des Staatsarchivs Potsdam 16), Weimar 1980, S. 501.
85 Schlimpert, *Die Ortsnamen des Barnim*, S. 228, 400.
86 Alfred Peter, *Die Schutzheiligen im Barnim und Teltow*, in: *Jahrbuch für Brandenburgische Kirchengeschichte* 25 (1930), S. 31f.

im Jahre 1212 erfolgte Reliquienübertragung von Köln in die Kirche zu Schönhausen bei Jericho anläßlich der Kirchweihe durch den Bischof von Havelberg. Eine der Reliquien könnte aus einer westfälischen oder rheinischen Kirche, aber auch aus der Heimat der niederländischen Siedler um Schönhausen gestammt haben.[87] Die Kirche zu Schönhausen war der Gottesmutter Maria und dem Heiligen Willibrord, Apostel der Friesen und erster Bischof von Utrecht, geweiht.[88] Möglicherweise wurde auch die Hohenschönhausener Kirche zu Ehren Marias und dieses Heiligen geweiht und waren die Bauern, welche das Dorf gründeten, Nachkommen oder ursprünglich Mitbewohner jener Siedler von Schönhausen.[89]

»Schön« hat die Bedeutung von *schön, hell, klar*[90] und sollte wohl Hoffnungen ausdrücken, die sich mit der neuen Heimat verbanden; »hausen« kommt von dem altsächsischen Wort *hus* (Haus). Zur Unterscheidung vom tiefer gelegenen Ort Niederschönhausen enthielt der Name seit dem 14. Jahrhundert den Zusatz »Hohen« (mittelniederdeutsch *hoch*, lateinisch *alta*).[91]

Die Anlage Hohenschönhausens als Straßendorf ist noch heute in der Hauptstraße – zwischen Schule und Kirche – deutlich zu erkennen. Inmitten des Dorfes, etwa in Höhe der Straßenbahnstation, aber auch an anderen Stellen des ursprünglichen Dorfgeländes, waren teilweise bis ins 19. Jahrhundert kleine Teiche gelegen. Wir können uns das alte Hohenschönhausen vielleicht so vorstellen, wie die Siedlungsgeographin Anneliese Krenzlin ein planmäßig angelegtes Dorf in diesem Gebiet beschreibt: *Es liegt meistens an der tiefsten Stelle der Gemarkung, wo das Grundwasser in Dorfpfühlen zutage tritt. Diese Anpassung an die Boden- und Wasserverhältnisse ist der herrschende Gesichtspunkt für die Dorflage, hinter dem das Streben, das Dorf möglichst zentral in die Gemarkung zu legen, nötigenfalls zurücktreten muß. Die Dorffläche hebt sich als langes, in der Mitte etwas verbreitertes Rechteck aus der Gemarkung heraus.*[92]

Auch in Hohenschönhausen kam die Hufengewannflur zur Anwendung. In den drei Gewannen der Dorfgemarkung, noch im 19. Jahrhundert als Berliner, Friedrichsfelder und Wartenberger Feld bezeichnet, herrschte Flurzwang. Sie wurden im Sinne der Dreifelderwirtschaft abwechselnd als Sommer- beziehungsweise Winterfeld und als Brachland genutzt. Im Landbuch von 1375 sind für *Schonhusen alta* 58 Hufen verzeichnet.[93] Demnach bestand jedes Gewann aus 58 Streifenparzellen. Hohenschönhausen lag damit leicht über der durchschnittlichen Hufenzahl in den Barnimdörfern. Freihufen befanden sich im Besitz des Pfarrers (vier) und der Dorfkirche (drei). An Pacht waren je Hufe sechs Scheffel Roggen, an Zins 26 Pfennige sowie an Bede 45 Pfennige zu entrichten. Von den neun Kossäten mußte jeder zwei Schillinge zahlen. Im Dorf gab es außerdem einen Lehnschulzen.[94] Die

---

87 Peter, *Die Schutzheiligen*, S. 30.
88 Giertz, *Chronik*, S. 42f.
89 Zum Einfluß niederländischer Siedler in der Mark Brandenburg vgl. auch: F. Adler, *Die niederländischen Kolonien in der Mark Brandenburg*, in: Märkische Forschungen, hrsg. vom Verein für Geschichte der Mark Brandenburg, Bd. 7, Berlin 1861, S. 110ff.
90 Schlimpert, *Die Ortsnamen des Barnim*, S. 392.
91 Schlimpert, *Die Ortsnamen des Barnim*, S. 227f.
92 Anneliese Krenzlin, *Dorf, Feld und Wirtschaft im Gebiet der großen Täler und Platten östlich der Elbe* (= Forschungen zur deutschen Landeskunde, Bd. 70), Remagen 1952, S. 27.
93 *Das Landbuch der Mark Brandenburg von 1375*, hrsg. von Johannes Schultze (= Veröffentlichungen der Historischen Kommission für die Provinz Brandenburg und die Reichshauptstadt Berlin, Bd. VIII.2), Berlin 1940, S. 107.
94 *Das Landbuch der Mark Brandenburg*, S. 107f.

Schulzen hatten mitunter vom Grundherren das Recht erhalten, einen Krug und Kossätenstellen anzulegen. Der *tabernator*, das heißt der Inhaber des Dorfkruges von Hohenschönhausen, war verpflichtet, an den Schulzen 15 Schillinge und Rauchhühner sowie den kleinen Zehn zu entrichten.[95] Als militärischen Dienst mußten nichtritterliche Schulzen (Lokatoren) ein Lehnpferd stellen. Allerdings war zur Zeit des Landbuches statt dessen bereits eine Geldzahlung üblich.[96] So hatte auch der Schulze von Hohenschönhausen anstelle eines Pferdes 20 Schillinge abzugeben.[97] Als nichtritterlicher Schulze mußte er zudem seine Hufen im wesentlichen selbst bearbeiten.

Hohenschönhausen gehörte zum größten Teil der adligen Familie von Rochow, die bereits in der Urkunde von 1356 als Grundherr genannt wird. Die von Rochows verfügten neben ihrem Anteil an Pacht und Zins von 16 Hufen sowie dem Zehn von drei Höfen über das Obergericht und den Wagendienst. Die Bede hatte Wichard von Rochow an den Berliner Bürger Ronnebom als Afterlehn übertragen, wie auch einige vordem den von Rochows gehörende Besitzungen an Berliner Bürger verkauft worden waren. Die Hufenbauern hatten Abgaben an die Bürger Jacob Rathenow und Tyle Wardenberg, aber auch an die wahrscheinlich aus dem Herrschaftsbereich des Erzbistums Magdeburg stammenden Adelsfamilien von Plaue und Milow (hier die Witwe Milow) zu entrichten.[98] Die im Zusammenhang mit Hohenschönhausen im Landbuch genannten Familien Ronnebom sowie Dobler, Rathenow und Wardenberg gehörten zu den Berliner und Cöllner Bürgerfamilien mit großem und mittlerem Lehnsbesitz in den umliegenden Dörfern.[99] Zudem stammten aus einigen dieser Familien Berliner Bürgermeister jener Zeit.[100]

Wartenberg

Die Wartenberger Kirche galt als eine der schönsten mittelalterlichen Dorfkirchen Berlins. Der völlig erhaltene spätromanische Bau gliederte sich in Turmunterbau von Schiffsbreite, quadratisches Schiff und quadratischen Chor sowie halbrunde Apsis. Das Mauerwerk aus sorgsam bearbeiteten Granitquadern deutete auf eine Entstehungszeit der Kirche in der ersten Hälfte des 13. Jahrhunderts hin. Der Sakristeianbau mit Staffelblenden an der Südseite des Chores erfolgte im 15. Jahrhundert.[101] Aus dem späten 15. Jahrhundert stammt ein Schnitzaltar, der bis 1885 in der Wartenberger Kirche stand, dann im Märkischen Museum lagerte und seit 1924 in der Kirche von Hohenschönhausen zu bewundern ist.[102] Zwei weibliche

---

95 *Das Landbuch der Mark Brandenburg*, S. 107.
96 Müller-Mertens, *Hufenbauern*, S. 60.
97 *Das Landbuch der Mark Brandenburg*, S. 107.
98 CDB, A 10, S. 109; *Historisches Ortslexikon*, S. 501; Barthel, *Die Besiedlungsgeschichte*, S. 47.
99 Müller-Mertens, *Untersuchungen*, S. 4.; [Müller-Mertens], *Die Entstehung Berlins*, S. 117f.
100 Cornelius C. Goeters, *Chronologie der Berliner Bürgermeister*, in: Wolfgang Ribbe (Hrsg.), *Berlin-Forschungen II* (= Einzelveröffentlichungen der Historischen Kommission zu Berlin, Bd. 61), Berlin 1987, S. 295f. Bei Tyle Wardenberg handelte es sich um jenen berühmten Bürgermeister von Cölln, der bis zu seinem Sturz durch Karl IV. im Jahre 1380 mit seinem Amtskollegen Albert Rathenow die Doppelstadt Berlin-Cölln geführt hatte. Eckhard Müller-Mertens, *Tile Wardenberg – Schlüsselfigur der Berliner Geschichte 1363–1382. Porträt, politische Szene, historisches Verhältnis*, in: *Jahrbuch für Geschichte* 35 (1987), S. 59ff.
101 Petras, *Alte Berliner Dorfkirchen*, S. 74f.
102 1885 war der Altar wegen seines schlechten Erhaltungszustandes ins Märkische Museum

Heiligenfiguren aus der Zeit um 1430, deren Hände und Attribute jedoch verloren gingen, stammen ebenfalls aus Wartenberg und schmücken heute die Hohenschönhausener Kirche. Der Altarschrein zeigt Maria mit dem Kinde. Sie wurde ursprünglich von zwei weiteren, gemalten Figuren flankiert, von denen die eine wohl den Stifter des Schreins, einen Bischof, und die andere einen Heiligen darstellte.[103] In jeder der beiden Etagen der zweigeteilten Seitenflügel befanden sich zwei kleine, aus Lindenholz geschnitzte Figuren, darunter die zu den 14 Nothelfern gehörenden heiligen Frauen Barbara, Katharina und Margareta.[104] Die Nothelfer waren Heilige, die vom Volk in Not und Bedrängnis besonders vertrauensvoll angerufen wurden. Dieser Kult verbreitete sich im 15. Jahrhundert ausgehend von Bamberg und Regensburg im gesamten deutschen Sprachgebiet; zahlreiche Kapellen und Altäre verdanken ihm ihre Entstehung,[105] so vielleicht auch der Wartenberger Altar.

Wie die Wartenberger Kirche zum Zeitpunkt ihrer Errichtung ausgestattet war, wissen wir nicht. Ähnlich anderen aus dem frühen 13. Jahrhundert stammenden Dorfkirchen in der Mark Brandenburg stand der blockartig aus Steinen aufgemauerte Altar sicherlich in der Apsis oder im Chor. An einer Stelle des Altars wurden Reliquien des oder der Heiligen aufbewahrt, denen der Altar oder die Kirche geweiht waren.[106] Die Frage, um welche verehrten Heiligen es sich handelte, welchen Schutzpatron die Siedler aus ihrer alten in die neue Heimat mitbrachten, können wir nicht beantworten. Dies wäre nicht nur siedlungs- sondern auch kulturgeschichtlich interessant, war doch das bäuerliche Leben (zum Beispiel die Los- und Zahltage betreffend) sehr eng mit der Heiligenverehrung verbunden. Alexander Giertz schrieb noch zu Beginn unseres Jahrhunderts, daß am jeweiligen Tag ihrer Heiligen die Ortsbewohner der Barnimdörfer in *Feierstunden ... froh sich ergötzen*.[107]

Es wäre denkbar, daß die Wartenberger Kirche oder der Altar der Heiligen Katharina I (von Alexandrien) geweiht war, und sich die besondere Verehrung dieser Heiligen in der Gestaltung der Altäre in den folgenden Jahrhunderten widerspiegelte. Möglich ist aber ebenso, daß die Katharinenverehrung in Wartenberg erst im 15. Jahrhundert einsetzte. Da die meisten Altäre verschiedenen Heiligen geweiht sind, läßt sich der oder die Hauptheilige nur selten ermitteln. Die früheste schriftliche Erwähnung der Heiligen Katharina als Kirchenpatronin im Gebiet von Teltow und Barnim datiert in das Jahr 1305; sie kann es aber schon lange zuvor gewesen sein. Hinzu kommt, daß sie in diesem Gebiet relativ häufig als Haupt-

gekommen. Aufgrund der 1924 und 1961 vorgenommenen Restaurierungen unterscheidet sich das heutige vom ursprünglichen Aussehen des Altars. Vgl. Julius Kurth, *Die Schicksale des Altarschreines von Berlin-Hohenschönhausen*, in: *Brandenburgia. Monatsblatt der Gesellschaft für Heimatkunde der Provinz Brandenburg zu Berlin* 34 (1925), S. 45ff.; ders., *Die Kirche von Berlin-Hohenschönhausen seit dem Jahre 1905. Eine Gabe zum Erntedankfest am 5. Oktober 1924* (= HOHENSCHOENHAUSENIANA III.), Berlin-Hohenschönhausen 1924, S. 5f.; Friedrich C. A. Lange, *Groß-Berliner Tagebuch 1920–1933*, Berlin-Lichtenrade 1951, S. 56.
103 Kurth, *Die Schicksale des Altarschreines*, S. 46f.
104 Kurth, *Die Schicksale des Altarschreines*, S. 48; ders., *Die Kirche von Berlin-Hohenschönhausen seit dem Jahre 1905*, S. 7f. Kurth deutete den einer weiteren weiblichen Figur beigegebenen Gegenstand als Salbgefäß und die Heilige daher als Maria Magdalena. Es kann sich aber ebenso um einen Korb (mit Früchten und Blumen) und somit um die Heilige Dorothea handeln.
105 *Lexikon für Theologie und Kirche*, 2., neubearbeitete Auflage des Kirchlichen Handlexikons, Bd. 7, Freiburg 1935, S. 631f.
106 Heinrich-Volker Schleiff, *Die Ausstattung der Dorfkirchen*, in: *Brandenburgische Dorfkirchen*, S. 28.
107 Giertz, *Bausteine*, S. 288.

und Nebenpatronin von Kirchen sowie als Mitpatronin von Altären auftritt.[108] Eine häufige Form der Darstellung der Heiligen Katharina – gemeinsam mit anderen heiligen Jungfrauen[109] – findet sich in dem ursprünglichen Wartenberger Altarschrein aus dem 15. Jahrhundert. Eine 1605 in die Predella des Altars eingefügte Holzschnitzerei, die Julius Kurth um frühestens 1500 datiert, zeigte die Verlobung Katharinas mit dem Jesuskind. Kurth schloß aus Entstehungszeit und Motiv der Schnitzarbeit auf die Heilige Katharina von Siena.[110] Doch könnte es sich hier ebenso um die traditionelle Verehrung der Katharina I handeln, denn sie wird gleichfalls oft mit dem Brautring dargestellt.[111] Auch Alexander Giertz verweist auf die Verehrung der Heiligen Katharina.[112]

Der erste schriftliche Hinweis auf die Existenz von Wartenberg findet sich möglicherweise in einer Urkunde der brandenburgischen Markgrafen vom Oktober 1270, in der ein *Bernhardus de Wardenberge* als Zeuge erscheint.[113] Es gibt aber noch weitere Dörfer, für die diese Urkunde zutreffen und aus denen die Siedler gestammt haben könnten, die unser Wartenberg gründeten. Gleichnamige Dörfer gibt es nördlich von Magdeburg, ebenso in der Nähe von Wittenberg, das heißt im ursprünglich wettinischen Bereich, sowie in der Altmark.[114] Bei Wartenberg handelt es sich um einen typischen Burgen- und Kolonisationsnamen, der hierher übertragen wurde. Er bedeutet soviel wie »der wartende Berg« oder »der Berg, von dem man sichernde Ausschau hält«.[115] Von der Anlage her ist Wartenberg ein sogenanntes Sackgassen- beziehungsweise Angerdorf.[116]

Im Landbuch von 1375 werden für Wartenberg 53 Hufen genannt, von denen der Pfarrer über drei und die Kirche über eine Hufe verfügten. Das entsprach den durchschnittlichen Werten auf dem Barnim. Jede Hufe hatte an Pacht jeweils vier Scheffel Roggen, Gerste und Hafer zu entrichten, an Zins zwei Schillinge und an Bede fünf Schillinge, je drei Viertel Roggen und Gerste und eineinhalb Scheffel Hafer. Es gab acht Kossäten, von denen jeder zwei Groschen zu zahlen hatte. Der Krüger hatte 15 Schillinge an den Schulzen abzugeben,[117] was darauf schließen läßt, daß der Dorfkrug ursprünglich vom Schulzen angelegt worden war. Der Schulze gab ein Talent[118] statt des Lehnpferdes; Wartenberg hatte demnach ebenfalls einen nichtritterlichen Schulzen.

Die Herrschaft über das Dorf übten vorrangig der Berliner Bürgermeister[119] Peter Blankenfelde und Jan Mildenhoff aus, welche die Bede, das Ober- und Untergericht und den Wagendienst vom Markgrafen erhalten hatten. Blankenfelde besaß außerdem die Pacht von 23 Hufen, Mildenhoff die Pacht an Roggen und

---

108 Peter, *Die Schutzheiligen*, S. 29, 22.
109 *Margareta mit dem Wurm, Barbara mit dem Turm, Katharina mit dem Radl, das sind die drei heiligen Madl.* Vgl. *Lexikon für Thelogie und Kirche*, Bd. 5, Freiburg 1933, S. 890.
110 Kurth, *Die Kirche von Berlin-Hohenschönhausen seit dem Jahre 1905*, S. 8ff.; ders., *Die Schicksale des Altarschreines*, S. 48f.
111 *Lexikon für Theologie und Kirche*, Bd. 5, S. 890.
112 Giertz, *Bausteine*, S. 288.
113 *CDB*, A 8, S. 244.
114 Schlimpert, *Die Ortsnamen des Barnim*, S. 259, 399f.
115 Schlimpert, *Die Ortsnamen des Barnim*, S. 259.
116 Escher, *Berlin und sein Umland*, S. 24; Hans Jürgen Rach, *Die Dörfer in Berlin. Ein Handbuch der ehemaligen Landgemeinden im Stadtgebiet von Berlin*, Berlin 1988, S. 10.
117 *Das Landbuch der Mark Brandenburg*, S. 119f.
118 1 Talent = 20 Schillinge = 240 Pfennige.
119 Goeters, *Chronologie der Berliner Bürgermeister*, S. 296.

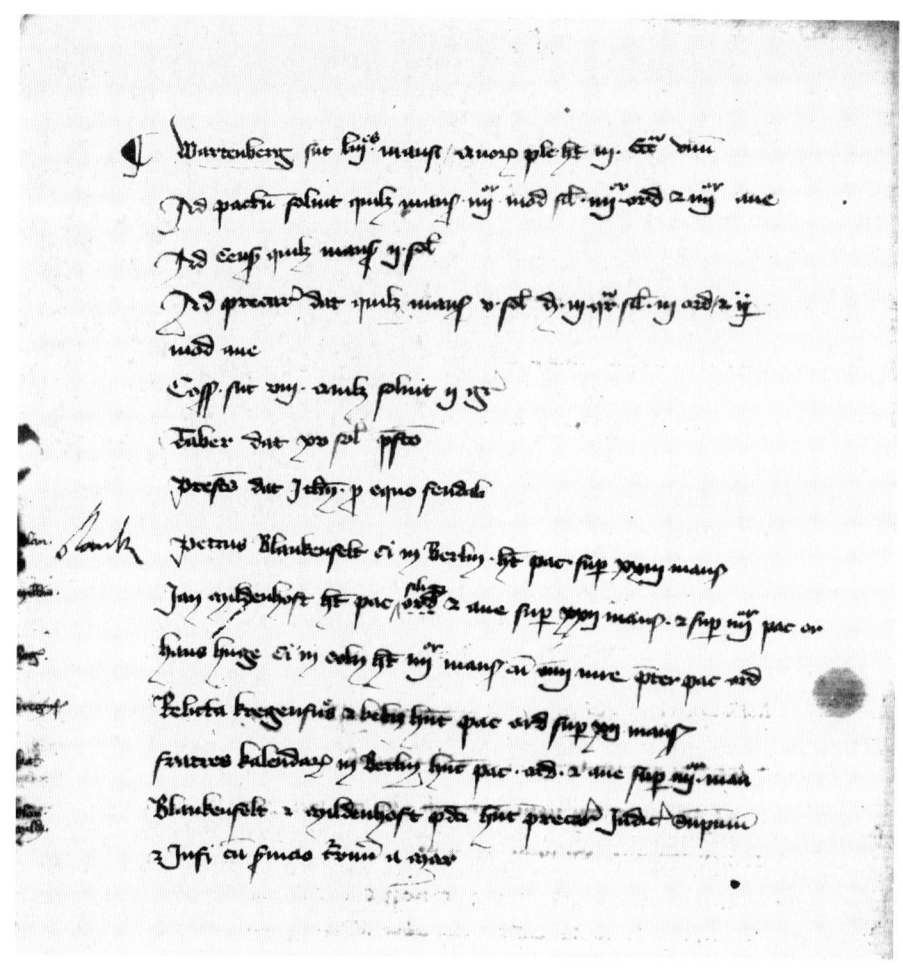

Auszug aus dem Landbuch Kaiser Karls IV. von 1375/76 über die Herrschafts- und Besitzverhältnisse in Wartenberg.

Hafer von 22 und an Gerste von vier Hufen. Die Witwe Kregenfuß und ein Mitglied der Familie Belitz verfügten über die Gerstenpacht von 12 Hufen, der Cöllner Bürger Hans Huge über vier Hufen mit allen Rechten außer der Gerstenpacht. Die Gersten- und Haferpacht von vier Hufen erhielten die Kalandsbrüder in Berlin.[120] Auch in Wartenberg finden wir somit wohlhabende Berliner und Cöllner Lehnbürger. Dazu zählen unter anderem die Familien Blankenfelde, Kregenfuß und Belitz.[121]

120 *Das Landbuch der Mark Brandenburg*, S. 119f. Das Landbuch machte einen Unterschied zwischen dem Kaland zu Cölln und dem zu Berlin, der hier genannt wird. Leopold von Ledebur, *Die Kalands-Verbrüderungen in den Landen Sächsischen Volks-Stammes mit besonderer Rücksicht auf die Mark Brandenburg*, in: Märkische Forschungen 4 (1850), S. 51.
121 [Müller-Mertens], *Die Entstehung Berlins*, S. 118; Müller-Mertens, *Untersuchungen*, S. 4.

Malchow

Bereits um die Mitte des 13. Jahrhunderts besaß Malchow eine feste Kirche. Aus jener Zeit stammte der breite Westturm aus Granitquadern mit rundbogigen spätromanischen Fenstern.[122] Der gewaltige Turm war als Landmarke weithin sichtbar. Das sogenannte Westwerk mittelalterlicher Dorfkirchen in der Mark, so auch jenes der Malchower Kirche, war wohl dem Havelberger Domturm nachempfunden. Es ist aber nicht vorrangig aus einer möglichen Funktion dieser Kirchen als Verteidigungs- und Zufluchtsort in gefahrvollen Zeiten zu erklären. Vielmehr waren in den Türmen oder Westwerken der großen Dome vor allem dem Erzengel Michael geweihte Kapellen untergebracht. Vielleicht hatten die oft auch sehr hohen Türme der Dorfkirchen eine analoge Bedeutung, waren sie dafür gedacht, *unter dem Schutze der Erzengel stehend gegen die Mächte der Finsternis Schutz zu bieten, als deren Sitz man die Himmelsrichtung des Sonnenunterganges ansah?*, wie Winfried Wendland schreibt.[123] Möglicherweise hatte auch der eindrucksvolle Turm der Malchower Kirche eine solche Symbolik. Ein quer vorgelagerter Westturm, der eigentlich zur vollständigen Form der Kirchen gehörte, war im Barnim jedoch nur beim kleineren Teil der Kirchen vorhanden und läßt wohl auf eine wirtschaftlich starke Gemeinde in Malchow schließen.[124]

Das Straßendorf Malchow ist auf einer aus der Umgebung herausgehobenen Landzunge gelegen; nach Westen und Osten fällt das Gelände zur Niederung hin ab. Am Ost- und Südrand des Malchower Sees, südöstlich des deutschen Dorfes, lagen zwei spätslawische Siedlungen sowie eine weitere an der Niederung westlich des Dorfes. Vielleicht wurden diese drei kleineren Siedlungen, die sich in Wassernähe befanden, im Rahmen der frühdeutschen Kolonisation zugunsten eines höher gelegenen deutschen Dorfes verlassen.[125] Das Fortbestehen des slawischen (altpolabischen) Ortsnamens, der soviel wie »Ort eines Klein[ch]en[s]« bedeutet,[126] ist ein möglicher Hinweis darauf, daß die slawische Bevölkerung – wie in vielen neugegründeten Dörfern im vordem slawisch besiedelten Barnim – im frühdeutschen Dorf Malchow angesiedelt wurde. Auch der relativ hohe Anteil von Kossäten in Malchow könnte ein Beleg dafür sein.[127] Er kann aber ebenso mit dem enormen Bedarf an Lohnarbeitern bei der Erschließung und Bearbeitung des neuen Landes zusammenhängen.[128]

Die erste urkundliche Erwähnung Malchows findet sich in einer markgräflichen Urkunde aus dem Jahre 1344, in der ein *Johannes, plebanus in malchowe*, der Pfarrer von Malchow, genannt wird.[129] Das Landbuch von 1375 verzeichnet für Malchow 52 Hufen, davon besaß der Pfarrer vier Hufen. An Pacht waren von jeder Hufe 20 Schillinge, kein Zins und an Bede zweieinhalb Schillinge sowie drei Viertel Roggen,

---

122 Petras, *Alte Berliner Dorfkirchen*, S. 46f.
123 Wendland, *Märkische Dorfkirchen*, S. 21.
124 Barthel, *Die Besiedlungsgeschichte*, S. 54.
125 Heinz Seyer, *Berlin im Mittelalter. Die Entstehung der mittelalterlichen Stadt*, Berlin 1987, S. 111 mit Abb. 22.
126 Schlimpert, *Die Ortsnamen des Barnim*, S. 190.
127 Barthel, *Die Besiedlungsgeschichte*, S. 58ff.
128 Escher, *Berlin und sein Umland*, S. 28f. mit Anm. 26.
129 CDB, A 13, S. 50. Vgl. auch *Festschrift 650 Jahre Malchow. 1344–1994. Ein Streifzug durch die Geschichte*, verfaßt und zusammengestellt von Anke Huschner, hrsg. vom Heimatmuseum Hohenschönhausen, Berlin-Hohenschönhausen 1994.

drei Viertel Gerste und eineinhalb Scheffel Hafer zu entrichten.[130] Die Hufenparzellen der Malchower Bauern lagen in den drei Gewannen der Dorfgemarkung, die als Wartenberger, Lindenberger und Blankenburger (später Berliner) Feld bezeichnet wurden.[131] Im Dorf lebten 28 Kossäten, das heißt etwa dreimal so viele wie in unseren anderen drei Dörfern, die 27 Pfennige und ein Huhn zahlen mußten. Das Dorf hatte einen Schulzen, über dessen Rechte und Leistungen jedoch wie für die Abgabepflichten des erwähnten Kruges der Text des Landbuches nicht überliefert ist. Coppe von Barfuß verfügte in Malchow über umfangreiche, vom Markgrafen verliehene Rechte und Einkünfte; dazu zählten das Lehnpferd, Obergericht, Wagendienst, Patronatsrecht und Anteile an der Bede.[132] Das üblicherweise vom Schulzen zu stellende Lehnpferd läßt auf dessen nichtritterlichen Status beziehungsweise auf einen nichtritterlichen Lokator von Malchow schließen.

Die Familie von Barut(h), später von Barfuß, war im östlichen Barnim weit verzweigt. Johannes von Baruth gehörte zu den märkischen Adligen, die 1280 in Berlin mit dem Markgrafen den Bedevertrag schlossen. Hinsichtlich ihrer Herkunft ist die Einordnung der Familie jedoch problematisch.[133] Von Coppe von Barfuß hatten der Bürger Henning Flügge aus Berlin sowie ein Mitglied der Familie Quast verschiedene Hebungen als Leibgedinge erhalten. Einem aus der Familie Blankenfelde waren Anteile an der Pacht vom Markgrafen übertragen worden. Der begüterte Berliner Bürger Johannes Aken[134] verfügte in Malchow über einen beträchtlichen Anteil an der Bede, den er von *von Lossow* erhalten hatte.[135] Die adlige Familie von Lossow stammte wie die Familie Quast wahrscheinlich aus dem Herrschaftsbereich des Erzbistums Magdeburg und besaß in Malchow vor 1375 diese Rechte.[136]

Falkenberg

Die Anfänge des Dorfes Falkenberg liegen in der ersten Hälfte des 13. Jahrhunderts; auch hier gab es eine Feldsteinkirche, die in diese Zeit datiert. Der Name Falkenberg taucht erstmalig in Verbindung mit einem *Herrn Hasse von Falkenberg* auf, der in einer markgräflichen Urkunde aus dem Jahre 1349 als Zeuge genannt wird.[137] Eine direkte Erwähnung fand das Dorf in einer Urkunde des Markgrafen Otto des Faulen vom Juni 1370. Er schenkte darin den Städten Berlin und Cölln acht frusta[138] jährliche Einkünfte *in villa Valkenberg*, die vordem den Gebrüdern von der Gröben gehört hatten.[139]

---

130 *Das Landbuch der Mark Brandenburg*, S. 122.
131 Günter Nitschke, *Aus Malchows ältester Vergangenheit. 13. bis 15. Jahrhundert*, Berlin-Weißensee 1959, S. 9.
132 *Das Landbuch der Mark Brandenburg*, S. 122; *Historisches Ortslexikon*, S. 354.
133 Barthel, *Die Besiedlungsgeschichte*, S. 51f. Die Adelsfamilien von Röbel und von Barfuß, die über mehrere Jahrhunderte in den Dörfern des späteren Bezirks Hohenschönhausen Herrschaftsrechte innehatten, sowie die im Teltow ansässige Familie von Hake sind hinsichtlich ihrer Entstehung und Herkunft sogar durch eine Wappensage verbunden. Nachzulesen bei Martin Pfannschmidt, *Geschichte der Berliner Vororte Buch und Karow*, Berlin 1927, S. 33f.
134 [Müller-Mertens], *Die Entstehung Berlins*, S. 117; Müller-Mertens, *Untersuchungen*, S. 4.
135 *Das Landbuch der Mark Brandenburg*, S. 122.
136 Barthel, *Die Besiedlungsgeschichte*, S. 47.
137 *CDB*, A 11, S. 39.
138 Ein frustum verkörperte eine bestimmte Anzahl von Geld- oder Naturprodukten, die untereinander austauschbar waren. Dies konnten ein Wispel (= 960 Kilogramm) Roggen oder

Ehemalige Malchower Dorfkirche, 1945 zerstört; Aufnahme um 1895.

Bei Falkenberg handelt es sich um einen übertragenen heraldischen Namen (mittelniederdeutsch *valke*) eines Rittersitzes oder einer Burg. Seinen Ausgangspunkt hat dieser im ostdeutschen Kolonisationsgebiet häufig vorkommende Name in den westlichen Altsiedellandschaften.[140] In den Urkunden der brandenburgischen Markgrafen tauchen seit 1240 einige Zeugen auf, deren Namen auf wettinisches wie auf magdeburgisches Siedlungsgebiet hinweisen. Dazu zählt unter anderem *de Valkenberch* (1258).[141] Unser Falkenberg, aber auch das im Oberbarnim gelegene gleichnamige Dorf haben Parallelen in der Altmark sowie in Gebieten südlich des Barnim, die zum wettinischen Herrschaftsbereich gehörten.[142]

Falkenberg wurde als Straßendorf angelegt, in dieser Form jedoch durch die spätere Gutsbildung verändert. Hinsichtlich der Dorfgemarkung konnte Anneliese Krenzlin am Beispiel von Falkenberg eine konstante Flureinteilung von 1375 bis ins 18. Jahrhundert, das heißt trotz relativ starker Wüstungserscheinungen im Zusammenhang mit der Agrarkrise des 14. Jahrhunderts, nachweisen. Ein typisches Merkmal der Hufengewannflur zeigte sich in diesem Dorf darin, daß Geländebeschaffenheit und Bodengüte bei der Anlage der Gewanne zumeist keine Berücksichtigung fanden. Die Streifenparzellen der großen Felder verliefen oft über Unebenheiten, Rinnsale und kleine Pfühle hinweg.[143] Falkenberg war noch Mitte des 19. Jahrhunderts von zahlreichen Teichen und kleinen Seen umgeben.[144] Die Gewanne wurden das Ahrensfeldische, das Wartenberger und das Heyde-Feld genannt.

Das Landbuch von 1375 weist für Falkenberg 52 Hufen aus, von denen vier dem Pfarrer und der Kirche gehörten. Ebenso verfügte Tyle von Beeren über zehn Ritterhufen.[145] Hierbei handelte es sich um den Ritterhof einer wahrscheinlich aus dem Herrschaftsbereich des Erzbistums Magdeburg stammenden Adelsfamilie.[146] Die Größe des Ritterhofes entsprach dem durchschnittlichen Umfang auf dem Barnim, welcher wiederum über dem der übrigen märkischen Landschaften lag.[147] Falkenberg war von unseren vier Dörfern zu diesem Zeitpunkt das einzige mit Ritterbesitz; Hohenschönhausen, Malchow und Wartenberg werden wohl reine Bauerndörfer gewesen sein.

An Pacht waren je Hufe drei Scheffel Roggen, drei Scheffel Hafer, an Zins ein Schilling und an Bede zweieinhalb Schillinge zu zahlen. Die acht Kossäten hatten jeweils einen Schilling zu entrichten. Es gab einen Krug, über dessen Zinspflichten aber nichts überliefert ist. Neben Rechten, welche die Städte Berlin und Cölln in Falkenberg seit 1370 innehatten, bezogen Einkünfte aus dem Dorf die Berliner Bürger Rutger, der diese drei Jahre zuvor vom Rat zu Berlin erworben, und Hole-

---

Gerste, zwei Wispel Hafer, 16 Scheffel Weizen, 12 Scheffel Bohnen, zwei Schock (= 120) Hühner oder ein Pfund Pfennige sein. Müller-Mertens, *Hufenbauern*, S. 51.
139 *CDB*, A 12, S. 504; *Historisches Ortslexikon*, S. 137.
140 Schlimpert, *Die Ortsnamen des Barnim*, S. 133, 378.
141 Barthel, *Die Besiedlungsgeschichte*, S. 66.
142 Schlimpert, *Die Ortsnamen des Barnim*, S. 399f.
143 Krenzlin, *Dorf, Feld und Wirtschaft*, S. 26ff.
144 *Berlin, Bezirk XVIII: Weißensee*, bearb. von Max Bellach (= Du und die Heimat. Heimatkundliche Lesehefte für den Unterrichtsgebrauch, 2. Reihe: Heimatkunden für die Verwaltungsbezirke der Reichshauptstadt Berlin), Breslau 1939, S. 4.
145 *Das Landbuch der Mark Brandenburg*, S. 119.
146 Barthel, *Die Besiedlungsgeschichte*, S. 46.
147 Müller-Mertens, *Hufenbauern*, S. 67.

kanne, der vom Markgrafen ein frustum zu Lehen hatte, sowie die Adligen Hans und Tamme Röbel, welche sie *seit jeher* besaßen. Ebenso erhielten die Witwe Steinow zu Beelitz und Mentze von Holtzendorf markgräflich vergebene Einkünfte. Dem Markgrafen war der Vasallendienst – in der Regel Kriegsdienst – zu leisten,[148] während im Unterschied dazu in Hohenschönhausen, Wartenberg und Malchow von einem Lehnpferd beziehungsweise einem dafür zu zahlenden Geldbetrag die Rede ist. Die Art der Verpflichtung in Falkenberg deutet auf einen ritterlichen Lokator des Dorfes hin. Im Landbuch ist jedoch nicht vermerkt, wer den Vasallendienst zu leisten hatte, wer die Gerichtsbarkeit, das Kirchenpatronat sowie den Wagendienst besaß. Ernst Fidicin schreibt, daß es die Gebrüder Hans und Heinrich von der Gröben gewesen seien, und begründet dies mit einem Vermerk aus dem Jahre 1376, in welchem die Genannten zugunsten des Berliner Rates, der Falkenberg erworben hatte, *sich aller Ansprüche und Gerechtigkeiten an den Dörfern Berkholz und Falkenberg begaben.*[149]

Wechselvolle Geschichte im Laufe der Jahrhunderte – Die Dörfer bis zum Ende des Dreißigjährigen Krieges

Der Höhepunkt des Lehnbesitzes Berliner und Cöllner Bürger war Ende des 14. Jahrhunderts überschritten. Bei den Belehnungen in den Jahren 1472/73 zeigte sich im Vergleich zu 1375 ein wesentlich verringerter Besitz im Berliner Raum, über den auch nur noch zwanzig Bürgerfamilien verfügten,[150] darunter Martin und Valentin Wins in Falkenberg und Michael Aken in Malchow.[151] Die Familie Wins, welche von 1427 bis 1443 ansehnliche Einkünfte und Besitzungen in Falkenberg und Wartenberg erworben hatte, war nach dem »Berliner Unwillen« 1447 zwar vom Kurfürsten mit der Einziehung ihrer Lehen bestraft worden, hatte diese aber schon ein Jahr später zurück erhalten und in den Folgejahren weiter ausbauen können.[152] Aus der Familie Wins stammte vor allem in der zweiten Hälfte des 15. Jahrhunderts eine Reihe der Berliner Bürgermeister, darunter Valentin Wins.[153]

Als eine Folge der Agrarkrise des 14. Jahrhunderts vollzogen sich im Verlaufe des 15. Jahrhunderts grundlegende Veränderungen in den Besitzverhältnissen wie auch in der Ausübung der Herrschaftsrechte durch weltliche und geistliche Grundherren. Diese Rechte fielen zumeist wieder in ritterschaftlichen Besitz zurück. Versuche, zum Beispiel der Familie von Röbel, auf dem Barnim und dem Teltow eine dominierende Stellung aufzubauen, schlugen jedoch fehl.[154] Wie in den meisten Dörfern wechselten auch in Hohenschönhausen, Falkenberg, Malchow und Wartenberg häufig die Besitzer.[155] Im Zusammenhang mit dem »Berliner Unwillen«

---

148 *Das Landbuch der Mark Brandenburg*, S. 119.
149 Fidicin, *Historisch-diplomatische Beiträge*, T. 3: *Berlinische Regesten von 949 bis 1550*, Berlin 1887. Nachdruck der Originalausgabe, Berlin 1990, S. 259; Ernst Fidicin, *Geschichte des Kreises Niederbarnim und der in demselben belegenen Städte, Rittergüter und Dörfer*, in: *Die Territorien der Mark Brandenburg*, Bd. 1, T. 2, Berlin 1857, S. 58.
150 Escher, *Berlin und sein Umland*, S. 46.
151 *CDB*, C 3, S. 331, 333.
152 *Historisches Ortslexikon*, S. 138; Knut Schulz, *Vom Herrschaftsantritt der Hohenzollern bis zum Ausbruch des Dreißigjährigen Krieges (1411/12–1618)*, in: Ribbe, *Geschichte Berlins*, Bd. 1, S. 304.
153 Goeters, *Chronologie der Berliner Bürgermeister*, S. 297ff.
154 Escher, *Berlin und sein Umland*, S. 47f.

ging außerdem eine Reihe von Berliner und Cöllner Bürgern ihrer Besitzungen in den umliegenden Dörfern verlustig; der Kurfürst belehnte damit ihm getreue Untertanen. So verlieh er im November 1448 an Paschen Donewitz und dessen Söhne Peter und Merten *sulch Schultenampt und gerichte In unnserm dorff hoenschonhusenn mit allenn und Iglichen czugehorungen, friheiten und gerechtickeitenn, Als von alder dar czu gehort had.*[156] Aus diesem Lehnschulzengut ging ein Rittergut hervor, das um 1450 zehn Freihufen sowie eine Schäferei umfaßte und sich im Besitz von Hans Glienicke befand. Im Jahre 1480 gehörte es der Familie von Röbel, die seit 1513 einen ihrer Wohnsitze in Hohenschönhausen hatte und seit 1536 zweihundert Jahre lang die Gutsherrschaft im Dorf ausübte. Diese märkische Adelsfamilie verfügte darüber hinaus über umfangreiche Besitzungen im Nordosten Berlins. Seit 1515 besaß sie auch das halbe Dorf Wartenberg.[157] Die andere Hälfte des Dorfes gehörte seit 1518 der Familie von Beerfelde zu Trebnitz. Beide Familien hatten 1536 einen Wohnsitz in Wartenberg.[158]

Aus Lehnsregistraturen der Jahre 1441, 1442 und 1445 geht hervor, daß Jacob von Barfuß in Malchow mit den Rechten auf alle 48 Hufen, dem Ober- und Untergericht sowie Wasser und Weide belehnt war.[159] Bereits 1480 hatten die von Barfuß in Malchow zwölf Hufen unter ihrem Pflug, die übrigen 36 waren zinspflichtig.[160] Im Jahre 1494 bestanden in Malchow zwei Ritterhöfe derer von Barfuß, die verschiedenen Brüdern und Vettern der Familie gehörten. Die von Barfuß waren bis 1684 Gutsherren von Malchow.[161] In Falkenberg hatten Ende des 15./Anfang des 16. Jahrhunderts die von Röbel zu Buch sowie eine Familie von Barfuß (1540) Hebungen inne; vor allem aber verfügten hier Berliner und Cöllner Bürgerfamilien über Rechte.[162]

Das Bistum Brandenburg umfaßte Mitte des 15. Jahrhunderts in der Mark fünf Dompropsteien, darunter Berlin und Bernau, die zugleich bischöfliche Bezirke (*sedes*) darstellten.[163] Die Matrikel des Bistums Brandenburg nach den Propsteistühlen vom Jahre 1459 verzeichnet für die *sedes Bernov* auch *Malgov* und *Schonhusen*, für die *sedes Berlin* die Dörfer *Schonhusen bassa* (Niederschönhausen) sowie *Wardenbergh* und *Schonhusen alta*.[164] Mit größerer Wahrscheinlichkeit gehörte Hohenschönhausen wohl zur *sedes* Berlin.[165] Um 1470 erhielt die Hohenschönhausener Kirche vermutlich ihren ersten Turm aus Fachwerk und ein Jahr später die ersten Glok-

---

155 *Historisches Ortslexikon*, S. 137f.; 354; 501; 597f.
156 *CDB*, A 11, S. 306.
157 *Historisches Ortslexikon*, S. 501, 598; *Die Schoßregister der mittelmärkischen Kreise 1450, 1451, 1480, 1481*, in: Ernst Fidicin (Hrsg.), *Kaiser Karl's IV. Landbuch der Mark Brandenburg nach den handschriftlichen Quellen*, Berlin 1856, S. 278; *CDB*, C 2, S. 449.
158 *Historisches Ortslexikon*, S. 598.
159 *CDB*, C 1, S. 249.
160 *Die Schoßregister*, S. 286.
161 *Historisches Ortslexikon*, S. 354; *CDB*, C 11, S. 443f.
162 *Historisches Ortslexikon*, S. 138; *Die Schoßregister*, S. 279.
163 Karl Themel, *Die Entstehung der Kirchenkreise in der evangelischen Kirche Berlin-Brandenburg*, in: *Jahrbuch für brandenburgische Landesgeschichte* 22 (1971), S. 12.
164 *CDB*, A 8, S. 418, 420.
165 Die Zuordnung ist nicht eindeutig. In der Ortschaftsstatistik von 1861 erfolgt auf Grundlage der Matrikel von 1459 die Zuordnung von Malchow und Hohenschönhausen zur Propstei Bernau und nur von Wartenberg zur Propstei Berlin. *Ortschafts-Statistik des Regierungsbezirks Potsdam mit der Stadt Berlin*, bearb. von Richard Boeckh, Berlin 1861, S. 76, 84, 88. Das Historische Ortslexikon hingegen ordnet Hohenschönhausen aufgrund derselben Matrikel der *sedes* Berlin zu. *Historisches Ortslexikon*, S. 502.

ken.[166] Eine um 1500 entstandene Kreuzigungsgruppe aus dieser Kirche kann heute im Märkischen Museum (Nikolaikirche) besichtigt werden.[167]

Nach dem Einzug der Reformation in Berlin im Jahre 1539[168] folgte die Mark Brandenburg bald darauf. Auch in unseren vier Dörfern wurde durch den jeweiligen Kirchenpatron der lutherische Glaube eingeführt; dies waren Georg von Röbel in Hohenschönhausen, Jacob und Christoph Barfuß in Malchow, die von Röbel und Beerfelde in Wartenberg sowie der Kurfürst und die Familie Wins in Falkenberg. Die ersten evangelischen Pfarrer, die uns aus dem Jahre 1541 überliefert sind, waren Simon Schlaberndorf in Wartenberg, welcher die Falkenberger und Lampertus Jahn in Malchow, der die Hohenschönhausener Kirche mit betreute.[169]

Die Einkünfte der Geistlichen fielen jedoch vor und nach der Reformation äußerst gering aus, so daß sie zumeist in ärmlichen Verhältnissen lebten. Im Visitationsprotokoll von 1541 ist für Hohenschönhausen ein wüster Pfarrhof verzeichnet, den Georg Röbel innehatte. Der Pfarrer erhielt von den vier Pfarrhufen noch Einkünfte an Getreide und Wachs, und der von Röbel sollte ihm *uber den andern sontagk ein maltzeit geben*.[170] Den Falkenberger Pfarrhof mit drei Hufen hatte der Pfarrer *außgethan*, das heißt für sechs Hühner, etliche Scheffel Roggen und Hafer sowie Kavelholz, ein Pfund Wachs und drei Rauchhühner von drei Höfen verpachtet.[171] In Falkenberg war der Küster *ohne Häuslein*, ebenso in Wartenberg und Malchow, aber im Protokoll ist hier zumindest festgehalten, daß die Leute den beiden letztgenannten eins bauen sollten. Der Hohenschönhausener Küster erhielt außerdem sieben Scheffel Roggen für das Läuten der Kirchenglocken.[172] Während Falkenberg jährlich 50, Hohenschönhausen 60 und Wartenberg 70 Kommunikan-

---

166 Werner Jankowski, *450 Jahre Evangelische Kirchengemeinde Berlin-Hohenschönhausen*, Berlin-Hohenschönhausen 1990, S. 1, 5.
167 Otto Pniower, *Kirchliche Plastik im Märkischen Museum*, in: *Velhagen und Klasings Monatshefte* 37 (1922/23), H. 1, S. 388, 390; Julius Kurth, *Die Kirche von Hohenschönhausen vor und nach der Reformation. Eine Festgabe zum Lutherjubiläum* (= HOHENSCHOENHAUSENIANA II.), Berlin-Hohenschönhausen 1917, S. 4ff.
168 Georg Holmsten, *Die Berlin-Chronik. Daten. Personen. Dokumente*, 3., durchges. Aufl., Düsseldorf 1990, S. 99.
169 CDB, A 11, S. 477, 484. Die Kirche von Hohenschönhausen war bis 1808 Filia von Malchow, danach von Weißensee und seit 1908 eine selbständige Pfarrkirche. Die Falkenberger Kirche blieb bis 1808 eine Filia von Wartenberg; seit 1809 waren beide Filialkirchen von Malchow. *Verzeichnis der Pfarrstellen und der Pfarrer*, bearb. von Otto Fischer (= Evangelisches Pfarrerbuch für die Mark Brandenburg seit der Reformation, Bd. 1), Berlin 1941, S. 33ff.; Jankowski, *450 Jahre*, S. 9.
170 CDB, A 11, S. 484f.
171 CDB, A 11, S. 477. Die Erwähnung von Wachs weist auf die von vielen Bauern, Kossäten und Pfarrern betriebene Bienenzucht hin. Neben dem Kienspan war die Wachskerze zu jener Zeit das wichtigste Beleuchtungsmittel, und Honig fand nicht nur als Brotaufstrich, sondern auch bei der häuslichen Bierbereitung Verwendung.
172 CDB, A 11, S. 485. Bemerkenswert ist, daß diese Festlegung über mehrere Jahrhunderte Gültigkeit besaß. Als sich 1740 der für das Meßläuten verantwortliche Schulmeister bei der Gemeinde beschwerte, daß er dafür nur einen halben Scheffel Roggen bekäme, verwies man ihn auf die Matrikel von 1541; er solle sich deswegen mit dem Malchower Küster auseinandersetzen. Gustav Berg, *Hohenschönhauser Dingetage*, in: *Berliner Heimat* (1957), H. 2, S. 76. Zur Vergütung des Hohenschönhauser Lehrers gehörte im Jahre 1882 auch *in natura gegebenes Messkorn ... zu Martini im Sommer für das vorhergehende Wirtschaftsjahr ...* Landesarchiv Berlin, Außenstelle Breite Straße [Künftig zitiert: LAB (StA)], Rep. 48-08, Nr. 289. Erst im Jahre 1910 beschloß die Hohenschönhauser Gemeindevertretung die Ablösung der *für die Küsterei zu entrichtenden Roggengeldrente*. *Niederbarnimer Kreisblatt* vom 25. Dezember 1910, 2. Beilage.

ten hatte, waren es in Malchow sogar 100,[173] was die Einkünfte der Pfarrer etwas aufgebessert haben wird. Interessant sind diese Angaben vor allem deshalb, weil sie einen Anhaltspunkt für die relative Bevölkerungsziffer in den Dörfern bilden.

So dürftig wie die soziale Lage der Dorfgeistlichkeit gestaltete sich scheinbar auch die Einstellung der Dorfbevölkerung dem Kirchgang gegenüber. Nur so ist wohl zu erklären, daß den Bauern, die nicht regelmäßig die Kirche besuchten, laut Malchower Gemeindeordnung von 1591 neben Strafgeld oder Gefängnis sogar die Vertreibung aus dem Dorf drohte.[174] Wie im Dorfkrug der Wirt die Schuldner, so vermerkte der Dorfschulze die der Kirche Ferngebliebenen durch Einkerbungen auf einem Holzstock; die Betreffenden hatten also etwas auf dem Kerbholz! Noch bis Mitte des 18. Jahrhunderts war es außerdem durchaus üblich, daß die Pfarrer in den Kirchen des Sonntags Verordnungen und Bekanntmachungen verlasen, die unter anderem Markttermine, den Viehaustrieb, Feuerordnungen und Steuern betrafen, oder gar verlorene Sachen ansagten.[175]

Nach der Reformation wurden jene Stücke des Kircheninventars, die zuvor dem katholischen Gottesdienst gedient hatten und nun nicht mehr benötigt wurden, entfernt. Die Geräte waren an die Kurfürstliche Silberkammer zu Berlin abzugeben, nicht zuletzt deshalb, weil der ortsansässige Adel versucht war, sich diese anzueignen. Auch aus den Kirchen unserer vier Dörfer wurde – allein nach dem Gewicht des registrierten Silbers zu urteilen[176] – so manches kunstvolle Stück eingeschmolzen.

Im 15./16. Jahrhundert erfolgten sowohl bauliche als auch Veränderungen in der Innenausstattung der Kirchen.[177] Die Glockengießer, welche sich in jener Zeit in der Mark Brandenburg einen Namen machten, kamen vorzugsweise aus den süd- und westrheinischen Gebieten Deutschlands. Nachdem er im Jahre 1536 Küstrin zu seiner Residenz erhoben hatte, ließ der kunstsinnige Markgraf Johann den Stuttgarter Glockengießer Michael Keßler dorthin berufen und das sogenannte »alte Gießhaus« errichten. Von Michael Keßler wurden 1552 und 1572 auch die Glocken der Malchower Kirche gefertigt.[178] Im Leben der Dorfbevölkerung spielten diese eine wichtige Rolle, denn sie riefen nicht nur zu Gottesdienst, Taufe oder Hochzeit, sondern läuteten auch die Ernte ein und warnten bei Sturm, Feuer, Krieg und Krankheit (Pest). Der Brauch des Wetterläutens war in Brandenburg bis ins 18./19. Jahrhundert allgemein üblich.[179]

Neben dem Getreideanbau stellte die märkische Schafzucht im 15. und 16. Jahrhundert einen wichtigen landwirtschaftlichen Wirtschaftszweig dar. Die trockenen Sandböden des Niederbarnim eigneten sich dafür in besonderem Maße. Entschei-

---

173 *CDB*, A 11, S. 477, 484.
174 Günter Nitschke, *Das Bauernlegen in Malchow*, Berlin-Weißensee 1960, S. 5.
175 Walter C. Türck, *Die Dorfkirchen von Berlin*, Berlin 1950, S.30.
176 *CDB*, C 3, S. 501f.
177 Türck, *Die Dorfkirchen*, S. 13, 20f., 23, 67, 74, 79f.; Kurth, *Die Kirche von Hohenschönhausen*, S. 4ff.
178 Leopold von Ledebur, *Beitrag zur Glockenkunde der Mittelmark*, in: Märkische Forschungen 6 (1858), S. 126, 135f.; Hans Vollmer (Hrsg.), *Allgemeines Lexikon der bildenden Künstler von der Antike bis zur Gegenwart*, begründet von Ulrich Thieme und Felix Becker, Bd. 20, Leipzig 1927, S. 206f.; *Inventar der Bau- und Kunstdenkmäler in der Provinz Brandenburg*, bearb. von Rudolf Bergau, Berlin 1885, S. 517.
179 Vgl. hierzu Gustav Metscher, *Aus alten Tagen. Kulturhistorische Skizzen* (= Märkische Heimatbücherei, H. 1), Eberswalde 1922, S. 23; Türck, *Die Dorfkirchen*, S. 18; *Die Wetterglocke*, in: *Mark Brandenburg. Aus der Heimatpresse des Landes Brandenburg*, Berlin 1991, S. 24ff.

dend war jedoch, daß die Tuchmacher in den Städten jährlich große Mengen Wolle benötigten. Eine kurfürstliche Schäferordnung aus dem Jahre 1572 untersagte daher auch die Ausfuhr roher Wolle.[180] In den Schoßregistern der mittelmärkischen Kreise aus den Jahren 1450/51 finden sich bereits Hinweise auf die Schafhaltung in unseren vier Dörfern. So werden *Dy Herde zcu Malgow* und *Der herte zcu Hohenschonhuszen* sowie *Der herte zcu Wartenberg* und *Der herte zcu Falkenberg* genannt, von denen aber nur die beiden letztgenannten Steuern zu entrichten hatten. Ferner ist die Rede vom *scheffer zcu Hohenschonhusen*, der im Schoßregister von 1451 jedoch fehlt.[181] Bis zum Ende des 18. Jahrhunderts belegt die Erwähnung von Schäfern, Schäferknechten und Hirten in den Dörfern den Fortbestand der Schafhaltung; 1745 gab es in Wartenberg sogar zwei Schäfereien.[182]

Im 16. Jahrhundert setzte auch in der Mittelmark eine konsequente »Gutspolitik« der Ritterschaft ein. Nach der Befreiung des Adels von den Getreidezöllen war dieser vor allem bestrebt, seine Eigenbetriebe zu vergrößern, die landwirtschaftliche Produktion und damit den Gewinn aus den Getreideexporten zu steigern. Dies geschah durch die Einziehung wüst gewordener Feldmarken, vornehmlich aber durch das sogenannte Bauernlegen. Die vormals freien Bauern gerieten zunehmend in wirtschaftliche und rechtliche Abhängigkeit von der Dorfherrschaft, nicht zuletzt aufgrund der sogenannten Patrimonialgerichtsbarkeit. Während Geldabgaben entfielen oder reduziert wurden, erhöhten sich die Zwangsdienste der Bauern und kamen neue hinzu.[183] Im Barnim und in Lebus leisteten die Bauern bis 1572 weniger Dienste als in anderen Kreisen. Die Ritterschaft setzte jedoch eine Angleichung an die dort üblichen, schwereren Belastungen durch. Im Jahre 1575 erließ Kurfürst Johann Georg – den Wünschen der Adligen entsprechend – eine Lohn- und Gesindeordnung für die Kreise Lebus und Barnim, in welcher die Lohnsätze fixiert und auf diese Weise Steigerungen ausgeschlossen werden konnten. Frühere Festlegungen besagten bereits, daß Bauern, die Klagen gegenüber ihrer Herrschaft nicht eindeutig beweisen konnten, harte Strafen drohten.[184] Anfang des 17. Jahrhunderts hatten die Malchower Bauern beispielsweise an Hofdiensten drei Tage zu pflügen, zwei Tage zu mähen, zwei Tage zu harken und 32 Wagenfuhren zu leisten. Hinzu kam außerdem noch eine beträchtliche Anzahl willkürlicher Dienstverpflichtungen. Als sie ungeachtet der Strafandrohung dagegen aufbegehrten, erreichten sie vor Gericht zwar einen Vergleich, der jedoch letztlich mit einer Erhöhung der vertraglich festgelegten Hofdienste verbunden war.[185]

Nachdem bereits 1540 unter Kurfürst Joachim II. das Auskaufen von Bauernstellen bei »Vergehen« der Untertanen oder auch bei »Eigenbedarf« des Adels – so zur Versorgung eines überzähligen Familienmitgliedes mit einem neuen Rittersitz – rechtlich sanktioniert worden war, wurde dies später nur bestätigt. So kaufte Georg von Barfuß im Jahre 1612 die Höfe zweier Malchower Bauern unter dem Vorwand auf, daß er sie als Leibgedinge für seine Ehefrau nutzen wolle.[186] Der

---

180 Metscher, *Aus alten Tagen*, S. 9f.
181 *Die Schoßregister*, S. 287, 303.
182 *Historisches Ortslexikon*, S. 138, 354f., 501f., 598.
183 Escher, *Berlin und sein Umland*, S. 48f.
184 Martin Haß, *Die Kurmärkischen Stände im letzten Drittel des sechszehnten Jahrhunderts*, Leipzig-München 1913, S. 145f.
185 Nitschke, *Das Bauernlegen*, S. 8f.
186 Nitschke, *Das Bauernlegen*, S. 7; *Historisches Ortslexikon*, S. 354.

Prozeß der Vergrößerung des gutsherrschaftlichen Besitzes und des sozialen Niedergangs der Bauern setzte in allen vier Dörfern schon vor dem Dreißigjährigen Krieg ein. Der Landreiterbericht des Jahres 1608 verzeichnete unter den Rittergutsbesitzern des Niederbarnim den Schloßjunker Jürgen von Barfuß, dem das Dorf Malchow gehörte und der darin zwei Sitze innehatte. Zu den Landjunkern zählte er in Wartenberg Joachim von Röbel zu Hertzfelde und Christoph Beerfelde zu Trebenitz, die auf ehemaligen Bauerngütern saßen. Ebenso wurde vermerkt: *Hogenschonhusen, das ist Freigerichte gewesen und do hot Wulf Robell sein Sitz und die Dienste gehorn J. Churf. G.*[187] Es findet sich also noch über hundert Jahre später der Hinweis auf das ursprüngliche Hohenschönhausener Schulzengericht. Zu Wolf Röbels Zeiten stand das noch kleine herrschaftliche Haus auf dem Pfarrboden; es wurde zweimal von Bränden zerstört. Spätestens seit der ersten Hälfte des 18. Jahrhunderts gab es ein massives Herrschaftshaus der von Röbel in Hohenschönhausen, welches sich auf dem Grund und Boden des Schulzengerichtes und eines Bauernhofes befand.[188] Im Jahre 1660 gingen außerdem die bis dahin kurfürstlichen Dienste an Hans Christoph von Röbel über.[189]

Die Unterscheidung zwischen Schloß- und Landjunkern weist auf die ursprüngliche Scheidung der mittelalterlichen Ritterschaft in beschlossene und unbeschlossene Geschlechter hin, die vor allem auf unterschiedlichem materiellen Besitz beruhte und nach wie vor mit bestimmten Vorrechten des schloßgesessenen Adels verbunden war.[190] Während in einigen Familien alle beziehungsweise die Hauptzweige schloßgesessen waren, betraf dies andere nur teilweise. Bereits 1373 zählten zu den schloßgesessenen Geschlechtern, deren Namen mit der Geschichte unserer Dörfer verbunden sind, die Familien von Rochow (Hohenschönhausen) und von der Gröben (Falkenberg).[191] In den Jahren 1577 und 1612 erscheinen unter den beschlossenen Adligen zwar alle von Barfuß zu Kunersdorf, Predikow, Barzelow, Mögelin und Malchow, aber nur die von Röbel zu Friedland und Buch.[192] Außerdem gehörten 1612 zu dieser Gruppe der Ritterschaft die von Löben zu Falkenberg,[193] die von 1603 bis 1744 Besitzer des Dorfes waren.[194]

Unter den Adligen, welche dem Kurfürsten zu Vasallendiensten, also zur Stellung eines oder mehrerer Rüstpferde oder entsprechender Geldleistungen verpflichtet waren,[195] zählten 1565 *die Barfueße zue Malchow und Nieder Schoenhaußen*

---

187 Erich Kittel, *Die Erbhöfe und Güter des Barnim 1608/1652. Verzeichnis der Lehnsleute, Bauern, Kossäten und Knechte*, Bernburg 1937, S. 28, 30.
188 *Aus dem handschriftlichen Nachlaß des Professors Becmann: Weißensee, Heinersdorf und Hohenschönhausen*, in: Giertz, Bausteine, S. 36. Wahrscheinlich stammte das Ende des 18. Jahrhunderts in Bauakten beschriebene zweigeschossige Gutshaus bereits aus dieser Zeit; insbesondere die kürzlich entdeckten Kreuzgewölbe lassen vermuten, daß die Grundmauern des heutigen Gutshauses von Hohenschönhausen mindestens bis in die erste Hälfte des 18. Jahrhunderts zurückreichen. Vgl. Bärbel Ruben, *Was machen wir mit unserem Schloß?*, in: Hohenschönhausener Lokalblatt (1994), Nr. 37.
189 *Aus dem handschriftlichen Nachlaß*, S. 36; Historisches Ortslexikon, S. 501.
190 Haß, *Die Kurmärkischen Stände*, S. 33ff.; [Adolph Friedrich] Riedel, *Von dem Unterschiede zwischen den beschlossenen und unbeschlossenen Geschlechtern der Brandenburgischen Ritterschaft*, in: Märkische Forschungen 1 (1841), S. 281.
191 Riedel, *Von dem Unterschiede*, S. 274.
192 Riedel, *Von dem Unterschiede*, S. 280; CDB, Supplementbd., S. 183.
193 Riedel, *Von dem Unterschiede*, S. 280.
194 *Historisches Ortslexikon*, S. 138. Im Landreiterbericht von 1608 wird die Familie von Löben jedoch nicht erwähnt.
195 Fidicin, *Historisch-diplomatische Beiträge*, T. 5: *Geschichte der Stadt*, Berlin 1842, Nachdruck der

sowie *Hanß und Wolf Robell zu Eggerstorff und Schoenhaußen*.[196] Die im Niederbarnim ansässigen von Barfuß hatten 1588 insgesamt sechs Pferde zu stellen,[197] und im Jahre 1672 waren zum Roß- oder Ritterdienst die von Barfuß zu Malchow, die von Röbel zu Hohenschönhausen sowie die Baronin Kemnitz zu Wartenberg verpflichtet.[198] Allerdings kam es nicht selten zu Streitigkeiten, weil sich einige Vasallen dieser Pflicht zu entziehen versuchten.[199] Bei einer kurfürstlichen »Generalmusterung« der Ritterdienste im Jahre 1588 wurde unter den *notirten Mängeln* festgehalten, daß die zu diesem Dienst Verpflichteten *Wolff Roebell zu Schoenhausen* und *Panthel Thums Sohne zu Falckenberg* gar nicht erst erschienen waren.[200]

Sigmundt, Christoph und Otto Barfuß zu Malchow sowie Wolf Röbel zu Hohenschönhausen zählten zu jenen Adligen des Barnim, die im Jahre 1572 zum Landtag geladen wurden,[201] dem einzigen in der Zeit von 1565 bis 1602.[202] Unter den Mitgliedern des Großen Ausschusses der kurmärkischen Landstände, die als Vertreter des Barnim zu dessen Tagungen geladen wurden, befanden sich seit dem letzten Drittel des 16. Jahrhunderts ebenfalls mehrere Familienmitglieder derer von Barfuß und Röbel.[203] Hans Christoph von Röbel (1603–1671), Erbherr auf Hohenschönhausen, Wartenberg und Buchholz, war Kommissarius des Niederbarnimschen Kreises.[204] Sein Totenschild, der einzige erhaltene dieser Art in den Berliner Dorfkirchen, ist in der Hohenschönhauser Kirche zu sehen.[205] Der Sohn Hans Christophs, Christian Dietrich von Röbel, nahm als Oberst in sächsischen Diensten an der Verteidigung Wiens gegen die Türken in der Schlacht am Kahlenberg im Jahre 1683 teil.[206]

Die Mark Brandenburg war seit 1626 in starkem Maße von den Zerstörungen und Nöten des Dreißigjährigen Krieges (1618–1648) betroffen. Die Umgebung unserer Dörfer hatte insbesondere 1627/28 sowie 1636 und 1639 unter Einquartierungen und Plünderungen durch kaiserliche und schwedische Truppen zu leiden.[207] In den Jahren 1627/28 war die Mark Durchzugsgebiet und Winterquartier der kaiserli-

Originalausgabe, Berlin 1990, S. 21f.
196 [Carl Ludwig August] von Eickstedt, *Beiträge zu einem neueren Landbuch der Marken Brandenburg. Prälaten, Ritter, Städte, Lehnschulzen oder Roßdienst und Lehnwar*, Magdeburg 1840, S. 34.
197 Eickstedt, *Beiträge*, S. 114.
198 Eickstedt, *Beiträge*, S. 407.
199 Fidicin, *Historisch-diplomatische Beiträge*, T. 5, S. 21f.
200 Eickstedt, *Beiträge*, S. 136. Die Familie Thümen (Thum) verfügte vor 1571 bis 1598 in Falkenberg über Rechte. *Historisches Ortslexikon*, S. 138.
201 Eickstedt, *Beiträge*, S. 84ff.
202 Haß, *Die Kurmärkischen Stände*, S. 46.
203 Haß, *Die Kurmärkischen Stände*, Anlage 2, S. 331f., Tabelle nach S. 367; *Die Kurmärkischen Landstände 1571–1616*, bearb. von Helmuth Croon (= Veröffentlichungen der Historischen Kommission für die Provinz Brandenburg und die Reichshauptstadt Berlin, Bd. IX.1), Berlin 1938, S. 299ff.
204 Vgl. zu diesem Amt Heinz Braun, *Zur Geschichte des brandenburgisch-preußischen Landratsamtes*, in: *Archivmitteilungen* 12 (1962), H. 1, S. 23f.
205 Die Bezeichnung des von Röbel in der umlaufenden Inschrift des Schildes als der *Hoch Edellgebohren Gestrenge Veste und Mannhafte Herr* könnte ein Hinweis darauf sein, daß es sich um das Mitglied eines schloßgesessenen Familienzweiges handelte. Vgl. Riedel, *Von dem Unterschiede*, S. 285.
206 In der Hohenschönhauser Kirche befinden sich noch drei Fahnenspitzen der Fahnen seines sächsischen Regiments.
207 Giertz, *Chronik*, S. 110; *Festschrift »700 Jahre Weißensee« 1937*, hrsg. von der Bezirksverw. Weißensee, Berlin-Weißensee 1937, S. 39f.; Pfannschmidt, *Geschichte der Berliner Vororte*, S. 74ff.

Totenschild des Hans Christoph von Röbel (fälschlich Hans Christian), Herr auf Hohenschönhausen, Wartenberg und Buchholz, aus dem Jahr 1671; Tabor-Kirche Hohenschönhausen.

chen Truppen unter Wallenstein, dessen Hauptquartier sich im November 1627 in Bernau befand.[208] Die Truppen »versorgten« sich natürlich in den umliegenden Dörfern, zu denen auch Hohenschönhausen, Malchow, Wartenberg und Falkenberg gehörten. Aus Furcht vor erneuten Übergriffen wagten es die Menschen oftmals nicht, ihre zerstörten Häuser wieder instand zu setzen. Die Kirche von Hohenschönhausen wurde 1636 geplündert.[209] Chronisten schilderten, daß mehrere

208 Holmsten, *Die Berlin-Chronik*, S. 123ff.
209 *Aus dem handschriftlichen Nachlaß*, S. 36. So unwahrscheinlich klingt es daher nicht, wenn in einer lokalhistorischen Erzählung von einem Pfarrer die Rede ist, der seinen Dienst im Lederwams, mit Pistole und langem Messer versehen haben soll. Fritz Wilke, *Über wenigem getreu*, Berlin 1964, S. 23. Während jener Zeit, von 1605 bis 1653, war Joachim Putlitz Pfarrer

Meilen um Berlin das Land *vom Feinde auf das erbärmlichste verheeret* war und Hungersnöte herrschten.[210] Der brandenburgische Rat von dem Borne berichtete dem Kurfürsten 1640, daß *viele arme Leute vor Hunger verschmachtet und von Spreu, Treber, Asche, Eicheln und Unkräutern Brod bakken und sich damit sättigen ...* Auch den mit jahrzehntelangen Kriegswirren verbundenen »moralischen Verfall« offenbart dieser Bericht, wenn es darin heißt: *... auf'm Lande in Flekken und Dörffern ist es mit dem Gottesdienst noch viel schlechter gegangen. Nach gehaltener Predigt ist der Pfarrer zu dem Patron oder Schultzen des Dorfes eingeladen, die Bauern aber sämptlich mit den Weibern und Kindern in den Krug ... gegangen, sich daselbsten toll und voll gesoffen, und die gantze Nacht durchgeschwermet und nach der Sackpfeifen herumgesprungen, dabei sich denn auch offtens der Beichtvater weidlich mit gebrauchen lassen ...*[211]

Nachdem Pest und andere Seuchen bereits im 15. und 16. Jahrhundert die Bevölkerung mehrfach heimgesucht hatten, wütete diese Krankheit infolge des Krieges häufiger und heftiger als sonst im Berliner Raum.[212] Im Jahre 1630 starben in Malchow die Witwe des Georg von Barfuß und ihre fünf unmündigen Söhne an der Pest.[213] Dem Lehnhofe zu Berlin wurde angezeigt, daß damit sämtliche Brüder der Malchower Linie ohne Erben verstorben wären.[214] Als Otto von Barfuß 1641 starb, war die Malchower Linie des Geschlechts erloschen. Aus dem Jahre 1673 berichtet das Kirchenbuch von Schöneiche bei Berlin, daß der Junker Dietlof von Barfuß vom Junker Hans Adam von Krummensee im Duell gestochen und kurz danach verstorben sei, worauf man ihn des Abends nach seinem Gut Malche (Malchow) gebracht, der Duellgegner jedoch die Flucht ergriffen habe.[215] Bernd Heinrich von Barfuß aus der Prädikower Linie saß noch bis 1684 auf Malchow.[216]

Auch Naturereignisse wie Hagel, Sturm, große Hitze oder Kälte machten den Menschen das Leben schwer. Über das Jahr 1651 berichtete ein Chronist hinsichtlich des Barnim gar, daß *ein entsetzliches Heer Heuschrecken aus den benachbarten Landen anhero kommen und grossen Schaden gethan.*[217] Begünstigt durch den Krieg kam es in der Mark zu einer Wolfsplage; im ersten Viertel des 18. Jahrhunderts wurden in der Kurmark noch 844 Wölfe erlegt. Eine sogenannte Wolfsgrube gab es auch bei Bernau,[218] nicht weit entfernt von unseren Dörfern.

Die Auswirkungen des Dreißigjährigen Krieges spiegeln sich im Landreiterbericht des Niederbarnimschen Kreises aus dem Jahre 1652 wider. In Hohenschönhausen unter Hans Christoph von Röbel lebten noch drei Bauern und ein Knecht sowie fünf Kossäten (1624: zehn Hüfner, drei Kossäten, ein Pachtschäfer und Schäferknechte). In Wartenberg unter Hans Dietrich von Röbel gab es nach Auskunft des Wartenberger und Falkenberger Pastors Christian Schröder sieben Bauern mit

    in Malchow. *Verzeichnis der Pfarrstellen*, S. 34. Fritz Wilke, der Autor der Erzählung, war von 1945 bis 1971 Pfarrer in Hohenschönhausen.
210 Türck, *Die Dorfkirchen*, S. 9.
211 Türck, *Die Dorfkirchen*, S. 30.
212 Materna, *Geschichte Berlins von den Anfängen bis 1945*, S. 197f.; Giertz, *Chronik*, S. 88, 110.
213 Günter Nitschke, *Malchow nach dem Dreißigjährigen Kriege*, Berlin-Weißensee 1961, S. 3.
214 Rudolf Schmidt, *Das Geschlecht derer von Barfuß*, Freienwalde 1912, S. 8.
215 Alexander Giertz, *Alt-Landsbergs Werdegang, der Servitenorden und sein einstiges märkisches Kloster in Alt-Landsberg*, in: Archiv der Brandenburgia. Gesellschaft für Heimatkunde der Provinz Brandenburg zu Berlin 13 (1911), S. 308, Anm. 3.
216 Schmidt, *Das Geschlecht derer von Barfuß*, S. 28.
217 Giertz, *Chronik*, S. 111.
218 Metscher, *Aus alten Tagen*, S. 22.

zwei Söhnen und vier Knechten sowie drei Kossäten (1624: zwölf Hüfner, fünf Kossäten, ein Pachtschäfer, ein Hirte und ein Hirtenknecht). Sowohl in Hohenschönhausen als auch in Wartenberg hatte sich keiner *im Krieg gebrauchen lassen*. In Falkenberg unter Joachim Sigmundt von Löben lebten sieben Bauern, von denen einer im Krieg gedient hatte. Hinzu kamen acht Kossäten (1624: neun Hüfner, sechs Kossäten mit dem Schmied, ein Hirte und ein Hirtenknecht). Über Malchow schließlich berichtete der Pfarrer zu Malchow und Hohenschönhausen, Joachim Putlitz, daß unter den von Barfuß und einem Herrn Seidel nur noch ein Bauer und drei Kossäten lebten, von denen einer *unter den Kaiserlichen* gedient hatte (1624: zwölf Hüfner, zwölf Kossäten, ein Schäfer, ein Hirte, ein Schmied, zwei neue Kossätenhöfe und Schäferknechte).[219]

Bevölkerungsrückgang und wirtschaftlicher Niedergang zeigten sich in allen vier Dörfern, am extremsten wohl in Malchow. Auch der hier 1624 erstmals aufgeführte Schmied wird nicht mehr erwähnt. Der Geheime Etats-Rat Erasmus Seidel jedoch, Kammergerichtsrat und Mitglied des Brandenburgischen Geheimen Staatsrates, von 1641 bis 1651 Besitzer eines Viertelanteils von Malchow, zählte zu jenen, die es verstanden hatten, aus der allgemeinen Verarmung persönlichen Nutzen zu ziehen.[220] Er soll auch den Rittersitz zu Malchow neu aufgebaut haben.[221]

Der Bevölkerungsverlust im der Residenzstadt Berlin benachbarten Barnim während des Krieges betrug schätzungsweise 58 Prozent. Die verlorengegangenen Bauern- und Kossätenstellen wurden vielerorts in den folgenden Jahren wieder besetzt und der wirtschaftliche Niedergang überwunden,[222] wenngleich die Entwicklung in den Kreisen und Dörfern recht unterschiedlich verlief. Für Wartenberg schildert ein Bericht aus dem Jahre 1696, also fünfzig Jahre nach dem Krieg, den immer noch elenden Zustand der Gehöfte.[223] Erst 1664 findet für Malchow wieder eine Schmiede Erwähnung.[224] In Falkenberg gab es 1678 eine Wohnschmiede, in Wartenberg und Hohenschönhausen eine Laufschmiede.[225] Die Wiederbesiedlung wüster Bauern- und Kossätenstellen erfolgte in Malchow unter den von Barfuß nur langsam. Den Erben ehemaliger Dorfbewohner fehlten sowohl die Mittel zur Begleichung der während des Krieges enorm gewachsenen Grundsteuerschulden als auch für den Aufbau der notwendigen Gebäude. Zuwanderer mußten von der Gutsherrschaft zumeist vollständig ausgestattet werden, was für sie mit schlechteren materiellen und rechtlichen Bedingungen verbunden war als bislang üblich. Ein Annahmevertrag des Joachim Valentin von Barfuß aus dem Jahre 1657, in welchem er dem Dorfbewohner Hans Vorberg eine abgebrannte Kossätenstelle erblich überließ, spiegelt die persönliche Abhängigkeit der Untertanen besonders deutlich wider. So sollte es, falls er stürbe, seiner Witwe nur mit Erlaubnis der von Barfuß und ihrer Erben möglich sein, sich wieder zu verheiraten. Außerdem durfte es nur

219 Kittel, *Die Erbhöfe*, S. 9f., 15f.
220 Nitschke, *Malchow nach dem Dreißigjährigen Kriege*, S. 3f.
221 Siegmund Wilhelm Wohlbrück, *Die Dörfer Malchow und Hohen-Schönhausen. Als Fragment einer historisch-topographischen Beschreibung des Nieder-Barnimschen Kreises; aus dem Nachlasse des Kriegsraths S. W. Wohlbrück*, in: Leopold von Ledebur (Hrsg.), *Allgemeines Archiv für die Geschichtskunde des Preußischen Staates*, Bd. 15, Berlin-Posen-Bromberg 1834, S. 360.
222 Escher, *Berlin und sein Umland*, S. 97ff.
223 *Festschrift »700 Jahre Weißensee«*, S. 43.
224 *Historisches Ortslexikon*, S. 354.
225 O[tto] Monke, *Laufschmieden im Nieder-Barnim*, in: *Brandenburgia* 18 (1909/10), S. 109.

ein Schneider oder Leinweber sein, weil solcherart Handwerker von der Herrschaft benötigt wurden.[226]

Eine kurfürstliche *Recherche in Betreff der eximinierten Hufen* von 1669 zeigt Verlauf und Umfang der »Freiwilligung« von Bauernhufen und die Vergrößerung der Rittergüter im Niederbarnim seit Beginn des Jahrhunderts. Bereits 1602 waren in Wartenberg den Herren von Röbel und von Beerfelde fünf Hufen freigewilligt worden. Hans Christoph von Röbel waren 1665 in Wartenberg zwei Hufen gegen Zahlung von dreißig Reichstalern abgabenfrei überlassen sowie zwei wüste Bauernhöfe *von der Mittelmärkischen Landschaft von allen künftigen Contributionen ... gleich andern im Creyse befindlichen Ritterhufen ... befreyet, und eximiret* worden. In Hohenschönhausen hatte er außerdem im Jahre 1643 vom Kurfürsten einen wüsten Bauernhof verliehen und zugeeignet sowie ein Jahr später zu seinen acht Ritterhufen noch vier Hufen freigewilligt bekommen. Der Herr von Barfuß zu Malchow verfügte neben seinen herrschaftlichen über die bereits 1612 freigewilligten Hufen. Schließlich belegten Lehnbriefe von 1644 sowie ständische Attestate, daß acht Hufen nebst zwei Höfen zu Falkenberg der dortigen Herrschaft 1620 freigewilligt worden waren.[227] Eine Hufentabelle der Mittelmark aus dem Jahre 1671 dokumentiert gleichfalls, daß in Hohenschönhausen, Malchow, Wartenberg und Falkenberg wie in anderen niederbarnimschen Dörfern zahlreiche steuerpflichtige Bauernhufen durch Kauf zu den steuerfreien Ritterhufen gekommen und im Laufe der Zeit zu diesen gezählt wurden.[228] Nach von Friedrich dem Großen initiierten Berechnungen der Kurmärkischen Kammer im Jahre 1746 waren in der Kurmark seit Ende des 16. Jahrhunderts 8,8 Prozent des Bestandes an Bauern- und Kossätenstellen in Großgrundbesitz aufgegangen. Im Barnim waren es jedoch 21,5 Prozent des ursprünglichen Bestandes.[229] Diese auffällig hohe Verlustziffer ist teilweise sicher eine Folge des Dreißigjährigen Krieges, wohl aber auch der expansiven Gutspolitik des ortsansässigen Adels vor und nach dem Krieg.

Die Dörfer im 17. und 18. Jahrhundert

Zum wirtschaftlichen Aufschwung nach dem Dreißigjährigen Krieg trug neben anderen Faktoren die Bevölkerungspolitik Kurfürst Friedrich Wilhelms (1640–1688) bei, die eine Kolonisationsbewegung aus dem Ausland in die Mark Brandenburg förderte. Als Folge des Edikts von Potsdam (1685) kamen etwa 12 000 französische Glaubensvertriebene (Hugenotten) nach Brandenburg, davon etwa die Hälfte nach Berlin.[230] In den umliegenden Dörfern wurden vor allem Bauern und Gärtner angesiedelt, die unter anderem den Anbau von Feingemüse, Tabak und Maulbeerbäumen einführten.[231] Im Jahre 1688 meldeten mehrere französische Emigrantenfamilien, daß sie die ihnen zugewiesenen Ländereien in den kurfürstlichen Dörfern Malchow und Buchholz eingenommen, Häuser gebaut hätten und nunmehr einen Prediger benötigten. Diesem Wunsch wurde entsprochen. Im Ge-

---

226 Nitschke, *Malchow nach dem Dreißigjährigen Kriege*, S. 7.
227 Eickstedt, *Beiträge*, S. 361f.
228 Eickstedt, *Beiträge*, S. 380f.
229 Kittel, *Die Erbhöfe*, S. XXXIV.
230 Wolfgang Ribbe/Jürgen Schmädeke, *Kleine Berlin-Geschichte*, Berlin 1994, S. 63f.
231 Roland Bauer, *Berlin. Illustrierte Chronik bis 1870*, Bd. 1, Berlin 1988, S. 125f.

gensatz zu (Französisch-) Buchholz scheinen sich diese Familien jedoch nur kurze Zeit in Malchow aufgehalten zu haben.[232]

Spuren der Hugenotten, die die Entwicklung von Handwerk und Gewerbe in und um Berlin maßgeblich beeinflußten,[233] finden sich in gewisser Weise auch in Falkenberg. Ende des 18. Jahrhunderts besaß die Majorin Marie-Elisabeth von Humboldt, eine geborene Colomb und Mutter der Gebrüder Humboldt, das Falkenberger Rittergut. Sie entstammte einer hugenottischen Kaufmanns- und Kunsthandwerkerfamilie.[234]

Der Geheime Etats-Rat und spätere Minister Friedrichs I., Paul von Fuchs,[235] einer der Initiatoren des Edikts von Potsdam,[236] erwarb 1684 im Tausch gegen das Blankenburger das Malchower Gut von Bernd Heinrich von Barfuß. Von Fuchs zählte zu den wohlhabenden Mitgliedern des Geheimen Rates, die im Brandenburg jener Zeit als Regierende zu den Besitzenden gehörten und als Besitzende wiederum in der Regierung saßen, nicht zuletzt durch die Personalunion mehrerer Ämter. So bezog er als Oberpostdirektor eine jährliche Zulage zu seinem üblichen Gehalt sowie den zwanzigsten Teil aller in Berlin aufkommenden Postgelder. Diese Einkünfte hatten ihm den Erwerb von Blankenburg beziehungsweise Malchow ermöglicht.[237]

Beim Übergang des Gutes an Paul von Fuchs fertigte man ein Verzeichnis der bäuerlichen Dienstpflichten an, welche aber schon kurz darauf zugunsten des neuen Herrn erweitert wurden.[238] So kam der wirtschaftliche Aufschwung in den folgenden Jahren vor allem der Gutsherrschaft und weniger den Bauern zugute. Unter von Fuchs konnten bis zum Ende des 17. Jahrhunderts die Spuren des Dreißigjährigen Krieges beseitigt werden. Die rege Bautätigkeit jener Jahre umfaßte neben der Instandsetzung der Bauern- und Kossätengehöfte die Einrichtung eines Predigerwitwen- sowie eines Armen- und Waisenhauses[239] in Malchow. Der Gutshof selbst erfuhr eine grundlegende Umgestaltung durch den Bau eines massiven, zweistöckigen Herrenhauses und der dazugehörigen Wirtschaftsgebäude, darunter des Brauhauses.[240] Als Kirchenpatron ließ Paul von Fuchs die Malchower Kirche 1691 von Grund auf neu bauen, den Turm ausbessern und erhöhen – die Wetterfahne erhielt seine Initialen P.V.F. – sowie die Innenausstattung verändern.[241] Zur

---

232 Winfried Löschburg, *Wallfahrt nach Französisch-Buchholz*, in: *Hugenotten in Berlin*, Berlin 1988, S. 425ff.
233 Vgl. dazu Barbara Beuys, *Der Große Kurfürst. Der Mann, der Preußen schuf*, Reinbek bei Hamburg 1979, S. 385ff.; Jürgen Wilke, *Der Einfluß der Hugenotten auf die gewerbliche Entwicklung*, in: *Hugenotten*, S. 227ff.; ders., *Einflüsse französischer Sprache und Alltagskultur auf das Berlinische*, in: *Hugenotten*, S. 329ff.
234 Bärbel Ruben, *Marie Elisabeth von Humboldt (1741–1796). Spurensuche in Falkenberg.* Begleitmaterial zur gleichnamigen Sonderausstellung des Heimatmuseums Hohenschönhausen, 19. November 1993 bis 31. März 1994 (= Berliner Manuskripte zur Alexander-von-Humboldt-Forschung, H. 7), Berlin 1993.
235 Freiherr Paul von Fuchs zählte zu einer Reihe geadelter bürgerlicher Minister. Er stammte aus einer Stettiner Magister- und Predigerfamilie.
236 Jürgen Wilke, *Berlin zur Zeit des Edikts von Potsdam. Das Edikt und seine Bedeutung*, in: *Hugenotten*, S. 37; ders., *Zur Geschichte der französischen Kolonie*, in: *Hugenotten*, S. 59.
237 F. von Salpius, *Paul von Fuchs, ein brandenburgisch-preußischer Staatsmann vor zweihundert Jahren*, Leipzig 1877, S. 31f.
238 Nitschke, *Malchow nach dem Dreißigjährigen Kriege*, S. 7f.
239 Salpius, *Paul von Fuchs*, S. 35.
240 Rach, *Die Dörfer in Berlin*, S. 207f. Eine Beschreibung des Malchower Schlosses findet sich bei Nitschke, *Malchow nach dem Dreißigjährigen Kriege*, S. 13f.

Das Malchower Gutshaus (von der Hofseite aus gesehen) erhielt durch einen Umbau 1865/66 seine heutige Gestalt. Aufnahme 1992.

Beseitigung der Kriegsspuren gehörte des weiteren die Abmarkung der Malchower Flur, um die jahrelangen Grenzstreitigkeiten der Dörfer Malchow und Weißensee zu beenden. Dies schloß die Schlichtung des Streits um den sogenannten Malchowischen Äcker- und den Weißenseer Bergholzpfuhl ein, durch deren Gewässermitte jeweils die Gemarkungsgrenze verlief. Nunmehr ging der Äckerpfuhl an Malchow, der Bergholzpfuhl an Weißensee.[242]

Insgesamt 36 Jahre lang, von 1654 bis 1689, war Gottfried Neander Pfarrer in Malchow.[243] Im Jahre 1698 ließ Paul von Fuchs, ein Anhänger und Förderer des Pietismus, Johann Porst als Pfarrer nach Malchow rufen, wo dieser bis 1704 blieb.[244] Von Fuchs bewilligte Porst zudem einen Hilfsprediger, Johann Heinrich

241 Nitschke, *Malchow nach dem Dreißigjährigen Kriege*, S. 16. Die Wetterfahne wird im Malchower Pfarrhaus aufbewahrt.
242 Nitschke, *Malchow nach dem Dreißigjährigen Kriege*, S. 10f.
243 Neander soll – so die offenbar durch die Kirchenbücher inspirierte Erzählung Wilkes – bei den Malchowern und Hohenschönhausenern sehr beliebt gewesen sein, habe er doch gerne mit den Leuten gelacht und vor allem getrunken. Seine Predigten seien allerdings manchmal so kurz ausgefallen, daß man nicht einmal zum üblichen Kirchschlaf kam. Nach Meinung des Herrn von Fuchs hätte Neander jedoch eher zum Amtmann denn als Pfarrer getaugt. Wilke, *Über wenigem getreu*, S. 25f.
244 Porst wurde dann Prediger an Friedrichswerder und Dorotheenstadt, war seit 1709 Beichtvater und Hofprediger der Königin Sophie Luise und seit 1712 Propst an der St. Nikolai-Kirche. Er gilt als einer der bedeutendsten Vertreter des Pietismus in Berlin. Sein Name ist vor allem mit dem von ihm herausgegebenen Gesangbuch verbunden. Vgl. dazu Walter Delius, *Aus dem Briefwechsel des Berliner Propstes Johann Porst mit A. H. Francke in Halle a. S.*, in: *Jahrbuch für Berlin-Brandenburgische Kirchengeschichte* 39 (1964), S. 89; Walter Wendland, *Siebenhundert Jahre Kirchengeschichte Berlins* (= Berlinische Forschungen, Bd. 3), Berlin-Leipzig 1930, S. 125ff.

Michaelis, der den unbequemen Dienst in der Hohenschönhausener Tochterkirche übernahm.[245] Während der Malchower Amtszeit muß es Porst im Gegensatz zu manchem seiner Vorgänger *mit Predigt und Seelsorge sehr ernst genommen haben*, wie Theodor Fontane nach der Lektüre des Kirchenbuches befand.[246] Auch von Salpius erwähnte, daß Porst *der unter den Gutsinsassen eingerissenen Verwilderung* erfolgreich entgegengewirkt habe.[247] In den sieben Malchower Jahren taufte Porst jährlich sieben Kinder, wie Fontane weiter zu berichten weiß, und *die Malchower, kluge Leute schon damals, hatten sich in den seltensten Fällen bei der Auswahl ihrer Paten auf sich und ihresgleichen beschränkt, sondern waren immer bestrebt gewesen, in den christlichen Schutz des Herrenhauses, am liebsten und häufigsten in den des Beamten- und Dienstpersonals zu treten.*[248] So offenbart das Taufregister manches über das herrschaftliche Leben der Familie von Fuchs und ihrer vornehmen Gesellschaft in jener Zeit.

Außer dem *artigen Wohnhaus* hatte sich Paul von Fuchs einen *hübschen Garten*[249] anlegen lassen, zu dem eine Orangerie mit einer Bibliothek gehörte. Kurfürst Friedrich III., als Friedrich I. seit 1701 preußischer König, war gemeinsam mit seiner Gemahlin Sophie Charlotte um 1700 oftmals zu Gast in Malchow. In einem Brief schwärmte diese von dem Malchower Lustgarten, insbesondere von der reizenden Bibliothek, welche sie dazu angeregt habe, eine solche auch in Lietzenburg (später Charlottenburg) einzurichten.[250] Schließlich erwarb der König selbst im Jahre 1705 das Malchower Gut. Während er Wohnhaus, Garten und Orangerie sofort in Besitz nehmen konnte, sah der Kaufkontrakt vor, daß die völlige Übergabe der Güter und der Meierei erst erfolgen sollte, wenn das Getreide ausgedroschen und der zum Brauen angeschaffte Vorrat verbraut war.[251]

Das Malchower Gerstenbier wurde auch von den Berlinern gern getrunken, galt das eigene doch als weniger schmackhaft. Aus Kämmereirechnungen des Jahres 1711 über den Bier- und Wein-Konsum in Berlin geht hervor, daß das Malchower unter den rund 50 *Fremden Bieren* mit achteinhalb Tonnen immerhin auf Platz 22 rangierte.[252] Im *Vollständigen Küch- und Keller-Dictionarium* von 1716 wird das *Malchauer* unter jenen fremden Bieren genannt, die auf *vornehmen Tafeln* bevorzugt wurden.[253] Schließlich berichtet die Bekmannsche Chronik davon, daß *unter den Dorfbieren ... das Malchowische Bier ehedem in großen ruf gekommen* sei. *Der wohlselige Geh. Staatsrath von Fuchß habe die Brauerei daselbst so wohl einrichten lassen, daß das Bier an seiner farbe und schmak dem Zerbster wenig nachgegeben.*[254]

---

245 Dieser Hinweis findet sich nur bei Wilke, *Über wenigem getreu*, S. 83, trifft aber möglicherweise zu. Michaelis wird in anderen Darstellungen als Pfarrer von Malchow 1701–1704 aufgeführt (*Verzeichnis der Pfarrstellen*, S. 34). Nach von Salpius (*Paul von Fuchs*, S. 160) war Porst aber bis zum Tode Paul von Fuchs' im Jahre 1704 in Malchow tätig.
246 Theodor Fontane, *Malchow. Eine Weihnachtswanderung*, in: Theodor Fontane, *Wanderungen durch die Mark Brandenburg*, T. 4: *Spreeland. Beeskow-Storkow und Barnim-Teltow*, hrsg. von Gotthard Erler und Rudolf Mingau, Berlin 1991, S. 236.
247 Salpius, *Paul von Fuchs*, S. 160, Anm.
248 Fontane, *Wanderungen*, S. 236.
249 Salpius, *Paul von Fuchs*, S. 159.
250 Nitschke, *Malchow nach dem Dreißigjährigen Kriege*, S. 15f.
251 *Kaufkontrakt über das Gut Malchow zwischen seiner Königlichen Majestät in Preußen und Baron von Fuchs* vom 2. Februar 1705, Kopie im Archiv des Heimatmuseums Berlin-Hohenschönhausen.
252 Fidicin, *Historisch-diplomatische Beiträge*, T. 5, Beilage II, S. 519.
253 H. Schulze-Besse, *Aus der Geschichte des Berliner Brauwesens und seiner Braumeister*, Berlin 1927, S. 28f.

Friedrich Wilhelm I. überließ das Malchower Gut von 1713 bis 1734 dem Markgrafen Christian Ludwig zur Nutzung, welcher das herrschaftliche Haus als Lustschloß ausbauen und – wie Friedrich Nicolai schrieb – *die Gegend sehr verbesserte, und besonders vortrefliche Alleen pflanzen ließ.*[255] Über die Gartengestaltung und den Pflanzenbestand gibt ein Inventar Auskunft, das anläßlich der Übernahme des Malchower Gutes durch den Markgrafen angefertigt wurde. Neben zahlreichen Obstspalieren, seltenen Zier- und Gewürzpflanzen im Lustgarten besaß die Orangerie unter anderem Lorbeerbäume, Oleander, Yucca und Pommeranzen, von denen viele nach (Nieder-) Schönhausen und Charlottenburg abgegeben wurden.[256]

Ein genauer Plan des königlichen Gutes Malchow einschließlich des Gartens ist erst aus dem Jahre 1772 bekannt. Gutshaus und -hof lagen, wie heute noch erkennbar, auf der Ostseite der Straße, der Lustgarten westlich davon, während die Mittelallee des Gartens etwa bis dorthin führte, wo sich heute die Kleingartenanlage »Märchenland« befindet. Die Verbindung zwischen Haus und Garten war als ein Bestandteil des Lustgartens quer über die Dorfstraße in der Breite des Wohngebäudes angelegt worden. Dies kann wohl als beredter Ausdruck der herrschaftlichen Willkür jener Zeit gewertet werden, denn die Straße nach Bernau dürfte damit für den Durchgangsverkehr nicht mehr passierbar gewesen sein, so daß der Umweg über Wartenberg oder Heinersdorf genommen werden mußte. Erst auf einem Plan aus dem Jahre 1805 ist die Straße wieder durchgehend gezeichnet. Interessant ist dieser Plan des Gartens aber vor allem deshalb, weil sich das Motiv seiner Gestaltung im Friedrichsfelder Garten (heute zum Berliner Tierpark gehörend) wiederholt und wahrscheinlich der Malchower Anlage nachempfunden ist.[257] Angemerkt sei, daß es auch in Falkenberg einen herrschaftlichen Lustgarten gab, der in einem Flurplan aus dem Jahre 1767 verzeichnet ist und dessen Spuren sich noch heute finden lassen. In Wartenberg existierte Ende des 18. Jahrhunderts ebenfalls ein, allerdings wohl unbedeutender, Garten.[258]

Das Landschaftsbild im Gebiet des heutigen Bezirks Hohenschönhausen gestaltete sich im 18. Jahrhundert völlig anders als heute und war erst seit 1875 einschneidenden Veränderungen unterworfen. Im Jahre 1714 soll es in der Gegend um Weißensee mindestens 72 Seen, Teiche und Pfuhle gegeben haben.[259] In der Bekmannschen Chronik von 1751 findet eine Reihe von Seen und vor allem Pfühlen in der Umgebung von Malchow und Hohenschönhausen Erwähnung.[260] Der Faule

---

254 Johann Christoph Bekmann, *Historische Beschreibung der Chur und Mark Brandenburg ...*, ergänzt, fortgesetzt und hrsg. von Bernhard Ludwig Bekmann, Bd. 1, Berlin 1751/53, S. 655.
255 Friedrich Nicolai, *Beschreibung der königlichen Residenzstädte Berlin und Potsdam, aller daselbst befindlicher Merkwürdigkeiten, und der umliegenden Gegend*, 3., völlig umgearb. Aufl., Bd. 3, Berlin 1786, S. 1 083.
256 Folkwin Wendland, *Berlins Gärten und Parke von der Gründung der Stadt bis zum ausgehenden neunzehnten Jahrhundert*, Frankfurt a. M.-Berlin-Wien 1979, S. 318.
257 Der Bruder Christian Ludwigs, Markgraf Albrecht Friedrich, ließ nach dessen Tode eine ganze Kastanienallee aus dem Malchower in einen anderen, nicht genannten Garten verpflanzen. Die Einfassungssteine und Röhren der verschüttet liegenden ehemaligen Bassins des Malchower Gartens erwarb 1768 der Besitzer und Begründer des Gesundbrunnens, Dr. Wilhelm Behm. Wendland, *Berlins Gärten*, S. 319.
258 Wendland, *Berlins Gärten*, S. 320; Paul Ortwin Rave, *Verzeichnis der alten Gärten und ländlichen Parke in der Mark*, in: *Die alten Gärten und ländlichen Parke in der Mark Brandenburg. Brandenburgische Jahrbücher* 14/15 (1939), S. 152.
259 *Bericht des Weißenseer Pfarrers Johannes Greschner für den Prof. Becmann*, in: Giertz, *Chronik*, S. 32ff.
260 Bekmann, *Historische Beschreibung*, S. 1087, 1090, 1095, 1102, 1104, 1110.

See, heute ein Naturschutzgebiet im Bezirk Weißensee,[261] gehörte im 18. Jahrhundert zum Hohenschönhausener Rittergut und wird bereits 1738 als *ausgetrocknet* bezeichnet. Bis in die ersten Jahrzehnte unseres Jahrhunderts lebten in hiesigen Gewässern Teich- und Kammolche und sogar Sumpfschildkröten. Im Luch zwischen Falkenberg und Wartenberg nisteten bis ins letzte Drittel des 19. Jahrhunderts Kraniche. Oft weisen alte Flurnamen auf die damalige Nutzung oder Lage der Gewässer (Kirchsee, Mühlenpfuhl, Grenzpfuhl) oder die dort einmal vorkommenden Tierarten (Krebspfuhl, Schlangengraben, Kranichlake) hin.[262] Außerdem gehörten im Jahre 1801 zu Falkenberg noch 250 und zu Hohenschönhausen 366 Morgen Wald,[263] vorrangig Kiefernbestände.

In der zweiten Hälfte des 18. Jahrhunderts wurden zur Förderung der preußischen Seidenmanufakturen vor allem auf den Friedhöfen und in den Pfarrgärten der umliegenden Dörfer Maulbeerbäume als Nahrungsgrundlage für die Seidenraupen angepflanzt,[264] so auch in Malchow und Hohenschönhausen. Bei guten Ergebnissen erhielten die Prediger und Küster jährlich sogar eine finanzielle Belohnung oder *ansehnliche Aufmunterungsgeschenke*.[265] Auf dem Hohenschönhausener Kirchhof stand noch bis in die achtziger Jahre unseres Jahrhunderts ein letzter Maulbeerbaum aus jener Zeit. Allerdings war es nötig gewesen, die Untertanen ständig an die Erneuerung der Maulbeerbäume zu erinnern, ebenso an das Pflanzen von Weiden an den Landstraßen und von Obstbäumen in den Gärten. Hierzu waren die Bauern entsprechend ihrer Dorfordnung verpflichtet. Die Ordnung der einzelnen Dörfer,[266] die das Leben und Treiben in der Dorfgemeinde regeln sollte, lehnte sich an die landesherrliche Flecken-, Dorf- und Ackerordnung vom Dezember 1702 an.[267] Auch an den von Friedrich Wilhelm I. verordneten Aktionen gegen die Spatzenplage hatten sich die Bewohner der Dörfer zu beteiligen. Das *Renovierte Edikt wegen Ausrottung der Sperlinge* von 1731 sollte in den Dorfkrügen ausgehängt und außerdem durch den Küster alljährlich *gegen Johannis* nach der Predigt vor der Kirche der Gemeinde vorgelesen werden.[268] So wurde den Hohenschönhausener Untertanen im Jahre 1740 bestätigt, daß sie die vorgeschriebene Anzahl – jeder Bauer zwölf, jeder Kossät acht und jeder andere Einwohner sechs – abgeliefert hätten. Die Ablieferung erfolgte jeweils zwischen dem Johannestag (24. Juni) und Michaelis (29. September),[269] wobei für jeden fehlenden Spatzen ein Geldbetrag in die Armenkasse zu zahlen war.[270]

---

261 J. Gründel/B. Langfeldt/J. Scharon/H. Schöder, *Der Faule See – ein innerstädtisches Naturschutzgebiet* (= Weißenseer Hefte 3), Berlin-Weißensee 1991, bes. S. 12ff.
262 Berg, *Flurnamen*, S. 26ff.
263 Friedrich Wilhelm August Bratring, *Statistisch-topographische Beschreibung der gesamten Mark Brandenburg*, Bd. 2: *Die Mittelmark und Uckermark enthaltend*, kritisch durchgesehene und verbesserte Neuausgabe von Otto Büsch und Gerd Heinrich (= Veröffentlichungen der Historischen Kommission zu Berlin, Bd. 22), Berlin 1968, S. 201, 215.
264 Escher, *Berlin und sein Umland*, S. 109ff.; Beuys, *Der Große Kurfürst*, S. 387.
265 Bekmann, *Historische Beschreibung*, S. 757; Nicolai, *Beschreibung der königlichen Residenzstädte*, Bd. 2, S. 512; Pfannschmidt, *Geschichte der Berliner Vororte*, S.127.
266 Gustav Berg, *Wie Weißensee vor 200 Jahren verwaltet wurde*, in: *Berliner Heimat* (1956), H. 1, S. 36ff.
267 *Die märkische Dorfordnung*, in: *Mark Brandenburg*, S. 12ff.
268 *Das Sperlingsedikt*, in: *Mark Brandenburg*, S. 20f.
269 Der Johannestag als längster Tag des Jahres bildete in den brandenburgischen Dörfern den Beginn des landwirtschaftlichen Rechnungsjahres, das mit dem Martinstag (11. November) endete. Der Michaelistag leitete jene Zeit des Kirchenjahres ein, in die das Erntedankfest fiel.

Im Siebenjährigen Krieg (1756–1763) hatten die vier Dörfer wiederum unter militärischen Auseinandersetzungen zu leiden. Während der Besetzung Berlins im Oktober 1760 dehnte sich das Lager der russischen Truppen *von Friedrichsfelde bis Hohenschönhausen aus*. Wie der Preußische Staatsminister Graf von Podewils auf Gusow konstatierte, sollen die Berliner *mit den russischen Soldaten ... weit zufriedener als mit den österreichischen, welche es an Unordnungen und Ausschweifungen nicht fehlen ließen*, gewesen sein.[271] Die in der Nähe der Feldlager befindlichen Ortschaften im Nordosten Berlins wurden jedoch von österreichischen Husaren und russischen Kosaken gleichermaßen heimgesucht.[272] Einen anschaulichen Eindruck von den Kriegsereignissen vermitteln die Aufzeichnungen des Bucher Pfarrers Johann George Ulrici. Beim Anrücken der russischen Truppen waren die Einwohner Malchows mit ihrem Vieh und allen Habseligkeiten nach Buch geflüchtet, um – leider vergeblich – auf günstige Nachricht aus Berlin zu warten. Sie werden dann wohl wie die Bewohner von Buch und anderen Dörfern versucht haben, nach Bernau zu gelangen. Ulrici berichtet nämlich, daß sich bei ihrer Ankunft in Bernau dort bereits die Pfarrer aus Wartenberg, Lindenberg, Ahrensfelde und *fast aller nächstliegenden Dorfschaften ... mit den Ihren* befanden. Sie hatten es damit gut getroffen, denn Bernau blieb von den russischen Truppen verschont. Die Dörfer aber waren in der Zwischenzeit geplündert und zerstört worden,[273] in Hohenschönhausen sogar das Kircheninventar. Die notleidenden Bauern von Hohenschönhausen wandten sich daraufhin an den Weißenseer Landrat Karl Gottlob von Nüßler. Durch dessen Vermittlung erhielten sie vom König eine finanzielle Unterstützung von 450 Talern, was etwa der Hälfte des Schadens entsprach. Der Hohenschönhausener Gutsbesitzer hingegen, der seine Verluste mit 105 000 Talern angegeben hatte, ging ebenso leer aus wie die geschädigte Kirche.[274]

Ebenso hart traf die vier Dörfer während der napoleonischen Fremdherrschaft rund fünfzig Jahre danach die französische Besetzung Berlins in den Jahren 1806 bis 1808. Fünf Jahre später hatten die Einwohner, soweit sie nicht mit ihren Habseligkeiten nach Berlin geflüchtet waren, erneut unter Truppendurchzügen und -einquartierungen sowie Plünderungen zu leiden. Die Bevölkerung der Dörfer war jedoch auch an den Kämpfen um Berlin während der Befreiungskriege beteiligt.[275]

Die Einwohnerzahlen in den Dörfern blieben trotz Einbußen, insbesondere während des Dreißigjährigen Krieges, von der Mitte des 17. bis zum Ende des 18. Jahrhunderts nahezu konstant oder erhöhten sich sogar noch.

Vgl. zur Bedeutung der kirchlichen Fest- und Feiertage Karl-Heinrich Bieritz, *Das Kirchenjahr. Feste, Gedenk- und Feiertage in Geschichte und Gegenwart*, Berlin 1986; Georg von Gynz-Rekowski, *Der Festkreis des Jahres*, Berlin 1981.

270 Gustav Berg, *Hohenschönhausener Dingetage*, in: *Berliner Heimat* (1957), H. 2, S. 76.
271 *Die Russen und die Oesterreicher in Berlin, vom 3ten bis 13ten October 1760. Aus den Papieren des weiland Königl. Preuß. Staatsministers Grafen Otto Christoph v. Podewils auf Gusow (†1781). Mitgetheilt von Preuß*, in: von Ledebur, *Allgemeines Archiv für die Geschichtskunde*, Bd. 16, Berlin-Posen-Bromberg 1835, S. 51, 54.
272 Pfannschmidt, *Geschichte der Berliner Vororte*, S. 114; Holmsten, *Die Berlin-Chronik*, S. 172f.
273 Pfannschmidt, *Geschichte der Berliner Vororte*, S. 115, 123f.
274 *Festschrift »700 Jahre Weißensee«*, S. 32.
275 Wanja Abramowski, *Chronik zur Geschichte des Stadtbezirks Berlin-Hohenschönhausen. Teil I (Von den Anfängen bis 1920)*, Berlin-Hohenschönhausen 1990, S. 40; Pfannschmidt, *Geschichte der Berliner Vororte*, S. 142f.

Bevölkerungsentwicklung im 17. und 18. Jahrhundert[276]

	1624	1734	1772	1801
Hohenschönhausen	102	114	133	159
Malchow	173	192	179	233
Wartenberg	130	110	182	144
Falkenberg	110	107	101	164

Die Besitzgeschichte der kurfürstlichen Ämter in der Umgebung der Residenzstadt Berlin seit dem späten 15. Jahrhundert war vor allem Ausdruck der Bedürfnisse der Hofverwaltung. Zu Beginn des 18. Jahrhunderts bestand in etwa der Hälfte der Dörfer im späteren Groß-Berliner Raum landesherrliches Grundvermögen.[277] Friedrich Wilhelm I. hatte 1713 die Schatullgüter, Domänen und Forsten zum unveräußerlichen Staatseigentum erklären und seit 1717 überall in Preußen die sogenannte Generalverpachtung der Domänen einführen lassen. Ende des 18. Jahrhunderts existierten in Brandenburg-Preußen etwa 700 in Staatseigentum befindliche Domänenämter. Umfang und Zahl der Ämter, die zumeist mehrere Dörfer und Vorwerke umfaßten, sowie Bodengüte, Anzahl und Rechtsverhältnisse der Bauern waren jedoch in den Landesteilen sehr verschieden. In der Kurmark gab es beachtliche 54 Ämter, unter deren Herrschaft 40 Prozent der Bauern standen.[278] Malchow gehörte von 1734 bis 1812 zum Amt Niederschönhausen, danach bis 1872 zum Amt Mühlenhof. 1815 wurde das Domänenvorwerk Malchow an den bisherigen Pächter, den Amtmann Ludwig Welle, verkauft und befand sich von 1828 bis nach 1858 im Besitz von Heinrich Simon.[279] In Wartenberg ging 1710 und 1734 jeweils ein kleiner Anteil an das Amt Niederschönhausen.[280]

Bereits für die Zeit um 1600 ist der Mühlenbann als ein landesherrliches Bannrecht in Berlin nachzuweisen. Danach waren die Bauern von Hohenschönhausen, Wartenberg, Malchow und Falkenberg neben anderen Dörfern des Teltow und Barnim verpflichtet, ihr Getreide in den landesherrlichen Mühlen auf dem Berliner Mühlendamm mahlen zu lassen.[281] Der lange Transportweg, den die Bauern noch dazu mehrmals im Jahr auf sich nehmen mußten, stellte für sie eine enorme Belastung dar. Genehmigungen zum Bau von Mühlen außerhalb Berlins wurden jedoch vom Landesherrn, der außerdem bis 1810 auch das Mühlsteinmonopol innehatte, nur selten erteilt.[282] Ende des 18. Jahrhunderts gab es unter anderem bei

---

276 *Historisches Ortslexikon*, S. 139, 355, 502, 599; Abramowski, *Chronik*, S. 27.
277 Escher, *Berlin und sein Umland*, S. 70ff.
278 Hans-Heinrich Müller, *Domänen und Domänenpächter in Brandenburg-Preußen im 18. Jahrhundert*, in: *Jahrbuch für Wirtschaftsgeschichte* 4 (1965), S. 152ff.
279 *Historisches Ortslexikon*, S. 354.
280 *Historisches Ortslexikon*, S. 598.
281 Friedrich Holtze, *Das Amt Mühlenhof bis 1600*, in: *Schriften des Vereins für die Geschichte Berlins* (1893), H. 30, S. 30.
282 Erst nach Einführung der Gewerbefreiheit entstanden zahlreiche Windmühlen in Berlin und Umgebung; etwa 150 waren es um 1860. Hans Joachim Rieseberg, *Mühlen in Berlin. Katalog zur Ausstellung in der Domäne Dahlem 1983*, Berlin 1983, S. 22, 44ff.

Blankenburg, Lindenberg, in Ahrensfelde, Malchow und Weißensee Windmühlen. Die Errichtung einer Bockwindmühle in Malchow datiert in das Jahr 1714; sie gehörte 1737 zum Amt Mühlenhof.[283] Die Einwohner von Hohenschönhausen mußten ihr Getreide in der königlichen Mühle zu Weißensee mahlen lassen, die der Malchower Müllermeister Wredig 1732 gepachtet hatte. Dem Müller waren die Mahlgebühr in Form der Metze (Naturalabgabe) sowie das Mahlgeld zu entrichten.[284] Allerdings verstießen einige Hohenschönhausener Bauern und selbst der Gutspächter häufig gegen den Mahlzwang,[285] weil andere Mühlen günstiger lagen oder mahlten. Vielleicht auch, weil sie zumindest für kleinere Getreidemengen heimlich ihre häuslichen Handmühlen benutzten.[286]

Die Domänen bildeten eine beträchtliche Einnahmequelle des preußischen Staates, so daß die Auswahl der Pächter und deren Pachtbedingungen derart gestaltet wurden, daß diese selbst an einer effektiveren und besseren Wirtschaftsführung Interesse hatten.[287] Ein Mitglied der im Berliner Umland weitverzweigten und sehr vermögenden »Pächterdynastie« Karbe bewirtschaftete dreißig Jahre lang das Vorwerk Malchow.[288] Zudem standen die Domänenpächter unter Aufsicht der Kurmärkischen Kriegs- und Domänenkammer. Als sich der Unterpächter Weber zu Malchow beispielsweise bei der Kammer über den Generalpächter des Amtes Niederschönhausen wegen Vernachlässigung der Ackerwirtschaft beschwerte, ging man dieser Anschuldigung durchaus nach.[289] Die Bewirtschaftung der Domänengüter war im Laufe der Zeit mit einer Reihe grundlegender technischer Neuerungen und Veränderungen in Ackerbau und Viehzucht verbunden.[290] Insbesondere mit Hilfe der neu eingeführten Koppelwirtschaft erlangte der Hackfruchtanbau in Brandenburg eine große Bedeutung. Auch der Pächter des Vorwerkes Malchow richtete 1781 eine elfschlägige Koppelwirtschaft ein.[291] Auf allen Ämtern erfolgte eine rege Pferdezucht; gefördert wurden ebenso die Schaf- und Rinderhaltung. Mit Einführung der Stallfütterung und der damit verbundenen höheren Milchproduktion entwickelte sich seit etwa 1780 in fast allen kurmärkischen Ämtern das Meiereiwesen.[292]

Im Jahre 1737 sind für Malchow an Vieh 40 Kühe, 20 Stück Güstevieh, 800 Schafe sowie Schweine und Federvieh verzeichnet.[293] Auch Ende des 18. Jahrhunderts umfaßten die Viehbestände der Vorwerke und Güter in unseren vier Dörfern vorwiegend und in großer Zahl Schafe, während die untertänigen Bauern – natürlich in wesentlich geringerer Zahl – Rinder, Schweine und Pferde hielten.[294] Der Hirte war in den Dörfern bis zur Einführung der Stallfütterung somit ein gefragter und angesehener Mann, der sich Knechte zum Hüten des Viehs halten konnte. In Hohenschönhausen versah der Gänsehirt nebenbei noch das Amt des Nachtwäch-

---

283 *Historisches Ortslexikon*, S. 354f.
284 Rieseberg, *Mühlen*, S. 30.
285 Berg, *Hohenschönhausener Dingetage*, S. 77f.
286 Rieseberg, *Mühlen*, S. 22.
287 Müller, *Domänen und Domänenpächter*, S. 166ff.
288 Müller, *Domänen und Domänenpächter*, S. 186.
289 Escher, *Berlin und sein Umland*, S. 83.
290 Müller, *Domänen und Domänenpächter*, S. 154ff.
291 Müller, *Domänen und Domänenpächter*, S. 159.
292 Müller, *Domänen und Domänenpächter*, S. 161ff.
293 *Historisches Ortslexikon*, S. 355.
294 Abramowski, *Chronik*, S. 37.

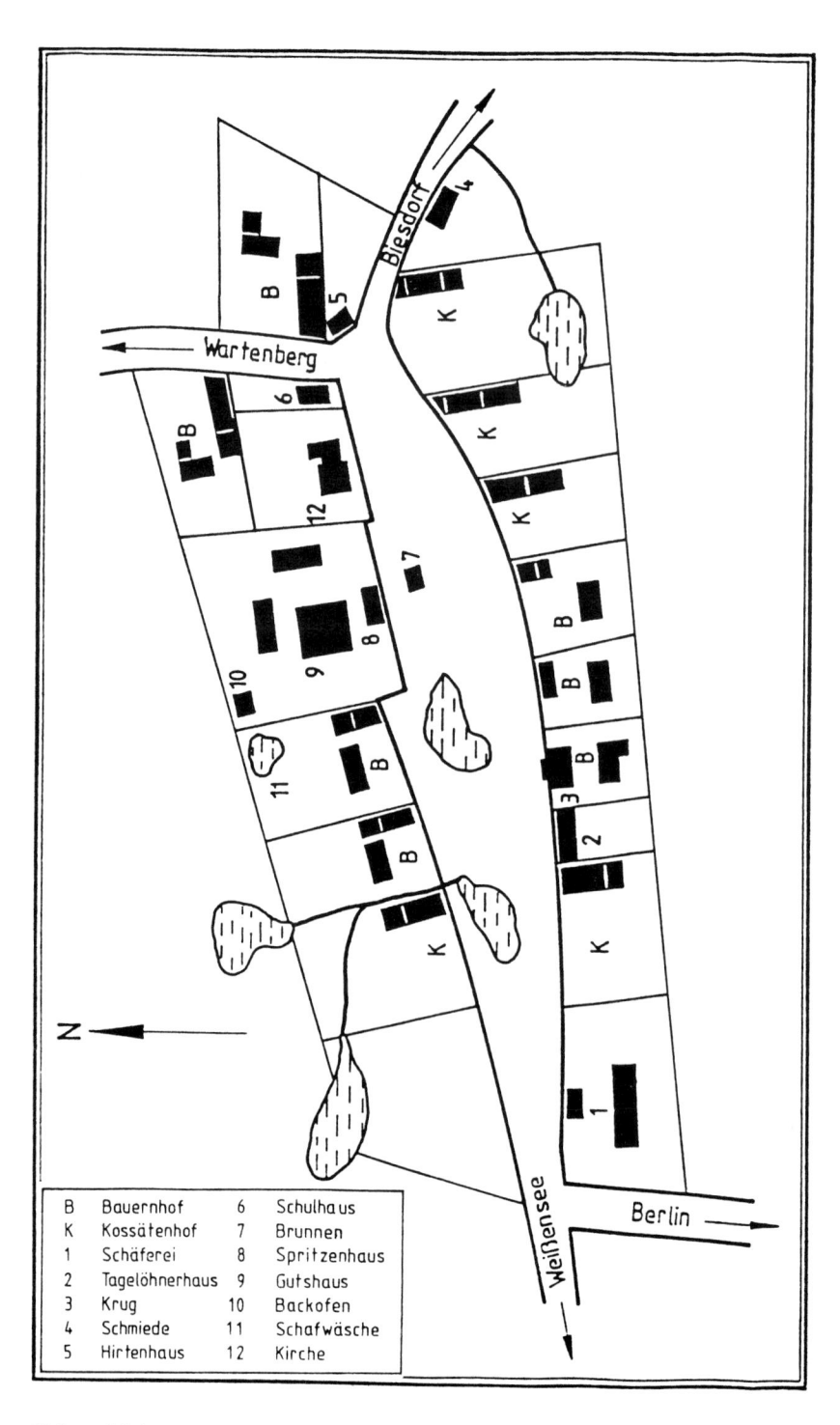

B	Bauernhof	6	Schulhaus
K	Kossätenhof	7	Brunnen
1	Schäferei	8	Spritzenhaus
2	Tagelöhnerhaus	9	Gutshaus
3	Krug	10	Backofen
4	Schmiede	11	Schafwäsche
5	Hirtenhaus	12	Kirche

Hohenschönhausen um 1780. Dorfplan nach Gustav Berg, Nachzeichnung Michael Bock.

Ehemaliges Wohnhaus eines Büdners in Wartenberg (um 1780); Aufnahme 1992.

ters. Er hatte an drei Stellen des Dorfes die Stunden der Nacht auszurufen: am Ausgang des Dorfes nach Osten (Wartenberger Straße), vor dem Rittersitz und am Eingang des Dorfes im Westen bei der Schäferei (Hauptstraße 1 bis 6).[295] Für Malchow werden 1737 außerdem ein Vorwerk mit Brauerei und Branntweinbrennerei, die bis ins 19. Jahrhundert bestehen blieben, sowie verschiedene Handwerker – Radmacher, Leineweber, Schneider, Erbschmied und Müller – verzeichnet.[296] Andere Berufe waren bis ins späte 18. Jahrhundert als Landhandwerker nicht zugelassen, wenngleich diese Festlegung vor allem unter Friedrich dem Großen unterlaufen wurde.[297]

Der Wartenberger Krug wurde 1481 das letzte Mal und dann erst wieder 1801 erwähnt. In Falkenberg findet 1696 eine wüste Krugstelle, seit Mitte des 18. Jahrhunderts aber wiederum ein Krug Erwähnung.[298] In Hohenschönhausen oblag der Ausschank von Bier und Branntwein jeweils einem der Bauern oder Kossäten. Dieser »Reihenkrug« hatte an den Gutsherrn den Zapfenzins zu zahlen. Seit 1784 verblieb die Schankgerechtigkeit auf dem Grundstück des späteren Gasthauses »Zum Storchnest«. Der alte Hohenschönhausener Krug hatte einen Vorbau und lag unmittelbar an der Straße.[299] Der von Gustav Berg rekonstruierte Dorfplan von Hohenschönhausen um 1780 zeigt die räumliche Anordnung der Gehöfte entlang der ungepflasterten Dorfstraße sowie dörfliche Einrichtungen jener Zeit wie den

295 Berg, *Hohenschönhausener Dingetage*, S. 76.
296 *Historisches Ortslexikon*, S. 354.
297 Escher, *Berlin und sein Umland*, S. 132.
298 *Historisches Ortslexikon*, S. 138f., 598.
299 Berg, *Hohenschönhausener Dingetage*, S. 78.

Ziehbrunnen, die Schmiede und den Backofen. Dieser stand auf dem Gutshof gegenüber der erst Anfang des 20. Jahrhunderts zugeschütteten Schafwäsche. Hier konnten die Frauen Brot backen, Obst dörren und Flachs trocknen. Da ein Backofen im Laufe der Zeit nicht mehr ausreichte, wurde 1783 auf der Dorfstraße ein zweiter gesetzt. In den Folgejahren bauten sich die Bauern jedoch jeder einen eigenen Ofen, der aufgrund der Brandgefahr hinter den Höfen am Ende der Hausgärten errichtet wurde.[300] Die Schmiede befand sich ursprünglich an einem der Dorfteiche, mußte aber wegen der Feuergefahr am *Biesdorfschen Ende des Dorfes* neu gebaut werden.[301]

Außer den Kirchen, einzelnen Gebäuden der Gutshöfe und teilweise den Schmieden wurden bis zum Anfang des 18. Jahrhunderts alle ländlichen Bauten mit Lehmfachwerk errichtet. Erst seit der Mitte des 18. Jahrhunderts war das Ziegelsteinfachwerk und seit etwa 1800 das Ziegelmauerwerk üblich.[302] In Hohenschönhausen gab es 1801 bereits eine Ziegelei.[303] Der in unseren vier Dörfern häufig vorkommende und teilweise noch erhaltene Wohnhaustyp war seit dem 18. Jahrhundert das Mitteldeutsche Ernhaus.[304] Zu den ältesten Bauten gehört in Wartenberg das Wohnhaus eines Büdners aus der Zeit um 1780 (Dorfstraße 23), das diesem Haustyp zugeordnet werden kann und ursprünglich mit Stroh gedeckt gewesen sein könnte.[305] Die in der Teilansicht des Dorfes Hohenschönhausen um 1800 erkennbaren Häuser lassen ebenfalls darauf schließen, daß die meisten Gebäude zu dieser Zeit noch aus Fachwerk gebaut und mit Stroh oder Rohr gedeckt waren.[306]

Hinter dem Kirchhof (heute Wartenberger Straße) war das Schulhaus gelegen. Die *Principa regulativa* vom Dezember 1736 regelte in Preußen die Schulpflicht vom 5. bis 12. Lebensjahr. Diese Festlegung wurde den Hohenschönhausener Dorfbewohnern mehrfach kundgetan. Dennoch klagte der Schulmeister Urban Lange im Jahre 1740 erneut darüber, daß *die Untertanen ihre Kinder nicht fleißig zur Schule schickten*.[307] Die ersten Schulmeister, die es seit Ende des 17. Jahrhunderts in Hohenschönhausen gab, übten zumeist einen handwerklichen Beruf aus, so als Garnweber, Tuchmacher oder Schneider, wie besagter Lange.[308] Sie gingen daher wohl nicht selten lieber ihrer eigenen Profession nach, als sich mit den Kindern abzumühen. Hauptgrund für die Vernachlässigung der Schulpflichten durch die Untertanen dürfte aber wohl gewesen sein, daß sie jede Hand bei der Arbeit brauchten, nicht zuletzt um ihren Gutsdienstverpflichtungen nachzukommen. Daß es daher um das Landschulwesen im Niederbarnimschen Kreise auch im letzten Drittel des 18. Jahrhunderts noch nicht besser bestellt war und die Bauern versuchten, die herrschaftlichen Verordnungen zu umgehen, illustriert ein Reisebericht des Königlich-Preußischen Oberkonsistorialrates Anton Friedrich Büsching aus dem Jahre 1779. Dieser mußte konstatieren, daß *die meisten gemeinen Leute ... die Schulmeister noch mehr als die Prediger für ganz überflüßige Menschen* halten würden.[309] Hinsichtlich

---

300 Berg, *Hohenschönhausener Dingetage*, S. 74f.
301 Berg, *Hohenschönhausener Dingetage*, S. 77.
302 Rach, *Die Dörfer in Berlin*, S. 12.
303 Bratring, *Statistisch-topographische Beschreibung*, S. 215.
304 Rach, *Die Dörfer in Berlin*, S. 12.
305 Rach, *Die Dörfer in Berlin*, S. 360.
306 Rach, *Die Dörfer in Berlin*, S. 140.
307 Berg, *Hohenschönhausener Dingetage*, S. 76.
308 Jankowski, *450 Jahre*, S. 10.
309 Anton Friedrich Büsching, *Beschreibung seiner Reise von Berlin nach Kyritz in der Prignitz, welche*

Hohenschönhausen um 1800. Anonyme Kreidezeichnung.

der Forderung des Oberkonsistoriums zu Berlin, wonach jeder Landprediger in den Schulen seines Kirchspiels wöchentlich mehrmals unterrichten sollte, berichtete er, daß die *dazu willigen Pfarrer* selbst im Winter keine Kinder in der Schule vorfänden, mit denen sie sich *auf nützliche Weise beschäftigen könnten*. Die Landleute würden nur die Kinder unter fünf Jahren schicken und die anderen zur Erledigung ihrer *häuslichen Geschäfte* zurückhalten. Auch ließen sie ihre zwei bis drei Kinder jeweils an drei oder zwei Tagen zur Schule gehen und zahlten dafür insgesamt sechs Pfennige Schulgeld statt für jedes Kind sechs Pfennige. Und so schlußfolgerte Büsching: *Dieser Verwahrlosung der Kinder, dieser bäuerischen Spitzfindigkeit, kann nur durch obrigkeitlichen Ernst abgeholfen werden.*[310]

Einen Eindruck vom Alltagsleben in einem Gutsdorf um die Mitte des 18. Jahrhunderts vermitteln uns die Aufzeichnungen über die dörflichen Gerichtstage in Hohenschönhausen. Die ein- oder mehrmals im Jahr stattfindenden »Dingetage«, an denen alle Dorfbewohner teilnahmen, fanden unter Leitung des Gutsherrn oder seines Stellvertreters, des Pächters, statt.[311] Behandelt wurden allgemeine dörfliche Angelegenheiten, Abgaben und Dienstverhältnisse sowie Auseinandersetzungen innerhalb des Dorfes. Die Strafen bestanden meist in Verweisen, Geldbußen, Tragen des spanischen Mantels (Folterstrafe) und vermehrten Frondiensten.[312]

er vom 26sten September bis zum 2ten October 1779 verrichtet hat, Leipzig 1780, S. 49f.
310 Büsching, *Beschreibung seiner Reise*, S. 51.
311 Hohenschönhausen war ein ritterschaftliches Dorf, daher oblag der Vorsitz dem Gutsherrn. In Amts- und Kämmereidörfern beriet die Bauern- und Kossätengemeinde auf den Dingetagen unter Vorsitz des Schulzen und faßte Beschlüsse, die der Zustimmung des Amtes bedurften. Vgl. dazu Helmut Winz, *Geschichte der äußeren Berliner Stadtteile bis zur Eingemeindung*, in: *Heimatchronik Berlin* (= Heimatchroniken der Städte und Kreise des Bundesgebietes, Bd. 25), Köln 1962, S. 580.

Die Fischerei in den größeren Gewässern war nur dem Gutsherrn erlaubt und eine Zuwiderhandlung bei schwerer Strafe verboten. Dennoch hatten sich einige Bauern im Jahre 1739 – sicher nicht zum ersten und letzten Mal – wegen eines solchen Deliktes zu verantworten. Sie hatten in den Pfühlen des Weißenseer Gutes Karauschen gefischt, um sich *ein Häppchen zum Brot* zu sichern, und waren deshalb vom dortigen Gutsbesitzer vor das Dorfgericht gebracht worden. Die harte Strafe der spanischen Kappe wurde ihnen jedoch »großzügig« erlassen; sie mußten statt dessen innerhalb von 14 Tagen *etliche tausend Mauersteine* zum Bau der Gutsmauer aus Biesdorf heranfahren.[313] Auf fast jedem Dingetag wurden die Untertanen an ihre Pflichten gegenüber dem Gutsherrn erinnert und königliche Edikte verlesen. Am Ende der Gerichtssitzungen spendierte die Herrschaft eine Tonne Bier; sie hatte zwar die Brau- aber nicht die Schankgerechtigkeit. Allerdings artete der Umtrunk manchmal in eine Schlägerei aus, die dann beim nächsten Dingetag zur Sprache kam.[314]

Schließlich spielten Familienangelegenheiten stets eine wichtige Rolle im dörflichen Leben und auf den Dingetagen, so die Abfindung der Eltern (Altenteil) oder die Stiftung ehelicher Verbindungen, wenn es aufgrund bestimmter Umstände notwendig geworden war.[315] Die Hohenschönhausener hatten bis zum Beginn des 19. Jahrhunderts oft verwandtschaftliche Beziehungen und Taufpatenschaften in den an der Falkenberger und Landsberger Chaussee gelegenen Orten, aber kaum in Weißensee.[316]

Interessant ist, daß es nach wie vor den Brauch der Fastnachtsfeier und des Spinnstubengehens in Hohenschönhausen sowie möglicherweise auch in den anderen Dörfern gab. Die Fastnachtsfeier war ein im Mittelalter aufgekommener Brauch, sich mit Speis und Trank sowie allerlei Possenspiel für die bevorstehende Fastenzeit zu wappnen. Dies war oft verbunden mit verschiedenen Formen des Winteraustreibens, die tief im Volksglauben wurzelten. Die Spinnstube bildete vor allem im Mittelalter einen Kern des gesellschaftlichen Lebens im Dorf. Aber noch bis in die zweite Hälfte des 19. Jahrhunderts wurde in den Dörfern reichlich Flachs angebaut, getrocknet, gehechelt und zu Hause oder in den Spinnstuben gesponnen. Daraus wurde von den Leinewebern im Dorf oder in der Stadt grobes und feines Linnen gewebt. Es war daher ein verbreiteter Brauch, die langen Winterabende – in der Regel vom Martinstag (11. November) bis Lichtmeß (2. Februar) – gemeinsam bei Handarbeit und geselligem Treiben, (Spuk)geschichten sowie heiteren und ernsten Liedern zu verbringen.[317] Vielleicht gehörten dazu auch die Sage von der verzauberten Nixe im Oranke-See,[318] von der Begegnung eines Tagelöhners aus Wartenberg mit den Unterirdischen[319] oder dem unglücklichen Liebespaar, das

---

312 Berg, *Hohenschönhausener Dingetage*, S. 74.
313 Berg, *Hohenschönhausener Dingetage*, S. 78f.
314 Berg, *Hohenschönhausener Dingetage*, S. 79.
315 Berg, *Hohenschönhausener Dingetage*, S. 80.
316 Lediglich durch den Kontakt der Gutsherrschaften gab es solche Verbindungen zwischen den jeweiligen Beamten und Dienstleuten. Nur einmal, im Jahre 1731, ist innerhalb der Bauernschaft die Eheschließung zwischen einem Hohenschönhausener Knecht und der Tochter eines Weißenseer Kossäten im Kirchenbuch verzeichnet. Giertz, *Chronik*, S. 207.
317 Robert Mielke, Brandenburgische Volkskunde, in: *Märkisches Heimatbuch. Eine Einführung in Geologie, Botanik, Vogelkunde, Naturdenkmalkunde, Vorgeschichte, Geschichte und Volkskunde der Mark Brandenburg für die Hand des Lehrers und des Heimatfreundes*, Neudamm 1935, S. 320ff.
318 Rudolf Schmidt, Märkische Wassergeister, in: *Brandenburgia* 25 (1917), S. 169f.

sich im Wartenberger Treue Herzenspfuhl ertränkt haben soll.[320] Für Malchow ist aus dem Jahre 1850 ein weltliches Lied überliefert, dessen Ursprünge aber vielleicht bis ins 16./17. Jahrhundert reichen. Auch Wiegenlieder, die in Hohenschönhausen und Falkenberg gesungen wurden, sind bekannt.[321]

Die alte Sitte der Spinnstube und der Fastnachtsfeier wurde vielerorts im 18. Jahrhundert untersagt. Bereits in der märkischen Dorfordnung von 1702 waren das Spinnengehen sowie *alle Zusammenkünfte und Abgöttereien, so in der Christnacht und sonsten von dem Gesinde und abergläubischen Leuten gehalten und geübet werden*, verboten worden.[322] Dies hielt die Dorfbewohner jedoch offensichtlich nicht davon ab, jene Bräuche weiter zu pflegen. Als während einer Fastnachtsfeier in Hohenschönhausen allerhand Unfug getrieben und dabei eine Wand der Gutsscheune beschädigt wurde, kamen die Schuldigen vor das Dorfgericht, darunter auch einer der schon erwähnten Fischdiebe.[323]

Die Bauern waren zu jener Zeit weder völlig frei noch leibeigen, sondern »gutspflichtig«. Sie erhielten Land, Vieh und Wirtschaftsgeräte zur Nutzung, nicht als Eigentum, und waren dafür zu Diensten und Abgaben gegenüber der Gutsherrschaft verpflichtet. Die Aushändigung des Annahmevertrages und die Ableistung des Untertänigkeitseides erfolgten auf den Dingetagen.[324] Auf dem Dingetag vom 7. Juli 1736 stellte der bisherige Gutsherr, Christian Friedrich von Röbel, seinen Untertanen ihren neuen Gutsherrn, den Berliner Kaufmann Adam Ebersbach vor, dem er das Hohenschönhausener Gut verkauft hatte. Damit gelangte das adlige Gut in bürgerliche Hände, was mit königlicher Zustimmung möglich geworden war.[325] Hohenschönhausen gehörte bis 1792 der Familie Ebersbach.[326]

In Falkenberg wechselten bis ins letzte Drittel des 19. Jahrhunderts häufig die Besitzer. Hervorzuheben ist die Majorin von Humboldt, welche von 1791 bis 1797 das Gut besaß.[327] Die verwitwete Frau von Hollwede hatte bedeutsame Besitzungen in die 1765 mit dem Major Alexander-Georg von Humboldt geschlossene Ehe eingebracht. Ihr Vermögen ermöglichte die solide Ausbildung der beiden Söhne Alexander und Wilhelm sowie später die Forschungsreisen Alexanders von Humboldt. Allerdings hielt sich die Herrin des Falkenberger Gutes nur selten hier, sondern zumeist im Tegeler Schloß auf. Wilhelm von Humboldt weilte im Sommer 1793 ein einziges Mal nachweislich mit seiner Familie in Falkenberg, als in Berlin die Blattern ausgebrochen waren.[328]

---

319 Willibald von Schulenburg, *Innere Volkskunde*, in: Ernst Friedel/Robert Mielke (Hrsg.), *Landeskunde der Provinz Brandenburg*, Bd. 3: *Die Volkskunde*, Berlin 1912, S. 172.
320 Berg, *Flurnamen*, S. 28.
321 Heinrich Lohre, *Die Volksdichtung*, in: Friedel/Mielke, *Landeskunde*, Bd. 3, S. 273, 326f.
322 *Die märkische Dorfordnung*, S. 14.
323 Berg, *Hohenschönhausener Dingetage*, S. 79.
324 Berg, *Hohenschönhausener Dingetage*, S. 78.
325 Berg, *Hohenschönhausener Dingetage*, S. 74. Bis zum Oktoberedikt von 1807 konnten adlige Güter weder durch Rechtsgeschäft noch durch Vererbung in bürgerlichen Besitz übergehen, außer mit königlicher Genehmigung. Ernst Rudolf Huber, *Deutsche Verfassungsgeschichte seit 1789*, Bd.1: *Reform und Reformation von 1789 bis 1830*, Stuttgart-Berlin-Köln 1977, S. 191.
326 *Historisches Ortslexikon*, S. 501. Unter ihrem Patronat erhielt die Hohenschönhausener Kirche im Jahre 1772 drei neue Glocken, die bis 1898 im Kirchturm hingen. Julius Kurth, *Die Kirchenglocken von Berlin-Hohenschönhausen* (= HOHENSCHOENHAUSENIANA I.), Berlin-Hohenschönhausen 1917, S. 3ff.
327 *Historisches Ortslexikon*, S. 137f.
328 Bärbel Ruben, *Die Humboldts in Falkenberg*, in: *Hohenschönhausener Lokalblatt* (1992), Nr. 12.

Der Berliner Architekt und Baumeister Paul Ludwig Simon[329] baute 1795/96 im Auftrag der Gutsherrin die Falkenberger Kirche um. Dazu gehörte der Abriß des hölzernen und die Errichtung eines massiven und etwa fünfzehn Meter hohen Turms in ägyptisierenden Formen mit einer pyramidenförmigen Spitze und einem Fries über dem Portal zur Turmhalle.[330] Marie-Elisabeth von Humboldt ließ dort eine Familiengruft anlegen, in der sie 1796 zwischen ihren beiden Ehemännern beigesetzt wurde.[331] Auf die Majorin von Humboldt ging das sogenannte Humboldtsche Legat zurück, mit dessen Hilfe die Grabstätte unterhalten, aber ebenso der Lehrer und das Schulwesen in Falkenberg finanziell unterstützt wurden.[332] Die baulichen Veränderungen an der Kirche sind ein Beispiel dafür, daß die Wandlung des Geschmacks, der Übergang zur neuklassizistischen Kunst am Ende des 18. Jahrhunderts, nicht auf Berlin beschränkt blieb.[333] Aus derselben Zeit wie der Turm des Erbbegräbnisses stammte nach Alste Oncken auch das gleichfalls Simon zugeschriebene *Gutshaus mit Pilastergliederung an der Front und Rankenfries zum Garten*.[334]

Wartenberg befand sich im 17. und 18. Jahrhundert ebenfalls in unterschiedlichem Besitz. Zudem gab es hier seit Mitte des 15. Jahrhunderts zwei Rittergüter. Eines lag in der Mitte, das andere am östlichen Ende des Dorfes, wobei jedes seine eigene Gerichtsbarkeit hatte. Zu den Besitzern gehörte von 1703 bis 1736 die Familie von Seydel.[335] *Dem erneuerten Gedächtnis des Herrn Andreas Erasmus v. Seydel, weyland Churfürstl. Brandenburg. Hoff- und Regierungrathes als eines der gelehrtesten Edelleute seiner Zeit, der acht Sprachen schrieb und sprach*, war eine Gedächtnistafel in der Wartenberger Kirche aus dem Jahre 1782 gewidmet.[336]

---

329 Paul Ludwig Simon (1771–1815) war seit 1789 Kondukteur des Oberhofbauamtes und 1791 Mitarbeiter Friedrich Gillys beim Grundbau der Berliner Stadtvogtei. Vollmer, *Allgemeines Lexikon der bildenden Künstler*, Bd. 31, Leipzig 1937, S. 58f.
330 *Landbuch der Mark Brandenburg und des Markgrafthums Nieder-Lausitz in der Mitte des 19. Jahrhunderts oder geographisch-historisch-statistische Beschreibung der Provinz Brandenburg*, bearb. von Heinrich Berghaus, Bd. 2, Brandenburg 1855, S. 339; Rach, *Die Dörfer in Berlin*, S. 84.
331 Fontane, *Falkenberg*, in: ders., *Wanderungen*, S. 186f.
332 *Landbuch der Mark Brandenburg und des Markgrafthums Nieder-Lausitz*, S. 340.
333 Robert Mielke, *Kunstgeschichte*, in: Friedel/Mielke, *Landeskunde*, Bd. 4: *Die Kultur*, Berlin 1916, S. 152f. mit Abb. 127. Die Glocken der Falkenberger Kirche sind 1819 von dem berühmten Berliner Glockengießer Hackenschmidt gegossen worden. Ledebur, *Beitrag zur Glockenkunde*, S. 144.
334 Alste Oncken, *Friedrich Gilly 1772–1800*, Berlin 1935, S. 105, Anm. 407. Rach, *Dörfer in Berlin*, S. 84 mit Abb. 133 ordnet nur den ältesten Teil des ehemaligen Falkenberger Gutshauses, der einstöckig und mit Mansarddach versehen war, dem 18. Jahrhundert zu.
335 *Historisches Ortslexikon*, S. 597f; *Landbuch der Mark Brandenburg und des Markgrafthums Nieder-Lausitz*, S. 466.
336 *Inventar der Bau- und Kunstdenkmäler*, S. 770.

Ehemalige Falkenberger Kirche, 1945 zerstört; Aufnahme um 1928.

Die Zeit der Industrialisierung

Preußische Reformen und wachsende Großstadt Berlin – Die Dörfer bis zur Wende des 19. Jahrhunderts

Die historische Entwicklung der Dörfer Malchow, Wartenberg, Falkenberg und Hohenschönhausen wurde im 19. Jahrhundert nachhaltig durch die preußischen Agrar- und Gesellschaftsreformen geprägt. Schon gegen Ende des 18. Jahrhunderts kamen Überlegungen zur Bauernbefreiung auf den staatlichen Domänen zum Tragen, und so erlangten bereits zwischen 1799 und 1805 etwa 50 000 spannfähige Domänenbauern in den alten preußischen Provinzen ihre persönliche Freiheit und freies Eigentum. Damit war diese »Vor-Reform« noch umfassender als die Bauernbefreiung im Zuge der eigentlichen Reformgesetzgebung nach 1807, die rund 45 000 Bauernstellen betraf.[337]

Ein bedeutender Mitstreiter der Stein-Hardenbergschen Reformen war Otto Karl Friedrich von Voß, in dessen Familienbesitz sich seit 1784 das halbe und von 1792 bis 1872 das gesamte Dorf und Gut Wartenberg befanden.[338] Bereits seit 1790 hatte sich von Voß als königlicher Kommissar der Hauptritterschaftsdirektion darum bemüht, die Bauern durch Dienstablösung in freie Eigentümer zu verwandeln.[339] Darüber hinaus führte er – wie eine Reihe adliger, vor allem kurmärkischer Gutsherren – schon vor 1806 die Dienstablösung der Erbuntertanen auf seinen Gütern Buch und Karow durch. Für die Rittergutsbesitzer dominierten hierbei nicht unbedingt Reformgedanken, sondern vielmehr die daraus resultierenden Vorteile – die Entbindung von der Pflicht des Bauernschutzes und die Möglichkeit des Bauernlegens.[340] Wahrscheinlich stellte auch die durch die Nähe Berlins günstige Marktsituation eine Motivation für sie dar, mit der Dienstablösung und der Verbesserung der Besitzverhältnisse der Bauern Voraussetzungen für eine effektivere Wirtschaftsführung auf ihren Gütern zu schaffen.[341] Mit dem Edikt über die Bauernbefreiung (1807) und der Aufhebung der Erbuntertänigkeit (1810) waren auch in unseren vier Dörfern die Beseitigung der Gesindezwangsdienste und die persönliche Freiheit der Bauern verbunden, nicht aber der Erlaß von Abgaben und Diensten. Die Gutsherren blieben Eigentümer des Bodens, vor allem aber auch weiterhin der Patrimonialgerichtsbarkeit und der lokalen Polizeigewalt. Das Oktoberedikt von 1807, welches die allgemeine Freizügigkeit der bis dahin an Gut und Hof gebundenen Landbevölkerung einleitete und die Guts- zu Staatsuntertanen machte, schuf damit eine Voraussetzung für die große Landflucht des 19. Jahrhunderts und das Wachstum des Industrieproletariats in den Städten.[342]

Die problematische Konsequenz von gleichzeitiger Aufhebung der Erbuntertänigkeit und des Bauernschutzes wurde vor allem nach der Allodifikation des bäuerlichen Eigentums deutlich. Das *Edikt die Regulierung der gutsherrlichen und bäuerli-*

---

337 Huber, *Deutsche Verfassungsgeschichte*, Bd. 1, S. 184ff.
338 *Historisches Ortslexikon*, S. 598.
339 Winz, *Geschichte der äußeren Berliner Stadtteile*, S. 595; Pfannschmidt, *Geschichte der Berliner Vororte*, S. 145ff.
340 Huber, *Deutsche Verfassungsgeschichte*, Bd. 1, S. 186, 189.
341 Klaus Vetter, *Kurmärkischer Adel und preussische Reformen*, Weimar 1979, S. 114ff.
342 *Deutsche Geschichte*, Bd. 4: *Die bürgerliche Umwälzung von 1789 bis 1871*, Berlin 1984, S. 87; Huber, *Deutsche Verfassungsgeschichte*, Bd. 1, S. 184ff., besonders S. 190.

chen Verhältnisse betreffend von 1811, dessen endgültige Fassung von dem Königlichen Staatsrat Christian Friedrich Scharnweber[343] stammte, ermöglichte den Bauern zwar den Erwerb des vollen und freien Eigentums an ihrem Hof. Sie mußten jedoch den Gutsherrn dafür durch Abtretung eines Teils der Hofstelle entschädigen, was bei den zumeist nicht sehr großen Bauernhöfen deren Zusammenbruch bedeutete. Die Deklaration von 1816 beschränkte daher diese Regulierung auf spannfähige Bauernstellen, konnte aber die eingeleitete Expansion des Großgrundbesitzes nicht mehr zurückdrängen oder steuern.[344] Schließlich erfolgte in den darauffolgenden Jahrzehnten auf Grundlage des Gesetzes über die Gemeinheitsteilungen von 1821 die Überführung von über vierzig Millionen Morgen Gemeindeland in bäuerliches Individualeigentum.[345]

Im Laufe des 19. Jahrhunderts verringerte sich im Rahmen dieser Entwicklung auch in den Guts- und Bauerndörfern des Berliner Umlandes der staatliche und Berliner Grundbesitz und nahm der private Großgrundbesitz zu. Auf dem Barnim war die Familie von Voß besonders begütert.[346] Zahl und Umfang der bäuerlichen Stellen blieben trotz Ausweitung der Großgrundbetriebe fast konstant; allerdings wurde in die Mitte des 19. Jahrhunderts erfolgte Erfassung der spannfähigen Bauern auch ein Großteil der ehemaligen Kossäten, Kolonisten und Büdner einbezogen.[347]

Das Gut Hohenschönhausen befand sich von 1802 bis 1816/17 im Besitz der Familie von Eisenhard,[348] stand aber seit 1812 wegen hoher Verschuldung unter Zwangsverwaltung. Diese wurde durch den Municipalrat Cosmar und den Staatsrat Scharnweber wahrgenommen,[349] dessen Familie seit 1817 Gut und Dorf Hohenschönhausen besaß. Scharnweber vollzog 1816 die Dienstablösung der Hohenschönhausener Bauern sowie die Trennung von Guts- und Bauernland. Die spannfähigen Bauern wurden zu Eigentümern des Bodens, hatten aber als Ablösung etwa ein Drittel ihres Landes, das gesamte Wartenberger Feld, an ihn abzutreten.[350]

Die Separation umfaßte in den meisten Dörfern einen längeren Zeitraum, war sie doch mit einer Fülle von Maßnahmen verbunden. Die Übergabe der neuen Besitzungen erfolgte daher zumeist schon vor dem abschließenden Rezeß.[351] So erstreckte sich die Separation zwischen Bauern- und Gutsland in Malchow über mehrere Jahrzehnte bis 1849. Von der separierten Malchower Feldmark entfielen rund zwei Drittel des Acker- und Gartenlandes auf die sechs 3-Hüfner des Dorfes, etwa ein Viertel auf die fünf Kossäten sowie rund ein Prozent auf die sechs Büdner (Lehrer, Müller, Stellmacher, Schmied, Krüger und Weber).[352] Ebenso erhielt die

---

343 Ernst Klein, *Christian Friedrich Scharnweber. Eine biographische Skizze*, in: *Wege und Forschungen der Agrargeschichte. Festschrift zum 65. Geburtstag von Günther Franz*, Frankfurt a.M. 1967, S. 197ff.
344 Huber, *Deutsche Verfassungsgeschichte*, Bd. 1, S. 194ff.
345 Huber, *Deutsche Verfassungsgeschichte*, Bd. 1, S. 197f.
346 Escher, *Berlin und sein Umland*, S. 180f.
347 Escher, *Berlin und sein Umland*, S. 185f.
348 *Historisches Ortslexikon*, S. 501; *Zum Scharnweber-Jubiläum*, in: *Mitteilungen des Vereins für die Geschichte Berlins* (1887), H. 10, S. 99.
349 LAB (StA), Rep. 55, Nr. 37.
350 LAB (StA), Rep. 55, Nr. 37; *Festschrift »700 Jahre Weißensee«*, S. 36; Hartmut Harnisch, *Vom Oktoberedikt zur Deklaration von 1816. Problematik und Charakter der preußischen Agrarreformgesetzgebung zwischen 1807 und 1816*, in: *Studien zu den Agrarreformen des 19. Jahrhunderts in Preußen und Rußland. Sonderband des Jahrbuches für Wirtschaftsgeschichte*, Berlin 1978, S. 262.
351 Winz, *Geschichte der äußeren Berliner Stadtteile*, S. 611.

Ehemaliges Wohnhaus für vier Gutsarbeiterfamilien in Malchow aus dem 19. Jahrhundert; Aufnahme 1992.

Malchower Pfarre einen Anteil am Acker-, Wiesen- und Gartenland.[353] In Falkenberg gestalteten sich die Besitzverhältnisse hinsichtlich der separierten Flur um 1850 ähnlich. Etwa 59 Prozent des Nutzlandes entfielen auf die sechs Bauernhöfe, von denen jeder durchschnittlich 114 Morgen innehatte. Die vier Kossäten bewirtschafteten rund 16 Prozent des Nutzlandes; dem entsprachen etwa 46 Morgen pro Familie. Schließlich standen Schule und Kirche noch rund elf Prozent des separierten Landes zur Verfügung.[354] Die Verteilung des Bauernlandes macht die soziale Differenzierung innerhalb der Dörfer ebenso deutlich wie die Tatsache, daß mindestens die Hälfte der Bewohner über keinen Bodenbesitz verfügte und zu den ärmeren Schichten zählte. Dabei handelte es sich in allen vier Dörfern vor allem um einheimische Land- oder Gutsarbeiterfamilien sowie aus den östlichen Provinzen kommende Saisonarbeiter (Schnitter). Im Jahre 1856 lebten in Falkenberg außer den Bauern- und Kossäten- noch 40 andere Familien, in Malchow sieben Bauern-, fünf Kossäten- und 69 weitere Familien, in Hohenschönhausen 13 Bauern- sowie 70 weitere Familien und in Wartenberg fünf Bauern-, sieben Kossäten- und 32 andere Familien.[355]

Die dominierende Stellung des Großgrundbesitzes in den Dörfern wird an den

---

352 Berechnet nach Abramowski, *Chronik*, S. 45; *Festschrift »700 Jahre Weißensee«*, S. 41.
353 LAB (StA), Rep. 48-08, Nr. 274.
354 Berechnet nach Escher, *Berlin und sein Umland*, S. 356.
355 *Historisches Ortslexikon*, S. 139, 355, 502, 598.

Ehemalige Gutsarbeiterkate in Wartenberg (um 1880); Aufnahme 1992.

Relationen zwischen Guts- und Bauernland (jeweils Acker- und Gartenland, Wiese, Weide und Wald umfassend) deutlich, die sich bis 1858 herausgebildet hatten, wobei am Gemeindeland wiederum nur der geringere Teil der Dorfbewohner partizipierte.[356] Die beherrschende Rolle des Falkenberger Gutes spiegelte sich nicht nur im Umfang des Großgrundbesitzes, sondern auch im Ortsbild des Dorfes wider, das nachhaltig durch die Wohn- und Wirtschaftsbauten des Gutes geprägt wurde. Eines der bemerkenswertesten Zeugnisse landproletarischer Wohn- und Lebensverhältnisse aus der ersten Hälfte des 19. Jahrhunderts im Berliner Raum ist die in Lehmbauweise errichtete Landarbeiterkate Dorfstraße 4. Die meisten der anderen erhaltenen ehemaligen Landarbeiterkasernen sowie Wohn- und Stallbauten in Falkenberg entstammen dem Ende des vorigen Jahrhunderts.[357] In Malchow finden sich noch eine Reihe typischer Bauernhäuser aus der ersten sowie mehrere ein- und zweistöckige Landarbeiterhäuser aus der zweiten Hälfte des 19. Jahrhunderts, so das ehemalige Wohnhaus für vier Gutsarbeiterfamilien Dorfstraße 40. Die Gestaltung des Malchower Schlosses geht auf einen 1865/66 erfolgten Umbau im Stil der Schinkel-Nachfolge zurück. In jener Zeit wurde auch ein Großteil der Wirtschaftsgebäude modernisiert, wovon die in Resten erhaltene, aus dem Brauhaus hervorgegangene Schnapsbrennerei in der Hofanlage des ehemaligen Gutshauses (Dorfstraße 9) noch einen Eindruck vermittelt.[358] In Wartenberg ermöglicht

356 *Ortschafts-Statistik*, S. 70f., 76f., 84f., 88f.
357 Rach, *Die Dörfer in Berlin*, S. 82ff.

bis heute eine ganze Zahl von Gebäuden eine Vorstellung vom dörflichen Leben im vorigen Jahrhundert. Sie spiegeln sowohl eine bis Ende des 19. Jahrhunderts erfolgte wirtschaftliche Differenzierung zwischen den Bauern als auch den zumeist vorrangigen Ausbau der Wirtschafts- anstelle der Wohngebäude wider. Zu den noch vorhandenen Gutsbauten gehört die einstöckige Gutsarbeiterkate Dorfstraße 13, die um 1880 entstanden ist.[359] In Hohenschönhausen stehen in der ehemaligen Dorf-, jetzt Hauptstraße 46, 47 und 48 noch einstöckige Bauernhäuser aus der ersten sowie in den Höfen die dazugehörigen und inzwischen teilweise umgebauten Backsteinställe aus der zweiten Hälfte des 19. Jahrhunderts. Das Gutshaus erhielt 1893/94 seine heutige Gestalt; Wandmalereien und Stuckornamente sowie die Außenfassade stammen aus der Zeit der Jahrhundertwende. Auch die sechsklassige Gemeindeschule (Hauptstraße 43; heute Anne-Frank-Bibliothek), die um 1880/90 einen älteren Vorgängerbau ersetzte, zählt zu den erhalten gebliebenen historischen Bauten des vorigen Jahrhunderts in Hohenschönhausen.[360]

Mitte des 19. Jahrhunderts befanden sich Falkenberg und Wartenberg in adligem, Malchow und Hohenschönhausen in bürgerlichem Besitz. In Abhängigkeit von seiner Entstehungszeit sowie aufgrund dieser Unterscheidung nahmen bürgerlicher und adliger Großgrundbesitz auch nach 1807 noch keine völlig gleiche Rechtsstellung ein, aber die öffentlich-rechtlichen Privilegien hafteten nun nicht mehr am adligen Geburtsstand, sondern ausschließlich am Besitz.[361] Im Niederbarnim waren Mitte des 19. Jahrhunderts unter anderen die Wartenberger Grafen von Voß und der Hohenschönhausener Großgrundbesitzer Scharnweber uneingeschränkt landtagsfähige Rittergutsbesitzer; eingeschränkte Landtagsfähigkeit besaß das ehemalige Domänenvorwerk Malchow.[362] Georg Scharnweber, der das Gut 1841 von seiner Mutter geschenkt bekommen hatte, war von 1843 bis 1891 Landrat des Niederbarnimschen Kreises[363] und nahm darüber hinaus eine Reihe wichtiger Aufgaben im kommunalen Bereich wahr.[364] Im Jahre 1891 vertrat er den Niederbarnimschen Kreis im Zusammenhang mit Bestrebungen zur Eingemeindung der an Berlin angrenzenden Orte beziehungsweise Kreise Niederbarnim und Teltow.[365]

Neben den Landgemeinden bildeten sich im 19. Jahrhundert rechtlich und wirtschaftlich selbständige Gutsbezirke heraus, aber erst die Kreisordnung von 1872 stellte Gutsbezirk und Landgemeinde rechtlich völlig gleich.[366] Während für Hohenschönhausen, Malchow und Falkenberg 1858 als Gemeindeverfassung jeweils die der Landgemeinde und die des Gutsbezirks galt, ist für Dorf und Gut Wartenberg die Verfassung des Gutsbezirks verzeichnet. In den Gemeinde- und Gutsbezirken Hohenschönhausen, Falkenberg und Wartenberg sowie auf dem Malchower

---

358 Rach, *Die Dörfer in Berlin*, S. 207ff.
359 Rach, *Die Dörfer in Berlin*, S. 360f.
360 Rach, *Die Dörfer in Berlin*, S. 140; Ruben, *Was machen wir mit unserem Schloß?*
361 Huber, *Deutsche Verfassungsgeschichte*, Bd. 1, S. 191f.
362 Escher, *Berlin und sein Umland*, S. 182f.
363 Braun, *Zur Geschichte des brandenburgisch-preußischen Landratsamtes*, S. 25ff.
364 *Zum Scharnweber-Jubiläum*, S. 99.
365 Ernst Kaeber, *Das Weichbild der Stadt Berlin seit der Steinschen Städteordnung*, T. 2: *Der Kampf um Groß-Berlin 1890–1920*, in: ders., *Beiträge zur Berliner Geschichte. Ausgewählte Aufsätze* (= Veröffentlichungen der Historischen Kommission zu Berlin, Bd. 14), Berlin 1964, S. 310f.
366 Stephan Genzmer, *Entstehung und Rechtsverhältnisse der Gutsbezirke in den 7 östlichen Provinzen des Preußischen Staates, dargestellt unter Berücksichtigung der Landgemeindeordnung vom 3. Juli 1891*, Berlin 1891, S. 18ff.; Escher, *Berlin und sein Umland*, S. 183f.

Ehemaliges Gutshaus (»Schloß«) von Hohenschönhausen in der Hauptstraße; Aufnahme um 1925.

Gut lag die Polizeihoheit bei der Gutsherrschaft, in der Dorfgemeinde Malchow beim Amt Mühlenhof.[367] Hohenschönhausen gehörte außerdem seit Mitte des 19. Jahrhunderts zum »weiteren Polizeibezirk« von Berlin.[368] In Falkenberg, Wartenberg und Malchow blieben nach 1871 bis 1920 Landgemeinde und Gutsbezirk nebeneinander bestehen, in Hohenschönhausen wurden beide 1911 vereinigt.[369] Für alle vier Dorfgemeinden des heutigen Bezirks Hohenschönhausen sind Siegelstempel überliefert, die im 19. und beginnenden 20. Jahrhundert bei kommunalen und gerichtlichen Urkundenangelegenheiten Verwendung fanden und in denen sich die geistigen Vorstellungen und der Geschmack der Dorfbewohner lebendig widerspiegeln.[370]

Aus der Provinz Brandenburg sowie vor allem aus den Berlin umgebenden Landkreisen Teltow und Niederbarnim stammte im 19. Jahrhundert der größte Teil der zugewanderten Berliner Bevölkerung, die Mitte des Jahrhunderts etwa die Hälfte der dortigen Einwohner umfaßte. Zugleich erstreckte sich die Zuzugsbewegung in den Berliner Raum auf die im Umland der Großstadt gelegenen, jedoch zu den

367 *Ortschafts-Statistik*, S. 70f., 76f., 84f., 88f.
368 Der »weitere Polizeibezirk«, der das spätere Groß-Berlin bereits etwas vorwegnahm, umfaßte im Norden noch Reinickendorf, Pankow, Niederschönhausen, Heinersdorf und Weißensee. Dem Polizeipräsidium war aber nur der Bereich der Sicherheitspolizei unterstellt. Ilja Mieck, *Von der Reformzeit zur Revolution (1806–1847)*, in: Ribbe, *Geschichte Berlins*, Bd. 1, S. 486, 502. Von der Zugehörigkeit Hohenschönhausens zum »weiteren Polizeibezirk« zeugt unter anderem die Verwendung eines eigenen Polizeistempels im Jahre 1889. LAB (StA), Rep. 48-05/1, Nr. 74.
369 Friedrich Leyden, *Gross-Berlin. Geographie einer Weltstadt*, Breslau 1933, S. 189ff. Damit wurde jedoch nur die kommunale Selbständigkeit, nicht die rechtliche Stellung der Grundeigentümer des Gutsbezirks aufgehoben. Genzmer, *Entstehung*, S. 43f.
370 Vgl. A. Huschner, *Die historischen Dorfsiegel*, in: *Hohenschönhausener Lokalblatt* (1993), Nr. 21.

Landkreisen gehörenden Siedlungen selbst, insbesondere auf die Berlin benachbarten Gemeinden.[371] Im Unterschied zu anderen preußischen Landesteilen entwickelten sich im Umland von Berlin in der ersten Hälfte des 19. Jahrhunderts nur wenige Kolonien und Vorwerksiedlungen.[372] Auf der Feldmark des Gutes Hohenschönhausen entstand in den zwanziger Jahren die »Colonie Hohen Schönhausen«. Die Witwe Christian Friedrich Scharnwebers hatte nach dessen Tod (1822) einen Teil des Gutslandes an zugewanderte Gemüsebauern verpachtet. Diese aus acht Feuerstellen bestehende Ansiedlung erhielt 1854 offiziell den Namen »Neu-Hohenschönhausen«, wurde aber im Volksmund »Hungriger Wolf« genannt. Sie gehörte verwaltungsmäßig nun nicht mehr zum Gutsbezirk, sondern zur Gemeinde.[373] Ebenfalls auf Hohenschönhauser Territorium befand sich die 1766 erstmals erwähnte Poststelle des Amtes Niederschönhausen an der Straße Berlin-Altlandsberg, an welcher 1821 der »Neue Krug« (später »Wirtshaus zur weißen Taube«) angelegt wurde.[374]

Die wirtschaftliche Entwicklung der nahe Berlin gelegenen Dörfer unterschied sich im Laufe des 19. Jahrhunderts in zunehmendem Maße von entlegeneren Dörfern. Die Großstadt versprach einen zügigen und gewinnbringenden Absatz von landwirtschaftlichen Erzeugnissen. Besonders lohnte sich für die Dörfer im Umkreis bis zu 30 Kilometern der Milch- und Butterverkauf.[375] So umfaßten die Viehbestände der vier Dorfgemeinden sowie des Malchower Gutes 1858 vor allem Rinder und Pferde, während insbesondere auf dem Wartenberger, aber ebenso auf dem Hohenschönhauser und dem Falkenberger Gut die Schafhaltung dominierte.[376] Die Bauern waren nach Aufhebung der Spanndienste an einem leistungsfähigen Zugviehbestand interessiert. Der erhöhte Pferdebestand blieb jedoch wahrscheinlich auf den Eigenbedarf beschränkt,[377] wenngleich eine Beteiligung der Bauern und Kossäten am Fernfuhrwesen zu den Berliner Märkten nicht ausgeschlossen ist.[378] An der Chaussee, die noch heute von Weißensee nach Falkenberg führt,[379] sowie am südlichen Ortseingang von Malchow standen seit den zwanziger Jahren des vorigen Jahrhunderts Chausseehäuser, an denen bis 1875 das Chausseegeld für die Benutzung der Straße gezahlt werden mußte.[380] Theodor Fontane erwähnt in seiner *Weihnachtswanderung*, die ihn im Dezember 1878 nach Malchow führte, den Schlagbaum, *der hier noch aus den Tagen der Hebestellen her sein Dasein fristete*.[381]

Eine weitere Erwerbs- und Einnahmequelle der Dorfbewohner war der Getrei-

---

371 Ingrid Thienel, *Städtewachstum im Industrialisierungsprozeß des 19. Jahrhunderts* (= Veröffentlichungen der Historischen Kommission zu Berlin, Bd. 39), Berlin 1973, S. 96ff.
372 Escher, *Berlin und sein Umland*, S. 185.
373 Nitschke, *Anmerkungen*, S. 70.
374 Rach, *Die Dörfer in Berlin*, S. 139; *Historisches Ortslexikon*, S. 608.
375 Escher, *Berlin und sein Umland*, S. 187; Winz, *Geschichte der äußeren Berliner Stadtteile*, S. 597.
376 *Ortschafts-Statistik*, S. 71, 77, 85, 89.
377 Escher, *Berlin und sein Umland*, S. 188.
378 Winz, *Geschichte der äußeren Berliner Stadtteile*, S. 597.
379 Das Chausseehaus, das sich etwa an der Stelle der heutigen Brücke am S-Bahnhof Hohenschönhausen befand, gehörte zum Wartenberger Gutsbezirk. *Historisches Ortslexikon*, S. 598. Der Provinzialchausseearbeiter Schüler aus Falkenberg war auf der damaligen Königschaussee 37 Jahre lang, bis Ende des 19. Jahrhunderts, tätig und wohl allen bekannt, *die über Falkenberg oder Wartenberg ihren Weg nach Berlin nahmen*. Niederbarnimer Kreisblatt vom 4. Oktober 1912, Beilage.
380 Abramowski, *Chronik*, S. 45.
381 Fontane, *Malchow*, S. 231.

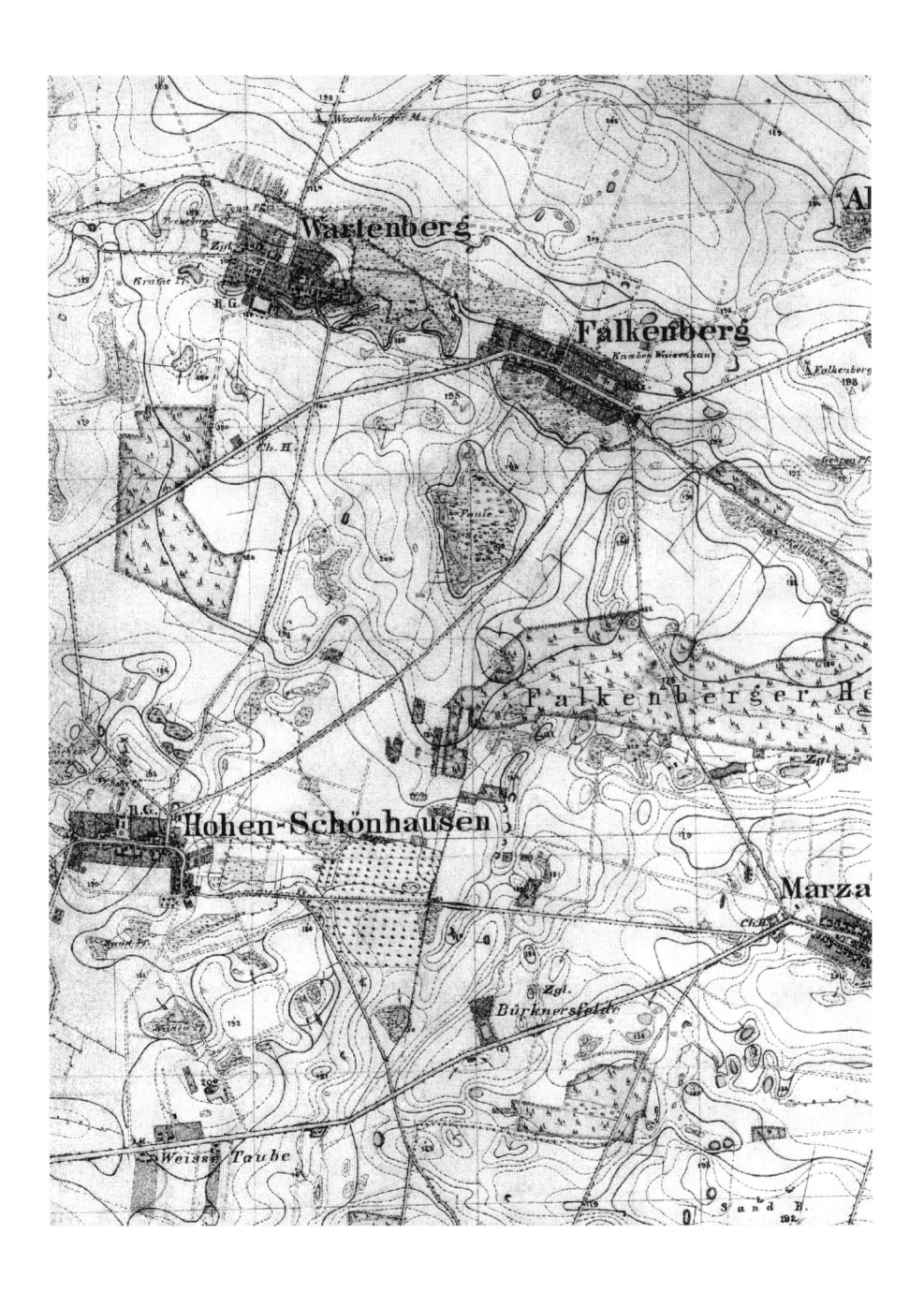

Urmeßtischblatt Nr. 1838 von 1869 mit den Dörfern Falkenberg, Wartenberg und Hohenschönhausen.

de- und Kartoffelanbau. Die dabei entstehenden Nebenprodukte konnten zudem günstig zu Branntwein verarbeitet werden.[382] Die Branntweinherstellung wurde allerdings aus Kostengründen vorrangig von den Gutsbesitzern betrieben. Auf dem Malchower und dem Hohenschönhausener Gut existierte 1860 jeweils eine Brennerei.[383] In Falkenberg, Hohenschönhausen und Malchow gab es 1860 Getreidemühlen sowie in allen vier Dörfern im 19. Jahrhundert und darüber hinaus Windmühlen. Spätestens seit 1858 hatte Hohenschönhausen eine Windmühle.[384] Im Jahre 1876 ließ der Müllermeister Wilß anstelle der kurz zuvor abgebrannten Mühle des Müllers Schieferdecker südlich des Dorfes am Malchower Weg eine neue aufbauen. Seit den achtziger Jahren des 19. Jahrhunderts bis zu ihrer Zerstörung im Zweiten Weltkrieg gehörte die Hohenschönhausener Windmühle – erst seit 1926 elektrisch betrieben – der Familie Maihofer.[385]

Die wachsende Großstadt Berlin wirkte im 19. Jahrhundert vor allem in wirtschaftlicher Hinsicht, aber auch durch die Verlagerung einer Reihe großflächiger Institutionen, insbesondere von Friedhöfen und Exerzierplätzen, in das Umland auf die Entwicklung der Dörfer ein.[386] So erwarben die evangelischen Kirchengemeinden St. Andreas und St. Markus sowie die katholischen Gemeinden St. Hedwig und St. Pius um 1880/90 im damaligen Gutsbezirk Hohenschönhausen Grundstücke zur Anlage von Friedhöfen (heute Berliner Straße 31/34).[387]

Das Bild der Dörfer Wartenberg, Falkenberg und Malchow wandelte sich seit Mitte der siebziger Jahre des 19. Jahrhunderts durch die Einrichtung der Berliner Stadtentwässerung, an deren Entstehen der Stadtbaurat James Hobrecht und der Arzt Rudolf Virchow maßgeblichen Anteil hatten.[388] Zum Zwecke der Verrieselung der in der nördlichen Stadthälfte anfallenden Abwässer wurde im Jahre 1875 auch das Gut Falkenberg angekauft; 1876 war jedoch erst ein Teil der erworbenen Fläche als Rieselfeld genutzt, so daß das Gut noch bis 1880 verpachtet blieb. Im Jahre 1882 gelangten das Malchower sowie 1883 das Wartenberger Gut in den Besitz der Stadt Berlin.[389] Falkenberg und besonders Malchow wiesen zwar für eine Berieselung weniger geeignete Böden auf, befanden sich aber in günstiger Entfernung zum Berliner Stadtgebiet. Aus rieseltechnischen Gründen waren zudem geschlossene Komplexe notwendig, so daß in der Folgezeit neben den großen Flächen der Güter auch Bauernland aufgekauft werden mußte.[390] Die gezahlten Bodenpreise

---

382 Escher, *Berlin und sein Umland*, S. 188.
383 *Historisches Ortslexikon*, S. 355, 502.
384 *Ortschafts-Statistik*, S. 84.
385 Bärbel Ruben, *Die alte Hohenschönhausener Windmühle*, in: Hohenschönhausener Lokalblatt (1992), Nr. 9; Abramowski, *Chronik*, S. 48f.
386 Winz, *Geschichte der äußeren Berliner Stadtteile*, S. 614.
387 Wilhelm Frank, *Friedhof und Friedhofkapelle der St. Pius und St. Hedwigs-Gemeinde in Hohenschönhausen*, Berlin 1907; Wolfgang Gottschalk, *Die Friedhöfe der St.-Hedwigs-Gemeinde zu Berlin*, Berlin 1991, S. 52ff.
388 Hans-Joachim Kretzschmann, *Entwicklung, Bewirtschaftung und Bedeutung der Berliner Stadtgüter* (= Volkswirtschaftliche Studien. Arbeiten aus dem Institut für Volkswirtschaft der Landwirtschaftlichen Hochschule zu Berlin, H. 2), Berlin 1930; Heinrich Ruths, *50 Jahre Berliner Rieselgüter*, in: Fünfzig Jahre Berliner Stadtentwässerung 1878–1928, Berlin 1928, S. 300ff.
389 Kretzschmann, *Entwicklung*, S. 11, 34.
390 In der Administration Falkenberg stammten Ende 1927 62,5 Prozent der Gesamtfläche aus den Guts- und 37,5 Prozent aus den Gemeindebezirken; in der Administration Malchow waren es rund 77 Prozent aus Guts- und 23 Prozent aus Gemeindebezirken. Berechnet nach Kretzschmann, *Entwicklung*, S. 14.

Bockwindmühle des Müllermeisters Maihofer in Hohenschönhausen, Malchower Weg; Aufnahme um 1910.

Birnenernte auf dem Stadtgut Falkenberg; Aufnahme aus den dreißiger Jahren.

lagen sowohl für Guts- als auch für Bauernland weit über deren eigentlichem Wert.[391] Das Vorhandensein der Rieselfelder bedeutete aber in der Regel eine Abwertung des umliegenden Geländes als Siedlungsland,[392] so daß eine Ausdehnung Berlins nach Nordosten gehemmt wurde, und die Dörfer von einer städtischen Zersiedelung verschont blieben.

Neben ihrer großen Bedeutung für die hygienischen Verhältnisse der Stadt hat-

---

391 Karl Nasch, *Die Berliner Rieselfelder. Städtischer Eigenbetrieb und Kleinverpachtung. Eine Untersuchung ihrer privat- und volkswirtschaftlichen Bedeutung*, Berlin 1916, S. 25; Ruths, *50 Jahre Berliner Rieselgüter*, S. 341, 346.
392 Escher, *Berlin und sein Umland*, S. 233.

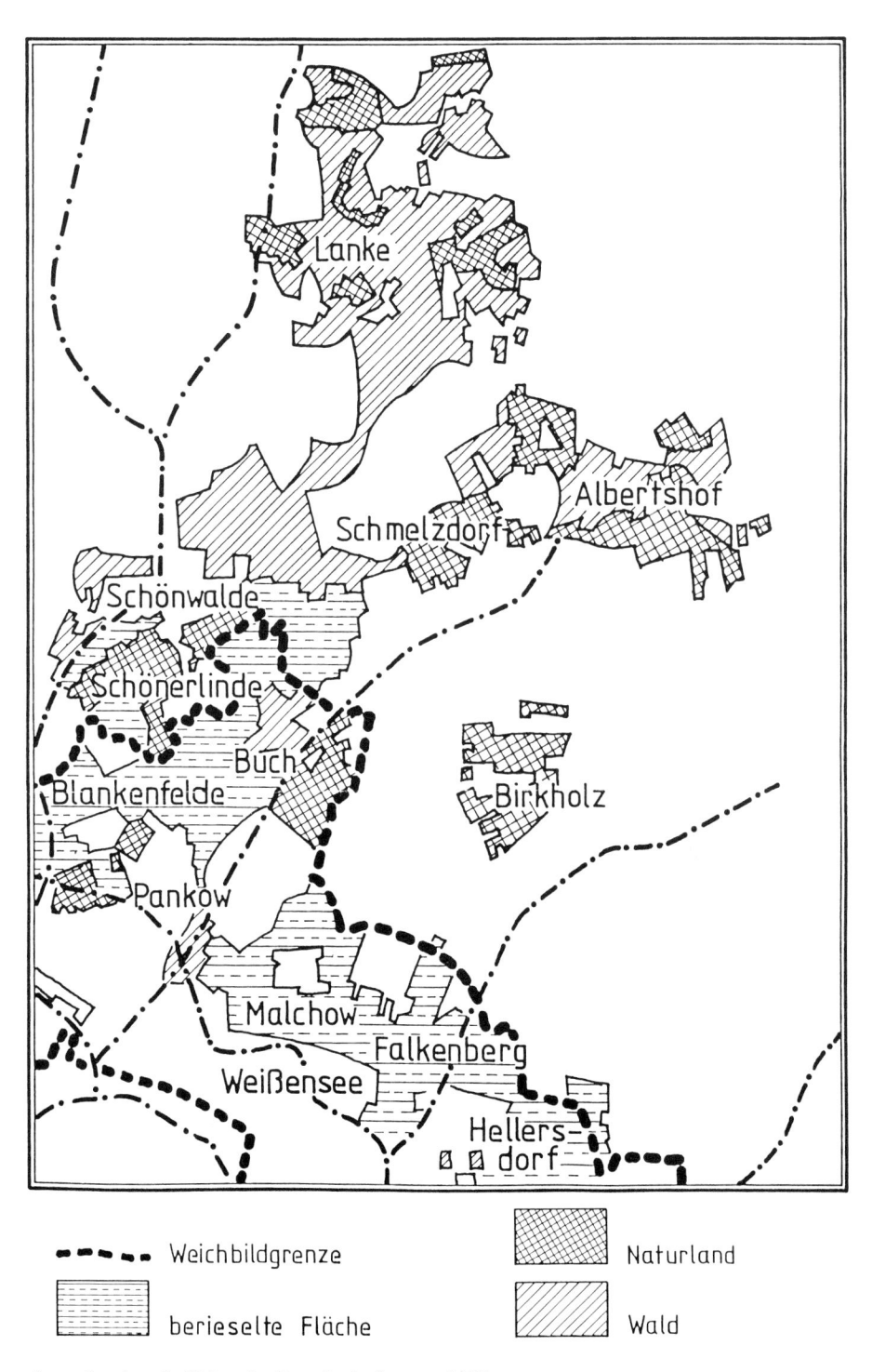

Lageplan der nördlichen Berliner Stadtgüter um 1930.

75

Rieselturm bei Wartenberg; Aufnahme aus den zwanziger Jahren.

Familie des Gemüsebauern Rudolf Schultze, Hohenschönhausen, Gärtnerstraße; Aufnahme aus den dreißiger Jahren.

ten die Rieselfelder eine wichtige Funktion bei der Versorgung des Berliner Marktes mit Gemüse und Milch.[393] Außerdem entstand auf den Rieselgütern eine Reihe von sozialen Einrichtungen, so in Malchow das Gebäude am Wartenberger Weg 3/4 (heute Rehabilitationszentrum), welches Ende des 19. Jahrhunderts als Lungenheilanstalt errichtet wurde.[394]

Seit dem Jahre 1884 wurde auf den Rieselfeldern Land an Kleinpächter zum Zwecke des Gemüseanbaus vergeben, wobei die sogenannten Nordgüter, darunter an erster Stelle Malchow sowie Falkenberg, zu den Administrationen mit starker Gemüselandverpachtung zählten.[395] Dies wurde nicht zuletzt durch die Nähe mehrerer Pächterwohnorte, vor allem aber durch die Dominanz von Klein- und Kleinstbetrieben gefördert. Bereits vor der Gemüselandverpachtung gab es im Norden Berlins, so auch in Hohenschönhausen, überwiegend klein- und kleinbäuerliche Betriebe.[396] Diese basierten fast ausschließlich auf der Einbeziehung der ganzen Familie; in größeren Betrieben waren auch fremde Arbeitskräfte (Schnitter und Tagelöhner) tätig.[397]

393 Kretzschmann, *Entwicklung*, S. 97f.; Nasch, *Die Berliner Rieselfelder*, S. 105.
394 *Die Bau- und Kunstdenkmale in der DDR. Hauptstadt Berlin II*, hrsg. vom Institut für Denkmalpflege, Berlin 1987, S. 160. Vgl. auch *Von der sozialistischen Arbeiterpresse im 19. Jahrhundert veröffentlichte Anzeigen, Aufrufe, Berichte und Meldungen betreffend die örtliche Arbeiterbewegung in Weißensee, Hohenschönhausen, Wilhelmsberg, Falkenberg, Malchow und Wartenberg. Eine Quellensammlung*, T. 4: 1898 und 1899, hrsg. vom Ausschuß für Ortschronik im Stadtbezirk Weißensee unter Ltg. von Günter Nitschke, Berlin-Weißensee 1972, S. 58ff.
395 Nasch, *Die Berliner Rieselfelder*, S. 52ff.
396 Nasch, *Die Berliner Rieselfelder*, S. 58f.
397 Neben der harten Arbeit der Rieselbauern ist vor allem die Mitarbeit der Frauen auf dem

Schnitterinnen bei der Arbeit; Aufnahme aus den dreißiger Jahren.

Die städtischen Güter beschäftigten in erster Linie Landarbeiter, für die auch relativ gute Wohnungen in den Dörfern gebaut wurden. Hinzu kamen besonders zur Erntezeit zahlreiche Saisonarbeiter. Auf den Gütern wurden vor allem Getreide, Hackfrüchte und Rieselgras angebaut,[398] was zugleich die Viehzucht und -mast ermöglichte.[399] Da die Rieselwiesen bis zu achtmal im Jahr gemäht werden konnten, florierte auch die Grünfutterwirtschaft.[400] Bis 1905 kamen auf den Rieselgütern nur einfachste Feld- und Hofgeräte zum Einsatz, weil an erster Stelle die Abwässerbeseitigung stand. Der zunehmenden Bedeutung der Rieselgüter für die landwirtschaftliche Produktion entsprach nunmehr auch die Entwicklung der Gerätetechnik, die vor allem seit den zwanziger Jahren eine deutliche Ertragssteigerung bewirkte.[401] Im Jahre 1890 wurde mit der erfolgreichen Abfischung von sechs Fischteichen auf dem Malchower Gut der Beweis erbracht, daß das Dränwasser

    Felde und bei der Erledigung des »Krams«, das heißt beim Absatz der Produkte, hervorzuheben. Nach der bis in die Abendstunden währenden Vorbereitung der Ware wurde das Gemüse des Nachts mit dem Pferdefuhrwerk in die städtischen Markthallen transportiert. Dort erfolgte von 5 bis etwa 7 Uhr der Verkauf. Nasch, *Die Berliner Rieselfelder*, S. 77ff.; Horst Götsch, *Wo heute Hochhäuser stehen*, in: *Orankepost* (1990), Nr. 9.
398 Nasch, *Die Berliner Rieselfelder*, S. 16.
399 Ruths, *50 Jahre Berliner Rieselgüter*, S. 316ff.
400 In Berlin entstanden Abmelkbetriebe mit zumeist auf den Hinterhöfen gelegenen Stallungen. Deren Besitzer kauften ausgediente Kühe billig auf, mästeten sie nach dem Abmelken mit frischem Rieselgras und lieferten sie dann zum Schlachten ab. Götsch, *Wo heute Hochhäuser stehen*.
401 Dazu zählten im Jahre 1924 die Einführung der Motor-Bodenfräse (Siemens-Fräse in Malchow) und 1926 der Einbau einer elektrisch betriebenen Alpha-Melkmaschinenanlage in Falkenberg. Ruths, *50 Jahre Berliner Rieselgüter*, S. 312ff.

Gutshof Malchow (oben) und Gutshof Falkenberg; Aufnahmen um 1928.

der Rieselbetriebe für die Zucht von Edelfischen durchaus geeignet ist. Dieser Versuch wurde vom Ausschuß des Deutschen Fischereivereins prämiert, und in der Folgezeit entstanden in Malchow, Falkenberg und auf anderen Gütern größere Fischteiche, die vor allem der Karpfenzucht dienten.[402] Schon seit den achtziger Jahren des 19. Jahrhunderts pflanzte man entlang der durch die Rieselfelder führenden Wege Apfel- und Birnenbäume.[403] Das Landschaftsbild um die Dörfer konnte daher trotz der Anlage der Rieselfelder mit ihrem etwas strengen Geruch durchaus reizvoll erscheinen; viele seltene Pflanzen und Tiere (Kraniche) jedoch, die es bisher dort gab, waren durch diesen Eingriff in die Natur verschwunden.

402 Ruths, *50 Jahre Berliner Rieselgüter*, S. 318f. mit Abb. 293.
403 1914/1926 gab es allein in Malchow 22 800 Apfel- und 5 500 Birnenbäume, deren Ertrag allerdings sehr schwankte. Ruths, *50 Jahre Berliner Rieselgüter*, S. 309ff.

Kontinuität und Wandel in den Dörfern, vorstädtische Entwicklung in Hohenschönhausen

Die sich im Laufe des vorigen Jahrhunderts vollziehenden Veränderungen in den Dörfern des Berliner Umlandes hatten unterschiedliche ökonomische und soziale Strukturwandlungen, insbesondere in den später eingegliederten Landgemeinden zur Folge. Während Wartenberg, Falkenberg und Malchow, nicht zuletzt durch die als Rieselfelder genutzten Flächen, ihren dörflichen Charakter bewahrten, und die Landwirtschaft hier bis zur Eingemeindung und darüber hinaus der bestimmende Wirtschaftszweig blieb, durchliefen andere stadtnahe Dörfer, wie Hohenschönhausen, seit dem letzten Drittel des 19. Jahrhunderts bereits eine vorstädtische Entwicklung.[404] Dies spiegelte sich auch in den sehr verschiedenen Einwohnerzahlen bis zu diesem Zeitpunkt wider.

Bevölkerungsentwicklung von 1817 bis 1919[405]

Jahr	Hohenschönhausen	Falkenberg	Wartenberg	Malchow
1817	135	106	150	249
1840	274	201	216	311
1858	507	295	273	446
1871	757	358	299	498
1890	1 454	647	486	736
1900	2 443	602	503	874
1910	5 300	708	439	821
1919	6 733	699	397	844

Obwohl an der Straße von Berlin nach Bernau gelegen, allerdings ohne direkte Bahnverbindung, entwickelte sich Malchow nicht zu einem Berliner Vorort und wurde wohl lediglich aufgrund der stadteigenen Rieselfelder eingemeindet. Im Unterschied zu anderen stadtnahen Dörfern hatte sich die Zahl der Wohnhäuser im Laufe des 19. Jahrhunderts nur verdoppelt (1801: 25 Feuerstellen; 1900: 49 Wohnhäuser), die der Einwohner war im gleichen Zeitraum lediglich auf das 3,5fache gestiegen. Dennoch reichte das alte Schulhaus gegenüber der Kirche vor allem wegen der zahlreichen Landarbeiterkinder nicht mehr aus. Die Gemeinde errichtete daher im Jahre 1891 mit maßgeblicher Unterstützung des städtischen Rieselgutes eine neue Schule, die damals zu den überdurchschnittlich ausgestatteten Schulen in Gemeinden dieser Größe gezählt haben dürfte.[406] Im Unterschied dazu

---

404 Rach, *Die Dörfer in Berlin*, S. 11.
405 Leyden, *Gross-Berlin*, S. 207ff.; *Historisches Ortslexikon*, S. 139, 355, 502f., 599, 608.
406 Rach, *Die Dörfer in Berlin*, S. 208f.; *Festschrift 650 Jahre Malchow*, S. 41ff.

Lehrer Adolf Merckel mit seiner Klasse vor der alten Dorfschule (heute Fleischerei) im Jahre 1877. Theodor Fontane begegnete ihm 1878 auf seiner »Weihnachtswanderung nach Malchow«.

entsprach das in Wartenberg um 1910 anstelle eines wohl noch primitiveren Vorgängerbaus errichtete Schulhaus eher den bescheidenen Verhältnissen der kleinen Gemeinde. Der Ort vergrößerte sich bis zur Mitte des 19. Jahrhunderts trotz Zuzugs einiger Büdner und Einlieger nur geringfügig. Der dann einsetzende leichte Aufwärtstrend hielt jedoch nach Anlage der Rieselfelder nicht mehr an. Wartenberg blieb bis ins 20. Jahrhundert ein kleines Guts-/Bauerndorf, das bei der Eingemeindung vor allem durch die Rieselfelder mit Berlin verbunden war.[407] Falkenberg verzeichnete seit Mitte des 19. Jahrhunderts eine deutliche Zunahme der Einwohnerzahl, die aber – ähnlich Wartenberg – nach Anlage der Rieselfelder stagnierte.

Die wachsende Bevölkerungszahl in Hohenschönhausen ergab sich vor allem aus der weiteren Bebauung des unmittelbar an den alten Dorfkern anschließenden Terrains sowie der Erweiterung schon bestehender, etwas entfernter liegender Ansiedlungen. Nach dem Deutsch-Französischen Krieg 1870/71 ließen sich am Berliner Weg[408] in den sogenannten Weberhäusern Handwerker nieder, die dem Mietwucher und der Wohnungsnot in der Hauptstadt zu entfliehen versuchten. Mit der Errichtung des »Städtischen Schlacht- und Viehhofs« an der Landsberger Allee im Jahre 1881 war eine Vergrößerung der Kolonie Neu-Hohenschönhausen durch die Ansiedlung dort beschäftigter Arbeiter verbunden. Dies traf ebenso zu für die nach 1871 entstandene und seit 1878 »Wilhelmsberg« genannte Kolonie, in deren Um-

---

407 Rach, *Die Dörfer in Berlin*, S. 360f.
408 Die alte Verbindung zwischen Berlin und Hohenschönhausen hieß seit 1857 Berliner Straße und trägt seit 1985 den Namen Konrad-Wolf-Straße.

feld um die Jahrhundertwende außerdem zahlreiche Kleingartenanlagen eingerichtet wurden.[409] Kleingarten und Laube nahmen zu dieser Zeit bereits einen festen Platz im Leben vieler Berliner Arbeiterfamilien ein.[410]

Der Gutsbesitzer Georg Scharnweber überließ Ende der achtziger Jahre des vorigen Jahrhunderts seiner Tochter Manon[411] das Hohenschönhausener Gut. Unter dem Besitzer Gerhard Puchmüller, dem sie es verkauft hatte, begann 1892 die Parzellierung des Gutslandes. Im Jahre 1893 erwarb der Aachener Bankier Henry Suermondt das Gut, der im selben Jahr die »Grundgewerbs- und Bau-Gesellschaft zu Berlin« gründete.[412] Suermondt und seit 1898 der Justizrat Julius Grosse-Leege als Vorstand des Unternehmens setzten die Parzellierung zu Spekulationszwecken fort.[413] Seit 1893 entstand südlich des Orankesees eine erste Villenkolonie. Zu Beginn des 20. Jahrhunderts bildete sich am Obersee ebenfalls eine Villenkolonie heraus, nachdem die »Neue Boden Aktien-Gesellschaft« das Gelände von der Löwenbrauerei erworben hatte. Die Aktiengesellschaft ließ gepflasterte Straßen anlegen und veräußerte die nordöstlich des Oranke- und nördlich des Obersees liegenden Grundstücke an baulustige, aber wohl vor allem zahlungskräftige Interessenten. Für beide Kolonien galt die Landhausbauordnung, und so entstanden hier vorwiegend ein- und zweistöckige Villen und Landhäuser, in denen hauptsächlich Kaufleute und Beamte wohnten. Die Attraktivität der Kolonien *am stillen Oranke- und Obersee* bestand nicht nur in der *Gelegenheit zum Rudern, Segeln, Angeln und Baden*, sondern auch darin, daß sie *nächst Steglitz am höchsten von allen näheren Berliner Vororten* lagen und *daher in gesundheitlicher Beziehung sehr ausgezeichnet* waren.[414] Überhaupt hatte Hohenschönhausen einiges zu bieten: *Alle Straßen sind bereits gepflastert; Wasser vom eigenen Wasserwerk, Gas der Lichtenberger Gasanstalt, Kanalisation vorhanden; elektrische Kraft wird abgegeben.*[415] Hinzu kam, daß in Hohenschönhausen, was Handel und Gewerbe betraf, *alle wichtigen Branchen vertreten* waren.[416] Dazu zählten 1906 immerhin fünf Bäckereien, acht Fleischer, fünf Molkereien, vier Schmieden, zwei Brauereien, zahreiche Gärtnereien sowie mehrere Schneider, Schuhmacher, Stellmacher, Schlosser und natürlich Gast- und Schankwirte.[417]

Ein weiterer Siedlungsschwerpunkt, der entscheidend zur Steigerung der Einwohnerzahl Hohenschönhausens bis 1920 beitrug, bildete sich seit Beginn des 20. Jahrhunderts mit dem sogenannten Märkischen Viertel heraus. Im Gegensatz

---

409 Die Kolonie Wilhelmsberg lag ursprünglich auf Lichtenberger Territorium. 1939 ging sie infolge eines Gebietsaustausches an den Verwaltungsbezirk Weißensee und wurde dem Ortsteil Hohenschönhausen zugeordnet. Lichtenberg erhielt dafür die Ansiedlung »Weiße Taube«. Nitschke, Anmerkungen, S. 102f.
410 *Parzelle. Laube. Kolonie. Kleingärten zwischen 1880 und 1930. Texte und Bilder zur Ausstellung im Museum »Berliner Arbeiterleben um 1900*, Berlin 1988/89, S. 4ff.
411 Sie war die Ehefrau des Geheimen Baurats Walther Gropius und die Mutter des Architekten und Mitbegründers des Weimarer Bauhauses Walter Gropius.
412 Abramowski, *Chronik*, S. 60.
413 Nitschke, *Anmerkungen*, S. 95.
414 *Die Berliner Vororte. Ein Handbuch für Haus- und Grundstückskäufer, Baulustige, Wohnungssuchende, Grundstücksbesitzer, Vorortbewohner, Terraingesellschaften, Hypothekenverleiher, Architekten u.a.m. Mit einer Übersichtskarte und 100 kleinen Plänen im Text*, Berlin 1908, S. 126.
415 *Die Berliner Vororte*, S. 126. Von der bis 1922 eigenen Wasserversorgung Hohenschönhausens zeugt heute noch der Rumpf des Wasserturms auf dem Lindwerderberg am Obersee.
416 *Die Berliner Vororte*, S. 127.
417 *Berliner Adreßbuch 1906. Mit der Beigabe: Großer Verkehrs-Plan von Berlin und Vororten*, Bd. 2, T. 5: *Vororte von Berlin*, S. 166ff.

Straßenbahnwagen Nr. 2219 der Linie 164 der »Großen Berliner Straßenbahn AG« im Depot Degnerstraße; Aufnahme um 1912.

zu den links der Berliner Straße gelegenen Kolonien galt auf dem rechts der Straße liegenden ehemaligen Gutsgelände die Hochbauordnung. Es entstanden hier mehrstöckige Mietshäuser, in denen vor allem Arbeiter wohnten, die in Lichtenberger und Berliner Industriebetrieben, aber auch in Hohenschönhausener Fabriken beschäftigt waren. Dieses Gebiet trug von vornherein städtische Züge.[418] Im Jahre 1910 entstand außerdem auf dem östlichen Teil der Hohenschönhausener Feldmark eine weitere Siedlung, die sogenannte Gartenstadt.[419]

Eng verknüpft mit der baulichen und wirtschaftlichen Entwicklung Hohenschönhausens war die verkehrsmäßige Erschließung des Ortes. Bereits 1893 hatte die Suermondtsche Grunderwerbs- und Baugesellschaft auf der Strecke Landsberger Allee — Dorf Hohenschönhausen einen regelmäßigen (Pferde-)Omnibusverkehr eingerichtet. 1897 gründete die »Continentale Gesellschaft für elektrische Unternehmungen, Nürnberg« die »Elektrische Kleinbahn Berlin-Hohenschönhausen«, die 1899 von der Waßmannstraße (heute Moll-, Ecke Büschingstraße), seit 1908 von der Kurzen Straße (Nähe Alexanderplatz) über Landsberger Straße und Allee, Wilhelmsberger Chaussee, Hohenschönhauser Straße bis zur Dorfschule fuhr. Nach verschiedenen Umbenennungen war die »Nordöstliche Berliner Vorortbahn A.G.« seit 1910 eine Nebenbahn der »Großen Berliner Straßenbahn A.G.«, wurde 1919 von dieser übernommen und gehörte seit 1929 zur »Berliner-Verkehrs-Aktien-Gesellschaft« (BVG). Ab 1912 verkehrte auf derselben Strecke auch die Linie »164«. Hinzu kamen in den zwanziger und dreißiger Jahren weitere Straßen-

418 Rach, *Die Dörfer in Berlin*, S. 141.
419 Nitschke, *Anmerkungen*, S. 11, 40.

Die Gemeindevorstände von Malchow, Wartenberg und Falkenberg; Aufnahme um 1910.

bahnlinien, die von Hohenschönhausen nach Tempelhof, Dahlem und bis Hundekehle fuhren.[420] Die erhaltenen Gebäudeteile des alten Hohenschönhausener Straßenbahndepots in der Degnerstraße[421] baute man später zum Kino »Uhu« (heute »Venus«) um. Seit dem 1. Juni 1912 verkehrte außerdem ein Omnibus zwischen Weißensee und Malchow; diese Linie wurde von der Malchower Gemeinde betrieben.[422] Besonders an Sonn- und Feiertagen herrschte ein reger Ausflugsverkehr, zumal seit der Jahrhundertwende zahlreiche Wirtshäuser und Gartenlokale in Hohenschönhausen und Umgebung zu einem Besuch einluden.[423]

Vor allem die Landgemeindeordnung von 1891[424] bewirkte Veränderungen in der kommunalen Verwaltung der Berliner Umlandgemeinden. Die Gemeindevertretungen wurden nach dem Dreiklassenwahlrecht gewählt, und an ihrer Spitze stand ein hauptamtlicher Gemeindevorsteher.[425] Von 1905 bis 1920 war Paul Koe-

420 Wanja Abramowski, *90 Jahre Straßenbahn Berlin-Hohenschönhausen*, Berlin-Hohenschönhausen 1989, S. 2ff. Die Fahrzeit mit der »Elektrischen« von Berlin nach Hohenschönhausen betrug anfangs dreißig Minuten, der Fahrpreis einheitlich zehn Pfennige, und die Straßenbahn fuhr tagsüber im Abstand von siebeneinhalb Minuten. *Die Berliner Vororte*, S. 125.
421 Benannt nach Adolph Friedrich Ludwig Degner (1855–1907), der Vorsteher und technischer Leiter des Straßenbahnunternehmens in Hohenschönhausen war.
422 *Niederbarnimer Kreisblatt* vom 5. Juni 1912, Beilage.
423 Das 1906 im Jugendstil erbaute Haus Konrad-Wolf-Straße 145 beherbergte von 1910 bis 1973 die Gastwirtschaft Julius Wustrow, seit den zwanziger Jahren »Zum ersten Ehestandsschoppen« genannt. Hier kehrten viele Jungvermählte ein, die im gegenüberliegenden Standesamt geheiratet hatten.
424 *Die Landgemeindeordnung für die sieben östlichen Provinzen der Monarchie vom 3. Juli 1891 nebst den zu ihrer Ausführung erlassenen Anweisungen*, erläutert von St[ephan] Genzmer, Berlin 1892.
425 Escher, *Berlin und sein Umland*, S. 255f.

Ehemaliges Rathaus der Gemeinde »Berlin-Hohenschönhausen« (erbaut 1911) in der Hauptstraße; Aufnahme um 1915.

nig der erste und letzte besoldete Gemeindevorsteher von Hohenschönhausen. Während seiner Amtszeit erfolgte 1911 die Vereinigung von Gutsbezirk und Landgemeinde.[426] Als amtliches Publikationsorgan der Gemeindeverwaltung erschien seit 1912 das »Hohenschönhausener Tageblatt. Täglicher Anzeiger für Hohenschönhausen und Wilhelmsberg«. Das Gebäude Hauptstraße 50 war bis zur Eingemeindung 1920 das Rathaus der Gemeinde »Berlin-Hohenschönhausen«. Die Gemeinde erwarb von der Grunderwerbs- und Baugesellschaft das Wasserwerk einschließlich Wasserturm und -brunnen sowie das Gelände am Obersee, das als Park gestaltet wurde.[427] Auch die Anlage der Hohenschönhausener Kanalisation sowie die Errichtung einer Reihe wichtiger kommunaler Bauten fallen unter Koenigs Amtstätigkeit.[428] Dazu zählen das etwa 1915 entstandene Schulgebäude in der Roedernstraße 69[429] sowie das damals mustergültige Feuerwehrdienstgebäude in der Degnerstraße, das im Jahre 1912 *unter zahlreicher Beteiligung der benachbarten Wehren, der nationalen Ortsvereine sowie der Einwohnerschaft* seiner Bestimmung übergeben wurde.[430] Im Jahre 1905 konnte nach halbjährigem Umbau die Hohenschön-

---

426 Dem Zusammenschluß waren allerdings mehrjährige Auseinandersetzungen vorausgegangen, da die *vorwiegend aus der Großstadt zugezogene(n) Einwohner des Gutsbezirks* – zweifellos aufgrund ihrer wirtschaftlich stärkeren Position – einer kommunalen Vereinigung ablehnend gegenüberstanden. Noch im Jahre 1910 hatten neunzig Grundbesitzer des Gutsbezirks Hohenschönhausen ein Protestschreiben gegen die *Zwangseingemeindung* der Gutsgemeinde Hohenschönhausen in die Dorfgemeinde unterzeichnet. LAB (StA), Rep. 55, Nr. 36.
427 Nitschke, *Anmerkungen*, S. 77.
428 *Festschrift »700 Jahre Weißensee«*, S. 38f.
429 Joachim Bennewitz, *Die Stadt als Wohnung. Carl James Bühring. Architekt in Berlin und Leipzig*, Berlin-Weißensee 1993, S. 29, 34f., 57.

Mitglieder der Freiwilligen Feuerwehr Hohenschönhausen/Wilhelmsberg; Aufnahme um 1902.

hausener Kirche feierlich eingeweiht werden. Sie erhielt den Namen Tabor-Kirche.[431] Die Katholiken von Hohenschönhausen, Neu-Hohenschönhausen, Malchow und Wartenberg bildeten seit 1895 zusammen mit Weißensee, Neu-Weißensee, Heinersdorf und Ahrensfelde die selbständige Pfarrei Weißensee.[432]

Beginn von industrieller Entwicklung und organisierter Arbeiterbewegung

Bereits seit 1880 gab es am Hohenschönhauser Steindamm (heute Grosse-Leege-Straße) eine Weißbierbrauerei. Der damalige Rittergutsbesitzer von Hohenschönhausen, Puchmüller, beabsichtigte Ende der achtziger Jahre, an der Berliner Straße eine Schloßbrauerei zu errichten, und ließ erste Entwürfe erstellen. Offenbar aus finanziellen Gründen verkaufte er jedoch jenen Teil des Gutsgeländes an die »Kommandit-Gesellschaft Brauhaus Hohenschönhausen«, die im Jahre 1892 von einem aus Brauern und Kaufleuten bestehenden Konsortium gegründet worden war.[433] Damit begann die eigentliche industrielle Entwicklung von Hohen-

430 *Niederbarnimer Kreisblatt* vom 11. September 1912, Beilage. Vgl. zur Geschichte der Freiwilligen Feuerwehr in den Dörfern *Festschrift »700 Jahre Weißensee«*, S. 70f.; *Festschrift 650 Jahre Malchow*, S. 46ff.
431 In der sogenannten Patronatsloge in der Südwestecke der Kirche wurde die Orgel aufgestellt, ein Geschenk Friedrich Wilhelm IV. und 1862 von Albert Lang erbaut. Jankowski, *450 Jahre*, S. 5ff.; Kurth, *Die Kirche von Berlin-Hohenschönhausen seit dem Jahre 1905*, S. 3ff.; Giertz, *Chronik*, S. 210f.
432 Im Jahre 1898 erfolgte die Grundsteinlegung für die katholische St. Josephskirche in Weißensee. Giertz, *Chronik*, S. 220f.
433 Materialsammlung zur Geschichte des Brauereiwesens in Hohenschönhausen, Heimatmu-

Die Löwenbrauerei in der Berliner Straße; Aufnahme von 1907.

schönhausen. Im Jahre 1894 wurde das Brauhaus in Betrieb genommen, und die Bierproduktion lief an. In den folgenden Jahren entstanden das Mälzerei- und 1907 ein neues Verwaltungsgebäude. Die Löwenbrauerei ließ die am Fuße des nahe gelegenen Lindwerderberges befindlichen Senken (Lindwerderlake und Elspfuhl) mit Wasser auffüllen. Das so geschaffene künstliche Gewässer erhielt aufgrund seiner höheren Lage gegenüber dem Orankesee die Bezeichnung Obersee.

Die Brauerei war einer der ersten und lange Zeit mit ihren etwa 120 Arbeitern auch größten Betriebe im Ort. 1895 vollzog sich die Umwandlung des »Brauhauses« in die »Actienbrauerei« Hohenschönhausen, die 1903 in »Löwenbrau-Aktien-Gesellschaft« umbenannt wurde.[434] Die Löwenbrauerei fusionierte in den Folgejahren mit zehn Berliner Brauereibetrieben. 1922 erfolgte der Zusammenschluß mit der Böhmisches Brauhaus AG.[435] Die »Löwenbrauerei-Böhmisches Brauhaus AG«, deren Abteilung II der Hohenschönhausener Betrieb bildete, entwickelte sich zu einem der größten Brauereibetriebe Deutschlands, wobei Berlin ein Zentrum der deutschen Brauindustrie darstellte.[436] Seit 1896 bestand in Berlin eine »Einkaufsgenossenschaft des Verbandes der Gast- und Schankwirte von Berlin und Umgegend«, die bis 1901 mit der Löwenbrauerei einen Bierlieferungsvertrag hatte, wonach den 131 Mitgliedern der Genossenschaft auf jeden Hektoliter entnommenen Bieres 1.50 Reichsmark gutgeschrieben wurde.[437] In Hohenschönhausen war-

seum Berlin-Hohenschönhausen.
434 Materialsammlung zur Geschichte des Brauereiwesens.
435 Schulze-Besse, *Aus der Geschichte des Berliner Brauwesens*, S. 94ff.
436 Eberhard Schmieder, *Wirtschaftsgeschichte Berlins im 19./20. Jahrhundert*, in: *Heimatchronik Berlin*, S. 742 ff.
437 Materialsammlung zur Geschichte des Brauereiwesens.

ben das Gartenlokal G. Trinkaus in Wilhelmsberg, wo Familien auch Kaffee kochen konnten, sowie das 1894 entstandene Wirtshaus am Orankesee als Ausschank der Brauerei. »Löwen-Böhmisch« konnte man in den zwanziger und dreißiger Jahren in zahlreichen Berliner Gaststätten, Kneipen und Ausflugslokalen trinken; in Hohenschönhausen beispielsweise in Robert Schultzes Etablissement »Zum Storchnest« oder beim Lindenwirt. In der Berliner Straße, gegenüber der Löwenbrauerei, lud in einem der früheren »Weberhäuser« das Gasthaus »Zum Oranke-Ritter« zu einem Besuch ein.[438]

Zu den Berliner Unternehmen, die nach der Jahrhundertwende nach Hohenschönhausen expandierten oder übersiedelten, zählten 1904 Groß & Graf, Werke für Schwachstromtechnik, Feinmechanik und Präzisionsmaschinenbau, die 1906 etwa 300 bis 400 Arbeiter beschäftigten. 1908 siedelte die Deutsch-Amerikanische Zuckerwaren GmbH Georg Lembke von Berlin nach Hohenschönhausen über.[439] In dieses Jahr datiert auch die Inbetriebnahme der Industriebahn Tegel-Friedrichsfelde, die über Hohenschönhausen-Weißensee führte und eine Ansiedlung von Betrieben maßgeblich förderte. Die Kosten für dieses Projekt trugen jedoch in erheblichem Umfang die beteiligten Gemeinden. Hohenschönhausen hatte das Bauland, das den jeweiligen Besitzern zuvor abgekauft werden mußte, unentgeltlich zur Verfügung zu stellen sowie die Hälfte des Baukapitals aufzubringen.[440] Im Jahre 1910 gründete Richard Heike die Maschinenfabrik, Kesselschmiede, Emaillierwerk, Verzinnerei und Vernicklungsanstalt in Hohenschönhausen, deren Maschinen zur Verarbeitung von Lebensmitteln und zur Herstellung von Konserven auch im Ausland bekannt wurden. Die Kunstkorkfabrik Granum, Emil Zorn AG, einer der ersten Betriebe zur Fertigung von Stoß- und Schalldämpfern, entstand etwa 1909/10.[441] Das Eiswerk am Orankesee bot im Jahre 1913 schon *keimfreies Kristalleis*, aber ebenso noch die Lieferung von Natureis für Gaststätten und Lebensmittelgeschäfte an.[442] Zu dem breiten Spektrum von Erzeugnissen, das in Hohenschönhausen produziert wurde, zählten Kämme und Haarschmuck der Kamm- und Haarschmuckfabrik Wilhelmsberg sowie der Märkischen Kamm- und Celluloidfabrik, Aufzüge der Aufzugsfabrik Paul Müller, präparierte Palmen, Holz- und Emaillewaren, Seife der Ehrhardt-Seifenfabrik GmbH (seit 1911), Spiegel der Berlin-Aachener Spiegelmanufaktur Röder, Meyer und Co. (Spiegelfabrik, Glasschleiferei), Lebkuchen, Kekse und Waffeln der Firma Heinzmann (seit 1920).

---

438 Das überlebensgroße Bild eines Ritters an diesem Gasthaus gab wohl den Anstoß zur »Gründung« der »Oranke-Ritterschaft«, einer geselligen Vereinigung aus Hohenschönhausener Honoratioren, die im Wirtshaus am Orankesee tagte. Dessen Wirt schmückte die Wände mit eigens hierfür angefertigten Nachbildungen alter Waffen. Schall, *Der Name Oranke-See*, S. 160 mit Anm. 6. Die Hohenschönhausener waren durchaus trinkfreudig; davon kündet so mancher heitere Vers im »Wilhelmsberger und Hohenschönhausener Lokalblatt«, das seit der Jahrhundertwende vom Ehepaar Steffen herausgegeben wurde. Vgl. Eduard Steffen, *Aus dem Ortsblatt (Hohenschönhausen und Wilhelmsberg) und anderes in Versen*, Berlin-Hohenschönhausen o. J.
439 *Festschrift »700 Jahre Weißensee«*, S. 85.
440 Nach 1945 wurde die Strecke zwischen Blankenburg und Hohenschönhausen genutzt. Seit 1985 ist sie stillgelegt; Reste der teilweise verfallenen Bahntrasse sind noch erhalten.
441 Erich Barberowsky, *Besichtigung der Kunstkorkfabrik Granum, Emil Zorn AG und der wissenschaftlichen Sammlung des Herrn Pfarrer Dr. Kurth in Hohen-Schönhausen (6. Febr. 1929)*, in: Brandenburgia 38 (1929) 5/6, S. 103f.
442 Arne Hengsbach, *Natureiswerke im Umland von Berlin*, in: *Jahrbuch für brandenburgische Landesgeschichte* 21 (1970), S. 97.

Robert Schultzes Lokal »Zum Storchnest« in der Hauptstraße; Aufnahme von 1937.

Hinzu kamen 1921 der Lebensmittelbetrieb »Egona« sowie »Hilda«, ein Großunternehmen für Wäscherei und Plätterei.[443] Dennoch blieb das Gebiet um Hohenschönhausen auch in der Folgezeit eine industrieschwache Region.

Mit der beginnenden industriellen Entwicklung sowie der Ansiedlung zahlreicher Arbeiter, Landarbeiter und Handwerker in den Berliner Vororten waren in den siebziger Jahren des 19. Jahrhunderts die Anfänge der organisierten Arbeiterbewegung im Gebiet von Weißensee/Hohenschönhausen verbunden. Die älteste Nachricht über deren Existenz bildet eine Anzeige vom 26. November 1873 im »Neuen Social-Demokrat«.[444] Der Kandidat des Allgemeinen Deutschen Arbeitervereins (ADAV) konnte bei den Reichstagswahlen 1874 ein überraschendes Ergebnis erzielen. Im als konservativ geltenden Kreis Niederbarnim errang er 20,8 Prozent der Stimmen.[445] Trotz außergewöhnlich schwieriger Bedingungen des Wahlkampfes im Vorfeld der sogenannten Attentatswahlen vom Juli 1878 gelang es dem Kandidaten der Sozialistischen Arbeiterpartei Deutschlands (SAP), dem Bernauer Schuhmachermeister Friedrich Arndt, 17,2 Prozent der Stimmen im Nie-

---

443 *Festschrift »700 Jahre Weißensee«*, S. 86; LAB (StA), Rep. 55, Nr. 36; Rep. 48-05/1, Nr. 41.
444 Darin wurden in Vorbereitung der bevorstehenden Reichstagswahl alle Mitglieder des Niederbarnimer Wahlkreises zur Bildung eines Wahlkomitees und zur Aufstellung eines Arbeiterkandidaten sowie zu einer öffentlichen Versammlung eingeladen. Auf dieser Veranstaltung, die am 30. November im Dorf Lindenberg stattfand, waren sieben weitere Ortschaften vertreten. *Neuer Social-Demokrat* vom 26. November 1873 und 7. Dezember 1873.
445 Günter Nitschke, *Die Entwicklung der örtlichen Arbeiterbewegung in Weißensee von den Gründerjahren bis zum Ausgang des 19. Jahrhunderts*, T. 1: *Die Anfänge 1872 bis 1878*, Berlin-Weißensee 1970, S. 11.

derbarnim auf sich zu vereinen. Allerdings differierte die Stimmverteilung auf die Kandidaten der SAP, der Fortschrittspartei (F) und der Deutschen Konservativen (K) in Hohenschönhausen, Malchow und zum Vergleich Weißensee recht erheblich, deuten sich Unterschiede im Wahlverhalten in vorwiegend ländlich oder industriell geprägten Orten an.

Stimmverteilung bei den Reichstagswahlen 1878[446]

	Arndt (SAP)	Mendel (F)	Jung (K)
Hohenschönhausen	33	23	70
Malchow	3	30	76
Weißensee	228	254	58

Nach Inkrafttreten des »Gesetzes über die allgemeingefährlichen Bestrebungen der Sozialdemokratie« im Oktober 1878 ging der preußische Staat auch im Niederbarnim gegen die Organisationen der Sozialdemokratie vor. Ihre Presseorgane wurden unterdrückt, Mitglieder ausgewiesen oder zu Gefängnisstrafen verurteilt.[447] In Hohenschönhausen wurde der Webergeselle Oskar Reichelt wegen Verbreitung verbotener sozialdemokratischer Schriften verfolgt.[448] Dennoch konnte die Sozialdemokratie in Berlin und Umgebung während der zwölf Jahre des Sozialistengesetzes Erfolge bei Reichstagswahlen erzielen.[449] Im Jahre 1890 errang sie im Reichsmaßstab sowie im Kreis Niederbarnim mit ihrem Kandidaten Arthur Stadthagen[450] sogar den höchsten Stimmenanteil.[451] Vor Inkrafttreten des Sozialistengesetzes war die Berliner Stadtverordnetenversammlung »sozialistenrein« gewesen, nach seiner Aufhebung zählte sie elf sozialdemokratische Abgeordnete, darunter Stadthagen.[452]

Um den politischen Einfluß der Sozialdemokraten auch in den ländlichen Gebieten zu verstärken, veranstalteten die Weißenseer Genossen an den Wochenenden Agitationstouren in niederbarnimsche Dörfer, so im September 1891 nach Falkenberg und Wartenberg[453] und im September 1892 nach Wartenberg und Malchow. Über die Resonanz auf diese Aktion hieß es: Mit »Munition« waren die Agita-

---

446 Nitschke, *Die Entwicklung der örtlichen Arbeiterbewegung*, T. 1, S. 29.
447 Günter Nitschke, *Die Entwicklung der örtlichen Arbeiterbewegung, T. 2: Unter dem Sozialistengesetz*, Berlin-Weißensee 1970, S. 3ff.
448 Abramowski, *Chronik*, S. 56f.
449 Nitschke, *Die Entwicklung der örtlichen Arbeiterbewegung*, T. 2, S.14ff.
450 Axel Reibe, *Reinickendorf* (= Geschichte der Berliner Verwaltungsbezirke, Bd. 4), Berlin 1988, S. 72.
451 Nitschke, *Die Entwicklung der örtlichen Arbeiterbewegung*, T. 2, S. 24ff.
452 Eduard Bernstein, *Die Geschichte der Berliner Arbeiter-Bewegung. Ein Kapitel zur Geschichte der deutschen Sozialdemokratie, T. 3: Fünfzehn Jahre Berliner Arbeiterbewegung unter dem gemeinen Recht*, Berlin 1910, S. 213. Dieses Ergebnis spiegelte den zunehmenden Einfluß der Sozialdemokratie dennoch nicht adäquat wider. Der Anteil der Wahlberechtigten in Preußen lag 1888 bis 1913 bei circa 20 Prozent der Bevölkerung. Gerhard A. Ritter/Merith Niehuss, *Wahlgeschichtliches Arbeitsbuch. Materialien zur Statistik des Kaiserreiches 1871–1918* (= Statistische Arbeitsbücher zur neueren deutschen Geschichte), München 1980, S. 133f.
453 *Von der sozialistischen Arbeiterpresse, T. 1: Vorbemerkung. 1873 bis 1891*, S. 79.

toren so reichlich ausgerüstet, daß fast jedes Haus mit sozialdemokratischen Schriften belegt werden konnte. Die Aufnahme war in sämtlichen Ortschaften eine ganz gute, die Schriften wurden überall mit der größten Bereitwilligkeit angenommen, und sehr viele der Empfänger vertieften sich sofort mit großem Interesse in die Lektüre ... Die Arbeiter und auch die Ortsbewohner würden es ganz gern sehen, wenn in jenen Dörfern mal eine sozialdemokratische Versammlung abgehalten würde, mehrere Wirte erklärten sich sofort bereit, ihre Säle herzugeben. An Einladungen, recht bald wieder zu kommen, fehlte es auch nicht, so daß diese Gegend für die sozialistischen Bestrebungen als »gut« bezeichnet werden kann.[454] Dennoch gaben vor allem in kleinen Gemeinden oft nur wenige (Land-) Arbeiter einem sozialdemokratischen Kandidaten ihre Stimme, weil die *ökonomische Übermacht* ganz anders wirkte als in der Großstadt und die *Vorschrift zur öffentlichen Stimmabgabe* hier auch zumeist eine weit größere Beschränkung der Wahlfreiheit zur Folge hatte.[455] Ende März 1906 gab es in 17, vornehmlich größeren niederbarnimschen Orten 55 sozialdemokratische Gemeindevertreter;[456] in den vier Orten des späteren Bezirks Hohenschönhausen war dies nicht gelungen.

Die Sozialdemokratische Partei Deutschlands (SPD) gewann bei Reichstagswahlen, vor allem wegen des Anstiegs der Arbeiterbevölkerung, seit 1903 mit wachsender Mehrheit fünf von sechs Berliner Wahlkreisen sowie einige Kreise des Umlandes, darunter seit 1890 den Kreis Niederbarnim. Im Berliner Umland dominierten ansonsten aufgrund der »bürgerlichen« Sozialstruktur konservative und nationalliberale Wähler.[457] Aufschlußreich in bezug auf das Wahlverhalten in unseren vier Orten sind beispielsweise die Ergebnisse der Reichstagswahlen vom Januar 1912, aus denen die SPD im Reichsmaßstab als stärkste Partei hervorging. Wenngleich die SPD in Hohenschönhausen mit großem Abstand den höchsten Wähleranteil verzeichnen konnte, zeugen die Ergebnisse in den anderen drei Orten durchaus von ihrem gewachsenen politischen Einfluß.

Stimmverteilung bei den Reichstagswahlen 1912[458]

	R	SPD	F	Z	P
Hohenschönhausen	211	912	122	20	10
Malchow	73	57	4	–	–
Wartenberg	54	30	–	–	–
Falkenberg	51	49	14	–	–

Neben der Bildung von gewerkschaftlichen Organisationen seit Ende des 19. Jahr-

---

454 *Von der sozialistischen Arbeiterpresse*, T. 2: *1892 bis 1894*, S. 25.
455 Bernstein, *Die Geschichte der Berliner Arbeiter-Bewegung*, S. 222.
456 Bernstein, *Die Geschichte der Berliner Arbeiter-Bewegung*, S. 223.
457 Michael Erbe, *Berlin im Kaiserreich (1871–1918)*, in: Ribbe, *Geschichte Berlins*, Bd. 2: *Von der Märzrevolution bis zur Gegenwart*, S. 771ff.
458 *Niederbarnimer Kreisblatt* vom 14. Januar 1912 und 17. Januar 1912. Die vier Dörfer gehörten zum Wahlkreis 6 (Niederbarnim und Lichtenberg) des Regierungsbezirks Potsdam. Die wichtigsten Stimmanteile entfielen auf Reichspartei (R), SPD, Fortschrittliche Volkspartei (F), Zentrum (Z) und Polnische Fraktion (P).

hunderts wurde im Januar 1891 der sozialdemokratische »Arbeiterbildungsverein für Hohenschönhausen, Wilhelmsberg und Umgegend« gegründet, der sich 1895 dem Weißenseer anschloß und mit diesem zusammen etwa 350 Mitglieder zählte.[459] Die Veranstaltungen und das gesellige Leben der Arbeiter mußten gerade in kleineren Orten vorwiegend in geeigneten Räumlichkeiten von Lokalen stattfinden. Es wurde allerdings nur bei Wirten verkehrt, die den Arbeitern *freundlich gesonnen* waren; anderen drohte das sehr wirkungsvolle Mittel des Boykotts. Da die Wirte auf zahlreiche Kundschaft aus Arbeiterkreisen angewiesen waren, hatten sie durchaus Interesse daran, (wieder) auf der Liste der empfohlenen Lokale zu stehen, die regelmäßig im sozialdemokratischen »Berliner Volksblatt«, seit 1890 im »Vorwärts« erschien. So hieß es am 2. August 1890: *Folgende Lokalinhaber von Neu-Hohenschönhausen/Wilhelmsberg geben ihre Säle zu Arbeiterversammlungen nicht her. Trinkaus, vormals Kämpf; Jänicke, Zum Paradies; Schiele, Zum Schloß Hohenschönhausen; Kuß will von Sozialdemokraten nichts wissen.* Zwei Wochen später berichtete die Zeitung, daß der Gastwirt Kuß aus Neu-Hohenschönhausen mitgeteilt hätte, daß die Ablehnung nur erfolgt sei, weil das Gasthaus nicht über passende Räumlichkeiten verfüge. Er wisse sehr wohl, *wie sehr das Gedeihen seiner Wirtschaft von dem Besuche der Arbeiter abhängt.*[460] Während die Arbeiter im Februar 1891 das Lokal des »Paradieswirtes« Jänicke nach wie vor mieden, weil *nicht bewiesen sei, daß sich seine Gesinnung geändert* habe,[461] enthalten die Lokallisten des Kreises Niederbarnim von Mai bis Juli 1891 beispielsweise die Restaurationen von Trinkaus in Wilhelmsberg, Lindicke in Malchow sowie von Kuß und Jänicke in Hohenschönhausen.[462]

Nachdem der 1. Mai in Berlin bereits in den beiden Vorjahren mit Feiern und Demonstrationen begangen worden war, beteiligten sich an den Veranstaltungen zum 1. Mai 1892, der auf einen Sonntag fiel, besonders viele Arbeiter: *Alle größeren Lokalitäten, deren man überhaupt habhaft werden konnte, waren gemietet worden, und ausnahmslos war der Besuch ein glänzender. Der Maitag war Volksfest geworden.*[463] Die Hohenschönhausener Arbeiter veranstalteten in diesem Jahr erstmalig eine Feier zum 1. Mai. Die 400 Teilnehmer feierten im Wilhelmsberger Lokal Trinkaus bis um 4 Uhr des darauffolgenden Tages.[464] Als 1894 etwa 300 Berliner Böttcher den 1. Mai gefeiert hatten und daraufhin von den sogenannten Ringbrauereien für einige Tage ausgesperrt wurden, gab das den Anstoß zu acht Monate währenden Auseinandersetzungen, die nicht auf das Brauereigewerbe beschränkt blieben. Vom »großen Bierboykott«[465] der Berliner Arbeiter waren neben den Ringbrauereien, darunter »Böhmisch Brauhaus«, vor allem die Gastwirte betroffen. Wirte und Händler, die auf Arbeiterkundschaft rechneten, waren gehalten, kein Boykottbier auszuschenken oder es als Flaschenbier zu verkaufen. Während ein Großteil der Gastwirte seine Säle sperrte, stellten andere ihre Räume auch weiterhin für die Arbeiterversammlungen zur Verfügung und schenkten kein »Ringbier« aus; dazu zählte eine Reihe von Hohenschönhausener Lokalinhabern.[466]

459 *Von der sozialistischen Arbeiterpresse*, T. 1, S. 64f.; Abramowski, *Chronik*, S. 64.
460 *Von der sozialistischen Arbeiterpresse*, T. 1, S. 43f.
461 *Von der sozialistischen Arbeiterpresse*, T. 1, S. 69.
462 *Von der sozialistischen Arbeiterpresse*, T. 1, S. 73ff.
463 Bernstein, *Die Geschichte der Berliner Arbeiter-Bewegung*, S. 425f.
464 *Von der sozialistischen Arbeiterpresse*, T. 2, S. 13.
465 Bernstein, *Die Geschichte der Berliner Arbeiter-Bewegung*, S. 324ff.
466 *Von der sozialistischen Arbeiterpresse*, T. 2, S. 64.

Gartenlokal G. Trinkaus, Ort der ersten Maifeier in Hohenschönhausen am 1. Mai 1892; Aufnahme um 1894.

In Hohenschönhausen gab es zudem eine Reihe von Vereinen, in denen die Arbeiter organisiert waren. Dies waren der dem sozialdemokratischen »Arbeiterturnerbund« angeschlossene Arbeiterturnverein »Frisch auf« und der Arbeiterradfahrverein. Sie standen ebenso wie der Gesangsverein »Harmonie« unter Polizeiaufsicht, da ihr *politischer Charakter* als erwiesen galt.[467] Seit den achtziger Jahren des 19. Jahrhunderts wurden vor allem bürgerliche Vereine in Hohenschönhausen gegründet, die ein reges Vereinsleben entfalteten. Dazu zählten die Männergesangsvereine »Eintracht 1883« und »Deutsche Eiche 1885«, der Gesangsverein »Cäcilie«, die Kriegervereine Hohenschönhausen (seit 1870) und »Wilhelm der Große« (seit 1899). Nach der Jahrhundertwende entstanden unter anderem der »Frauenverein 1900«, mehrere Turnvereine, die Grundbesitzervereine Hohenschönhausen und Neu-Hohenschönhausen, der Lotterieclub »Immer Glück« (1906), der Gesellligkeitsclub »Fidelitas«, die Sparvereine »Gedeihe« und »Emsig«, der Jagdverein und der »Landbund-Reiterverein Hohenschönhausen« (1925).[468]

Diese Vereine widerspiegelten die soziale Zusammensetzung und zumindest einige von ihnen die politische Ausrichtung eines nicht geringen Teils der Bevölkerung in Hohenschönhausen und den benachbarten Dörfern. Dem 1908 gegründeten Turnverein »Wanderlust« gehörten beispielsweise vorwiegend Gastwirte, Ladenbesitzer, Gemüsebauern und der Gemeindepfarrer an. Wenngleich er sich als

---

467 LAB (StA), Rep. 48-04/1, Nr. 21.
468 Materialsammlung zu Vereinen in Hohenschönhausen, Heimatmuseum Berlin-Hohenschönhausen; LAB (StA), Rep. 48-04/1, Nr. 21; Rep. 48-05/1, Nr. 45; *Hohenschönhausener Tageblatt* vom 28. Januar 1913 und 2. April 1913.

»unpolitisch« bezeichnete, war die deutsch-nationale Gesinnung vieler Vereinsmitglieder offensichtlich. Im Jahre 1919 wurde ein Turnbruder aus dem Verein »Wanderlust« ausgeschlossen, weil *er seit einigen Jahren einem Verein des Arbeiter-Turnbundes angehörte.*[469] *Bezeichnend sind zudem die Namen der in den anderen drei Dörfern gegründeten Turnvereine: Deutscher Turnverein »Bismarck« in Wartenberg, Deutscher Turnverein »Arnim« in Falkenberg und Turnverein »Franz Kießling« in Malchow.*[470] *Die »nationalen Ortsvereine« und die von ihnen getragenen »patriotischen Feiern« waren fester Bestandteil des Gemeindelebens.*[471]

Der Erste Weltkrieg forderte auch in unseren vier Orten nicht wenige Opfer; über zweihundert Männer starben den *Heldentod für Kaiser und Reich*.[472] Es war vor allem eine Gruppe linker SPD-Mitglieder, die sogenannte Niederbarnimer Opposition, die vor einem drohenden Krieg gewarnt hatte und sich nach dessen Ausbruch energisch gegen die Haltung der sozialdemokratischen Reichstagsfraktion bei der ersten Abstimmung über die Kriegskredite wandte.[473] Nicht zuletzt aufgrund ihrer politischen Tätigkeit, die sich insbesondere auf den Weißenseer Ortsverein der SPD stützte, waren zwanzig sozialdemokratische Abgeordnete, darunter Stadthagen, gezwungen, am 21. Dezember 1915 im Reichstag gegen die Kriegskreditvorlage zu stimmen und sich damit dem Fraktionszwang zu widersetzen. Die innerparteilichen Auseinandersetzungen hielten nach dieser Abstimmung an. Im Jahre 1916 gelang es den Linken in der Niederbarnimer SPD, eine neue Parteiorganisation zu wählen. Die Parteivorstände aller sechs Berliner Wahlkreise sowie des Niederbarnim erklärten mit nur wenigen Gegenstimmen ihr Einverständnis mit der Haltung der Kriegskreditverweigerer.[474]

Nachdem am 9. November 1918 die Revolution Berlin erreicht hatte,[475] besetzten am 11. November Beauftragte des Arbeiter-und Soldaten-Rates das in Berlin befindliche Landratsamt des Kreises Niederbarnim. Am 13. November übernahm in Weißensee ein örtlicher Arbeiter-und Soldaten-Rat die Amtsgeschäfte der Gemeinde. In Hohenschönhausen versuchte man einer derartigen Entwicklung zuvorzukommen. Schon am 9. November konstituierte sich ein aus zwölf honorigen Mitgliedern bestehender »Volksausschuß« unter dem Amts- und Gemeindevorsteher Koenig, dem die *Führung der Gemeindeangelegenheiten* einschließlich der Ordnungs- und Sicherheitspolizei obliegen sollte. Drei Tage später übernahm jedoch

---

469 Materialsammlung Vereine; Vgl. hierzu auch Annemarie Lange, *Das Wilhelminische Berlin. Zwischen Jahrhundertwende und Novemberrevolution*, Berlin 1967, S. 546f.
470 *50 Jahre Deutscher Turnerbund Berlin. 1890–1940*, Berlin [1940], S. 8, 17; Materialsammlung Vereine. Zum Falkenberger und Blumberger Gutsbesitzer Graf von Arnim vgl. auch *Von der sozialistischen Arbeiterpresse*, T. 1, S. 33f.
471 So feierte man beispielsweise am 10. März 1913 *die vor 100 Jahren erfolgte glorreiche Erhebung der Nation ...* sowie den 100. Geburtstag der Königin Luise. Die Süßigkeiten für die Kinder der Hohenschönhausener Gemeindeschule lieferte die ortsansässige Zuckerwarenfabrik Georg Lembke, die Geschenke kaufte man im Kaufhaus Tietz am Alexanderplatz. LAB (StA), Rep. 48-05/1, Nr. 45.
472 Im Ersten Weltkrieg fielen aus Hohenschönhausen 164, aus Malchow 19, aus Falkenberg 22 und aus Wartenberg elf Männer. *Festschrift »700 Jahre Weißensee«*, S. 5.
473 Martha Arendsee, *Vom Kampf der »Niederbarnimer Opposition« gegen den ersten imperialistischen Krieg*, in: *Berliner Heimat* (1955), H. 1, S. 6ff.
474 Lange, *Das Wilhelminische Berlin*, S. 705f. Der linke Flügel der SPD bildete seit 1917 die Unabhängige Sozialdemokratische Partei Deutschlands (USPD), der sich auch der Spartakusbund anschloß.
475 Lange, *Das Wilhelminische Berlin*, S. 791ff.

auch in Hohenschönhausen ein Arbeiter-Rat unter Vorsitz des Volksschullehrers Oswald Tischendorf (USPD) die Gemeindegeschäfte.[476] Nachdem die Kreiskonferenz der Niederbarnimer Arbeiter-und Soldaten-Räte aber am 17. November beschlossen hatte, daß sich die Räte auf eine Kontrolle der alten kommunalen Gremien beschränken sollten,[477] blieb in den Gemeinden mehr oder weniger alles beim alten.

Dem am 10. November 1918 gebildeten »Rat der Volksbeauftragten«, der als »Revolutionsregierung« fungierte, gehörten nach dem Ausscheiden der USPD-Vertreter Ende Dezember 1918 weitere zwei Sozialdemokraten an, Rudolf Wissell und Gustav Noske. Wissell wurde für die Wahlen zur Nationalversammlung im Januar 1919 als Spitzenkandidat der SPD im Wahlkreis Niederbarnim nominiert. Sein Auftritt auf einer Wahlveranstaltung in Hohenschönhausen am 22. Dezember 1918 stellte die anwesenden Arbeiter jedoch keinesfalls zufrieden: Die Mehrheitspartei habe während des ganzen Krieges und auch seit Beginn der Revolution in Hohenschönhausen nichts von sich hören lassen und der Referent eine *vom sozialistischen Standpunkt aus betrachtet verschwommene Anschauung*. Einmütig verabschiedeten die Teilnehmer dieser Wahlveranstaltung eine Resolution, die das Paktieren der SPD mit den bürgerlichen Parteien verurteilte und dazu aufrief, die Macht jenen zu übertragen, *die sich durch ihrer Hände Arbeit ernähren*.[478]

In Berlin und seinen industriellen Randgebieten hatten sich in der zweiten Dezemberhälfte 1918 insgesamt zwanzig Spartakusgruppen gebildet, darunter als erste die für den Bezirk Heinersdorf-Hohenschönhausen-Weißensee.[479] Als in der Neujahrsnacht 1919 aus dem Spartakusbund die Kommunistische Partei Deutschlands (KPD) hervorging, gehörte zu den Delegierten auch der in Hohenschönhausen wohnhafte Ernst Rieger. Im Januar 1919 konstituierte sich im Berliner Nordosten eine lokale KPD-Organisation. Der 6. Bezirk der KPD umfaßte zunächst die Unterbezirke Weißensee, Hohenschönhausen, Nordost und Heinersdorf. Ein Stützpunkt der Partei befand sich im Lokal W. Marqard in der Berliner Straße.[480]

Nach den Wahlen zur verfassunggebenden Nationalversammlung am 19. Januar 1919, an denen erstmalig auch die Frauen teilnahmen, bildeten SPD, Deutsche Demokratische Partei (DDP) und Zentrum die »Weimarer Koalition«. Das auf Reichsebene erzielte Wahlergebnis unterschied sich jedoch deutlich von dem in Berlin, insbesondere hinsichtlich der Stärke der USPD.[481] In Hohenschönhausen entfielen bei einer Wahlbeteiligung von 92 Prozent etwa 37 Prozent der Stimmen auf die USPD, 21,5 Prozent auf die SPD, rund 20 Prozent auf die Deutsche Volkspartei (DVP) und etwa 18 Prozent auf die DDP.[482] Bei den eine Woche später statt-

---

476 Günter Nitschke, *Der revolutionäre Kampf der Arbeiter in Weißensee und Hohenschönhausen 1917/1919*, Berlin-Weißensee 1965, S. 13; Abramowski, *Chronik*, S. 80.
477 Nitschke, *Der revolutionäre Kampf*, S. 13f.
478 Nitschke, *Der revolutionäre Kampf*, S. 17f.
479 Annemarie Lange, *Berlin in der Weimarer Republik*, Berlin 1987, S. 125.
480 Abramowski, *Chronik*, S. 82f. Wie die Pfarrchronik der katholischen Gemeinde »Heilig Kreuz« berichtet, entfaltete die von Pfarrer Waßmann 1919 gegründete Ortsgruppe Hohenschönhausen der Deutschen Zentrumspartei eine lebhafte Agitation in dem als »Spartakistennest« verschrienen Ort.
481 Gleiches traf eine Woche später für die Wahlen zur Preußischen Landesversammlung zu. Henning Köhler, *Berlin in der Weimarer Republik (1918–1932)*, in: Ribbe, *Geschichte Berlins*, Bd. 2, S. 809f.
482 Berechnet nach *Vorwärts* vom 21. Januar 1919 sowie LAB (StA), Rep. 48-05/1, Nr. 108/1.

findenden Wahlen zur Preußischen Landesversammlung votierten in Hohenschönhausen (Wahlbeteiligung 84 Prozent) 35,5 Prozent der Wahlberechtigten für die USPD, knapp 20 Prozent für die SPD und etwa 44 Prozent für die bürgerlichen Parteien.[483]

Aufschlußreich sind zudem die Ergebnisse der Wahlen zu den Gemeindevertretungen im Februar 1919. In Falkenberg entfielen auf die SPD drei und auf die Deutschnationale Volkspartei (DNVP) sechs Sitze;[484] in Wartenberg zwei auf die USPD, drei auf die DNVP und vier auf die DVP.[485] Die bürgerlichen Parteien errangen in Malchow sieben Sitze (150 Stimmen), SPD und USPD zusammen fünf Sitze (95 Stimmen).[486] In die Gemeindevertretung von Hohenschönhausen wurden sechs Kandidaten der USPD, vier der SPD sowie acht der bürgerlichen Parteien gewählt.[487] Während vor allem in Wartenberg und Falkenberg sowie teilweise in Malchow demnach konservativen Parteien der Vorrang gegeben wurde, spiegelt sich in Hohenschönhausen das relativ starke sozialdemokratische Wählerpotential auch bei den Gemeindevertreterwahlen wider. Ausgehend von deren Ergebnis forderten im April 1919 beide sozialdemokratischen Fraktionen den Rücktritt der noch nach dem Dreiklassenwahlrecht gewählten *reaktionären Schöffen* der Gemeinde Hohenschönhausen, *die den sozialistischen Gemeindevertretern jede ersprießliche Tätigkeit im Ortsparlament erschweren und direkt unmöglich machen.*[488] Außerdem setzte sich die USPD dafür ein, die Sitzungen der Gemeindevertretung öffentlich und statt im Sitzungszimmer des Rathauses in der Aula der Roedernschule durchzuführen.

Hohenschönhausen, Wartenberg, Malchow und Falkenberg nach der Eingemeindung 1920

Nachdem es bereits im 19. Jahrhundert Versuche gegeben hatte, die Stadt Berlin und ihr Umland in einem kommunalen Verband zusammenzufassen,[489] wurde dies seit Beginn des 20. Jahrhunderts aus wirtschaftlichen, sozialen, städtebaulichen, verwaltungsmäßigen und anderen Gründen eine zwingende Notwendigkeit.[490] Eine Zäsur in diesem langwierigen und widerspruchsvollen Prozeß war die Bildung eines »Zweckverbandes Groß-Berlin« 1911/12, der neben Berlin noch sechs weitere Städte sowie die Kreise Teltow und Niederbarnim mit fast 400 Einzelgemeinden umfaßte, darunter auch die vier Dörfer unseres Bezirks. Der Zweckverband koordinierte mit unterschiedlichem Erfolg die Gestaltung von Erholungsflächen,

---

483 Berechnet nach LAB (StA), Rep. 48-05/1, Nr. 100.
484 LAB (StA), Rep. 55, Nr. 21.
485 LAB (StA), Rep. 55, Nr. 84.
486 LAB (StA), Rep. 55, Nr. 58.
487 LAB (StA), Rep. 48-05/1, Nr. 108/1.
488 *Dokumente des Gemeinderates Hohenschönhausen 1896 bis 1919,* Heimatmuseum Berlin-Hohenschönhausen.
489 Kaeber, *Das Weichbild der Stadt Berlin,* S. 302ff.; Konrad Kettig, *Berlin im 19. und 20. Jahrhundert,* in: *Heimatchronik Berlin,* S. 430ff.
490 Wolfgang Ribbe, *Zur städteräumlichen Entwicklung Berlins. Stadtkern und Außenbezirke vor und nach der Eingemeindung von 1920,* in: *Stadtkern und Stadtteile* (= Stadt in der Geschichte. Veröffentlichungen des Südwestdeutschen Arbeitskreises für Stadtgeschichtsforschung, Bd. 17), Sigmaringen 1991, S. 91ff.

die Regelung von Verkehrsfragen sowie die Bauplanung;[491] seine Kompetenzen waren also beschränkt und betrafen die meisten Verwaltungsgebiete, auf denen Veränderungen not taten, überhaupt nicht.[492]

Das »Gesetz über die Bildung einer neuen Stadtgemeinde Berlin« vom 27. April 1920, welches am 1. Oktober des Jahres in Kraft trat, faßte neben den sieben Städten Charlottenburg, Lichtenberg, Neukölln, Schöneberg, Spandau, Köpenick und Wilmersdorf 59 Landgemeinden und 27 Gutsbezirke mit Berlin zu einer Verwaltungseinheit zusammen. Berlin wurde damit flächen- und bevölkerungsmäßig zu einer der größten Städte der Welt. Von den zuvor in ihrer Gesamtheit dem Zweckverband angehörenden Gemeinden der Kreise Teltow und Niederbarnim war allerdings nur ein Bruchteil eingemeindet worden.[493] Das Berliner Umland reichte dennoch weit über das gebildete neue Stadtgebiet hinaus. Zahlreiche Berliner Arbeitskräfte wohnten außerhalb der Stadt oder in deren Vororten. Die Provinz Brandenburg sowie die Restkreise Teltow und Niederbarnim forderten 1922 mit Erfolg hohe Entschädigungen von der Stadt Berlin wegen des Verlustes eines großen Teils ihrer Steuerkraft.[494]

Die neue Stadtgemeinde gliederte sich in zwanzig, nach Einwohnerzahl und Größe zum Teil erheblich voneinander abweichende Verwaltungsbezirke. Hohenschönhausen, Wartenberg, Malchow und Falkenberg bildeten nunmehr zusammen mit Weißensee den gleichnamigen 18. Berliner Verwaltungsbezirk. Während auf den Ortsteil Weißensee nur etwa 18 Prozent, auf die übrigen vier Ortsteile aber rund 82 Prozent der Gesamtfläche (4 638 Hektar) entfielen, umfaßten Weißensee etwa 84 Prozent, die anderen Ortsteile jedoch lediglich rund 16 Prozent der Bevölkerung des Bezirks (54 553 Einwohner).[495]

Die ersten Wahlen zur Stadtverordnetenversammlung und zu den Bezirksversammlungen fanden am 20. Juni 1920 statt. Wenngleich die beiden sozialdemokratischen Parteien bei den Stadtverordnetenwahlen zusammen über die Hälfte aller Stimmen erringen konnten, wirkte sich der Zusammenschluß des »roten« Berlin mit den Vorstädten und ländlichen Gemeinden letztlich doch zugunsten der bürgerlichen Kräfte aus. Insbesondere bei den Bezirksverordnetenwahlen spiegelte sich der politische Stellenwert der ehemaligen Einzelgemeinden und Vorstädte hinsichtlich des Gesamtberliner Ergebnisses wider. Große oder auch knappe sozialistische Mehrheiten wie in Weißensee gab es in überwiegend oder vorrangig von Arbeitern und Handwerkern bewohnten Stadtteilen.[496] Vorsteher der Weißen-

---

[491] In bezug auf Hohenschönhausen ging es unter anderem um die Festsetzung der Bauklassen, die Anlage von Straßen und diverse Bebauungspläne. Landesarchiv Berlin, Pr. Br. Rep. 30, Nr. 257.
[492] Kettig, *Berlin*, S. 433ff.; Ribbe, *Zur städteräumlichen Entwicklung*, S. 96f.
[493] Ribbe, *Zur städteräumlichen Entwicklung*, S. 99.
[494] Lange, *Groß-Berliner Tagebuch*, S. 29.
[495] *Berlin in Zahlen 1947*, Berlin 1949, S. 26. Diese Relation ist stets zu berücksichtigen, da sich Wahlstatistiken sowie Aussagen zur sozialen und politischen Entwicklung zumeist auf den 18. Verwaltungsbezirk generell beziehen. Sie spiegeln aber im wesentlichen die Tendenzen in den »alten« Ortsteilen Weißensee und Hohenschönhausen und weniger in den drei Dörfern wider.
[496] Otto Büsch, *Entstehung und Leistung der ersten Berliner Demokratie: Das neue Groß-Berlin als Hauptstadt der Weimarer Republik*, in: Otto Büsch/Wolfgang Haus, *Berlin als Hauptstadt der Weimarer Republik 1919–1933. Mit einem statistischen Anhang zur Wahl- und Sozialstatistik des demokratischen Berlin 1919–1933* (= Veröffentlichungen der Historischen Kommission zu Berlin, Bd. 70/1), Berlin-New York 1987, S. 31ff.

seer Bezirksversammlung wurde der Lehrer Oswald Tischendorf, erster Bürgermeister des 18. Verwaltungsbezirks der Krankenkassenvorsteher Emil Pfannkuch (beide USPD und aus Hohenschönhausen).[497] Diese Stadtverordneten- und Bezirksverordnetenwahlen wurden jedoch für ungültig erklärt und Neuwahlen anberaumt. Während sich bei den Wahlen am 16. Oktober 1921 für den Magistrat nunmehr eine nicht-sozialistische Mehrheit ergab, traf das nur für die Hälfte der Berliner Bezirke zu. In Weißensee blieb die knappe sozialistische Mehrheit erhalten.[498] Beim Aufbau der Bezirksverwaltung ging man von den in der Gemeindeverwaltung Weißensee vorhandenen Einrichtungen aus. Die Verwaltungsstellen in Hohenschönhausen wurden aufgelöst, jedoch eine Ortsamtsstelle geschaffen. In Malchow, Wartenberg und Falkenberg setzte man ehrenamtliche Bezirksvorsteher ein, die die Verbindung der dortigen Einwohner mit dem Bezirksamt aufrechterhalten sollten.[499]

Die Eingemeindung im Jahre 1920 war für die Bezirke mit einer deutlichen Einschränkung ihrer Selbstverwaltung verbunden. Besonders einschneidende Veränderungen ergaben sich auf dem Gebiet der Finanzverwaltung. Während bis dahin die einzelnen Gemeinden das Recht hatten, selbständig Steuern zu erheben und Anleihen aufzunehmen, mußten nunmehr die im Bezirk erbrachten Steuern an die Zentralverwaltung abgeliefert und die für die bezirkliche Verwaltung notwendigen Mittel beim Magistrat beantragt werden.[500] Lediglich innerhalb des von Groß-Berlin gebildeten eigenen Schulverbandes trugen die Bezirke für ihr Schulwesen selbst die Verantwortung. Zu den kommunalen Betrieben, die in den ersten Jahren der neuen Stadtgemeinde entstanden, zählte 1923 die »Berliner Stadtgüter GmbH«. Ihr oblagen die Verwaltung und Bewirtschaftung der städtischen Rieselsowie anderer Güter und der landwirtschaftlich genutzten Flächen, die immerhin über 25 Prozent des Berliner Territoriums umfaßten.[501]

Der Prozeß der Inflation, der in Deutschland bereits 1914 eingesetzt hatte, bewirkte insbesondere seit Beginn der zwanziger Jahre in einem erschreckenden Ausmaß Armut und Not. In breiten Bevölkerungsschichten Berlins war Unterernährung keine Ausnahme.[502] Als 1925 im Rahmen der kommunalen Wohlfahrtspolitik die städtische Schulspeisung für unbemittelte Kinder eingerichtet wurde, was etwa 17 Prozent aller Schulkinder zugute kam, ergaben Untersuchungen von Schulärzten sogar, daß 30 Prozent der Berliner Kinder unterernährt waren.[503] Auf dem Höhepunkt der Inflation im Jahre 1923 hatte der Verarmungsprozeß eine Stufe erreicht, auf der es den Menschen nur noch um die Erhaltung der bloßen Existenz, den Erwerb der wichtigsten Nahrungsmittel ging; seit Juli 1923 herrschte in Berlin der Hunger. Der Verfall der Preise war begleitet von dem der Moral- und Wertvorstellungen.[504] Nunmehr blickten die Städter nicht mehr herab auf die »arme Land-

---

497 *Erster Verwaltungsbericht der neuen Stadtgemeinde Berlin für die Zeit vom 1. Oktober 1920 bis 31. März 1924*, H. 26: *Verwaltungsbezirk Weißensee*, bearbeitet im Statistischen Amt der Stadt Berlin, Berlin o.J., S. 9f.
498 Büsch, *Entstehung und Leistung*, S. 41f.
499 *Erster Verwaltungsbericht*, S. 13f.
500 *Erster Verwaltungsbericht*, S. 16f.
501 Otto Büsch, *Geschichte der Berliner Kommunalwirtschaft in der Weimarer Epoche* (= Veröffentlichungen der Historischen Kommission zu Berlin, Bd. 1), Berlin 1960, S. 67f.
502 Köhler, *Berlin*, S. 833ff.; [Gustav] Böß, *Die Not in Berlin. Tatsachen und Zahlen*, Berlin 1923.
503 Edward Gough, *Die SPD in der Berliner Kommunalpolitik 1925-1933*, MS. Phil. Diss., Berlin 1984, S. 67.

bevölkerung«, hatte diese doch zu essen! Statt dessen waren der organisierte »Feldklau« und »Hamsterfahrten« in die umliegenden Dörfer, die oftmals in Plünderung und Raub ausarteten, an der Tagesordnung. Nicht selten kam es zu Schießereien mit den Bauern, die zum Schutz ihrer Felder die Reichswehr anforderten oder eigene Flur- und Feldwachen finanzierten. Die Zeitungen berichteten 1923 mehrfach von erschossenen Felddieben.[505] Als es im Sommer desselben Jahres zu Versorgungsengpässen bei Kartoffeln kam, schwärmten »Kartoffelkolonnen« im Berliner Umland aus, um bei den Bauern noch alte Kartoffeln zu ergattern.[506] Ähnliches wird sich wohl auch in den ländlichen Gebieten des Bezirks Weißensee zugetragen haben.

Ende November 1923 gab es in Berlin 360 000 unterstützte Arbeitslose und 150 000 unterstützte Kurzarbeiter. Der Bezirk Weißensee zählte im April 1921 rund 3 000 registrierte Erwerbslose. Im Dezember 1923 waren es 6 130, womit der höchste Stand seit Bestehen der Erwerbslosenfürsorge erreicht war. Aufgrund des starken Andranges in der Fürsorgestelle wurden im letzten Viertel des Jahres Zweigstellen errichtet, eine davon im November 1923 in Hohenschönhausen, die man jedoch nach Abflauen der Erwerbslosigkeit im Frühjahr 1924 wieder auflöste.[507]

Mit dem Scheitern des Hitler-Putsches und der Einführung der Rentenmark im November 1923 hatte die Krise ihren Höhepunkt überschritten, und es setzte allmählich ein politischer und wirtschaftlicher Aufschwung ein. Dieser war gekennzeichnet durch eine konsequente Sparpolitik des Berliner Magistrats, die vor allem eine Verringerung des Personalbestandes zur Folge hatte. Allerdings wurden von allen Parteien – sowohl auf Magistrats- als auch auf Bezirksebene – die nötigen Sparmaßnahmen zum Vorwand genommen, um sich der jeweils politisch Mißliebigen zu entledigen. Dies betraf mehrere kompetente, vorwiegend sozialistische Kommunalpolitiker, die parteipolitischen Erwägungen zum Opfer fielen,[508] im Verwaltungsbezirk Weißensee beispielsweise einen der stellvertretenden Bürgermeister, den Stadtrat Ernst Fischer (USPD).[509] Aus den Stadtverordnetenwahlen 1925 gingen die linken Parteien, insbesondere die SPD, gestärkt hervor. So votierten im Bezirk Weißensee bei geringer Wahlbeteiligung 32 Prozent der gültigen Stimmen für die SPD, 20,2 Prozent für die KPD, 20,6 Prozent für die DNVP und 6,4 Prozent für die Wirtschaftspartei,[510] eine Partei des gewerblichen Mittelstandes, die besonders in den Berliner Außenbezirken gute Ergebnisse erzielen konnte.

---

504 Köhler, *Berlin*, S. 836ff.; Vgl. hierzu auch Hans Ostwald, *Sittengeschichte der Inflation. Ein Kulturdokument aus den Jahren der Inflation*, Berlin 1931. Der Hohenschönhauser Turnverein »Wanderlust« einigte sich während der Inflation 1922/23 auf einen Mitgliedsbeitrag, der dem Äquivalent eines Bechers Bier entsprach; das waren im November 1923 150 Milliarden Reichsmark.

505 Robert Scholz, *Ein unruhiges Jahrzehnt: Lebensmittelunruhen, Massenstreiks und Arbeitslosenkrawalle in Berlin 1914–1923*, in: Manfred Gailus (Hrsg.), *Pöbelexzesse und Volkstumulte in Berlin. Zur Sozialgeschichte der Straße (1830–1980)*, Berlin 1984, S. 111f.

506 Köhler, *Berlin*, S. 838, 841f.

507 *Erster Verwaltungsbericht*, S. 44.

508 Köhler, *Berlin*, S. 844ff.; Christian Engeli, *Gustav Böß. Oberbürgermeister von Berlin 1921–1930* (= Schriftenreihe des Vereins für Kommunalwissenschaften e.V. Berlin, Bd. 31), Stuttgart-Berlin-Köln-Mainz 1971, S. 70ff.

509 Engeli, *Gustav Böß*, S. 114.

510 *Sozial- und Wahlstatistik der Groß-Berliner Bezirke*, Tabelle 18a: *Wahlstatistik des Bezirkes Weißensee von Groß-Berlin 1921–1933*, in: Büsch/Haus, *Berlin*, S. 468f.

Die republikanisch-antimonarchistische Einstellung der Berliner Bevölkerung zeigte sich vor allem beim Volksentscheid über den Gesetzentwurf zur Enteignung des Fürstenvermögens im Jahre 1926, eine der wenigen politischen Fragen, in der es zu einem Zusammengehen von KPD und SPD kam.[511] Wenngleich die Wahlbeteiligung in den »linken« einerseits und den »konservativen« Bezirken andererseits sehr unterschiedlich war, stimmten über 96 Prozent der Bevölkerung für den Gesetzentwurf. In Weißensee beteiligten sich am Volksentscheid 67,5 Prozent aller Stimmberechtigten, was über dem Gesamtberliner Durchschnitt lag. Für eine Enteignung sprachen sich 96,7 Prozent der abgegebenen gültigen Stimmen aus.[512]

Hinsichtlich der Wahlergebnisse war Berlin in diesen Jahren eine »linke Hochburg«. Insbesondere die SPD zeichnete sich durch eine engagierte Kommunalpolitik aus; die Zusammenarbeit mit der KPD blieb auf vereinzelte gemeinsame Aktionen in der Grundstückspolitik beschränkt.[513] In Weißensee und Hohenschönhausen gab es in den zwanziger Jahren eine Reihe von kommunalen Einrichtungen, vornehmlich im Fürsorge-, Kultur- und Sozialbereich, die von der Bevölkerung gerade in den Krisenjahren intensiv genutzt wurde. Im November 1922 eröffnete das Wohlfahrtsamt in Weißensee drei Speisungsstellen, darunter eine im Schulhaus in der Hohenschönhauser Roedernstraße. Bis Mai 1923 erhielten hier täglich Hunderte Minderbemittelte eine warme Mahlzeit.[514] In der Degnerstraße befand sich eine Warmwasserbadeanstalt, in der seit 1926 Erwerbslose und Unterstützungsempfänger kostenlos baden konnten.[515] Auf Initiative und mit Unterstützung der Berliner SPD erfolgte in den zwanziger Jahren der Ausbau der städtischen Fürsorge für Schwangere, Säuglinge und Kleinkinder.[516] Zu diesen Einrichtungen zählte die bereits seit 1918 existierende Schwangerenfürsorgestelle in Hohenschönhausen, die ebenfalls eine Säuglings- und Kleinkinderfürsorgestelle umfaßte. Im Kinderhort Hohenschönhausen, der 1914 als Gemeindeeinrichtung entstanden war, wurden täglich etwa fünfzig Kinder versorgt und von ausgebildeten Kindergärtnerinnen mit den bekannten Fröbelarbeiten beschäftigt.[517]

In Hohenschönhausen gab es eine relativ große Volksbücherei mit Jugendlesehalle, später mit einer besonderen Jugendausleihstelle, sowie in Malchow, Falkenberg und Wartenberg kleine Volksbüchereien.[518] In ihrer Freizeit konnten die Einwohner der Ortsteile außerdem in den »Hohenschönhauser Tages-Lichtspielen« in der Berliner Straße 93 oder in den »Reform-Lichtspielen« in der Berliner Straße 76 die neuesten Filme sehen, aber auch einem Spiel des ortsansässigen Fußballvereins »BFV Ost 1910« beiwohnen. In den zwanziger und dreißiger Jahren entstand für die sportbegeisterten und erholungssuchenden Bürger eine Reihe von Spiel- und Sportplätzen, so am Oranke- und am Faulen See, an der (ehemaligen) Sommer- und der Steffenstraße in Hohenschönhausen sowie in Wartenberg. Die

---

511 Ernst Rudolf Huber, *Deutsche Verfassungsgeschichte seit 1789*, Bd. 7: *Ausbau, Schutz und Untergang der Weimarer Republik*, Stuttgart-Berlin-Köln-Mainz 1984, S. 577ff., 591ff.
512 *Statistisches Jahrbuch der Stadt Berlin* 4 (1928), S. 299. Mit diesem Ergebnis rangierte Weißensee immerhin an 7. Stelle unter allen Berliner Bezirken.
513 Engeli, *Gustav Böß*, S. 849f.; Gough, *Die SPD*.
514 *Erster Verwaltungsbericht*, S. 25.
515 *Verwaltungsbericht der Stadt Berlin 1924–1927*, H. 26: *Verwaltungsbezirk Weißensee*, hrsg. vom Statistischen Amt der Stadt Berlin, Berlin 1930, S. 17.
516 Gough, *Die SPD*, S. 171f.
517 *Erster Verwaltungsbericht*, S.27f.
518 *Erster Verwaltungsbericht*, S. 34; *Verwaltungsbericht der Stadt Berlin 1924–1927*, S. 24.

Uferanlagen von Oranke- und Obersee erfuhren eine weitere gärtnerische Gestaltung, was bereits zu jener Zeit ebenso für den Malchower See vorgesehen war.[519] Im Jahre 1926 verkauften die Eiswerke Hohenschönhausen der Stadt Berlin ihren gesamten Grundbesitz am Orankesee mit Restaurantgebäude und Inventar sowie den See selbst, der in dem vom Magistrat geplanten Grüngürtel rings um die Stadt lag.[520] 1929 konnte mit maßgeblicher Unterstützung durch den Inhaber des dortigen Wirtshauses das »Strandbad am Orankesee« eröffnet werden,[521] für dessen Strand eigens Ostseesand aus Ahlbeck angefahren worden war. Das Freibad wurde zusammen mit den »Terrassen am Orankesee«, die über 5 000 Sitzplätze verfügten und zu Konzerten und Tanz einluden, schnell zu einem beliebten Ausflugsziel der Berliner. Für die musikalische Umrahmung sorgte auch der Wirt, W. Heiden-Heinrich, persönlich.[522]

In erster Linie verursacht durch den Ersten Weltkrieg, die Inflation sowie die Zuwanderung nach 1920 herrschte im Berlin der zwanziger Jahre eine große Wohnungsnot. Hinzu kam, daß von 1914 bis 1923 kaum Neubauten entstanden waren, und sich somit auch der natürliche Bedarf an Wohnraum vergrößert hatte. Die Reichswohnraumzählung von 1927 ergab, daß von den Berliner Haushaltungen rund zehn Prozent über keine eigene Wohnung verfügten. Tausende Familien wohnten in Baracken, Wohnlauben, Dach- oder feuchten Kellerwohnungen. Zahlreiche Wohnungen waren überbelegt, was vor allem kinderreiche Familien betraf. Hinzu kam der teilweise katastrophale Zustand vieler Wohnungen.[523] Der objektive Berliner Fehlbedarf an Wohnungen wurde 1929 auf 200 000 Wohnungen, zuzüglich des Bedarfs aufgrund der rund 40 000 jährlich neu geschlossenen Ehen sowie des Zuzugs von 35 000 Haushalten pro Jahr nach Berlin, geschätzt.[524]

Ein beträchtlicher Teil der zwischen 1924 und 1931 in Berlin gebauten Wohnungen wurde von gemeinnützigen Wohnungsbaugesellschaften erbracht.[525] Wichtigstes Instrument der Baufinanzierung war die Hauszinssteuer. Im Jahre 1924 gründete die Stadt Berlin die »Wohnungsfürsorgegesellschaft Berlin mbH«, die vornehmlich städtische Wohnungs- und Siedlungsprojekte förderte.[526] Die SPD unterstützte vor allem gewerkschaftliche Wohnungsbauvorhaben.[527] Nach dem Erlaß einer neuen Bauordnung im November 1925 war die Errichtung von Neubauten nur noch in Randbebauung, ohne Quer- und Seitengebäude gestattet. Besonders in den Stadtrandgebieten entfaltete sich eine rege Bautätigkeit, denn dort gab es noch ausreichend Platz für Wohnhausanlagen in aufgelockerter Bauweise. Zu den Städtebauern und Architekten, die sich in der Weimarer Republik und teilweise danach um die Verbesserung der Wohnqualität in Berlin verdient gemacht und

---

519 *Festschrift »700 Jahre Weißensee«*, S. 76, 78.
520 Lange, *Groß-Berliner Tagebuch*, S. 78.
521 LAB (StA), Rep. 48-08, Nr. 7, Nr. 9, Nr. 202.
522 *Frohe Stunden mit W. Heidenheinrich. Liederheft der W. H H Gaststätten »Terrassen am Orankesee«*, Berlin [1929].
523 *Statistisches Jahrbuch für das Deutsche Reich* 47 (1928), Berlin 1928, S. 138, 142ff.; Gough, *Die SPD*, S. 73f.
524 *Das Berliner Wohnungsproblem. Ein Interview des Schriftleiters mit Stadtbaurat Dr. Wagner*, in: *Das neue Berlin. Monatshefte für Probleme der Großstadt* (1929), H. 3, S. 56.
525 *Geschichte der gemeinnützigen Wohnungswirtschaft in Berlin*, hrsg. vom Verband Berliner Wohnungsbaugenossenschaften und -gesellschaften e.V., Berlin 1957, S. 104ff.
526 Büsch, *Geschichte der Berliner Kommunalwirtschaft*, S. 151f.; *Geschichte der gemeinnützigen Wohnungswirtschaft*, S. 94f.
527 Gough, *Die SPD*, S. 81.

3. Oranke=Walzer

Worte und Musik von W. Heiden=Heinrich

1. Kennst Du ein Fleckchen bei uns in Berlin, wohin des Sonntags viel Tausende zieh'n, worauf schon Vater am Montag sich freut, wo Muttchen zeigt dann ihr neuestes Kleid. Kennst Du den Ort, wo dann ganz ungeniert jeder sich auf eig'ne Art amüsiert, wo manches Herz sich in Liebe dann fand, wo mancher Jüngling schon sang: Kehrreim:

2. Kennst Du das Fleckchen bei uns in Berlin, wohin im Sommer viel Tausende zieh'n, wo man im kühlenden Wasser vereint oder in lachender Sonne sich bräunt, wo man, wie früher, den Kaffee sich brüht, wo man entzückende Tanzbeinchen sieht, wo wirklich Frohsinn und Fröhlichkeit blüht, wo jeder singt dieses Lied:

Kehrreim:

Es war einst am Orankesee, da sah ich Dich als Badefee. Ich wußte gleich, als ich Dich sah, Du wirst die Meine, Erika! Wir saßen dann beim Varieté am herrlichen Orankesee. Und dann am Abend ganz zum Schluß kriegt' ich den ersten Kuß.

Der »Oranke-Walzer« aus dem Liederheft der »Terrassen am Orankesee«, um 1929.

die Stadt um interessante Bauten bereichert haben, zählen unter anderen Paul Mebes, Bruno Taut, Ludwig Mies van der Rohe und Paul Emmerich.

In Hohenschönhausen entstand in den zwanziger und dreißiger Jahren eine Reihe von Siedlungen und Einzelbauten, die sowohl bau- als auch sozialgeschichtlich bemerkenswert ist. Bereits in der ersten Hälfte der zwanziger Jahre wurden an der Paul-Koenig-Straße Siedlungshäuser mit dreißig Wohnungen sowie am Malchower Weg in Hohenschönhausen zehn Holzhäuser mit zwanzig Wohnungen errichtet.[528] Nach Entwürfen von Bruno Taut baute man 1926 das Wohnhaus Wartenberger Straße 29b und 1926/27 – im Auftrag einer gewerkschaftlichen Wohnungsbaugenossenschaft – mehrere Siedlungshäuser in der Paul-Koenig-Straße/Titastraße.[529] Nach der Währungsstabilisierung wurden bis 1927 *ganze Straßenzüge und Stadtviertel neu (gebaut), so u.a. ... an der Paul-Koenig-Straße, an der Suermondtstraße, ... an der Quitzow- und Küstriner Straße, an der Landsberger Chaussee (die Siedlung für kinderreiche Familien).*[530] Auch war es noch etwas Besonderes, daß in der Berliner Straße in Hohenschönhausen zwei neue Anschlagsäulen aufgestellt worden waren und sich *die Zahl der Reklameschilder ... sehr erhöht (hatte).*[531] Die baulichen Veränderungen in Hohenschönhausen umfaßten außerdem die Pflasterung und Regulierung von Straßen.[532] In Malchow baute man eine Chausseewärterwohnung.[533] Trotz reger Bautätigkeit im Zeitraum von 1924 bis 1928 trat *eine Besserung der Lage auf dem Wohnungsmarkt nicht ein. Die Zahl der Wohnungssuchenden stieg, da für die im Bezirk wohnende werktätige Bevölkerung Neubauwohnungen in vielen Fällen nicht in Betracht kamen,*[534] das heißt wohl zu teuer waren.

Eine bemerkenswerte Siedlung entstand in der zweiten Hälfte der zwanziger Jahre in der Dingelstädter Straße in Hohenschönhausen.[535] Zu den Gründern der Gemeinnützigen Bau- und Siedlungsgenossenschaft »Die kinderreiche Familie« gehörten 1924 vor allem Mitglieder des während des Ersten Weltkrieges geschaffenen »Reichsbundes der Kinderreichen«. Außerdem wurde die Mitgliedschaft in der Genossenschaft möglich, wenn die betreffende Familie über die Wohnungsfürsorge eine Zuweisung für die Siedlung erhalten hatte. Das Anliegen der Genossenschaft bestand darin, *für Berliner Arbeiter, die aus dunklen, stickigen, ungesunden und deprimierenden Wohnungen, aus Mietskasernen kommen, menschenwürdige, freundliche, gesunde und helle Wohnungen zu schaffen, in denen die Kinder dieser kinderreichen Familien als gesunde Menschen aufwachsen.*[536] Die meisten der späteren Bewohner stammten

---

528 *Erster Verwaltungsbericht*, S. 42.
529 *Die Kunst- und Kulturdenkmäler*, S. 159; *Kleine Chronik zur Geschichte des Stadtbezirks Berlin-Hohenschönhausen* (= Schriften der Kommission zur Erforschung der Geschichte der örtlichen Arbeiterbewegung in Berlin-Hohenschönhausen), Berlin-Hohenschönhausen 1987, S. 57. Die gesamte »Kleinhaussiedlung Paul-Koenig-Straße« wurde jedoch nicht von Taut entworfen. Die Siedlung hatte mehrere Bauabschnitte, wobei die Entwürfe für den ersten aus dem Jahre 1919 von einem Charlottenburger Architekten (Hofbaurat Prof. Kuhlmann) stammten.
530 *Verwaltungsbericht der Stadt Berlin 1924–1927*, S. 35.
531 *Verwaltungsbericht der Stadt Berlin 1924–1927*, S. 26.
532 *Erster Verwaltungsbericht*, S. 35f.
533 *Erster Verwaltungsbericht*, S. 29.
534 *Verwaltungsbericht der Stadt Berlin 1924–1927*, S. 30.
535 Die Ausführungen zur Geschichte der Siedlungsgenossenschaft »Die kinderreiche Familie« basieren – soweit nicht anders vermerkt – auf einem unveröffentlichten Manuskript von Bärbel Ruben, Heimatmuseum Berlin-Hohenschönhausen, sowie der dort befindlichen Materialsammlung, darunter Zeitungen der Genossenschaft und Erinnerungsberichte von (ehemaligen) Bewohnern der Siedlung.

aus den beschriebenen schlechten Wohnverhältnissen. Das spiegelt bereits die Tatsache wider, daß sich der Aufgabenkreis der seit 1922 in der Hohenschönhausener Hauptstraße 50 bestehenden Tuberkulosefürsorgestelle *besonders durch die Siedlung der Kinderreichen ..., in der die Zahl der tuberkulösen Familien verhältnismäßig groß ist, ... stark erweitert(e).*[537]

Über den Kauf des an der Industriebahn gelegenen Geländes war bereits 1925 verhandelt worden, aber erst ein Jahr später wurden der Siedlungsgenossenschaft von der Stadt die erforderlichen Hauszinssteuermittel bewilligt. Der Berliner Magistrat schloß mit der Siedlungsgenossenschaft zu günstigen Konditionen einen Pachtvertrag über dreißig Jahre ab.[538] Im ersten Bauabschnitt wurden 1926/27 flache Gruppenhäuser für jeweils sechs bis zwölf Familien mit mindestens vier unversorgten Kindern errichtet.[539] In einem zweiten Bauabschnitt 1929, diesmal in Hochbauweise, entstanden 140 Wohnungen. Während in den ersten Siedlungshäusern tatsächlich kinderreiche Familien wohnten, war das hier nicht mehr unbedingt der Fall. Die Siedlungsgenossenschaft zählte 1929 etwa 400 Mitglieder. Darunter waren zum größten Teil Arbeiter, Handwerker und Gewerbetreibende sowie in geringerem Umfang Angestellte, Ingenieure und Beamte. Da sich trotz günstiger Konditionen vor allem seit 1929 Mietschulden in der Siedlung häuften, sahen sich viele Familien gezwungen, Untermieter aufzunehmen. Von seiten des Vorstandes wurde dies toleriert, obwohl es dem eigentlichen Anliegen der Genossenschaft, der Versorgung kinderreicher und sozial schwacher Familien mit ausreichendem Wohnraum, widersprach.[540]

Aufgrund des hohen Anteils von Kommunisten und Sozialdemokraten in der Siedlung und in der benachbarten, 1929 entstandenen Laubenkolonie »Sonnenblume«[541] war Ende der zwanziger Jahre im Volksmund zumeist von »Klein-Moskau« die Rede. Nicht zuletzt aus dieser politischen Prägung resultierte aber zugleich die problematische Entwicklung der Genossenschaft bis zu ihrem faktischen Ende am Beginn der dreißiger Jahre. Erster Vorstand und Aufsichtsrat der Genossenschaft wurden vornehmlich von SPD-Mitgliedern getragen. Im Zusammenhang mit einer schwierigen wirtschaftlichen Situation im Jahre 1927, die unter anderem wohl durch Mängel in der Tätigkeit des Vorstandes, aber ebenso durch Mietschulden der Genossenschaftler bedingt gewesen sein könnte, wurden Neuwahlen für Vorstand und Aufsichtsrat nötig. Die neu gewählten Gremien setzten sich nunmehr im wesentlichen aus Kommunisten zusammen. Es gelang ihnen, möglicherweise durch finanzielle »Austauschaktionen« mit den anderen genossenschaftli-

---

536 *Festschrift anläßlich des 5jährigen Bestehens der Gemeinnützigen Bau- und Siedlungsgenossenschaft »Die kinderreiche Familie« e.G.m.b.H.*, Berlin 1929, S. 16.
537 *Verwaltungsbericht der Stadt Berlin 1924–1927*, S. 14.
538 LAB (StA), Pr. Br. Rep. 48-08, Nr. 81.
539 1930 lebten in den 102 Wohnungen mit je 114 Quadratmetern Fläche 772 Menschen, darunter 447 Kinder.
540 In der Dingelstädter Str. 48 a oder 49 wohnte von 1929–1933 Artur Becker, 1931 Vorsitzender des Kommunistischen Jugendverbandes Deutschlands und 1930 jüngster Reichstagsabgeordneter der KPD, zur Untermiete. Martin Schönfeld, *Gedenktafeln in Ost-Berlin. Orte der Erinnerung an die Zeit des Nationalsozialismus* (= Schriftenreihe Aktives Museum, Bd. 4), Berlin 1992, S. 76, 182f.
541 Zu den Bewohnern der Siedlung sowie der Anlage »Sonnenblume« gehörten Ende der zwanziger Jahre etwa 100 KPD-Mitglieder, darunter mehrere kommunistische Reichstagsabgeordnete. An den Wochenenden fanden oftmals Agitationstouren in die umliegenden Dörfer statt.

Siedlung »Die kinderreiche Familie« an der Landsberger Allee in Hohenschönhausen; Luftbildaufnahme um 1928.

chen Siedlungen in Hennigsdorf und Birkenwerder, die Liquidation abzuwenden. Dabei waren sie durch städtische Behörden ebenso unterstützt worden wie durch einige kommunistische und sozialdemokratische Stadtverordnete und Stadträte, die sich für das Fortbestehen der Siedlung engagiert hatten. Seit dem Jahre 1927 war das Genossenschaftsleben jedoch von zunehmenden Auseinandersetzungen zwischen KPD und SPD gekennzeichnet, die ihren Höhepunkt im Oktober 1929 während des Wahlkampfes zur Berliner Stadtverordnetenversammlung erreichten. Die parteipolitischen Querelen wurden nunmehr im sozialdemokratischen »Vorwärts« und in der kommunistischen »Roten Fahne« ausgetragen.[542] Die Hintergründe des Geschehens sind noch nicht eindeutig geklärt und bedürfen weiterer Untersuchungen.

Der letzte bekannte Geschäftsbericht der Genossenschaft datiert in das Jahr 1930. Im März desselben Jahres klagte die Stadt Berlin gegen die Siedlungsgenossenschaft, weil sie seit 1928 keine Grundvermögenssteuer entrichtet hatte.[543] Der gewährte kurze Zahlungsaufschub konnte an der Lage der Genossenschaft jedoch nichts mehr ändern. Im Auftrag des Weißenseer Bezirksamtes wurde die Siedlung seit Dezember 1931 von einer städtischen Wohnungsbaugesellschaft, der »Pankower Heimstätten GmbH«, verwaltet und 1935 von der Stadt Berlin an diese verkauft.[544]

Berichte ehemaliger Bewohner der Siedlung an der Dingelstädter Straße geben darüber hinaus einen Einblick in das Alltagsleben von Hohenschönhausen in jenen Jahren. Der »Abenteuerspielplatz« der Kinder waren die Rieselfelder, wobei sie sich

542 Vgl. zu den Auseinandersetzungen unter anderem Kommunistische »Siedlungspolitik«, in: Vorwärts vom 25. Oktober 1929, 3. Beilage; »Vorwärts« verleumdet proletarische Baugenossenschaft ..., in: Rote Fahne vom 26. Oktober 1929.
543 LAB (StA), Pr. Br. Rep. 48-08, Nr. 81.
544 LAB (StA), Pr. Br. Rep. 48-08, Nr. 82.

nicht vom Rieselwärter erwischen lassen durften. Vor allem in minderbemittelten und kinderreichen Familien war es notwendig, daß die Kinder früh mitverdienten. Zumeist verdingten sie sich bei den Gemüsebauern, deren Wirtschaften sich beiderseits der Landsberger Chaussee zwischen Hohenschönhausen, Lichtenberg und Marzahn aneinanderreihten und sich über die Gärtnerstraße bis zum Hohenschönhauser Dorfkern entlang der Hauptstraße fortsetzten.[545] Die Beschäftigung der Mütter war typisch für viele Berliner Arbeiterfrauen. Sie hatten meist eine oder mehrere Waschstellen bei wohlhabenden Familien, in Hohenschönhausen beispielsweise bei den Großschlachtern, die im Oranke- und Oberseeviertel wohnten. Außerdem waren einige von ihnen als Heimarbeiterinnen für die Berliner Konfektionsindustrie und für Warenhäuser tätig.

In den zwanziger und dreißiger Jahren wurden auf dem Territorium des heutigen Bezirks Hohenschönhausen zahlreiche, teilweise heute noch existierende, (Dauer-)Kleingartenanlagen errichtet. Dazu zählen die Anlagen »Mühlengrund« in Hohenschönhausen, »Land in Sonne« an der Wartenberger Straße, »Wiesenhöhe«, »Neu-Malchow« und »Märchenland« in der Nähe von Malchow sowie »Falkenhöhe« in Falkenberg. An der nordöstlichen Dorfseite Wartenbergs wurden im Jahre 1928 die »Siedlung Wartenberg«, bis 1948 als »Neu-Wartenberg« bezeichnet, und 1932 in Falkenberg an der Ahrensfelder Chaussee von der katholischen »Gemeinnützigen Siedlergemeinschaft Mariengarten e.V.« die Stadtrandsiedlung »Marienaue« gegründet.

Ein interessantes Wohnensemble, der sogenannte »Flußpferdhof«, entstand Mitte der dreißiger Jahre im Auftrag der Gemeinnützigen Wohnungsbau-Aktiengesellschaft Groß-Berlin[546] an der Grosse-Leege-Straße in Hohenschönhausen. Die Anlage umfaßte nach Fertigstellung 604 statt der geplanten 1 572 Wohneinheiten. Als Architekten zeichneten Paul Mebes und Paul Emmerich verantwortlich; die Malereien stammten von Ilse Mebes und Wolf Röhricht.[547] Diese zum Zeitpunkt ihrer Entstehung reizvolle Wohnsiedlung wies typische Merkmale des Neuen Bauens auf, so die parallelen, mehrgeschossigen und flachgedeckten Wohnzeilen und die Laubenganghäuser.[548] Wenngleich die Wohnungen relativ mietgünstig waren, wohnten hier vor allem gut verdienende Arbeiter und Beamte.

Bereits in der ersten Hälfte der dreißiger Jahre war es aufgrund der zunehmenden Siedlungsdichte im Bezirk notwendig geworden, die vormals dreiklassigen Schulen in Wartenberg und Falkenberg durch Baracken zu ergänzen und in Malchow die bisher zweiklassige in eine elfklassige Schule umzuwandeln. In Hohenschönhausen mußte das alte Schulgebäude in der Hauptstraße wieder hergerichtet

---

545 Für das Binden von 60 Bund Radieschen bekamen die Kinder 20, sonntags 25 Pfennige. Während der Erntezeit wurden Frauen und Kinder auch zum Ernten eines Roggenschlags und zur Aufstellung der Garben eingesetzt. Eine andere lohnende Beschäftigung war für die Kinder das Austragen des »Hohenschönhauser Lokalblattes« – wegen des möglichen Trinkgeldes des Abonnenten.
546 *Geschichte der gemeinnützigen Wohnungswirtschaft*, S. 108. Die Angaben zur Entstehungszeit schwanken zwischen 1932/34, 1934/35 und 1935/36.
547 Edina Meyer, *Paul Mebes. Miethausbau in Berlin 1906–1938*, Berlin 1972, S. 216.
548 Karl-Heinz Hüter, *Architektur in Berlin 1900–1933*, Dresden 1987, S. 190ff. Obwohl die Anlage in der DDR unter Denkmalschutz stand, wurde für deren Unterhaltung kaum etwas getan. Im Juli 1994 erfolgte die Übernahme des »Flußpferdhofes« durch die GEWOBAG als frühere Eigentümerin; für die kommenden Jahre sind umfangreiche Instandsetzungsmaßnahmen vorgesehen.

»Flußpferdhof« in der Wohnanlage Grosse-Leege-Straße, Architekten Paul Mebes und Paul Emmerich; Aufnahme von 1938.

werden, und in der Freienwalder Straße entstand ein Erweiterungsbau. Zudem wurde in Malchow und Hohenschönhausen mit dem Neubau von Schulen begonnen.[549] Neben den zahlreichen Siedlungen und kommunalen Einrichtungen, die in diesen Jahrzehnten entstanden, sei noch ein eher unscheinbarer flacher Backsteinbau in der Oberseestraße 60 genannt. Das 1932/1933 für das Ehepaar Martha und Karl Lemke im Bauhausstil errichtete Landhaus stammt von dem berühmten Architekten Ludwig Mies van der Rohe.[550]

Es gibt zwar keine deutsche Stadt, in der während der Stabilisierungsphase der Weimarer Republik so viel und auch so vielfältig gebaut worden ist wie in Berlin. Dennoch gelang kein Durchbruch im sozialen Wohnungsbau, sondern dieser blieb im wesentlichen – das zeigt auch das Beispiel Hohenschönhausen – auf untere Mittelschichten und Angestellte beschränkt.[551]

Sowohl die mit der Wirtschaftskrise verbundene Arbeitslosigkeit, soziale Not und Deklassierung als auch die Nichtbewältigung des rapiden Normen- und Wertewandels der modernen Industriegesellschaft trugen in den Endjahren der Weimarer Republik zur wirtschaftlichen, sozialen und geistigen Entwurzelung vieler Menschen bei. In Berlin als politischem und wirtschaftlichem Zentrum Deutschlands wirkte sich dies in besonderer Weise aus. Der Anteil der NSDAP-Wähler lag in Berlin zwar stets unter dem Reichsdurchschnitt, die Wahlergebnisse der Jahre

---

549 *Verwaltungsbericht der Bezirksverwaltung Weißensee für die Jahre 1932–1935*, hrsg. vom Bezirksbürgermeister des Verwaltungsbezirks Weißensee der Stadt Berlin, Berlin 1936, S. 27.
550 Mies van der Rohe war von 1930 bis 1933 Direktor des Dessauer Bauhauses und emigrierte 1937 in die USA.
551 Köhler, *Berlin*, S. 863f.

1928 bis 1933 offenbaren jedoch eine überdurchschnittliche Radikalisierung der Wählerschaft. Die Weimarer Republik wurde nicht nur von der NSDAP in Frage gestellt und bekämpft, sondern auch von der KPD und später von der DNVP, wenngleich Auffassungen, Ziele und Methoden dieser Parteien sich unterschieden.[552]

In Weißensee entfielen bei den Reichstagswahlen im Mai 1928 auf die KPD rund 31 Prozent, auf die SPD etwa 32 Prozent und auf die NSDAP ein Prozent der Stimmen. Bei den Stadtverordnetenwahlen im November 1929 votierten bereits vier Prozent der Wähler für die NSDAP, im März 1933 waren es 40,9 Prozent! Bei den Reichstagswahlen am 5. März 1933 wurden in Weißensee 36 Prozent der Stimmen für die Nationalsozialisten abgegeben.[553] Während der Bezirk mit dem Ergebnis vom November 1929 noch unter dem Berliner Durchschnitt lag, war bei den darauffolgenden Wahlen das Gegenteil der Fall.[554] Für die KPD votierten 1933 bei den Reichstagswahlen 29,4, für die SPD 19,9 Prozent der Weißenseer Wähler; bei den Stadtverordnetenwahlen konnten KPD und SPD 22,7 Prozent beziehungsweise 20,4 Prozent der Stimmen für sich verbuchen.[555]

Die Zunahme des Wählerpotentials der NSDAP in den vorwiegend von Arbeitern bewohnten Bezirken resultierte aus ihrer wachsenden Akzeptanz in den Reihen der Arbeiter und dem Zulauf der vom sozialen Abstieg bedrohten oder betroffenen kleinen Angestellten, Gewerbetreibenden und Handwerker.[556] Die Wählerschaft der NSDAP war also keinesfalls auf den Mittelstand begrenzt, sondern umfaßte Angehörige aller sozialen Schichten. Sie rekrutierte sich auch in Weißensee und seinen Ortsteilen aus ganz verschiedenen Bevölkerungskreisen, so daß die folgende »Typologie der NSDAP-Anhänger« durchaus treffend sein dürfte: Der Geschäftsinhaber wählt *vorurteilsfrei ... die Partei, die Kriegsgewinnler enteignet.* Die Offizierswitwe und ihr Bridgekränzchen schwärmen für Hitler, *den Erneuerer der alten Zeit ... Sie hören froh, daß an Stelle der negerhaften, modernen Musik wieder Volkslieder treten ... Der Buchhändler geht mit der Zeit. Das Tippmädchen schwärmt für's Militärische bei der SA. Der Fabrikant liebt Wagner, ist Bismarckverehrer und Antisemit ... Der Kaufmannssohn ... wählt völkisch schon wegen der jüdischen Konkurrenz.* Die Dichterin am Lokalblatt *bekämpft die moderne Frau; sie ist Ende Vierzig und ledig; sie ist für Wehrhaftigkeit und den starken Mann ... Vor allem aber hat seine* (Hitlers – A.H.) *Partei die Wahlmüden mobilisiert ... Die Gleichgültigsten, die Skeptiker selbst lockt die Zauberlotterie von Versprechungen; dazu das Tamtam der SA. Jede Nummer gewinnt. Speziell spitzt der Bauer seine Ohren. Kein Wunder; denn die Steuern, so heißt es, werden gesenkt, die Düngemittel verbilligt ... Durch Einfuhrverbot und Erhöhung des Schutzzolls werden die Preise für landwirtschaftliche Produkte erhöht. Auch der Landarbeiter horcht auf; ihm winken Verkürzung der Arbeitszeit, Lohnerhöhung und neue, geräumige Wohnungen. Dazu Siedlungsland, denn Grund und Boden ist Allgemeingut. (Für Gutsbesitzer: Das Privateigentum wird geschützt.) Vollends ist der kleine Gewerbetreibende Feuer und Flamme. Wird ihm doch*

---

552 Alexander Wilde, *Republikfeindschaft in der Berliner Bevölkerung und der Wandel der kommunalen Selbstverwaltung um 1931*, in: Otto Büsch (Hrsg.), *Beiträge zur Geschichte der Berliner Demokratie 1919–1933/1945–1985* (= Einzelveröffentlichungen der Historischen Kommission zu Berlin, Bd. 65), Berlin 1988, S. 108ff.; Lange, *Groß-Berliner Tagebuch*, S. 81, 87, 119, 131.
553 *Sozial- und Wahlstatistik der Groß-Berliner Bezirke*, Tabelle 18a: *Wahlstatistik des Bezirkes Weißensee von Groß-Berlin 1921–1933*, in: Büsch/Haus, *Berlin*, S. 468f.
554 Wilde, *Republikfeindschaft*, S. 120, 123, 127.
555 *Sozial- und Wahlstatistik der Groß-Berliner Bezirke*, Tabelle 18a: *Wahlstatistik des Bezirkes Weißensee von Groß-Berlin 1921–1933*, in: Büsch/Haus, *Berlin*, S. 468f.
556 Wilde, *Republikfeindschaft*, S. 124ff.

gelobt, daß die Warenhäuser, durch die er erdrückt wird, verschwinden; daß künftig »schärfste Berücksichtigung aller kleinen Gewerbetreibenden bei Lieferungen an den Staat, die Länder und Gemeinden« erfolgt. Für Hausbesitzer: Hypotheken brauchen nicht mehr verzinst zu werden. Die NSDAP, vor allem die Wählermasse, zählt viele Erwerbslose. Wer Arbeit hat, sieht Versuche, die leicht alles zerstören, kritischer an. Der Arbeitslose hat nichts zu verlieren. Er hört, daß die Arbeitslosigkeit aufhören wird, der Arbeiter am Gewinn zu beteiligen ist, höhern Lohn bekommt und daß ein »großzügiger Ausbau der Altersversicherung« beginnt. Das zieht, und selbst Zweifler hoffen.[557]

Hohenschönhausen, Wartenberg, Malchow und Falkenberg im »Dritten Reich«

Berlin war nicht Ausgangspunkt, sondern Ziel der nationalsozialistischen Bewegung. Der Aufstieg der Berliner NSDAP wurde durch Joseph Goebbels, einen ihrer Hauptredner, geleitet und geprägt. Saalschlachten zwischen Anhängern der KPD und der NSDAP bei Wahlveranstaltungen beider Parteien waren in den Endjahren der Weimarer Republik keine Seltenheit.[558] Während des Reichstagswahlkampfes 1932 sprach Joseph Goebbels im »Storchnest« in Hohenschönhausen. Die Kommunisten besetzten die Reihen des Wirtshauses neben den Nazis, und einer von ihnen hielt das kommunistische »Koreferat«. Das Ganze endete mit einer Prügelei. Ähnliches spielte sich ab, als im Sommer 1932 zwei SA-Stürme durch die Siedlung an der Dingelstädter Straße marschierten und Wahlflugblätter der NSDAP verteilen wollten.[559]

Die NSDAP zählte in Hohenschönhausen anfangs nur wenige aktive Mitglieder, aber nach ersten Wahlerfolgen änderte sich dies. Seit Februar 1931 bildete die NSDAP-Ortsgruppe Hohenschönhausen mit den Ortsteilen Wartenberg und Falkenberg innerhalb der Stammortsgruppe Weißensee eine selbständige Sektion, und die ersten SA-Männer schlossen sich zusammen. Zu den ersten NSDAP-Funktionären in Hohenschönhausen zählten der Gewerbetreibende Richard Vahlberg (PG seit 1927) als Sektionsführer, der Gärtnereiangestellte Fritz Wartenberg (PG seit 1929), der Erbhofbauer Adolf Böttcher als Zellenleiter für Falkenberg und Wartenberg sowie Erich Pfaffenberg als Schar-Führer der SA.[560] Die Berliner Bezirke Weißensee und Pankow bildeten seit 1932 den Kreis VIII der NSDAP des Gaues Groß-Berlin. Die Kreisleitung der NSDAP befand sich in der Tassostraße 19

---

557 Friedrich Franz von Unruh, *Nationalsozialismus*, in: *Frankfurter Zeitung* Nr. 157 vom 28. Februar 1931. Zitiert nach Werner Abelshauser/Anselm Faust/Dietmar Petzina (Hrsg.), *Deutsche Sozialgeschichte 1914–1945. Ein historisches Lesebuch*, München 1985, S. 319ff.
558 Gerhard Kiersch/Rainer Klaus/Wolfgang Kramer/Elisabeth Reichardt-Kiersch, *Berliner Alltag im Dritten Reich*, Düsseldorf 1981, S. 7ff. Eine solche Saalschlacht gab es unter anderem am 23. Januar 1931 im Lokal Kuß in der Berliner Straße in Hohenschönhausen. *Festschrift »700 Jahre Weißensee«*, S. 97.
559 Erinnerungsbericht, Heimatmuseum Berlin-Hohenschönhausen; J[ulek] K[arl] von Engelbrechten/Hans Volz, *Wir wandern durch das nationalsozialistische Berlin. Ein Führer durch die Gedenkstätten des Kampfes um die Reichshauptstadt*, München 1937, S. 160.
560 *Festschrift »700 Jahre Weißensee«*, S. 97; Christian Engeli, *Die nationalsozialistischen Kommunalpolitiker in Berlin*, in: Wolfgang Ribbe (Hrsg.), *Berlin-Forschungen II* (= Einzelveröffentlichungen der Historischen Kommission zu Berlin, Bd. 61), Berlin 1987, S. 136. Zu den Gliederungen der NSDAP in Berlin-Weißensee vgl. von Engelbrechten/Volz, *Wir wandern durch das nationalsozialistische Berlin*, S. 18ff.

in Weißensee, die Geschäftsstelle der NSDAP-Ortsgruppe Hohenschönhausen in der Orankestraße 98.[561]

Der Machtübernahme durch die Nationalsozialisten im Januar 1933 folgte die planmäßige Ausschaltung der politischen Gegner vor allem innerhalb der organisierten Arbeiterschaft durch Gewalt und Terror, Verbot von KPD und SPD sowie die Gleichschaltung der Arbeiterorganisationen.[562] Zugleich bestand in Berlin wie überall in Deutschland bei einem Großteil der Bevölkerung durchaus *die Bereitschaft, in den neuen nationalsozialistischen Massenorganisationen aufzugehen oder sich zumindest mit den neuen Machthabern gutes Einvernehmen zu sichern.*[563] Auch in Hohenschönhausen und den anderen Ortsteilen gehörten etliche zu den »Märzgefallenen«, wie man jene Deutschen nannte, die nach dem Wahlerfolg der NSDAP vom März 1933 in die Partei drängten. Zudem erstreckte sich das Netz der Gliederungen und Organisationsstrukturen der NSDAP auf die Weißenseer Ortsteile. Viele Hohenschönhausener Bürger waren auf diese Weise in den nationalsozialistischen Herrschafts- und Unterdrückungsapparat eingebunden[564] und mehr oder weniger mitverantwortlich für das »Funktionieren« der totalitären politischen Beeinflussung und Kontrolle der Bevölkerung. Es gab nicht wenige Beispiele für Denunziationen, die trotz ihrer scheinbaren Geringfügigkeit nur selten glimpflich für die Betroffenen ausgingen. Vorladungen und Vernehmungen auf dem örtlichen Polizeirevier, in der NSDAP-Ortsstelle in der Orankestraße oder bei der Gestapo erfolgten beispielsweise aufgrund von Denunziationen wegen öffentlich geäußerter Kritik am »Eintopfsonntag«, bei fehlender Beteiligung an nationalsozialistischen Sammlungen und Spendenaktionen, weil man die Nazifahne nicht zum Fenster hinausgehängt hatte oder Kontakten zu Juden bezichtigt wurde.[565]

Mit dem »Gesetz zur Wiederherstellung des Berufsbeamtentums« vom 7. April 1933 wurde die Stadtverwaltung Berlins einschließlich der Bezirke und der einzelnen Ressorts, die zu den »städtischen Diensten« gehörten, politisch, aber auch rassisch »gesäubert«. Davon waren besonders die zuvor von sozialistischen Parteien dominierten Bezirksämter betroffen.[566] Die »Beurlaubungen« häuften sich dar-

---

561 Zu den Funktionären der NSDAP-Ortsgruppe gehörten 1934 unter anderen: Ingenieur Fritz Dierstein, stellvertretender Ortsgruppenleiter; Landwirt Hermann Wegener, Amtsleiter für Agrarpolitik; Justizangestellter Arthur Grüneberg, Personalamtsleiter; Magistratsangestellter Sebastian Feist, Propagandaleiter; Gärtner Erwin Kurz, Schulamtsleiter. Als Versammlungslokal diente das von Eduard Stern in der Berliner Straße 113 a. A[rtur] Görlitzer (Hrsg.), *Gesamtadressenwerk der NSDAP-Geschäftsstellen*, Bd. 1: *Gau Groß-Berlin mit Gau-Stadt-Plan*, Berlin 1934, S. 443. Wegener war zudem 1937 Kreisbauernführer von Berlin. *Festschrift »700 Jahre Weißensee«*, S. 97.
562 Christian Engeli/Wolfgang Ribbe, *Berlin in der NS-Zeit (1933–1945)*, in: Ribbe, *Geschichte Berlins*, Bd. 2, S. 930ff., 946f. Materna, *Geschichte Berlins von den Anfängen bis 1945*, S. 636ff.
563 Kiersch/Klaus/Kramer/Reichardt-Kiersch, *Berliner Alltag*, S. 21.
564 LAB (StA), Rep. 148/1, Nr. 147.
565 Charlotte Nowak, *Politische Arbeit in Hohenschönhausen*, in: *Der illegale Kampf der KPD 1933–1945 in Berlin-Weißensee*, hrsg. vom Komitee der Antifaschistischen Widerstandskämpfer der DDR Berlin-Weißensee, Berlin 1980, S. 44; *Sie halfen Verfolgten zu überleben – Hedwig und Otto Schrödter*, in: *Antifaschistischer Widerstand in Berlin-Weißensee 1933 bis 1945. Erinnerungen. Berichte. Biographien*, hrsg. vom Komitee der Antifaschistischen Widerstandskämpfer der DDR Berlin-Weißensee, Berlin 1988, S. 101. Vgl. hierzu auch Ralph Wiener, *Als das Lachen tödlich war. Erinnerungen und Fakten 1933–1945*, 2. Aufl., Rudolstadt 1989.
566 Ribbe/Engeli, *Berlin in der NS-Zeit*, S. 938ff. In Weißensee wurden sämtliche Mitglieder des Bezirksamtes ihrer Funktionen enthoben, wobei man gegen einige noch Strafverfahren einleitete, um mit dieser Kriminalisierung ihre Entlassung zusätzlich zu rechtfertigen. Außerdem waren von der »Bereinigung« des Bezirksamtes bereits im Ruhestand befindliche Per-

über hinaus im Bereich der Wohlfahrts- und Jugendämter sowie im Erziehungsbereich, *weil diese als marxistisch durchsetzt galten*.[567] Bei den neuen Amtsträgern handelte es sich fast ausschließlich um Mitglieder und Anhänger der NSDAP. Der Hohenschönhausener Ortsgruppenleiter Vahlberg avancierte 1933 zum Stadtverordneten, im März 1933 zum unbesoldeten und 1938 zum besoldeten Stadtrat. Der gleichfalls zu den Gründungsmitgliedern der NSDAP in Hohenschönhausen gehörende Fritz Wartenberg wurde zum Bezirksverordneten und im März 1933 zum unbesoldeten Stadtrat gewählt.[568]

Die Überprüfung der Beamten, Angestellten und Arbeiter erfolgte in Weißensee mit Hilfe einer Fragebogenaktion, deren Ergebnisse und Begleitumstände äußerst aufschlußreich sind, vor allem hinsichtlich der Einstellung wohl nicht nur der in »städtischen Diensten« stehenden Beschäftigten gegenüber dem »Dritten Reich« und der damit verbundenen Verhaltensweisen. Oftmals gingen die Kündigungen auf üble Denunziationen zurück.[569] Die Liste der aus politischen Gründen Gekündigten, zu denen vor allem Mitglieder, Funktionäre und Sympathisanten von KPD und SPD, Betriebsräte und aktive Gewerkschafter gehörten, offenbart ein hohes Maß an Zivilcourage bei einigen der Betroffenen. Eine Reihe von ihnen bekannte sich nach wie vor zu ihrer politischen Überzeugung und Tätigkeit, ihrer Partei und lehnte die NSDAP sowie die »nationale Bewegung« ab. Tendenziell war aber eher eine schnelle Anpassung an die veränderten politischen Gegebenheiten zu beobachten und zweifellos von den neuen Machthabern auch beabsichtigt, wobei das Spektrum der Beweggründe für ein solches Verhalten breit war und von Existenzangst bis zu blankem Opportunismus reichte. Während die Frage nach der Mitgliedschaft in einer marxistischen Partei von vielen nur verneint wurde, hoben nicht wenige hervor, daß sie zwar SPD oder KPD angehört hätten, aber inaktiv gewesen seien. Einige erklärten, daß ihre Mitgliedschaft in der SPD nur auf Druck oder aus Angst vor beruflichen Nachteilen erfolgt sei.[570] Wieder andere wiesen darauf hin, daß sie, obgleich keiner politischen Partei angehörend, schon seit mehreren Jahren stets der NSDAP ihre Stimme gegeben und an deren Versammlungen teilgenommen hätten. Als »Beweis« für eine schon immer nationale Gesinnung verwies mancher auf seine langjährige Mitgliedschaft in der Freiwilligen Feuerwehr oder dem »Kriegerverein Wartenberg«, und einzelne baten sogleich um Aufnahme in die NSDAP.[571]

Im Bezirk Weißensee konnte somit *in geradliniger Entwicklung der nationalsozialistischen Politik die Bereinigung der Beamten- und Angestelltenschaft von berufsfremden,*

---

sonen hinsichtlich der Versorgungsansprüche betroffen, wenn sie sich während ihrer Amtszeit beispielsweise für die SPD betätigt hatten. In der Ortsamtsstelle Hohenschönhausen gab es gleichfalls eine Reihe von Kündigungen aus politischen Gründen und wegen »staatsfeindlicher Tätigkeit«. LAB (StA), Rep. 48-08, Nr. 25.
567 Kiersch/Klaus/Kramer/Reichardt-Kiersch, *Berliner Alltag*, S. 21; *Festschrift »700 Jahre Weißensee«*, S. 77.
568 Engeli, *Nationalsozialistische Kommunalpolitiker*, S. 136.
569 LAB (StA), Rep. 48-08, Nr. 24.
570 Eine solche Erklärung konnte ebenso wie die Tatsache, daß die Mitgliedschaft in der SPD lange vor dem 30. Januar 1933 lag oder die Betreffenden mindestens seit diesem Tag der NSDAP oder einer ihrer Gliederungen angehörten, eine Rücknahme der Kündigung oder die Weiterbeschäftigung bewirken. Die Aufhebung der Kündigung wurde gleichfalls empfohlen bei einem bis 1926 der KPD Angehörenden, der jedoch seit 1932 mit dem Ortsgruppenleiter der NSDAP in Hohenschönhausen *in Verbindung stand*. LAB (StA), Rep. 48-08, Nr. 24 u. 25.
571 LAB (StA), Rep. 48-08, Nr. 24.

nichtarischen und national unzuverlässigen Kräften herbeigeführt werden. An die Stelle der entlassenen 25 Beamten, 51 Angestellten und 50 Arbeiter *traten in erster Linie Personen, die sich um die nationale Erhebung verdient gemacht hatten, und sonstige politisch einwandfreie Kräfte.*[572] Das Führerprinzip wurde in der Folgezeit auf alle Bereiche des politischen, wirtschaftlichen und geistig-kulturellen Lebens übertragen.[573] Zu den zahlreichen Maßnahmen der Gleichschaltung zählten im Bildungsbereich die Entlassung politisch mißliebiger Lehrer, die nationalsozialistische Ausrichtung der Lehrpläne an den Schulen und die »Ausmerzung« *undeutschen, marxistischen und veralteten Schrifttums* in den Volksbüchereien des Bezirks.[574]

Mit dem »Gesetz zur Verhütung erbkranken Nachwuchses« vom Juli 1933 versuchte die nationalsozialistische »Gesundheitspolitik«, behinderte Mitbürger aus dem öffentlichen Leben auszusondern und auszuschalten. In der Hohenschönhausener Treskowstraße 23/24 befand sich ein Taubstummenheim des in Berlin ansässigen »Zentralvereins für das Wohl der Taubstummen«, das 1934 52 Bewohner zählte.[575] Zwar bestätigte der Führer des NS-Ärztebundes, Dr. Leonardo Conti, im Frühjahr 1934 dem Leiter des »Zentralvereins«, *daß die schon älteren Insassen des Heims nicht für irgendwelche Sterilisierungsmaßnahmen in Frage kommen könnten.* Man sollte jedoch deren Stammbaum prüfen, ob vielleicht Verwandte taubstumm wären und somit bei diesen eine Erbkrankheit vorliegen würde.[576]

Die nationalsozialistische Diktatur und ihre Wirkung darf dennoch nicht auf Terror und Verfolgung, Gleichschaltung und Propaganda reduziert werden. Zumindest bis in die erste Zeit des Zweiten Weltkrieges war die Politik Hitlers nicht unpopulär und hatte eine relativ große Massenbasis, nicht zuletzt aufgrund einiger als positiv empfundener Entwicklungstendenzen, so auf dem Gebiet der Arbeitsbeschaffungspolitik oder der Verbesserung der Arbeits-, Lebens- und Wohnbedingungen der Bevölkerung.[577] Die Zahl der Erwerbslosen im Bezirk Weißensee verringerte sich von etwa 6 100 im Jahre 1933 auf rund 1 300 im Jahre 1936 und umfaßte im Mai 1937 nur noch 361 Personen.[578] Zur Beseitigung der Arbeitslo-

---

572 *Verwaltungsbericht der Bezirksverwaltung Weißensee 1932–1935,* S. 9. Auf einem Formular des Betriebsrates des Bezirksamtes Weißensee war vorsorglich schon darauf hingewiesen worden, daß ein laut Betriebsrätegesetz bestehendes Einspruchsrecht der Gekündigten nach einem Gesetz der Reichsregierung nicht bestünde, wenn die Kündigung wegen *des Verdachts staatsfeindlicher Einstellung* erfolgt sei. LAB (StA), Rep. 48-08, Nr. 24.
573 Engeli/Ribbe, *Berlin in der NS-Zeit,* S. 940ff.; Hans-Norbert Burkert/Klaus Matußek/Wolfgang Wippermann, *»Machtergreifung«. Berlin 1933* (= Stätten der Geschichte Berlins, Bd. 2), Berlin [1983], S. 26ff.
574 *Verwaltungsbericht der Bezirksverwaltung Weißensee 1932–1935,* S. 27, 29. Zu den Veränderungen in den Verwaltungsressorts des Bezirks Weißensee vgl. den gesamten Verwaltungsbericht.
575 Der Leiter des »Zentralvereins« und Verwalter des Hohenschönhausener Heims Albreghs war zugleich Leiter der Ortsgruppe Gehörlose und Schwerhörige der NSDAP. LAB (StA), Rep. 48-08, Nr. 127. Ende 1943 sollen die 63 Bewohner sowie die Verwaltung auf behördliche Anordnung nach Dreibrück bei Nauen umgesiedelt worden sein. LAB (StA), Rep. 148/1, Nr. 16.
576 LAB (StA), Rep. 48-08, Nr. 127. Angemerkt sei, daß auf dem Friedhof der St.-Hedwig-Gemeinde in Hohenschönhausen eine nicht mehr genau feststellbare Zahl von Opfern des faschistischen Euthanasieprogramms bestattet worden ist. Vor allem im Jahre 1940 erfolgte die Überführung von Urnen aus Hartheim und Bernburg, beides »Tötungsanstalten« im Rahmen der Euthanasie-Aktion.
577 Abelshauser/Faust/Petzina, *Deutsche Sozialgeschichte,* S. 399f.; Materna, *Geschichte Berlins von den Anfängen bis 1945,* S. 672ff.
578 *Verwaltungsbericht der Bezirksverwaltung Weißensee 1932–1935,* S. 21; *Festschrift »700 Jahre Wei-*

Vorstadtsiedlung Hohenschönhausen zwischen Malchower Weg und Straße 142, Baubeginn 1936.

sigkeit trugen allerdings weniger die zentralen Arbeitsbeschaffungsprogramme und der Autobahnbau als vielmehr die beginnende Aufrüstung und später die Kriegsproduktion bei.[579]

Eine wichtige Funktion hatte zudem der nationalsozialistische Siedlungsbau. Viele der vorstädtischen Kleinsiedlungen in Berlin datieren hinsichtlich ihrer Entstehung in die Zeit von 1932 bis 1939.[580] In der ersten Hälfte der dreißiger Jahre entstanden auf Hohenschönhausener Territorium die Siedlungen am Gehrensee, nordöstlich von Malchow »Margaretenhöhe« und 1934 die Stadtrandsiedlung Hohenschönhausen, auch »Weiße Taube« genannt. Von 1934 bis 1939 wurde außerdem zwischen Malchow und Heinersdorf eine Siedlung vornehmlich für kinderreiche Familien zur Förderung eines »erbgesunden Nachwuchses« errichtet.[581] 1937 erfolgte zwischen Malchower Weg und Biesterfelder Straße der Bau der sogenannten Kriegsopfersiedlung für invalidisierte Teilnehmer des Ersten Weltkrieges.

In der zweiten Hälfte der dreißiger Jahre entstand am Südostufer des Malchower Sees die »Niles-Siedlung«. Nachdem die Deutschen Niles-Werke 1920 ihren Sitz von Schöneweide nach Weißensee verlegt hatten, war die Firma bestrebt, eine Stammbelegschaft von hochqualifizierten Arbeitern an den Betrieb zu binden. Sie gründete 1937 die Niles-Siedlungsgesellschaft mbH, eine der wenigen gemeinnützigen Wohnungsunternehmen von Industriegesellschaften in Berlin, und ließ eine Werksiedlung errichten. Diese war sowohl in der Nähe des Arbeitsortes als auch

ßensee«, S. 77.
579 Vgl. dazu Lotte Zumpe, *Die Entwicklung der Arbeitslosigkeit in Berlin 1932 bis 1935 und die Maßnahmen zu ihrer Verringerung (Vom »Papen-Plan« bis zum »Göring-Plan«)*, in: *Sonderband des Jahrbuchs für Wirtschaftsgeschichte*, Berlin 1986, S. 169ff.
580 Karin Grimme, *Nationalsozialistische Siedlungen in Berlin*, in: Dagmar Unverhau (Hrsg.), *Berlin in Geschichte und Gegenwart. Jahrbuch des Landesarchivs Berlin*, Berlin 1991, S. 147.
581 *Verwaltungsbericht der Bezirksverwaltung Weißensee 1932–1935*, S. 22, 35.

Teilansicht von Wartenberg; Aufnahme aus den dreißiger Jahren.

landschaftlich durchaus reizvoll gelegen. Die im Auftrag der Firma projektierten und gebauten Doppelhäuser boten jeweils zwei Familien Platz. Die Siedlung, die in Hufeisenform eigentlich bis Wartenberg reichen sollte, wurde bis 1938 jedoch nur zum Teil fertiggestellt, so daß heute lediglich die Hälfte der geplanten Häuser zur Siedlung gehört.[582]

In Wartenberg diente seit 1935/36 die Deutsche Landkraftmaschinen-Führer-Schule (Deulakraft) zur Ausbildung von Fachleuten für die Bedienung von Landmaschinen.

Das »Reichserbhofgesetz« vom September 1933 bildete mit dem Gesetz über den Reichsnährstand den wichtigsten Bestandteil der nationalsozialistischen Landwirtschaftspolitik. Mit seiner Hilfe sollte unter Berufung auf *alte deutsche Erbsitte das Bauerntum als Blutquelle des deutschen Volkes* erhalten bleiben. Als Nachweis deutschen oder stammesgleichen Blutes waren die Vorfahren bis zum Jahre 1800 aufzuführen. Die Bezeichnung »Bauer« durfte nur noch der Erbhofeigentümer führen, andere landwirtschaftliche Eigentümer sollten als »Landwirt« bezeichnet werden. Die wirtschaftlichen Bestimmungen des Gesetzes waren jedoch nicht nur von Vorteil, denn der Erbhof war unteilbar und unveräußerlich.[583] 1939 waren 21,5 Prozent der landwirtschaftlichen Betriebe Erbhöfe, die 38 Prozent der Nutzfläche einnahmen. Von den Betrieben mit einer Größe von 20 bis 100 Hektar waren etwa

---

582 Die Anlagen vor den Häusern mußten gleichförmig gestaltet werden um zu demonstrieren, daß es sich um eine »deutsche Siedlung« handelte. So durften keine Tannen gepflanzt und Zäune gesetzt werden, denn die Siedlung sollte licht und hell sein. In der Niles-Siedlung wohnte auch der NSDAP-Ortsgruppenleiter von Malchow Werner Petsch. Vgl. das Interview mit Elsa Fischer, in: Andreas Klingeberg/Lutz-Ronald Ryll, *Entstehung der Niles-Siedlung*, Belegarbeit, Humboldt-Universität zu Berlin, Sektion Geschichte, Berlin 1989.

583 Hilde Kammer/Elisabeth Bartsch, *Nationalsozialismus. Begriffe aus der Zeit der Gewaltherrschaft 1933–1945*, Reinbek bei Hamburg 1992, S. 59f.

Geschmückter Saal im Dorfkrug Falkenberg; Aufnahme nach 1933.

85 Prozent, von denen zwischen fünf und 20 Hektar rund 36 Prozent Erbhöfe.[584] Im Jahre 1937 gab es in Berlin 105 Erbhöfe, davon in Wartenberg elf, in Falkenberg vier und in Malchow acht. Der größte Wartenberger Erbhof verfügte über 180 Morgen, der kleinste über 33 Morgen Land.[585] In Hohenschönhausen gab es lediglich einen Erbhofbauern, der über 70 Morgen Land bewirtschaftete. Alle anderen hatten wie auch die Gemüsebauern in Malchow, Wartenberg und Falkenberg Pachtland auf den Rieselfeldern. Bis 1938 lieferten die Gemüsebauern ihre Ernteerträge auf den Berliner Großmärkten ab, und alljährlich feierten die Hohenschönhausener im Herbst ihr Erntedankfest.

Die nationalsozialistischen Feiertage spielten in der Propaganda des Dritten Reiches eine große Rolle, wobei man versuchte, auch kirchliche oder traditionelle Festtage umzudeuten und gleichzuschalten. So erklärte Hitler den seit 1890 begangenen Feiertag der internationalen Arbeiter am 1. Mai zum »Feiertag der nationalen Arbeit«. Mit der offiziellen Ehrung der Bauernschaft am Erntedanktag wurde deren politische und ideologische Integration angestrebt. Der Beeinflussung der Bevölkerung im nationalsozialistischen Sinne dienten zudem zahlreiche Freizeitveranstaltungen, so jene der NS-Kulturgemeinde »Kraft durch Freude« oder die 1935 veranstaltete »Kunstausstellung für Schule und Volk« in Weißensee. Seit 1933 richtete man mit Unterstützung der ortsansässigen Gärtnereibetriebe und Vereine das Weißenseer Blumenfest aus. Im Olympia-Jahr 1936 beteiligten sich auch Hohenschönhausener Wohnungsbaugesellschaften am Balkonwettbewerb der Reichshauptstadt. Die Sportplätze am Orankesee, in Hohenschönhausen und Wartenberg dienten neben dem Schulsport Veranstaltungen von NS-Sportorganisationen; auf

---

584 *Deutsche Geschichte in Daten*, hrsg. vom Institut für Geschichte der Deutschen Akademie der Wissenschaften zu Berlin, Berlin 1969, S. 704f.
585 *Berlin. Bezirk XVIII: Weißensee*, S. 23.

dem Sportplatz am Faulen See fand zudem eine Reihe von Großveranstaltungen statt.[586]

Selbstanpassung und enge Liierung mit dem Nationalsozialismus kennzeichneten auch das Verhalten von Teilen der Kirchen, auf deren Dächern nicht selten neben der Kirchen- die Hakenkreuzfahne wehte,[587] so auch auf der Taborkirche in Hohenschönhausen und der Malchower Dorfkirche. Das Gedankengut der 1932 gegründeten Vertretung der evangelischen Nationalsozialisten, der »Deutschen Christen«, fand nicht nur im Gemeindeblatt der Evangelischen Kirche Hohenschönhausen seinen Niederschlag.[588] Zugleich gab es innerhalb der Kirchen Verweigerung und Widerstand.[589] Aus dem »Pfarrernotbund« ging die »Bekennende Kirche« hervor, zu deren Weißenseer Gruppe die Pfarrer Ernst Berendt jr. und Emil Vogel[590] gehörten. Pfarrer der katholischen Kirche »Heilig Kreuz« wurden denunziert, weil sie sich gegen die Gleichschaltung der Gemeinde gewehrt oder sich seelsorgerisch um polnische Zwangsarbeiter gekümmert hatten.[591]

Zu den ersten Opfern des Nationalsozialismus zählten die Juden in Berlin. Berlin war das Zentrum des deutschen Judentums, und daher wirkte sich der Antisemitismus als ein Bestandteil der nationalsozialistischen Rassenideologie hier in besonderer Weise aus. In Hohenschönhausen waren erst seit der Jahrhundertwende Menschen jüdischen Glaubens ansässig. Im Jahre 1925 lebten im Ortsteil Weißensee 855 Juden, in Hohenschönhausen 64 (Wartenberg: 1).[592]

Nicht zahlenmäßig,[593] sondern durch ihre Leistungen in Wirtschaft, Wissenschaft und Kultur und insbesondere auf den Gebieten der Medizin, der Rechtspflege und des Finanzwesens prägten die jüdischen Einwohner das Bild Berlins. Von den in Berlin zugelassenen Rechtsanwälten waren 1933 etwa 73,5 Prozent jüdischer Abstammung.[594] 60 Prozent der Ärzte galten als »nichtarisch«.[595] Beim Aus-

586 *Verwaltungsbericht der Bezirksverwaltung Weißensee 1932–1935*, S. 25, 28f., 35.
587 Kiersch/Klaus/Kramer/Reichardt-Kiersch, *Berliner Alltag*, S. 21ff.
588 Vgl. unter anderem die *Gedanken zur Zeit* von Friedrich Hagen, Gemeindegruppenleiter der Deutschen Christen, in: *Evangelisch-kirchliches Gemeindeblatt Berlin-Hohenschönhausen* vom 1. August 1933 sowie Julius Kurth, *Dank und Gelübde. (Zum 30. Januar 1934.)*, in: *Evangelisch-kirchliches Gemeindeblatt* vom 1. Februar 1934. Auch der Malchower Pfarrer Anton Pöschel gehörte den Deutschen Christen an.
589 Gegen die Irrlehren der »Deutschen Christen«, die den »Arierparagraphen« auf ihren Bereich übertrugen, formierte sich im September 1933 der »Pfarrernotbund« mit Martin Niemöller an der Spitze, dem etwa ein Drittel aller Pfarrer angehörte. Engeli/Ribbe, *Berlin in der NS-Zeit*, S. 960ff.
590 *Widerstand aus christlich-humanistischer Verantwortung: Pfarrer Ernst Berendt jr.*, in: *Antifaschistischer Widerstand in Berlin-Weißensee*, S. 128f.; *Pfarrer Emil Vogel – Gerhard Burkardt, ein Mitglied seiner Gemeinde erinnert sich*, in: *Antifaschistischer Widerstand in Berlin-Weißensee*, S. 133f.
591 *Pfarrchronik der Gemeinde »Heilig Kreuz« in Berlin-Hohenschönhausen*.
592 Die Ausführungen zu den Juden in Hohenschönhausen basieren vor allem auf: *Juden in Weißensee. »Ich hatte einst ein schönes Vaterland«*, hrsg. vom Bezirksamt Weißensee von Berlin, Abt. Bildung, Kultur, Kulturamt und Stadtgeschichtliches Museum (= Stätten der Geschichte Berlins, Bd. 107), Berlin 1994, hier Christa Hübner, *Juden in Weißensee. Ein Überblick*, S. 29.
593 1933 gab es in Deutschland etwa eine halbe Million Juden, was weniger als ein Prozent aller Deutschen ausmachte. Etwa ein Drittel von ihnen lebte in Berlin; das entsprach rund vier Prozent der Bevölkerung. Gerd Sellenthin, *Geschichte der Juden in Berlin und des Gebäudes Fasanenstraße 79/80. Festschrift anläßlich der Einweihung des Jüdischen Gemeindehauses*, hrsg. vom Vorstand der Jüdischen Gemeinde zu Berlin, Berlin 1959, S. 74f.
594 Engeli/Ribbe, *Berlin in der NS-Zeit*, S. 955. Etwa seit 1910/11 war der Rechtsanwalt und Notar Hermann Leiser (Berliner Straße 108 und 118) wahrscheinlich der Hauptanwalt der Gemeinde Hohenschönhausen. Er verlegte sein Büro im Herbst 1933 in die Schönhauser Allee. Hübner, *Juden in Weißensee*, S. 85f.

Erntedankfest in Hohenschönhausen; Aufnahme nach 1933.

schluß der jüdischen Mediziner aus dem Gesundheitswesen wandten die Nationalsozialisten besonders abstoßende Methoden an, jedoch übertrafen die ärztlichen Standesorganisationen und geldgierige »Kollegen«, die sich auf diese Weise der unliebsamen jüdischen Konkurrenz entledigen wollten, *in ihrer antisemitischen Agitation selbst die nationalsozialistischen Propagandisten*.[596] Die jüdische Bevölkerung wurde nach 1933 systematisch diskriminiert, aus dem beruflichen und gesellschaftlichen Leben verdrängt und schließlich deportiert und vernichtet.[597] Von den rund 200 000 Juden, die Ende der zwanziger Jahre in Berlin wohnten,[598] lebten 1945 nur noch knapp 6 000.[599]

Die unterschiedliche Verteilung der jüdischen Bevölkerung in den Berliner Bezirken im Jahre 1933 hing mit deren beruflichen Tätigkeiten und dem damit verbundenen sozialen Status zusammen, der eine Bevorzugung bestimmter Wohnviertel bewirkte.[600] Die Juden in Berlin bildeten aber auch hinsichtlich ihrer reli-

---

595 Kiersch/Klaus/Kramer/Reichardt-Kiersch, *Berliner Alltag*, S. 81, 94. 1911/14 war Dr. Ludwig Cohn in Hohenschönhausen als Schul-, Armen- und Vertrauensarzt sowie als Leiter der Säuglingsfürsorgestelle tätig. Hübner, *Juden in Weißensee*, S. 76ff.
596 Burkert/Matußek/Wippermann, *»Machtergreifung«. Berlin 1933*, S. 117f.
597 Wolfgang Wippermann, *Steinerne Zeugen. Stätten der Judenverfolgung in Berlin*, Berlin 1982, S. 100ff.; Engeli/Ribbe, *Berlin in der NS-Zeit*, S. 952ff. Von 1933 bis 1945 wurden auf dem Jüdischen Friedhof in Weißensee 1 907 Menschen beigesetzt, die vor allem nach Beginn der Deportationen in den Freitod gegangen waren. Martin Riesenhuber, *Das Licht verlöschte nicht. Ein Zeugnis aus der Nacht des Faschismus. Predigten*, Berlin 1983, S. 32.
598 *Jüdisches Adreßbuch für Gross-Berlin*, Ausgabe 1929/30, Berlin [1930], Vorwort.
599 Wippermann, *Steinerne Zeugen*, S. 104.

giösen und politischen Überzeugung keine homogene Gruppe.[601] Die seit 1932 bestehende »Jüdische Gemeinschaft Hohenschönhausen« führte den Gottesdienst anfangs in Privatwohnungen durch – bei Nathan Festenberg in der Wriezener Straße 2/3, danach bei Max Bottstein in der Schöneicher Straße 130 und Eugen Lange in der Koskestraße 13/14. Im Dezember 1934 konnten im ersten Stock eines barackenähnlichen Hauses, das sich auf dem Hof Berliner Straße (heute Konrad-Wolf-Straße) 91 befand, ein Bet- und Gemeinschaftsraum und im Sommer 1935 das Gebäude als Synagoge eingeweiht werden. Die kantoralen Funktionen wurden ehrenamtlich von Alfons Weinstock wahrgenommen.[602] Der Anteil der Juden war 1933 im Bezirk Weißensee mit etwa 1,7 Prozent relativ niedrig.[603] Bei der Volkszählung im Juni 1933 wurden in Weißensee 1 366 Einwohner jüdischen Religionsbekenntnisses erfaßt. Nach 1933 waren auch sie von Entrechtung und Demütigung, Enteignung, Verfolgung und schließlich Vernichtung betroffen. Auf den Deportationslisten der Berliner Gestapo finden sich von 1941 bis 1944 über vierhundert Namen mit Weißenseer Adressen. Nur wenige Juden aus Weißensee überlebten den Holocaust. Im Jahre 1947 zählte die Jüdische Gemeinde zu Berlin in Weißensee noch 143 Mitglieder, darunter 27 in Hohenschönhausen und ein Mitglied in Wartenberg.[604]

Das Spektrum der Verhaltensweisen der Berliner zur Judenverfolgung war breit. Zum einen »blühte« die Denunziation – sowohl von Juden, als auch von »Judenfreunden«; private Firmen und Privatleute waren an der »Arisierung« und am offenen Raub jüdischen Eigentums beteiligt. Die Aktionen zur »Entmietung« von jüdischen Wohnungen und Häusern stießen bei vielen christlichen Mitbürgern durchaus auf Zustimmung.[605] In Hohenschönhausen wurde beispielsweise im Sommer 1940 die seit der Jahrhundertwende hier ansässige Transport- und Fahrzeugfabrik Witte & Frohloff in der Lüderitzstraße 1/3 »arisiert«.[606]

Im Unterschied zu anderen Städten verhielt sich die Mehrheit der Berliner bei Ausschreitungen gegenüber der jüdischen Bevölkerung jedoch eher passiv. Dies war aber – von Ausnahmen abgesehen – auch der Fall, als die Deportation der Juden begann.[607] Innerhalb der Berliner Bevölkerung waren es neben jüdischen Menschen und Widerstandsgruppen[608] vor allem Angehörige des Adels und der

---

600 Engeli/Ribbe, *Berlin in der NS-Zeit*, S. 953; Hübner, *Juden in Weißensee*, S. 56ff.
601 Wolfgang Wippermann, *Die Verfolgung der Juden in Berlin. Einige kritische und konzeptionelle Überlegungen über eine Geschichte der Berliner Juden in der NS-Zeit*, in: *Heinrich Grüber und die Folgen. Beiträge des Symposiums am 25. Juni 1991 in der Jesus-Kirche zu Berlin-Kaulsdorf* (= Hellersdorfer Heimathefte, Nr. 1), Berlin-Hellersdorf 1991, S. 12ff.; Zur Jüdischen Gemeinde Berlin vgl. *Jüdisches Adreßbuch*, S. 361ff., 380ff.
602 Synagogenweihe in Hohenschönhausen, in: *Gemeindeblatt für die Jüdischen Gemeinden Preußens. Verwaltungsblatt des Preußischen Landesverbandes jüdischer Gemeinden* vom 1. August 1935, S. 8f.; Bericht von Margarete Hirschkowitz in: *Gemeindeblatt der Jüdischen Gemeinde zu Berlin. Amtliches Organ des Gemeindevorstandes* vom 1. Dezember 1935, S. 9. Hübner, *Juden in Weißensee*, S. 92ff. Wie lange die Hohenschönhauser Synagoge bestanden hat, ist noch nicht bekannt. Die Kaufleute Alfons Weinstock und Hermann Hirschkowitz waren 1934 in der Goeckestraße 4 beziehungsweise in der Schöneicher Straße 11 wohnhaft.
603 Sellenthin, *Geschichte der Juden in Berlin*, S. 72.
604 Peter Glaß, *Deportationen aus Weißensee 1941 bis 1944*, in: *Juden in Weißensee*, S. 13ff.; Hübner, *Juden in Weißensee*, S. 35ff. Die Verfolgung der Berliner Juden in der NS-Zeit harrt insgesamt noch der Aufarbeitung. Vgl. Wippermann, *Die Verfolgung der Juden*, S. 10ff.
605 Wippermann, *Die Verfolgung der Juden*, S. 15; ders., *Steinerne Zeugen*, S. 59.
606 LAB (StA), Rep. 800, Nr. 181.
607 Wippermann, *Die Verfolgung der Juden*, S. 15.

Beamtenschaft sowie der sozialistischen Arbeiterschaft, die sich gegen die Judenverfolgung auflehnten. Hilfe für jüdische Mitbürger wurde oft als einzige Möglichkeit gesehen, gegen das NS-Regime zu opponieren.[609] Bei anderen siegte das menschliche Mitgefühl über die Angst vor Denunziation und um das eigene Leben. In Berlin wurden etwa 1 400 jüdische Männer, Frauen und Kinder von nichtjüdischen Menschen aus allen Schichten der Bevölkerung versteckt gehalten, darunter auch von evangelischen und katholischen Geistlichen.[610]

Unter den etwa 700 mutigen Berlinern, die untergetauchten Juden halfen,[611] war in Hohenschönhausen das Ehepaar Hedwig und Otto Schrödter, beide der SPD angehörend. In ihrem kleinen Haus in der Gartenstadt gewährten sie sechs jüdischen Menschen Unterschlupf.[612] Eine ähnliche mutige Tat wurde erst 1994 bekannt. Das Ehepaar Otto und Elsa Hildebrandt, das seit 1926 in der Quitzowstraße 51 eine Bäckerei betrieb, hielt etwa von 1940 bis 1945 im Keller des Hauses – hinter den Mehlsäcken – dreizehn jüdische Menschen versteckt. Nur wenige waren eingeweiht – so der evangelische Pfarrer Karl Langrock, der Arzt Dr. Heinz Ulrich Behrens, der geholt werden konnte, wenn jemand der »Untergetauchten« erkrankte, oder eine Nachbarin, die aus ihrem Fenster den Eingang zum Keller sehen und bei Gefahr warnen konnte. Eine der so geretteten Familien wanderte nach dem Krieg nach Israel aus. Dort soll zu Ehren der Hildebrandts ein Baum gepflanzt worden sein.[613] Ein anderes Ehepaar half rassisch Verfolgten dadurch, daß der Mann einen Jungen, dessen Vater Jude war, vor Gericht als seinen unehelichen Sohn ausgab.[614] Mitglieder der vorwiegend aus Arbeitersportlern und Kommunisten zusammengesetzten Weißenseer Widerstandsgruppe um Herbert Bogdan sowie Bürger, die mit der Gruppe in Verbindung standen, versteckten und betreuten im Bezirk Weißensee jüdische Menschen und wurden dafür der Vorbereitung zum Hochverrat und der »Judenbegünstigung« angeklagt.[615]

Ein bekannter und beliebter Arzt, der seit Anfang der dreißiger Jahre bis zum Berufsverbot für jüdische Ärzte 1938 in Hohenschönhausen (Bahnhofstraße 1; Berliner Straße 126) praktizierte, war Dr. Victor Aronstein. Nachdem er Wohnung und Praxis verloren hatte, konnte er in der Werneuchener Straße 3 noch einige

---

608 Wolfgang Wippermann, *Die Berliner Gruppe Baum und der jüdische Widerstand* (= Beiträge zum Thema Widerstand 19), Berlin 1981.
609 Helmut Eschwege (Hrsg.), *Kennzeichen J. Bilder, Dokumente, Berichte zur Geschichte der Verbrechen des Hitlerfaschismus an den deutschen Juden 1933–1945*, Berlin 1966, Frankfurt a.M. 1979, S. 332.
610 Riesenhuber, *Das Licht verlöschte nicht*, S. 20.
611 Kiersch/Klaus/Kramer/Reichardt-Kiersch, *Berliner Alltag*, S. 105f.
612 Das Haus befindet sich in der Straße 156, Nr. 12. Das Ehepaar Ursula und Kurt Reich mit seiner kleinen Tochter Monica sowie die Eheleute Eva und Robert Sachs überlebten auf diese Weise die NS-Zeit. Die Mutter von Frau Sachs, Johanna Hirsch, verstarb 1944 in dem Haus. Elke Erb, *Ein Siedlungshaus in Berlin-Hohenschönhausen*, in: *Gutachten. Poesie und Prosa*, Berlin-Weimar 1975, S. 82ff.; *Sie halfen Verfolgten zu überleben*, S. 98ff.
613 Es handelt sich wohl um die besondere israelische Ehrung, Bäume im Namen von »Gerechten« zu pflanzen. Vgl. Thomas Keneally, *Schindlers Liste*, München 1993, S. 341. Die Kenntnisse der Verfasserin beruhen auf einem Gespräch von Bärbel Ruben und Anke Huschner mit Edeltraut Hildebrandt, Tochter von Elsa und Otto Hildebrandt, und Brigitte Hennemuth, Pflegetochter des Ehepaars Hildebrandt, im Dezember 1994. Auch die Besitzer der Möbelfabrik Jesse in der Küstriner Straße 15/16 haben zwei Juden versteckt gehalten.
614 Else Eisenkolb-Großmann, *Die letzten Wochen des Faschismus – Erinnerungen an die Tage der Befreiung 1945*, in: *Der illegale Kampf der KPD*, S. 108.
615 Fritz Rossignol, *Aus den Erinnerungen des Genossen Herbert Bogdan über die illegale Arbeit in Weißensee*, in: *Der illegale Kampf der KPD*, S. 67.

Zeit ärztlich tätig sein. Dies war ihm wie die Aufrechterhaltung seiner eigenen Existenz nicht zuletzt aufgrund der moralischen und materiellen Unterstützung durch Hohenschönhausener Bürger möglich. Zum Patientenkreis Aronsteins gehörten auch Kommunisten und Sozialdemokraten, denen sein Wartezimmer als Treffpunkt diente und die auf seine Empfehlung hin Kontakte zu antinazistisch eingestellten Hohenschönhausener Geschäftsleuten knüpfen konnten.[616] Aronstein wurde rassisch und nicht politisch verfolgt, so daß die Motive für ein solches Verhalten wohl vor allem aus seiner humanistischen Grundhaltung und der eigenen Situation resultierten, in der er selbst auf Hilfe angewiesen war. Im Frühjahr 1939 zog Aronstein nach Charlottenburg,[617] wo er seit April 1940 noch als »Krankenbehandler« für Juden tätig sein durfte. Am 1. November 1941, seinem 45. Geburtstag, wurde er von der Gestapo abgeholt und in das Ghetto von Łodz (Litzmannstadt) deportiert.[618] Victor Aronstein kam in Auschwitz ums Leben, kurz vor dem Einschmarsch der Roten Armee.

Bereits vor Ausbruch des Zweiten Weltkrieges am 1. September 1939 spürte die Berliner Bevölkerung die drohende Gefahr.[619] Berlin war die europäische Stadt, die während des Zweiten Weltkrieges die meisten Luftalarme und -angriffe erlebte. Für die Zeit vom 1. September 1939 bis 21. April 1945 sind 389 Luftalarme und 143 Öffentliche Luftwarnungen oder Kleinalarme dokumentiert.[620] Hinzu kamen zahlreiche Alarme, die nur für Teilgebiete der Stadt ausgelöst wurden. In Hohenschönhausen führte der Schuhmachermeister Franz Gröpler als »Luftschutzwart« von 1941 bis 1945 das »Luftschutz-Wachbuch« der Evangelischen Kirche Hohenschönhausen, dessen Eintragungen am 17. April 1945 enden. Allein von Januar bis März 1945 sind darin 93 Alarme verzeichnet.[621] Die höchstgelegene Sirene im Bezirk Weißensee zur Bekanntgabe des Luftschutzsignals befand sich auf dem Wasserturm am Obersee. Die letzte Schadensmeldung der Luftschutzstelle Weißensee datiert auf den 18. April 1945.[622]

---

616 Nowak, *Politische Arbeit in Hohenschönhausen*, S. 42f.; *Dr. Victor Aronstein zum Gedenken. Aus der Rede Georg Kaufmanns zur Victor-Aronstein-Gedenkstunde am 12. Oktober 1958*, in: *Der illegale Kampf der KPD*, S. 99ff. Nach Berichten von Zeitzeugen haben selbst örtliche Nazi-Größen heimlich die Hilfe Aronsteins in Anspruch genommen.

617 Bevor Aronstein nach Charlottenburg zog, konnte er wahrscheinlich noch kurze Zeit bei der Familie Grocholewski, die eine Molkerei in der Sommerstraße besaß, und der Familie Ascher in der Lüderitzstraße unterkommen. Ruth Ascher und ihre beiden Töchter Tanja und Miriam wurden später in Auschwitz ermordet. Nowak, *Politische Arbeit in Hohenschönhausen*, S. 43; Zeitzeugen-Berichte auf Veranstaltungen des Heimatmuseums Hohenschönhausen im Oktober 1993 sowie im Frühjahr 1994. In der Werneuchener Straße 3 befindet sich eine Gedenktafel für Victor Aronstein. Schönfeld, *Gedenktafeln*, S. 190.

618 Aronsteins Sprechstundenhilfe Lotte Korn gab sich als seine Verlobte aus, um mit ihm »auf Transport« zu gehen, wo sich schon ihre Eltern befanden. Regina Rahmlow, *Victor Aronstein. Lebenslauf nach Dokumenten und mündlichen Aussagen*, unveröff. Manuskr. Eines der letzten Lebenszeichen von Aronstein ist ein Brief aus dem Ghetto Łodz vom August 1943 an Charlotte Nowak, der in Auszügen abgedruckt ist in: *Der illegale Kampf der KPD*, S. 102f.

619 Materna, *Geschichte Berlins von den Anfängen bis 1945*, S. 678. Auch der Hohenschönhausener Schustermeister Gröpler täuschte sich nicht mit seiner Vorahnung: *Das Leder wird knapp, es gibt Krieg* (Erinnerungsbericht, Heimatmuseum Berlin-Hohenschönhausen), denn Leder wurde unter anderem für Stiefel und Koppelzeug benötigt.

620 Laurenz Demps, *Die Luftangriffe auf Berlin. Ein dokumentarischer Bericht*, T. 1, in: *Jahrbuch des Märkischen Museums* 4 (1978), S. 30, 49ff.

621 *Luftschutz-Wachbuch der Evangelischen Kirche Hohenschönhausen*, Heft 1-3, Heimatmuseum Berlin-Hohenschönhausen.

622 LAB (StA), Rep. 48-08, Nr. 293.

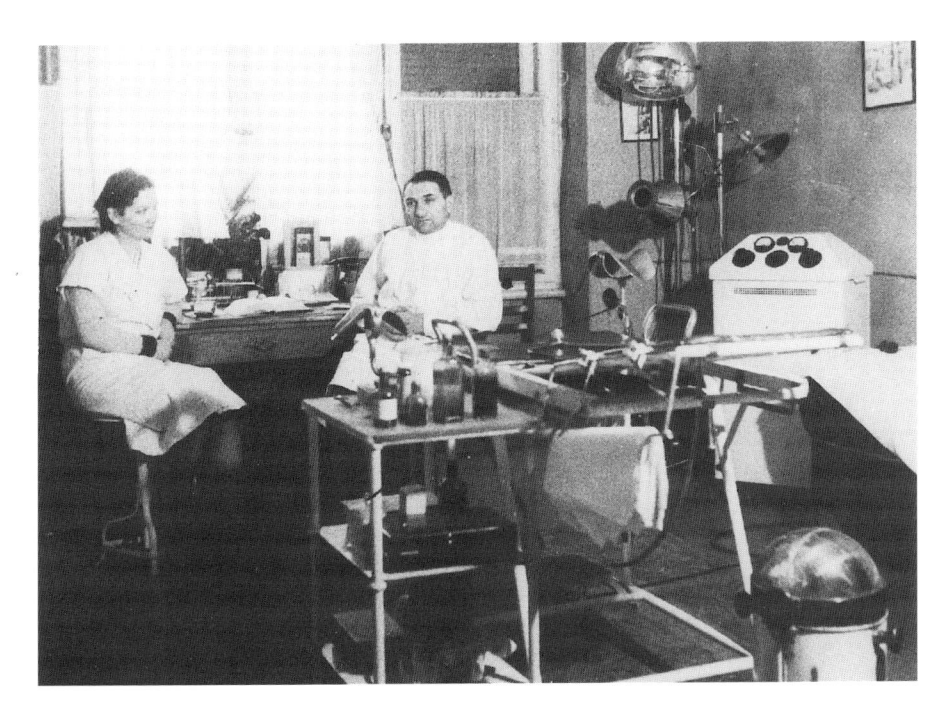

Dr. Victor Aronstein mit seiner Sprechstundenhilfe Lotte Korn in der Hohenschönhausener Praxis; Aufnahme aus den dreißiger Jahren.

Wenngleich Weißensee im Vergleich zu anderen, vor allem im Zentrum der Stadt gelegenen Bezirken durch den Luftkrieg nur relativ wenig Verluste an Menschen und Gebäuden zu beklagen hatte,[623] brachten die Angriffe auch den Ortsteilen Hohenschönhausen, Malchow, Wartenberg und Falkenberg Zerstörung und Tod, Leid und Elend. Berlin war auf die ersten heftigen Luftangriffe vom August 1940[624] völlig unzureichend vorbereitet. In aller Eile begann man, notdürftig Bunker und Keller als Luftschutzräume auszubauen, Kellerdurchbrüche als Fluchtwege anzulegen und in Grünanlagen Splitterschutzgräben auszuheben, aber all dies bot nur einen vermeintlichen Schutz.[625] Die furchtbarsten englischen und seit März 1944 auch amerikanischen Bombenangriffe erlebte Berlin vom November 1943 bis April 1945.[626] Die erste Bombe auf Hohenschönhausen soll am 16. Januar 1943 die Siedlung Gartenstadt getroffen haben. Die Meldungen der Luftschutzstelle Weißensee von Dezember 1943 bis April 1945 über Personen- und Sachschäden sind oft nur nüchterne Statistiken,[627] doch wieviel Leid verbarg sich dahinter, das Leben wievieler Menschen und ganzer Familien wurde durch die Bomben ausgelöscht. Beim Angriff vom 20. Januar 1944 wurde neben anderen das Wohnhaus Quitzowstraße 46 in Hohenschönhausen getroffen. In der Schadensmeldung heißt es dazu: *Sprengbombe in Wohnhaus. Trümmer brennen. 22 Vermißte, 3 Häuser total, 4 schwer, 6 mittel-*

---

623 Laurenz Demps, *Die Luftangriffe auf Berlin. Ein dokumentarischer Bericht*, T. 2, in: *Jahrbuch des Märkischen Museums* 8 (1982), S. 43f.
624 Zum Bombenkrieg gegen Berlin vgl. Engeli/Ribbe, *Berlin in der NS-Zeit*, S. 1009ff.
625 Demps, *Die Luftangriffe auf Berlin*, T. 1, S. 38.
626 Demps, *Die Luftangriffe auf Berlin*, T. 1, S. 43ff.
627 LAB (StA), Rep. 48-08, Nr. 293, 296.

schwer, 80 leicht beschädigt ... Und später wird ergänzt: *Bei den Aufräumungsarbeiten ... konnten anhand der geborgenen Knochenreste und Bekleidungsgegenstände die letzten Todesopfer ärztlich identifiziert werden.* Zu den Toten dieses Hauses, die als »gefallen« registriert wurden, gehörten zumeist Mütter mit kleinen Kindern und ältere Ehepaare.[628] Ausgebombte kamen nach Möglichkeit bei Verwandten und Bekannten oder in Notquartieren unter; in Schulen richtete man Sammelunterkünfte ein.[629] Die Bomben, die im Juni 1944 in der Nähe von Wartenberg fielen, sollten wahrscheinlich die bei Malchow gelegene Munitionsfabrik treffen. Mehrere Hohenschönhausener Betriebe, die in der Berliner und den umliegenden Straßen gelegen waren, wurden vor allem beim Angriff vom 18. März 1945 schwer beschädigt, darunter die Maschinenfabriken Heike, Groß & Graf und Max Uhlendorf, oder zerstört wie Teile des ASID-Seruminstituts, die Seifenfabrik Dr. med. Singer & Co. und das Tobis-Filmlager.[630]

Im Herbst 1944 waren im »Großdeutschen Reich« fast acht Millionen ausländische Zivilarbeiter, die überwiegend zwangsweise nach Deutschland verbracht worden waren, und Kriegsgefangene als Arbeitskräfte gemeldet. Sie kamen aus 26 Ländern, darunter allein 2,8 Millionen aus der Sowjetunion und 1,7 Millionen aus Polen, wobei über die Hälfte der zivilen Arbeitskräfte aus diesen beiden Ländern Frauen waren. Die Zahl der insgesamt während des Krieges nach Deutschland verbrachten ausländischen Arbeitskräfte dürfte bei etwa 9,5 Millionen gelegen haben. Nimmt man die rund 400 000 im Reichsgebiet eingesetzten KZ-Häftlinge hinzu, so entfielen auf diese drei »Kategorien« im September 1944 etwa 33 Prozent aller in der deutschen Wirtschaft Beschäftigten. Der Ausländeranteil war in der Landwirtschaft mit 46 Prozent besonders hoch; in Betrieben mit einem hohem Anteil von angelernten und Hilfsarbeitern bestand die Belegschaft gleichfalls teilweise bis zu 80 Prozent aus Ausländern.[631] Ebenso kamen ausländische Arbeitskräfte auf Kleinbauernhöfen und in Handwerksbetrieben, in Gaststätten und als Dienstmädchen in privaten Haushalten zum Einsatz, so auch in den Weißenseer Ortsteilen.

In der Berliner Industrie waren im Januar 1941 19 000, knapp fünf Monate später bereits 68 840 ausländische Arbeitskräfte tätig; Ende Juni 1944 waren es 381 500 ausländische Zwangs- und Fremdarbeiter. Der größte Teil von ihnen hauste in einem der 600 Lager, die sich in und um Berlin befanden. Zehntausende ließen ihr Leben aufgrund der schweren Arbeitsbedingungen, unzureichender Ernährung und fehlender medizinischer Betreuung, weil sie Mißhandlungen und Mord zum Opfer fielen oder bei Luftangriffen umkamen.[632] Auf dem St.-Hedwigs-Friedhof in der Konrad-Wolf-Straße in Hohenschönhausen erinnern Gedenksteine

---

628 LAB (StA), Rep. 48-08, Nr. 293.
629 Sammelunterkünfte befanden sich in den Schulen Hauptstraße 43, in der Roedernschule, der Malchower Schule sowie in der Landwirtschaftsschule (DeulaKraft) in Wartenberg. Wer Möbel gerettet hatte, konnte sie in dem von der Goecke-, Werneuchener-, Grosse Leege- und Strausberger Straße umgrenzten Häuserblock unterstellen. Nach 1945 wurden die Möbel jedoch von der Roten Armee zur Ausstattung ihrer Quartiere beschlagnahmt. LAB (StA), Rep. 148/1, Nr. 12.
630 LAB (StA), Rep. 48-08, Nr. 293. Im Hohenschönhausener »Luftschutz-Wachbuch« ist der Fliegerangriff vom 18. März 1945 als Großangriff auf Hohenschönhausen vermerkt.
631 Ulrich Herbert (Hrsg.), *Europa und der »Reichseinsatz«. Ausländische Zivilarbeiter, Kriegsgefangene und KZ-Häftlinge in Deutschland 1938–1945*, Essen 1991, S. 7f.
632 Materna, *Geschichte Berlins von den Anfängen bis 1945*, S. 698f.

an die dort in Sammelgräbern beigesetzten 1 647 sowjetischen und polnischen sowie 297 belgischen und holländischen Staatsangehörigen.[633] Besonders schlimm gestalteten sich die Arbeits- und Lebensbedingungen der sogenannten Ostarbeiter aus der Sowjetunion und Polen.[634] Bezogen auf die einzelnen Berliner Bezirke wies Weißensee im Januar 1944 zwar die geringste Zahl von ausländischen Zwangs- und Fremdarbeitern auf (2,8 Prozent), aber es waren dennoch 9 480 Menschen aus mehreren europäischen Ländern.[635] Die Frage nach Standort und Umfang der für die Zwangsarbeiter eingerichteten Wohnlager, nach Nationalität und Anzahl der ausländischen Arbeitskräfte und nach den Industriebetrieben, für die sie arbeiten mußten, kann für das Gebiet des heutigen Bezirks Hohenschönhausen noch nicht vollständig beantwortet werden.[636]

Bereits seit 1940 existierte in Wartenberg ein »Wohnlager für auswärtige Arbeiter der Reichshauptstadt«, das 1943 700 zivile Beschäftigte einschließlich »Ostarbeiter« sowie 600 Kriegsgefangene zählte, die für die Berliner Stadtverwaltung zum Einsatz kamen. In der Arnimstraße befand sich ein Wohnlager für italienische Militär-Internierte (Einsatzbetrieb: BVG), in dem sich gegen Kriegsende etwa 200 Personen befunden haben sollen.[637] Ebenfalls italienische sowie niederländische Zwangsarbeiter waren im DAF-Wohnlager in Malchow sowie im »Italienerlager« an der Malchower Chaussee untergebracht.[638] Ein weiteres für italienische Arbei-

---

633 Die auf dem Friedhof beigesetzten Fremd- und Zwangsarbeiter kamen aus verschiedenen Berliner Bezirken, nachweislich aus den Lagern Körnerstraße 15 (Pankow), Stallschreiberstraße 5/6 (Mitte), Wuhlheide und Blankenburg. Ursprünglich waren auf dem Friedhof auch Kriegsopfer aus anderen westeuropäischen Ländern beigesetzt worden. Nach dem Krieg erfolgte deren Überführung in ihre Heimatländer oder in den Westteil Berlins (Frohnau, Waldfriedhof Zehlendorf). Unterlagen der Zentralen Friedhofsverwaltung von St. Hedwig und St. Pius, Berlin-Hohenschönhausen.
634 Vgl. zur »Ostarbeiter«-Politik Ulrich Herbert, *Fremdarbeiter. Politik und Praxis des Ausländer-Einsatzes in der Kriegswirtschaft des Dritten Reiches*, Berlin-Bonn 1985, S. 137ff., 285ff.
635 Laurenz Demps, *Konzentrationslager in Berlin 1933 bis 1945*, in: *Jahrbuch des Märkischen Museums*, 3 (1977), S. 15; ders., Dokumentation zur Zahl der ausländischen Zwangs- und Fremdarbeiter in Berlin, in: *Berliner Geschichte. Dokumente, Beiträge, Informationen* (1986), H. 7, S. 24f.
636 Die Angaben zu den Wohnlagern stützen sich auf Laurenz Demps/Reinhard Hölzer, *Zwangsarbeiter und Zwangsarbeiterlager in der faschistischen Reichshauptstadt Berlin 1939–1945* (= Miniaturen zur Geschichte, Kultur und Denkmalpflege Berlins, Nr. 20/21), Berlin 1986, S. 140ff. Sie wurden ergänzt und korrigiert nach LAB (StA), Rep. 48-08, Nrr. 293 und 296 sowie aufgrund von Dokumenten im Heimatmuseum Berlin-Hohenschönhausen. Nicht immer eindeutig zu klären ist, ob es sich um den Wohn- oder Arbeitsort der Zwangsarbeiter handelte. Zudem waren in einem Lager nicht selten die Arbeitskräfte mehrerer Betriebe untergebracht.
637 Bei den von Demps/Hölzer, *Zwangsarbeiter*, S. 140 genannten Lagern Nr. 513 und 515 handelt es sich vermutlich um dasselbe Lager. Auf dem Gelände der Arnimstraße 5 befand sich seit Oktober 1943 eine Hilfsküche der NS-Volkswohlfahrt; die Errichtung des Gefangenenlagers muß danach erfolgt sein. Die beim Luftangriff vom 13. September 1944 im *Wohnlager (Italienerlager) in Berlin-Hohenschönhausen, Arnimstraße* [LAB (StA), Rep. 48-08, Nr. 293], getöteten Italiener wurden mit dem Vermerk »Berlin-Wartenberg-Lager« auf dem St.-Hedwigs-Friedhof beigesetzt. 1955 erfolgte die Überführung auf den Waldfriedhof in Berlin-Zehlendorf. Unterlagen der Zentralen Friedhofsverwaltung von St. Hedwig und St. Pius. Vgl. dazu auch Luigi Cajani, *Die italienischen Militär-Internierten im nationalsozialistischen Deutschland*, in: Herbert, *Fremdarbeiter*, S. 295ff.
638 Es kann sich um zwei verschiedene, aber auch um nur ein Lager handeln. Auf dem Grundstück des Malchower Chausseewärterhauses (Dorfstraße 24), das der Stadt Berlin gehörte, gab es bereits in den zwanziger Jahren Unterkunftsräume für Obdachlose. LAB (StA), Rep. 48-08, Nr. 205. Im *Deckungsgraben des »Italienerlags« an der Chaussee Berlin-Malchow* wurden die 52 Toten des Bombenangriffs vom 7. Mai 1944 geborgen. LAB (StA), Rep. 48-08, Nr. 293.

ter, die bei AEG tätig waren, lag in der Reichenberger Straße 34. Ein Lager für französische Arbeiter, die für die Knorr Bremse AG arbeiten mußten, befand sich in der Hohenschönhauser Straße 11; französische Arbeitskräfte waren außerdem in der Gaststätte »Storchnest« (Hauptstraße 9) in Hohenschönhausen eingesetzt. Polnische und niederländische Arbeiter, die im Lager Hoffstraße 4 untergebracht waren, mußten Zwangsarbeit für die Hohenschönhausener Abbruch- und Baufirma Richard Wählisch leisten. Des weiteren existierten Lager für sowjetische Arbeitskräfte in der Wriezener Straße 9/11 und in der Hohenschönhauser Straße 57/58. Auch auf dem Gelände des Holzbearbeitungsbetriebes Otto Schmidt in der Quitzowstraße 14/17 befand sich ein Wohnlager für sowjetische Zwangsarbeiter und -arbeiterinnen.[639] Wahrscheinlich gleichfalls sowjetische Arbeitskräfte waren vermutlich seit 1942 für die Deutschen Pyrotechnischen Fabriken Malchow im Einsatz. Die Maschinenfabrik Reiser (Werneuchener Straße 20) und die Keks- und Gebäckfabrik Heinzmann (Hohenschönhauser Straße 40/41) erhielten 1942 die Genehmigung für den Umbau der Räume der Gastwirtschaft Chlubke in der Hohenschönhauser Straße 58/59 zum Gefangenenlager. Auf dem Grundstück Küstriner Straße 58 errichtete die Büromöbel-Firma Ernst Dietz (Küstriner Straße 17) Wohnbaracken für ausländische Arbeiter.[640] Zwangsarbeiter aus Polen, Belgien und Frankreich waren außerdem bei den Gemüsebauern der Umgebung eingesetzt und untergebracht.[641]

Ein weiteres Ostarbeiterlager befand sich auf dem Grundstück der Maschinenfabrik Richard Heike in der Genslerstraße 66/68. Heike hatte seit Ende der zwanziger Jahre Gelände an andere Betriebe verpachtet und 1938 das Grundstück Genslerstraße 64, Ecke Lichtenauer Straße, an die NS-Volkswohlfahrt verkauft, die hier eine Großküche einrichtete. Die in diesem Lager untergebrachten sowjetischen und polnischen Zwangsarbeiter und -arbeiterinnen waren bei Heike, der Perleberger Impfstoffwerk GmbH, verschiedenen Betrieben der Firma ASID, darunter das ASID-Serum-Institut, und wohl auch in der Großküche eingesetzt. Heike war ebenso Rüstungsbetrieb wie die Firma ASID, bei der es sich um einen *Spezialbetrieb des Reichsministers für Bewaffnung und Munition* handelte.[642] Bereits im November 1940 hatte der Firmenchef Richard Heike der Baupolizei Weißensee Zeichnungen für den Ausbau eines Schuppens als Gefangenenlager auf dem Grundstück Genslerstraße 66 übersandt. Die Bauarbeiten sollten bis zum Ende des Monats abgeschlossen sein, weil wie er schrieb, *mir bis dahin 100 Gefangene als Facharbeiter zur Verfügung stehen*. Wohl um die Sache zu beschleunigen, fügte er Kopien der Schreiben vom »Rüstungskommando Berlin III« und vom Stammlager für die Gefangenen bei.[643] Die Zahl der »Ostarbeiter«, die 1942/43 für Heike sowie für die anderen auf

639 LAB (StA), Rep. 48-08, Nr. 293.
640 Materialsammlung zur Ausstellung »Als die Befreier kamen. Hohenschönhausen vor 50 Jahren«, Mai 1995. Möglicherweise sind die von der Firma Dietz errichteten Baracken identisch mit dem bei Demps/Hölzer, *Zwangsarbeiter*, S. 142 genannten Lager in der Küstriner Straße 56/58 für polnische Zwangsarbeiter. Demps/Hölzer erwähnen ein Ausländerlager Reiser für sowjetische Zwangsarbeiter in der Werneuchener Straße. Dort war der Firmensitz. Für das Lager in der Hohenschönhauser Straße 58/59 waren französische Arbeiter vorgesehen.
641 LAB (StA), Rep. 48-08, Nr. 293; *Sie halfen Verfolgten zu überleben*, S. 101.
642 Schreiben der Firma ASID an die Firma Heike vom 16. März 1943, Heimatmuseum Berlin-Hohenschönhausen.
643 Schreiben der Firma Heike an die Baupolizei Berlin-Weißensee vom 4. November 1940, Heimatmuseum Berlin-Hohenschönhausen.

diesem Gelände gelegenen Betriebe tätig waren, ging deutlich darüber hinaus. Zugleich werden die katastrophalen Arbeits- und Lebensbedingungen der Zwangsarbeiter deutlich, wenn Heike die Baupolizei darauf hinwies, daß hier *jetzt Russen und Polen in größerer Anzahl arbeiten oder hausen*.[644] Das Perleberger Impfstoffwerk habe viele Ostarbeiterinnen beschäftigt, für die aber keine geeigneten Toiletten vorhanden seien. Und weiter heißt es: *Die eigene Erfahrung, die ich mit ausländischen Gefangenen gemacht habe, veranlaßt mich, vorsorglich auf die Möglichkeit hinzuweisen, … daß Krankheit, Seuchen etc. … (eintreten könnten), wenn nicht die allergrößte Sauberkeit in deren Beherbergung vorgesehen ist.*[645]

In Hohenschönhausen existierte ferner ein Außenobjekt des »Arbeitserziehungslagers« Wuhlheide, des ersten Lagers dieser Art in Berlin, welches zudem von Anbeginn durch die Gestapo betrieben wurde.[646] Die Häftlinge, zu denen neben deutschen Zwangsarbeitern vor allem »Ostarbeiter« zählten, wurden vorrangig auf Baustellen der Reichsbahn eingesetzt. Nicht nur die Lebensbedingungen im Lager Wuhlheide waren furchtbar, sondern auch die Arbeitsbedingungen vor Ort.[647] Das etwa fünfzig Mann umfassende Arbeitskommando in Hohenschönhausen mußte das brachliegende Gelände an der Industriebahn (heute Goeckestraße 40/42) planieren, das als Sammelplatz für militärisches Beutegut dienen sollte. Die Bedingungen, unter denen die Häftlinge arbeiten mußten, und ebenso ihre Mißhandlungen waren anfangs für die Bevölkerung durchaus sichtbar, aber nur wenige versuchten, den Gefangenen zu helfen.[648] Eine Inspektion von Berliner Ostarbeiterlagern im Sommer 1943 offenbarte, daß katastrophale Ernährung und Unterbringung, Krankheit, vor allem Tuberkulose als größte Geißel der Lager, rohe Behandlung und furchtbare Mißhandlungen durch das Wachpersonal an der Tagesordnung waren.[649]

Insbesondere seit den Bombenangriffen und dem Gefühl der drohenden Niederlage radikalisierte sich das Verhalten mancher Deutscher, die nunmehr nicht selten ihre Wut und Erbitterung an den ausländischen Arbeitskräften ausließen.[650] Den meisten jedoch war das Schicksal der Ausländer aufgrund der eigenen elenden Situation völlig gleichgültig. Die Ausländer gehörten zum Kriegsalltag,[651] und die Diskriminierung der »Ostarbeiter« wurde ebenso hingenommen wie die zahlreichen halbverhungerten Menschen, die tagtäglich durch die Straßen in die Fabriken marschierten. Aber gerade dadurch konnte der nationalsozialistische Ausländereinsatz »funktionieren«, wie Ulrich Herbert schreibt, *die Praktizierung des Rassismus (wurde) zur täglichen Gewohnheit, zum Alltag …, ohne daß sich der einzelne daran in Form aktiver Diskriminierung oder Unterdrückung beteiligen mußte*.[652] Die Haltung der deut-

644 Schreiben der Firma Heike an die Baupolizei Weißensee vom 21. August 1942, Heimatmuseum Berlin-Hohenschönhausen.
645 Schreiben der Firma Heike an die Baupolizei Weißensee vom 8. September 1942, Heimatmuseum Berlin-Hohenschönhausen.
646 Wolfgang Wippermann, *Nationalsozialistische Zwangslager in Berlin II. Das »Arbeitserziehungslager« Wuhlheide*, in: Wolfgang Ribbe (Hrsg.), *Berlin-Forschungen II*, Berlin 1987, S. 179ff.
647 Wippermann, *Nationalsozialistische Zwangslager*, S. 186.
648 Erich Jamin, *Das Außenobjekt des Gestapo-Lagers Wuhlheide in Hohenschönhausen*, in: *Der illegale Kampf der KPD*, S. 59.
649 Herbert, *Fremdarbeiter*, S. 293f.
650 Ende 1946 verurteilte ein sowjetisches Gericht einen Hohenschönhausener Einwohner, der gestanden hatte, ausländische Arbeiter geschlagen zu haben. LAB (StA), Rep. 148/1, Nr. 8.
651 Herbert, *Fremdarbeiter*, S. 11f.
652 Herbert, *Fremdarbeiter*, S. 358.

schen Bevölkerung gegenüber den ausländischen Arbeitskräften differierte durchaus. Bei der nach 1945 erfolgenden Entnazifizierung wurde auch in Hohenschönhausen einigen Betriebsleitern oder deren Angestellten die anständige Behandlung ausländischer Arbeitskräfte zugute gehalten. Vor allem in der Landwirtschaft und hier insbesondere in bäuerlichen Betrieben war die rassistische Fremdarbeiterpolitik des NS-Regimes teilweise auf erhebliche Probleme und Widerstände gestoßen. Das hing mit den Spezifika landwirtschaftlicher Produktion, die eine gute Zusammenarbeit mit den Fremdarbeitern nötig machten, ebenso zusammen, wie mit tradierten Verhaltensweisen vornehmlich der bäuerlichen Bevölkerung gegenüber ihrem Gesinde. Der Sicherheitsdienst der SS vermeldete bereits Ende 1939 ein besonders auf dem Lande vorherrschendes allzu freundliches Verhalten gegenüber den polnischen Kriegsgefangenen, was zudem noch die Unterstützung vieler katholischer Geistlicher fände. Entsprechend verstärkte sich der politische und polizeiliche Druck auf die ländliche Bevölkerung. 1944 mußte die NSDAP-Parteikanzlei dennoch resümierend feststellen, daß sich Formen des Zusammenlebens zwischen deutscher und »fremdvölkischer« Bevölkerung herausgebildet hätten, die volkspolitisch und rassisch eine Gefahr darstellen würden. Das Verhalten der deutschen Bevölkerung ließe völkische Würde und Zurückhaltung vermissen und sei oft von falschem Mitleid und Gutmütigkeit bestimmt. Es wurden daher verschärfte Kontrollmaßnahmen durch NSDAP-Mitglieder angeordnet.[653]

Die Gestapo warf dem Pfarrer der katholischen Gemeinde »Heilig Kreuz«, Georg Klemt vor, *sich trotz Verbotes um die bei Gemüsebauern in Hohenschönhausen arbeitenden Angehörigen des polnischen Volkstums seelsorgerisch bemüht zu haben, ja sogar ein über die religiösen Belange hinausgehendes Interesse an diesen Nationalpolen gezeigt zu haben.*[654] Das Ehepaar Hirscher half sowjetischen Zwangsarbeitern mit Nahrung und Kleidung,[655] gleiches taten Anwohner für die Gefangenen der Außenstelle des Gestapo-Lagers Wuhlheide an der Industriebahn[656] und für die sowjetischen Zwangsarbeiter des Holzwerkes in der Quitzowstraße.[657] Trotz Unterschieden im individuellen Verhalten der deutschen Bevölkerung gegenüber den ausländischen Arbeitskräften in Landwirtschaft und Industrie sowie in einzelnen Betrieben wurde im wesentlichen jedoch eine nationale und »rassische« Ungleichheit stillschweigend vorausgesetzt.[658]

Berlin als Hauptstadt des »Dritten Reiches« war von Anbeginn ein Zentrum des Widerstandes gegen den Nationalsozialismus, wenngleich nur eine Minderheit der Deutschen und der Berliner aktiven Widerstand leistete. Zu ihnen zählten auch im Bezirk Weißensee in erster Linie Kommunisten, Sozialdemokraten, Gewerkschafter und Arbeitersportler, die schon vor 1933 politisch organisiert waren.[659] Gegen sie vor allem richteten sich Terror und Verfolgung, sie zahlten während der

---

653 Joachim Lehmann, *Zwangsarbeiter in der deutschen Landwirtschaft 1939 bis 1945*, in: Herbert, *Europa*, S. 129ff.
654 Nach mehrmaliger Vernehmung und Androhung schärfster staatspolizeilicher Maßnahmen bei Nichtbeachtung der bestehenden Verbote ließ sich Klemt im März 1943 versetzen. *Pfarrchronik der Gemeinde »Heilig Kreuz« in Berlin-Hohenschönhausen.*
655 *Margarete und Wilhelm Hirscher*, in: *Antifaschistischer Widerstand in Berlin-Weißensee*, S. 74ff.
656 Jamin, *Das Außenobjekt des Gestapo-Lagers Wuhlheide*, S. 59.
657 Eisenkolb-Großmann, *Die letzten Wochen*, S. 108.
658 Herbert, *Fremdarbeiter*, S. 358.
659 Zum Kampf der KPD 1933 bis 1945 in Hohenschönhausen vgl. insbes. die Beiträge in *Der illegale Kampf der KPD*, S. 29ff., 42ff., 47ff., 52ff. sowie *Margarete und Wilhelm Hirscher*, S. 73f.

Vorder- und Rückseite der 1936 in Hohenschönhausen geprägten »Groschenstücke« mit antifaschistischen Losungen.

NS-Zeit den höchsten Blutzoll. Vor dem Berliner Kammergericht fanden 1936/37 vier Prozesse gegen fast fünfzig KPD-Mitglieder aus Weißensee und Hohenschönhausen statt, die unter anderem wegen der Herausgabe der Zeitung des KPD-Unterbezirks Weißensee »Der Antifaschist« angeklagt und verurteilt wurden. Eine spektakuläre Aktion war 1936 in Hohenschönhausen die Herstellung und Verteilung von Medaillen mit antifaschistischen Losungen. Bereits 1935 waren 5 000 solcher »Groschenstücke« über illegale Widerstandsgruppen in den KPD-Unterbezirken Prenzlauer Berg und Weißensee vertrieben worden. Die Staatsanwaltschaft sah in diesen Münzen ein *staatsgefährdendes Propagandamittel*, weil sie leicht zu verstecken seien und somit in *breite unterirdische Kanäle* gelangen könnten. Die Hohenschönhausener »Groschenstücke«[660] wurden 1936 im Keller des Hauses Manetstraße 70 (früher Treskowstraße 68) geprägt und zum Teil in Berliner Großbetrieben verteilt. Die übrigen etwa 600 Münzen konnten verkauft werden; der Erlös kam den Frauen Inhaftierter zugute und wurde für den Spanischen Bürgerkrieg gespendet.[661]

Das Spektrum derer, die sich auf unterschiedliche Weise aktiv gegen das Hitler-Regime auflehnten und dafür nicht selten ihr Leben riskierten, umfaßte Menschen aus unterschiedlichen sozialen Schichten und Berufen, mit verschiedenen weltanschaulichen und politischen Positionen und Motiven für den Widerstand gegen den Nationalsozialismus. Dazu gehörten neben Kommunisten, Sozialdemokraten und Bürgerlich-Liberalen ebenso konservativ-nationale und militärische Kreise sowie Vertreter der beiden großen christlichen Konfessionen und Juden.

---

660 Auf der Vorderseite waren das KPD-Symbol – ein fünfzackiger Stern mit Hammer und Sichel – sowie die Umschrift *Kommunismus–Frieden–Fortschritt–Brot*, auf der Rückseite ein Hakenkreuz, auf dessen Balken jeweils die Worte LÜGE, ELEND, KRIEG und U: TOT standen, abgebildet.
661 *Margarete und Wilhelm Hirscher*, S. 72f.; Hans Maur, *Antifaschistische Agitationsmedaillen in Berlin*, in: *Beiträge zur Geschichte der Berliner Arbeiterbewegung* (1979), H. 10, S. 136ff.

Der Bezirk nach 1945

Die Ortsteile Hohenschönhausen, Wartenberg, Malchow und Falkenberg in der Nachkriegszeit[662]

Noch am 10. April 1945 war in Wartenberg auf einem Transparent zu lesen: *Rot Mob steht vor der Tür, drum schippen wir!* Zwischen dem Gehöft des Bauern Schulze und der Post mußten Zwangsarbeiter Panzergräben ausheben. Am Morgen des 21. April 1945 wurde die mittelalterliche Dorfkirche von Wartenberg auf Befehl eines Offiziers der Waffen-SS durch Wehrmachtsangehörige gesprengt, um nicht als Orientierungspunkt für die Rote Armee dienen zu können. Die Kirchen von Falkenberg und Malchow ereilte das gleiche Schicksal. Die katholische Kirche St. Konrad an der Ahrensfelder Chaussee sollte auch gesprengt werden, blieb aber verschont.[663] Am selben Tag um 10.30 Uhr erreichten sowjetische Aufklärer der 219. Panzerbrigade des 1. Mechanisierten Korps der 5. Stoßarmee Wartenberg und hißten auf einem Bunker am Dorfrand eine rote Fahne, bevor sie weiter Richtung Innenstadt rollten.[664]

Die Einwohner Malchows konnten die während der nächtlichen Luftangriffe aufgesuchten Bunker und Schutzräume nicht mehr verlassen. *Die Erkenntnis über die wahre Lage der Bevölkerung wurde unter anderem durch Äußerungen zurückflutender Soldaten und Volkssturmmänner, hilfloses Fragen von deutschen Offizieren nach der Art und Wirkung ihrer zum Abschuß gebrachten Granatwerfer und Sprengung des jahrhundertealten Kirchturms in Malchow zuteil.*[665] Noch in den letzten Stunden des Krieges versuchten Angehörige des Volkssturms, alle männlichen Einwohner Hohenschönhausens für die »Verteidigung« Berlins zu mobilisieren. In einigen Fällen gelang es jedoch beherzten Bürgern, Soldaten und Volkssturmleute zur Abgabe ihrer Waffen und Uniformen zu bewegen.[666] Die zwiespältige Stimmung unter Teilen der Bevölkerung in den letzten Kriegstagen zeigte sich nicht zuletzt darin, daß in einigen Häusern abwechselnd ein weißes Tuch und die Hakenkreuzfahne aus den Fenstern gehängt wurde.[667] In den Abendstunden des 21. April erreichten die sowjetischen Truppen Hohenschönhausen. Wie in den anderen Ortsteilen wurden Schnellfeuergeschütze in Stellung gebracht, und es begann der Artilleriebeschuß auf das Zentrum Berlins.

Für die Bewohner von Weißensee endete der Krieg am 22. April und damit eher als in den anderen Bezirken der Stadt. Aber bis in die letzten Stunden des Krieges ließen noch Tausende deutsche und sowjetische Soldaten ihr Leben, darunter auch in den Kämpfen um Hohenschönhausen, Malchow, Wartenberg und Falkenberg.

---

662 Vgl. dazu auch die Ausstellung des Heimatmuseums »Als die Befreier kamen. Hohenschönhausen vor 50 Jahren« (Mai–Dezember 1995) und begleitende Publikationen.
663 *Aus dem Tagebuch von Liesel Jacoby*, in: *Junge Welt* vom 6. Mai 1983; *Chronik der Katholischen Pfarrkirche St. Konrad in Berlin-Hohenschönhausen.*
664 Das Hissen der Fahne wurde von Viktor Tjomin, Militärfotokorrespondent der »Prawda«, auf einem Foto festgehalten, das am 30. April 1982 in der Zeitung erschien. *Antifaschistischer Widerstand in Berlin-Weißensee*, S. 158f. Vgl. zu den Kämpfen der letzten Kriegstage im Nordosten Berlins auch *Kleine Chronik*, S. 69ff.
665 LAB (StA), Rep. 148/1, Nr. 218. Vgl. auch das Interview mit Elsa Fischer, S. 12f. in: Klingeberg/Ryll, *Entstehung der Niles-Siedlung*.
666 Eisenkolb-Großmann, *Die letzten Wochen*, S. 110ff.
667 Fritz Rossignol, *Unsere Arbeit im Wohnbereich der Strausberger Straße 12 a-k in Hohenschönhausen*, in: *Der illegale Kampf der KPD*, S. 51.

Sowjetische Aufklärer der 219. Panzerbrigade des 1. Mechanisierten Korps der 5. Stoßarmee hissen am 21. April 1945 um 10.30 Uhr auf einem Bunker am Dorfrand von Wartenberg eine rote Fahne.

Deutsche Kriegsgefangene 1945 in der Wartenberger Straße in Hohenschönhausen.

Unter der Zivilbevölkerung forderte der Krieg gleichfalls bis zuletzt viele Opfer, die bei den Luftangriffen und dem Artilleriebeschuß umkamen oder auch in blindem Fanatismus, aber ebenso aus Furcht vor »den Russen« und dem, was nun kommen mochte, ihrem Leben selbst ein Ende setzten.[668]

Nach der Bekanntmachung des tags zuvor vom sowjetischen Oberkommandierenden, Marschall G. K. Shukow, erlassenen Befehls zur Bildung von Ortsverwaltungen durch die Militärkommandanten der besetzten Städte und Bezirke meldeten sich am 23. April 1945 mehrere Weißenseer KPD-Mitglieder beim Kommandanten des Bezirks, Oberstleutnant Jakowlew. Dieser führte am 24. April eine erste Besprechung mit rund zwanzig Weißenseer Antifaschisten durch, in der es um die

668 LAB (StA), Rep. 148/1, Nr. 147.

Schaffung einer arbeitsfähigen Ortsverwaltung und die Versorgung der Bevölkerung ging. Als Bürgermeister wurde Jacob Kaszewski (KPD) eingesetzt. Die Weißenseer Bezirksverwaltung tagte erstmalig am 2. Mai. Der sowjetische Kommandant bestätigte nun als Bürgermeister Max Knappe (SPD) und als seine Stellvertreter Paul Becker (KPD) und Heinrich Leß (parteilos).[669]

Die Ortsteile des Bezirks Weißensee hatten zumindest zeitweilig eigene sowjetische Kommandanten: Kapitän Nossov in Malchow (Juli 1945), Major Pirtschenkov in Falkenberg (1945) sowie Major Salikov in Hohenschönhausen (November 1945 bis März 1946).[670] Die Kommandantur von Hohenschönhausen befand sich in der Hauptstraße 7. In den Ortsteilen existierten zudem bis 1946/47 der Bezirksverwaltung nachgeordnete Ortsamtsstellen.[671] In Malchow war Fritz Jarszinski beauftragt worden, die politische Leitung der KPD-Ortsgruppe zu übernehmen; gleichzeitig war er als erster Leiter der Ortsamtsstelle zusammen mit dem ebenfalls der KPD angehörenden Harry Zeuge für den Wiederaufbau in Malchow verantwortlich. Bereits im Mai/Juni 1945 hatten sich Malchower Kommunisten, Sozialdemokraten, Christen sowie einige wenige Landwirte zu einem »Block der Antifaschisten« zusammengeschlossen.[672] In Wartenberg war am 26. April 1945 der Rentner Robert Wiener, ein ehemaliger Landarbeiter und Mitglied der KPD, vom sowjetischen Kommandanten zum Bürgermeister ernannt worden;[673] im Oktober 1945 übte H. Walter diese Funktion aus. Als Ortsbürgermeister von Falkenberg fungierten 1945 Willi Kremp und Magda Rosenberger.[674] Am 14. Mai 1945 wurde Harry Großmann (KPD) als Bürgermeister von Hohenschönhausen eingesetzt.[675] Als sein Stellertreter war kurze Zeit Gustav Praefke, dann Emil Bolatzky (SPD)

---

669 *Chronik der Kreisparteiorganisation Berlin-Weißensee der SED. April 1945 bis Oktober 1949*, Berlin-Weißensee 1988, S. 4f., 8. Kaszewski leitete das Amt für Volksbildung, Waldemar Häser (KPD) das für Gesundheitswesen. LAB (StA), Rep. 148/1, Nr. 218. Vgl. zur Bildung der Bezirksverwaltungen Harold Hurwitz, *Zwangsvereinigung und Widerstand der Sozialdemokraten in der Sowjetischen Besatzungszone und Berlin*, Köln 1990, S. 85f.; Wolfgang Leonhard, *Die Revolution entläßt ihre Kinder*, Leipzig 1990, S. 403ff.
670 LAB (StA), Rep. 148/1, Nr. 12, 15, 17; Rep. 148/4, Nr. 18. Die Namen des ersten Hohenschönhauser sowie des Wartenberger Kommandanten konnten nicht ermittelt werden. Im November 1945 wurde als neuer Hohenschönhauser Kommandant Major Salikov ernannt. Die Kommandanturen Wartenberg und Falkenberg wurden im März 1946 als aufgelöst gemeldet und beide Ortsteile von Malchow weiter betreut. LAB (StA), Rep. 148/1, Nr. 6. Die Malchower Kommandantur wurde kurz darauf gleichfalls aufgelöst und ihr Aufgabenbereich von Weißensee übernommen.
671 Die Ortsamtsstellenleiter nahmen die Funktionen eines »Ortsbürgermeisters« wahr. Infolge der Verlegung der sowjetischen Ortskommandanturen wurden die Ortsamtsstellen Malchow am 1. August und Wartenberg am 1. September 1946, die von Falkenberg wohl schon vorher aufgelöst. Die Betreuung der Hausobleute erfolgte nunmehr durch die Bezirksstellen in Malchow sowie in Wartenberg, die zugleich für die Falkenberger Angelegenheiten zuständig war. Die Ortsamtsstelle Hohenschönhausen wurde mit Wirkung vom 1. April 1947 aufgelöst. LAB (StA), Rep. 148/4, Nr. 19.
672 LAB (StA), Rep. 148/1, Nr. 15, 25. Vgl. zu den »antifaschistischen Einheitskomitees« Leonhard, *Die Revolution*, S. 432ff., 460.
673 *Aus dem Tagebuch von Liesel Jacoby. Ein Ständchen für Liesel. Maifeier vor 35 Jahren*, in: *Neue Berliner Illustrierte*, (1980), Nr. 19.
674 LAB (StA), Rep. 148/1, Nr. 17, Rep. 148, Nr. 08.
675 Bereits am 2. Mai war vom Hohenschönhauser Kommandanten Walter Krostewitz als Bürgermeister eingesetzt worden, bei dem es sich jedoch um einen *bekannten Nationalsozialisten* gehandelt haben soll. LAB (StA), Rep. 148, Nr. 04. Vgl. zu dieser Problematik auch Leonhard, *Die Revolution*, S. 403f.

Vor der sowjetischen Ortskommandantur Hohenschönhausen in der Hauptstraße 7. Neben dem Kommandanten Gustav Praefke, davor (mit Hut) Harry Großmann, Bürgermeister von Hohenschönhausen. Aufnahme vom Mai 1945.

tätig, der ab Oktober 1945[676] die Ortsamtsstelle bis zu ihrer Auflösung leitete. Die Ortsverwaltung von Hohenschönhausen umfaßte analog zur Bezirksverwaltung mehrere Dezernate. Unter den Mitarbeitern des Quartier-, des Arbeits-, des Ernährungs- und des Kulturamtes dominierten Mitglieder der KPD, wobei im Ernährungsamt auch zahlreiche SPD-Mitglieder tätig waren.[677] Sie alle leisteten eine aufopferungsvolle Arbeit, um gemeinsam mit der sowjetischen Kommandantur und den hier wohnenden Menschen das Leben in Hohenschönhausen und Umgebung wieder zu normalisieren. Einen besonderen Anteil am Wiederaufbau hatten notgedrungen die Frauen. Viele hatten ihre Männer verloren oder in Kriegsgefangenschaft und mußten oftmals völlig auf sich allein gestellt ihre Kinder beziehungsweise die Familie durchbringen.

Anwesende Bevölkerung (August 1945) und Wohnbevölkerung (Oktober 1946) in den Ortsteilen[678]

Ortsteil	August 1945		Oktober 1946	
	männlich	weiblich	männlich	weiblich
Malchow	1 367	2 046	1 786	2 182
Wartenberg	652	1 001	761	1 009
Hohenschönhausen	7 832	12 640	9 544	13 225
Falkenberg	319	492	385	512

Es gab weder Strom noch Gas, Krankheiten wie Typhus, Ruhr und zunehmend Geschlechtskrankheiten grassierten, die Menschen litten Hunger, Flüchtlinge und elternlose Kinder irrten umher. Zu den dringlichsten Aufgaben gehörte daher die Sicherung der Lebensmittelversorgung und die Verhinderung von Plünderungen, die Räumung der Straßen von Schutt, Trümmern, Tierkadavern und Panzersperren, die Seuchenbekämpfung und die Bestattung der Toten. Allein auf Weißenseer Territorium mußten acht Kilometer Panzergräben und 2 500 Meter Laufgräben eingeebnet, 450 Bombentrichter zugeschüttet und 6 500 Meter Splitterschutzgräben sowie Flakstellungen auf den Rieselfeldern beseitigt werden.[679] Für die Aufräumungs- und Planierungsarbeiten wurden vor allem ehemalige NSDAP-Mitglieder

---

676 Im Oktober 1945 waren Großmann und weitere Mitarbeiter der Ortsamtsstelle vom Dienst suspendiert worden. LAB (StA), Rep. 148/1, Nr. 16. Was der Anlaß dafür war, ist nicht bekannt. Vgl. auch die Ausführungen im Abschnitt Gründung der »Einheitspartei« und Wahlen 1946.
677 LAB (StA), Rep. 148/4, Nr. 4.
678 *Berlin in Zahlen*, S. 29, 59. Die Auswirkungen des Krieges werden vor allem an der altersmäßigen Zusammensetzung der Weißenseer Bevölkerung deutlich. Statistisch gesehen, entfielen Ende August 1946 von der Bevölkerung im Alter von 22 bis 30 Jahren auf einen Mann 2,5 Frauen, im Alter von 31 bis 40 Jahren war das Verhältnis 1:2. Berechnet nach LAB (StA), Rep. 148/13, Nr. 46. Die Malchower Einwohnerschaft umfaßte im Juni 1945 rund 41 Prozent Frauen, 39 Prozent Kinder bis zu 16 Jahren und lediglich rund zwanzig Prozent Männer. Berechnet nach LAB (StA) Rep. 148/1, Nr. 15.
679 *Weißenseer Volksblatt* vom 10. Oktober 1946.

und deren Familien herangezogen, die jedoch zumeist wenig Bereitschaft zu den sonntäglichen Pflichtarbeitseinsätzen zeigten. KPD und SPD stellten daher im Juni 1945 jeweils vierzig Leute zur Kontrolle und Beschaffung der Arbeitskräfte.[680] Hinzu kamen die Sprengung von Bunkern und die Entschärfung von Waffen und Munition, deren Fund tagtäglich gemeldet wurde und nach wie vor tragische Unglücksfälle zur Folge hatte.

Bereits am 28. April 1945 wurde das Ernährungsamt in Weißensee eingerichtet. Neben der Regelung des Ersatzes für verlorengegangene oder gestohlene Lebensmittelkarten ging es vor allem um die Versorgung der Zivilbevölkerung mit Brot und Fleisch, die mit Hilfe der im Bezirk ansässigen Bäcker und Schlachter anlief. Am 4. und 5. Mai konnten erstmalig 7 000 Kilogramm Frischgemüse aus Malchow auf dem Pistoriusplatz an Kleinhändler verteilt werden.[681] Der Hohenschönhausener Kommandant half, Brot Fleisch, Wurst, Schmalz, Talg sowie Nährmittel wie Zucker, Mehl, Reis, Marmelade und Sirup zu beschaffen, die häuserweise nach Listen verteilt wurden; »Gulaschkanonen« standen nicht nur in der Freienwalder Straße.[682] Am 17. Mai ging die Verwaltung der Konservenfabrik Trognitz in der Freienwalder Straße in Hohenschönhausen von der Weißenseer Bezirkskommandantur an die Bezirksverwaltung, vertreten durch Harry Großmann, über.[683] Im Mai/Juni 1945 waren außerdem »Kartoffelkommandos« in den umliegenden Dörfern im Einsatz.[684] Trotzdem war dies alles ein Tropfen auf den heißen Stein und konnte die Not nur wenig mildern. Unter der prekären Ernährungslage hatten vor allem Kinder, Alte und Kranke zu leiden; die Folgen waren eine hohe Kindersterblichkeit – so in Falkenberg aufgrund fehlender Milch[685] – und nicht wenige Suizide älterer Menschen wegen »Nahrungsschwierigkeiten«.[686] Der Schwarzhandel mit Lebensmitteln blühte.[687]

Im Bericht der Ortsamtsstelle Wartenberg über die ersten sechs Monate nach Kriegsende heißt es hinsichtlich der Lebensmittelversorgung: *In erster Linie galt es, die russische Besatzung zufrieden zu stellen, die, infolge der örtlichen Verhältnisse, im hiesigen Bereich besonders zahlreich war. Außer der Kommandantur war anwesend ein großer Autofuhrpark, weiterhin die Wirtschaftsabteilung des Generalkommandos und schließlich eine große Zahl von Feldtruppen. Zu dieser Besatzungszahl kamen die eigentlichen Bewohner der Amtsstelle,* Bauern und Siedler sowie viele Berliner, die wegen des Luftterrors zu hier lebenden Verwandten und Bekannten geflüchtet waren.[688] Die Lebensmittel- und Gemüseversorgung erwies sich auch in den anderen Orten als schwierig, weil viele Höfe verlassen waren, große Teile des Ackerlandes brach lagen, die bestellten

---

680 LAB (StA), Rep. 148/1, Nr. 19.
681 LAB (StA), Rep. 148/1, Nr. 261.
682 Marie Schmitz, *Der sowjetische Kommandant greift ein*, in: 1945. Wie Weißensee aus Ruinen auferstand. Zu Ehren des 20. Jahrestages der Befreiung, Berlin-Weißensee [1965], S. 18; Interview Elsa Fischer, S. 13f.
683 Klaus Scheel (Hrsg.), *Die Befreiung Berlins. Eine Dokumentation*, Berlin 1985, S. 237f.,
684 Allerdings erfolgte die Zusammenstellung dieser »Kommandos« durch die Kommandanturen oftmals willkürlich und ohne namentliche Erfassung der Arbeitskräfte, die teilweise über mehrere Wochen unter unzumutbaren Bedingungen in dafür eingerichteten Lagern zubringen mußten. LAB (StA), Rep. 148, Nr. 07, 08.
685 LAB (StA), Rep. 148, Nr. 08.
686 LAB (StA), Rep. 148/1, Nr. 148.
687 LAB (StA), Rep. 148/1, Nr. 142.
688 LAB (StA), Rep. 148/1, Nr. 17. Die Wirtschaftsabteilung (Großküche) befand sich in der ehemaligen NSV-Schweinemästerei, der Kraftwagenpark bis Herbst 1945 in der »Deulakraft«.

Felder unter Diebstählen ebenso zu leiden hatten wie unter dem Weiden von Pferden und Rindern der Roten Armee. Zudem fuhren zahlreiche LKW aus den Berliner Bezirken in die Dörfer und holten sich die Ernte direkt ab, ganz abgesehen von den »unerlaubten« Plünderungen der Kartoffelmieten und den Schiebungen einiger Bauern mit Lebensmitteln. Um die Versorgung der Bevölkerung zu gewährleisten, wurde im November 1945 in Wartenberg, Malchow, Falkenberg und Hohenschönhausen eine Reihe von Gartenbaubetrieben und Bauernhöfen unter die Kontrolle von landwirtschaftlichen Obmännern und Treuhändern gestellt.[689] Im ersten Nachkriegsjahr gelang es mit Hilfe der sowjetischen Behörden, die das Glas für die Gewächshäuser organisierten, und durch die Nutzung aller nur geeigneten Grünanlagen für den Gemüsebau, über 2 600 000 Kilogramm Gemüse zu produzieren; davon kamen rund 100 000 Kilogramm der Weißenseer Bevölkerung zugute.[690] Darüber hinaus konnte Gemüse an die Bezirke Treptow, Prenzlauer Berg, Friedrichshain und Mitte abgegeben werden.[691]

Die besondere Fürsorge galt von Anbeginn den Kindern. Bereits seit Juli 1945 gab es in Weißensee eine Schulspeisung. »Rettet das Kind« – unter diesem Motto wurden mit Hilfe der Frauenausschüsse, ortsansässiger Betriebe, der sowjetischen Kommandantur und von Spenden aus der Bevölkerung 18 000 Kinder zur ersten Friedensweihnacht beschert. Nach einem Aufruf in der Presse hatten sich bis Ende Juli 1945 über 120 Personen aus Weißensee bereit erklärt, elternlose Kinder unentgeltlich in Pflege zu nehmen oder zu adoptieren. Im Frühjahr 1946 konnten Kinder aus Berlin-Mitte vier Wochen bei Hohenschönhauser Kleingärtnern verbringen.[692] Der Bezirksausschuß für die »Opfer des Faschismus« Weißensee betreute im August 1946 332 Personen, die unter der nationalsozialistischen Diktatur politisch oder aufgrund der Nürnberger Gesetzgebung rassisch verfolgt worden waren. Darunter befanden sich auch 14 Kinder im Alter von 7 bis 17 Jahren, die in Konzentrationslagern gewesen waren. Zudem kümmerte man sich um die Hinterbliebenen von hingerichteten und ermordeten Widerstandskämpfern, in KZ, Zuchthaus oder Gefängnis Verstorbener sowie um Personen, die langjährige Freiheitsstrafen verbüßt hatten. Die soziale und kulturelle Betreuung umfaßte jedoch nicht nur die »OdF«, sondern alle besonders Bedürftigen.[693]

Langsam kam auch das geistige und kulturelle Leben wieder in Gang. Im Sommer 1945 konnte der Schulbetrieb in den meisten Schulen notdürftig wieder aufgenommen werden, und im Oktober begann der Unterricht an der Weißenseer Volkshochschule. Im Juli 1945 liefen russische Sprachkurse an, für die sich 360 Teilnehmer meldeten. Im selben Monat wurden die »Terrassen am Orankesee« mit einem Kabarettprogramm wiedereröffnet, und im August fand hier eine »Heinrich-Heine-Gedenkfeier« statt. In Malchow veranstaltete man im Sommer 1945 das erste »Fest der Jugend«, im Bezirk Weißensee mehrere Volkssport- und Schwimmfeste. Das Weißenseer Amt für Personalfragen und Verwaltung berichtete im Herbst 1945, daß *bei 35 Propaganda- und 6 Sportveranstaltungen vom Lautsprecherwagen 2 000 Kilometer zurückgelegt* wurden.[694] In Wartenberg fand mit Genehmigung des

---

689 LAB (StA), Rep. 148/1, Nr. 245.
690 *Weißenseer Volksblatt* vom 10. und 16. Oktober 1946.
691 LAB (StA), Rep. 148/13, Nr. 46.
692 Vgl. die Beiträge in *1945. Wie Weißensee aus Ruinen auferstand*, insbes. S. 19, 45, 50f., 54f.
693 LAB (StA), Rep. 148/13, Nr. 46.
694 LAB (StA), Rep. 148/4, Nr. 3.

Kommandanten im September 1945 der erste bunte Abend mit Unterhaltungskünstlern statt und seit Oktober durfte an den Wochenenden wieder getanzt werden.[695] Ein beliebtes Lokal war in Hohenschönhausen seit 1946 »Krämers Tanz-Bar« in der Suermondt-/Ecke Straße Am Faulen See, in der die Kapelle Hermann Prey spielte.[696] Zum kulturellen Leben der unmittelbaren Nachkriegszeit gehörte die Wiederaufnahme des Kinobetriebes, wobei sich besonders deutsche Revuefilme großer Beliebtheit erfreuten. Voller Stolz berichtete der Filmvorführer der Weißenseer Rio-Lichtspiele Ende 1945, er habe mit dem Film »Rosen in Tirol« innerhalb weniger Tage und noch dazu drei Tage vor Weihnachten volle Kassen gehabt, und er gab seiner Hoffnung Ausdruck, *daß der russische Sylvester-Schwank »Lustige Burschen« fast das gleiche Ergebnis haben* werde. Zudem sprach er von einer regelrechten Konkurrenz der sowjetischen und der amerikanischen Filmverleiher, die sehr daran interessiert wären, wie die Filme beim deutschen Publikum ankämen.[697]

Nach Gründung des »Kulturbundes zur demokratischen Erneuerung Deutschlands« fand im August 1945 in Weißensee die erste von zahlreichen Veranstaltungen mit Intellektuellen statt, an der dessen Präsident Johannes R. Becher sowie Erwin Marquardt, Vizepräsident der Deutschen Verwaltung für Volksbildung, teilnahmen.[698] In Hohenschönhausen organisierten die Mitarbeiter des Kulturamtes Vorführungen von sowjetischen Filmen und »Aussprachenachmittage« sowjetischer Offiziere mit der deutschen Bevölkerung, in denen es um das Leben in der Sowjetunion ebenso ging wie um die Frage der Reparationen. Im April 1946 fand eine Diskussion von Kulturbundmitgliedern mit dem sowjetischen Major G. I. Patent statt.[699]

Bei der medizinischen Betreuung stand in den ersten Nachkriegsjahren vor allem die Bekämpfung der Seuchen- und Geschlechtskrankheiten sowie der Tuberkulose (Tb) im Vordergrund. Bereits im Mai 1945 wurde das ehemalige Gutshaus in Hohenschönhausen als Krankenhaus genutzt, anfangs wohl auch als sowjetisches Lazarett. Aufgrund der enormen Zunahme von Geschlechtskrankheiten diente das Haus ab November 1945 als Geschlechtskrankenhaus. Allein im Juli 1946 gab es im Bezirk Weißensee über eintausend Geschlechtskranke. Im September 1947 wurde die Station für geschlechtskranke Kinder in eine für hautkranke (Krätze) Kinder umgewandelt. Nachdem bereits im November 1948 die ersten Tb-kranken Kinder Aufnahme in der im Hochparterre eingerichteten Tb-Station gefunden hatten, wurde das Gebäude ab August 1949 als Tb-Krankenhaus für Kinder genutzt.[700] Seit Januar 1957 befanden sich im »Schloß« die Entbindungsstation[701] sowie später bis in die achtziger Jahre eine Station der Frauenabteilung des Städtischen Krankenhauses Weißensee.

Zu den größten Problemen gehörte auch in Weißensee die Betreuung der Flücht-

---

695 LAB (StA), Rep. 148/1, Nr. 17.
696 Der später berühmte Opern- und Liedersänger wurde 1929 in Hohenschönhausen geboren und besuchte die Schule in der Freienwalder Straße sowie anschließend das Realgymnasium Weißensee.
697 LAB (StA), Rep. 148/13, Nr. 1.
698 LAB (StA), Rep. 148/1, Nr. 218.
699 Else Eisenkolb-Großmann, *Erinnerungen an die letzten Wochen des Faschismus und die Tage der Befreiung 1945*, in: Stiftung Archiv der Parteien und Massenorganisationen der DDR im Bundesarchiv [künftig zitiert: SAPMO-BArch]. Erinnerungsarchiv, Nr. 2080, S. 23ff.
700 LAB (StA), Rep. 148/16, Nr. 6; 87.
701 LAB (StA), Rep. 148/1, Nr. 299.

lingsströme. Bis Juni 1945 nahm der Bezirk, der zu diesem Zeitpunkt rund 57 000 Einwohner zählte, allein über 100 000 Flüchtlinge auf, die notdürftig versorgt und in die für Umsiedler bestimmten Aufnahmegebiete weitergeleitet wurden.[702] Aufgrund der relativ geringen Kriegsschäden in Weißensee waren durch das Sozialamt außerdem noch 500 Berliner Familien unterzubringen.[703] Von Mai 1945 bis Februar 1946 wurden rund 30 600 Personen neu in Wohnungen eingewiesen, darunter 3 000 Flüchtlinge und ehemalige Kriegsgefangene. Etwa 800 Wohnungen nahm die Rote Armee in Anspruch.[704]

Insbesondere an der Beschlagnahme und Vergabe von Häusern und Wohnungen entzündeten sich nicht nur in Hohenschönhausen Debatten über den Umgang mit ehemaligen Mitgliedern und »Mitläufern« der NSDAP. Am 4. Juni 1945 übersandte das Weißenseer Quartieramt dem Berliner Magistrat (Arthur Pieck) die gewünschte Übersicht der *im Bezirk Weißensee liegenden, Faschisten gehörenden Häuser, Landhäuser (Eigenheime) Villen und Schlösser*, die auch eine Reihe von Malchower Häusern enthielt.[705] In der Sitzung des stellvertretenden Weißenseer Bürgermeisters Becker mit den Leitern der vier Ortsamtsstellen am 10. Juni 1945 berichtete der Malchower Vertreter von der Einsetzung eines kommissarischen Obmannes für die Kleingärtner in den Bezirken Pankow, Heinersdorf und Weißensee, um die vorgekommenen *wilden Aktionen* zu unterbinden. Außerdem habe die Polizei von der Kommandantur Anweisung erhalten, alle in der Malchower Stadtrandsiedlung wohnenden ehemaligen Nazis zu erfassen. Becker hielt dies nur für eine vorbereitende Maßnahme seitens der Kommandantur und wies darauf hin, daß es verboten sei, *eigenmächtig Nazis aus den Kleingärten herauszusetzen, sofern sie sich nicht schwerwiegende Dinge haben zuschulden kommen lassen oder die Laube durch Nazis erworben haben ... Bei Besetzung von Nazilauben sind in erster Linie politisch Bestrafte zu berücksichtigen oder gute antifaschistische Mitarbeiter.* Hinsichtlich der Frage Großmanns nach jenen NSDAP-Mitgliedern, die sich *im antifaschistischen Sinne bewährt* hätten, äußerte Becker, *daß diese Fälle jetzt öfter vorkommen. Diese Grenzfälle müssen einer ganz genauen Prüfung unterzogen werden. Bei Vorliegen positiver Unterlagen erhalten diese Leute von Amts wegen Bescheid, daß sie nicht als Nazi gelten und ihnen dann auch keine Schwierigkeiten gemacht* werden dürfen.[706] Daß dies nicht nur ein Problem Weißensees war, macht eine Aktennotiz vom 15. Juni 1945 deutlich. Darin heißt es: *Nach einem Bericht des Bürgermeisters des Verwaltungsbezirks Prenzlauer Berg, Herrn Degner, wurde in der Sitzung am Mittwoch, d. 13. 6. 45, im wesentlichen die Differenzierung der Nazis durchgesprochen. Nach geäußerten verschiedenen Ansichten schälte sich heraus, daß als Richtschnur doch der Befehl des Herrn Marschall Stalin zu gelten habe, das heißt, daß man alle nicht besonders belasteten Nazis, die sog. Mußparteigenossen, nicht schädigen solle. Das bezieht sich insbesondere auf die Beschlagnahme der Naziwohnungen und eventuelle Enteignung der Nazigeschäfte.*[707]

In der Praxis kam es neben gerechtfertigten auch zu willkürlichen Beschlagnah-

---

702 *Chronik der Kreisparteiorganisation Berlin-Weißensee*, S. 7.
703 LAB (StA), Rep. 148/1, Nr. 218.
704 LAB (StA), Rep. 148/13, Nr. 46.
705 Erfaßt wurden unter anderem Häuser in der Malchower Stadtrandsiedlung, der Niles-Siedlung, der Gartenanlage »Margaretenhöhe« sowie die Gebäude Dorfstraße 23 bis 24 E. LAB (StA), Rep. 148/1, Nr. 247.
706 LAB (StA), Rep. 148, Nr. 08.
707 LAB (StA), Rep. 148, Nr. 09.

Karl Maron und Arthur Pieck besichtigen 1946 die ersten nach dem Krieg in Berlin fertiggestellten Neubauten in Hohenschönhausen.

men, wobei die zahlreichen Probleme, mit denen die Verantwortlichen »vor Ort« konfrontiert waren, ein differenziertes Vorgehen in dieser Frage schwierig erscheinen lassen.[708] Hohenschönhausen war in starkem Maße von immer neuen Einquartierungen sowjetischer Einheiten betroffen. Selbst die Arbeitsräume der Ortsverwaltung wurden mehrfach beschlagnahmt und mußten innerhalb kürzester Frist geräumt werden. Im Juli 1945 wies Großmann im Zusammenhang mit der Beschlagnahme von Häusern und Wohnungen für eine sowjetische Einheit[709] den Vorwurf von Disziplinlosigkeiten und Willkürakten des ihm unterstellten Wohnungsamtes zurück, brachte aber zugleich seine persönliche Auffassung über die Räumung von Wohnungen ehemaliger NSDAP-Mitglieder zum Ausdruck: *Wenn die Tatsache allein, daß jemand PG war, nicht genügt, um ihn aus luxuriösen Wohnungen oder Villen zu entfernen, so wird es nicht lange auf sich warten lassen, daß uns die Ausgebombten, die Totalzerstörten, insbesondere die Opfer des Faschismus fragen werden, wer denn nun eigentlich für all das Elend und die Notzeit, die wir durchzustehen haben, verantwortlich zu machen ist.*[710]

708 Das Weißenseer Quartieramt berichtete im Juli 1945, daß man zwecks Schaffung freien Wohnraums aktive Parteigenossen (PG) aus ihren Wohnungen aus- und zu sogenannten kleinen PG eingewiesen habe. LAB (StA), Rep. 148/1, Nr. 247. Beschlagnahmt wurde in Hohenschönhausen unter anderem ein Einfamilienhaus in der Papendieckstraße, dessen Bewohner seit 1933 der NSDAP und der SA angehört hatte, Betriebsobmann und Werkscharführer in der Heike-Maschinenfabrik gewesen war. LAB (StA), Rep. 148/1, Nr. 16.
709 In sechs der geräumten Villen in der Suermondtstraße wurden Ingenieure und Wissenschaftler eingewiesen, die aus den westlichen Verwaltungsbezirken mit hierher gebracht worden waren. LAB (StA), Rep. 148/1, Nr. 12.
710 LAB (StA), Rep. 148/1, Nr. 12. Im August 1945 wies Bürgermeister Knappe Großmann er-

Neben der Enttrümmerung und dem Wiederaufbau von Häusern entstanden 1946 in einer Bauzeit von nur vier Monaten in Hohenschönhausen die ersten Berliner Wohnungen der Nachkriegszeit. Zu den 250 Arbeitskräften zählten 150 Frauen. Der Bau des Häuserblocks Grosse-Leege-, Werneuchener, Goeckestraße war bereits 1938 begonnen, durch Bomben zerstört und 1943 eingestellt worden. Im November 1946 konnte der Häuserflügel Goeckestraße mit 178 Wohnungen übergeben werden.[711]

Viele Hohenschönhausener Betriebe waren durch den Krieg beschädigt oder zerstört und einige zumindest in den ersten Monaten durch sowjetische Truppen besetzt. Bis Anfang Oktober 1945 hatten von 63 registrierten Industriebetrieben 34 ihre Arbeit wieder aufgenommen, 19 befanden sich im Aufbau, acht arbeiteten noch nicht wieder und zwei wurden demontiert.[712] Zu den im Sommer 1945 bereits produzierenden Betrieben gehörten insbesondere die ortsansässigen Lebensmittelfirmen wie »Heinzmann« (Zwieback, Nudeln), »Egona« (Brot), »Kahlbaum« (Liköre, Fruchtsaft) und »Trognitz« (Ochsenschwanzsuppe). Hinzu kam die Umstellung vieler Betriebe auf Erzeugnisse, an denen ein besonders großer Bedarf bestand. Zu den ersten »Friedensprodukten« zählten landwirtschaftliche Geräte, Werkzeuge, Baustoffe, Fensterrahmen, Türen, Bettgestelle und Seife.[713] Auf der Weißenseer Industrieausstellung im Dezember 1945 waren mehrere Hohenschönhausener Betriebe vertreten,[714] und 1946 zeugen Produktionsauflagen, Erzeugnis- und Firmenlisten vom langsamen Neubeginn der Industrieproduktion.[715] Anfang Februar 1946 wurden für Hohenschönhausen 77 Betriebe gemeldet, von denen 55 arbeiteten, zwanzig im Aufbau waren, einer demontiert wurde und einer wegen Rohstoffmangel nicht arbeiten konnte.[716] Von Demontage betroffen waren die Maschinenfabriken Richard Heike, Fritz Kilian und Max Uhlendorf in der Goekkestraße[717] sowie die Deutschen Pyrotechnischen Fabriken in Malchow. In dem ehemaligen Rüstungsbetrieb wurde die einzige Berliner Streichholzfabrik eingerichtet. Im Mai 1946 übersandte der Weißenseer dem Berliner Bürgermeister ein Päckchen der ersten in Malchow hergestellten Streichhölzer.[718]

Aufgrund des Befehls Nr. 124 der SMAD vom 30. Oktober 1945 erfolgte in Hohenschönhausen die Sequestration einer Reihe von Gewerbe- und Industriebetrieben, darunter das Fuhrunternehmen Otto Karius, die Keksfabrik Heinzmann,

---

neut darauf hin, daß eigenmächtige Beschlagnahmen von »NSDAP-Wohnungen« zu unterbleiben hätten, und diese nur in Abstimmung mit dem Bezirksamt erfolgen dürften, um eine gewisse Rechtssicherheit für alle zu gewähren. Vgl. ebda.
711 *Neue Berliner Illustrierte* (1946), Nr. 34; *Berlin, Goeckestraße 6*, in: *Wochenpost* vom 26. April 1985.
712 LAB (StA), Rep. 148/1, Nr. 19.
713 LAB (StA), Rep. 148/6, Nr. 2, 29.
714 LAB (StA), Rep. 148/6, Nr. 18.
715 LAB (StA), Rep. 148/1, Nr. 308.
716 LAB (StA), Rep. 148/1, Nr. 16.
717 In einer Aufstellung der Industriebetriebe, die vermutlich vom Frühsommer 1945 stammt, werden die Betriebsfähigkeit der Firma Uhlendorf mit 90 Prozent angegeben und vierzig Arbeitskräfte für die Abmontage verzeichnet. LAB (StA), Rep. 148/6, Nr. 2. Zudem ist 1946 davon die Rede, daß der Betrieb *ausgeschlachtet* sei. LAB (StA), Rep. 148/6, Nr. 29. Nach Berichten von Hohenschönhausener Einwohnern sollen in der Maschinenfabrik Kilian auch Maschinen(teile) aus anderen demontierten Berliner Betrieben gelagert worden sein. Der Bestimmungsort der Maschinen der Uhlendorf-Fabrik sei Tscheljabinsk gewesen.
718 *1945. Wie Weißensee aus Ruinen auferstand*, S. 43; LAB (StA), Rep. 148/1, Nr. 30.

die Seifenfabrik Ehrhardt, das Abbruch- und Transportunternehmen Richard Wählisch, die Industriegas A.G., die Konservenfabrik Hermann Windisch, die Fernküche Albrecht, der Holzverarbeitungsbetrieb Otto L. Schmidt, die Maschinenfabrik Max Uhlendorf sowie die Pyrotechnische Fabrik Malchow. Die Beschlagnahme der Firma Groß & Graf wurde im Mai 1946 zurückgezogen. In den sequestrierten Betrieben setzte man Treuhänder oder Verwalter ein. Der Grund der Beschlagnahme lautete fast ausschließlich »NSDAP«. Bei dem Abbruchunternehmen A. M. Barth GmbH, Werneuchener/Ecke Genslerstraße wurde als Begründung »Verbrechen gegen die Menschlichkeit« genannt. Die Firma Nyhoegen & Lück in der Lüderitzstraße wurde wegen der 1940 erfolgten »Arisierung« des Unternehmens Witte & Frohloff sequestriert.[719]

Im April 1946 nahm die Entnazifizierungskommission Weißensee unter Leitung des Verwaltungsangestellten Arthur Hornung ihre Tätigkeit auf; im November 1948 legte sie den Abschlußbericht vor. Die Mitglieder (ein Lehrer, ein Pfarrer, ein Ingenieur, zwei Arbeiter und eine Hausfrau) waren durch die politischen Parteien, den Freien Deutschen Gewerksschaftsbund (FDGB) und den Frauenausschuß nominiert und durch die Militärregierung bestätigt worden. Auf einer Sitzung beim Berliner Magistrat zur Frage der Entnazifizierung im März 1946 war darauf hingewiesen worden, daß es sich hierbei nicht um eine moralische Wertung des einzelnen, sondern eine politische Maßnahme handeln würde.[720] Personen, die der NSDAP oder einer ihrer Gliederungen angehört hatten, was auf eine Reihe von Hohenschönhausener Betriebs- und Geschäftsinhabern zutraf,[721] die deshalb entlassen oder deren Betriebe geschlossen wurden oder die ihr Gewerbe weiterführen wollten, mußten einen Antrag auf Entnazifizierung stellen. Belastendes Material hatte die Kommission, entlastendes der Antragsteller vorzubringen. Nach Prüfung der Unterlagen und einem öffentlichen »Verhör« fiel die Entscheidung. So wurde beispielsweise einem Gewerbetreibenden die anständige Behandlung der bei ihm während des Krieges beschäftigten Zwangsarbeiter zugute gehalten und sein Antrag befürwortet. Ihrer Posten enthoben hingegen wurden unter anderen ein Mitinhaber sowie ein Betriebsobmann der Firma Gustav Gerstel, Reichenberger Straße 7/8, drei Ingenieure und mehrere Arbeiter der Firma Stahl und Reiser, Werneuchener Straße 20, sowie Richard Wählisch, Leiter des gleichnamigen Betriebes.[722] Die Maschinenfabrik Reiser sowie die Firma Wählisch hatten während des Krieges Zwangsarbeiter beschäftigt.

»Die Umarmung fiel anders aus.«

Das Verhältnis der sowjetischen Besatzungsmacht zu den deutschen Verwaltungsbehörden und ihr individuelles Auftreten gegenüber der deutschen Bevölkerung war sehr verschieden. Die Kommandanten und ihre Mitarbeiter unterstützten den

---

719 LAB (StA), Rep. 148/6, Nr. 29; Rep. 800, Nr. 181.
720 LAB (StA), Rep. 148/1, Nr. 29.
721 LAB (StA), Rep. 148/4, Nr. 14.
722 LAB (StA), Rep. 148/4, Nr. 39. Von den in Weißensee von April bis November 1946 gestellten 546 Anträgen auf Entnazifizierung waren bis Ende des Jahres 245 verhandelt, davon 133 befürwortet, 72 abgelehnt und 40 zwecks weiterer Nachforschungen vertagt worden. LAB (StA), Rep. 148/4, Nr. 3.

Aufbau der Ortsverwaltungen, die Lebensmittelversorgung, den Neubeginn des geistig-kulturellen Lebens und waren zumeist um ein gutes Verhältnis zur ortsansässigen Bevölkerung bemüht.[723] Aufschlußreich für die Haltung des ersten sowjetischen Kommandanten von Hohenschönhausen gegenüber den Deutschen ist vielleicht die Tatsache, daß er alle an Mauern angebrachten Nazi-Losungen bis auf eine überstreichen ließ, die *Berlin bleibt deutsch* lautete. Auf die Frage, warum denn diese nicht entfernt werden sollte, kam die erstaunte Antwort: *Weshalb denn, Berlin bleibt deutsch.*[724] Eine im Auftrag des Kommandanten im Sommer 1945 angebrachte »Stalin-Losung« war bis Ende 1994 noch an der Grundstücksmauer der ehemaligen Löwenbrauerei an der Konrad-Wolf-Straße zu erkennen: *Die Stärke der Roten Armee besteht [endlich] darin, daß sie keinen Rassenhaß gegen andere Völker, auch nicht gegen das deutsche Volk hegt [und hegen kann, ...].*[725] Bei vielen Menschen blieb dennoch die Angst vor den »Befreiern«, von denen nicht wenige Rache nehmen wollten für die Massaker und Greuel, die Deutsche in der Sowjetunion begangen hatten, ganz zu schweigen von der demoralisierenden Wirkung eines jeden Krieges.

Brutale Überfälle und zahlreiche Vergewaltigungen, Plünderungen, Feld- und Viehdiebstähle durch Angehörige der Roten Armee waren vor allem in den ersten Wochen und Monaten nach Kriegsende, aber auch danach an der Tagesordnung. Daß von den »Übergriffen« und Wohnungsräumungen für einzuquartierende Militärangehörige im Arbeiterbezirk Weißensee auch Nazi-Gegner und Opfer des Faschismus betroffen waren, stieß auf Unverständnis und Enttäuschung, wie Bürgermeister Knappe im Juli 1945 dem Weißenseer Kommandanten wiederholt berichtete. Viele Weißenseer hätten die Rote Armee erwartet, aber – so Knappe – *die Umarmung fiel anders aus.* Er hätte versucht, der Bevölkerung klar zu machen, *daß die Wut, mit der man sich auf die zivile Bevölkerung stürzte,* begreiflich wäre nach dem Krieg. *Als die ersten schrecklichen Tage vorüber waren, machte sich auch nach und nach eine Beruhigung bemerkbar ...* Dennoch gäbe es nach wie vor *Mißstände* und *Übergriffe,* um deren Beseitigung er bitte, sei der Kommandant doch um eine vertrauensvolle Zusammenarbeit bemüht.[726]

Nicht nur der Weißenseer Kommandant hatte Meldungen über Vergewaltigungen anfangs sogar noch angezweifelt und für eine Provokation gehalten.[727] Wolfgang Leonhard schreibt, daß das heikle Thema *Abtreibungen als Folge der Zwischenfälle* (Walter Ulbricht) auf einer Sitzung der Berliner KPD-Funktionäre im Mai 1945 zwar zur Sprache kam, von Ulbricht jedoch abgewürgt und in der Folgezeit nie mehr erwähnt wurde.[728] Am 18. Mai 1945 bestätigte das Weißenseer Bezirksamt dem Direktor der Chirurgischen Abteilung des Krankenhauses Weißensee auf dessen Anfrage, daß die Strafbestimmungen des § 218 StGB nicht mehr in Kraft seien und entsprechende Anweisungen an die Ärzte möglich wären.[729] Diese Entscheidung stand zweifellos mit den vielen Vergewaltigungen in Zusammenhang, dürfte

723 Eisenkolb-Großmann, *Erinnerungen*, S. 8ff.; Interview Elsa Fischer, S. 13ff.
724 Eisenkolb-Großmann, *Erinnerungen*, S. 17. Tatsächlich handelte es sich hierbei um eine »Durchhaltelosung« von Joseph Goebbels.
725 Josef Wissarionowitsch Stalin, *Über den Großen Vaterländischen Krieg*, Berlin 1952, S. 50. Die Losung wurde von dem Hohenschönhausener Schildermaler Adolf Spicker (KPD) angebracht; 1994 ist sie durch Graffiti zerstört und die Mauer inzwischen abgerissen worden.
726 LAB (StA), Rep. 148/1, Nr. 5.
727 LAB (StA), Rep. 148/1, Nr. 5; 147. Vgl. auch Leonhard, *Die Revolution*, S. 393f.
728 Leonhard, *Die Revolution*, S. 425f.
729 LAB (StA), Rep. 148/1, Nr. 297.

»Stalin-Losung« aus dem Jahre 1945 an der Grundstücksmauer der ehemaligen Löwenbrauerei in der Konrad-Wolf-Straße in Hohenschönhausen; Aufnahme 1992.

aber aufgrund ihrer Tragweite nicht von Weißensee ausgegangen oder auf diesen Bezirk beschränkt gewesen sein.

Von seiten der Ortskommandanten, des Militärstaatsanwaltes in Weißensee und der Ortsverwaltungen wurde zusammen mit der Polizei durchaus versucht, den »Übergriffen« auf die Bevölkerung entgegenzuwirken, und die Täter, wenn man ihrer habhaft werden konnte, erhielten für relativ geringe Vergehen harte Strafen.[730] Die Einflußmöglichkeiten der Hohenschönhausener wie der Weißenseer Kommandantur waren jedoch begrenzt.[731] Der Bezirk blieb längere Zeit Durchzugsgebiet für sowjetische Truppen, die nicht ihrer Befehlsgewalt unterstanden. Zudem bildeten weite Teile des Obersee- und Orankeviertels seit November 1945 einen militärischen Sperrbezirk, was mit der Beschlagnahme und Räumung zahlreicher Häuser und Wohnungen verbunden war. Noch im Oktober 1945 hatte Bürgermeister Knappe versucht, über den Weißenseer Kommandanten die Einzäunung des Obersees zu verhindern.[732] Bei einer Rundfahrt im November 1945 zeigte ein Major Sitnik den Mitarbeitern des Hohenschönhausener Baubüros die vorgesehene Einfriedung des Obersees *für den russischen General in der Obersseestraße 56. Sie fuhren durch die Obersseestraße, den Lindenweg, Waldowstraße, Obersseestraße zur Buschallee nach Weißensee.*[733] Zwar vertrat das Weißenseer Bezirksamt die Meinung, daß eine solche Entscheidung nur vom sowjetischen Oberkommando in Karlshorst

---

730 LAB (StA), Rep. 148/1, Nr. 147. Eisenkolb-Großmann, *Erinnerungen*, S. 16f.; Interview Elsa Fischer, S. 14.
731 Vgl. zu den Kompetenzen und zum Verhältnis der sowjetischen Dienststellen untereinander auch Leonhard, *Die Revolution*, S. 396, 415, 472.
732 LAB (StA), Rep. 148/1, Nr. 6.
733 LAB (StA), Rep. 148/1, Nr. 16.

getroffen werden könne, Sitnik bestand jedoch auf sofortigen Baubeginn. Über die Verhandlungen in der Kommandantur hinsichtlich des Orankesees hieß es im März 1946: *Der Orankesee bleibt von der Seite des Freibades und der Terrassen eingezäunt, die Abgrenzungen wurden genau auf der Karte gezeigt. Der Kommandant erklärte, daß sich höchste Stellen dort eingeschaltet hätten, und es überhaupt Mühe gekostet habe, nicht noch mehr Exmittierungen durchgehen zu lassen.*[734] Der Sperrbezirk blieb bis in die fünfziger Jahre bestehen.[735]

Auf Hohenschönhausener Territorium befand sich außerdem von Mai 1945 bis Oktober 1946 das »Speziallager Nr. 3«, eines von elf Sonderlagern in der Sowjetischen Besatzungszone (SBZ).[736] Zwischen den Alliierten bestand Konsens über die Entmilitarisierung und Entnazifizierung in Deutschland. Mit dem Gesetz Nr. 10 des Alliierten Kontrollrates vom 20. Dezember 1945 wurde eine einheitliche Rechtsgrundlage für die Strafverfolgung von Kriegsverbrechern geschaffen. Kennzeichnend für die Internierungspraxis in der SBZ waren jedoch der weitgehende Verzicht auf rechtsstaatliche Prinzipien im Untersuchungs- und Strafverfahren, die Unverhältnismäßigkeit von tatsächlicher Schuld und Strafmaß, die fast völlige Isolierung der Lagerinsassen von der Außenwelt, fehlende Informationen über den Verbleib der Betroffenen an deren Angehörige und die absolute Schweigepflicht der Insassen über die Erlebnisse in den Lagern. Die existenziellen Nöte der unmittelbaren Nachkriegszeit wie Hunger, Kälte und Krankheiten verschärften die ohnehin mit dem Lagerdasein verbundenen Probleme und hatten zahlreiche Todesopfer zur Folge.[737] Die Tragik des Geschehens offenbart sich besonders an Einzelschicksalen von Internierten.[738]

Bis zum 25. September 1945 hatten sich ehemalige Angehörige der Wehrmacht (ab Leutnant), der SS, SA, Gestapo sowie Mitglieder und Funktionäre der NSDAP oder einer ihrer Gliederungen bei den Militärkommandanten registrieren zu lassen, wobei die deutschen Ortsverwaltungen für das fristgemäße Erscheinen verantwortlich waren.[739] Auf Befehl der sowjetischen Zentralkommandantur wurden durch die Polizeiinspektion Weißensee zahlreiche Personen der Hohenschönhausener Ortskommandantur übergeben. Zu den Festgenommenen gehörten auch Personen, denen zur Last gelegt wurde, am Tod von 1933/34 verurteilten Kommu-

---

734 LAB (StA), Rep. 148/1, Nr. 6.
735 In einem Brief des Weißenseer Bürgermeisters an den sowjetischen Kommandanten vom Juli 1949 ist vom »Militärstädtchen Hohenschönhausen« die Rede. LAB (StA), Rep. 148/1, Nr. 4. Bis Anfang der fünfziger Jahre wohnten sowjetische Offiziere mit ihren Familien im Sperrbezirk, danach Mitarbeiter des DDR-Staatsapparates. Ein Betreten des umzäunten Gebietes war nur mit Passierschein möglich. Erinnerungsbericht Gerda Lohausen, Heimatmuseum Berlin-Hohenschönhausen. Spätestens seit den sechziger Jahren wurde eine Reihe von Häusern vom MfS genutzt.
736 Peter Erler/Thomas Friedrich, *Das sowjetische Speziallager Nr. 3 Berlin-Hohenschönhausen (Mai 1945–Oktober 1946)*, Berlin 1995.
737 *Sowjetische Internierungs- bzw. Speziallager in der SBZ/DDR 1945 bis 1950*, in: *Nicht länger geheim. Zum unheilsamen Wirken und zur Liquidierung der Staatssicherheit*, Berlin [1992], S. 19f.
738 Vgl. unter anderem Karl-Wilhelm Fricke, *Politik und Justiz in der DDR. Zur Geschichte der politischen Verfolgung 1945–1968*, Köln 1979, S. 69ff.; Michael Klonovsky/Jan von Flocken, *Stalins Lager in Deutschland 1945–1950. Dokumentation. Zeugenberichte*, Berlin-Frankfurt a.M. 1991, S. 164ff.; Kurt Berner, *Spezialisten hinter Stacheldraht*, Berlin 1990, S. 80ff.; *Der Stalinismus in der KPD und SED. Wurzeln, Wirkungen, Folgen*, hrsg. von der Historischen Kommission beim Parteivorstand der PDS, Berlin 1991, S. 129f.; Materialsammlung Internierungslager und MfS-Haftanstalt, Heimatmuseum Berlin-Hohenschönhausen.
739 *Sowjetische Internierungs- bzw. Speziallager*, S. 19.

nisten mitschuldig und an der Verfolgung von Antifaschisten beteiligt gewesen zu sein. Am 9. Juni 1945 wurden im Rahmen einer *Aktion gegen verdächtige Personen, die dem Werwolf dienen konnten,* die Oberseestraße von der Käthestraße bis zum Oberseepark abgeriegelt und mehrere Jungen im Alter bis zu 16 Jahren zur Polizeiinspektion und zur Dienststelle des »Volkskommissariats für Innere Angelegenheiten der UdSSR« (NKWD) in der Lemgoer Straße in Weißensee gebracht.[740] Zudem erfolgten viele Verhaftungen direkt durch das NKWD aufgrund der in der NSDAP-Dienststelle Weißensee sichergestellten Mitgliederkartei. Davon betroffen waren viele nominelle Parteimitglieder und, wie die Interventionen der Ortsamtsstelle Hohenschönhausen in Einzelfällen belegen, auch Personen, für die glaubhaft versichert werden konnte, daß sie *im Auftrag der KPD* oder auf politischen Druck Mitglied der NSDAP geworden waren.[741]

Die Polizeiinspektion Weißensee teilte dem Bezirksamt im Oktober 1945 mit, daß *eine Aufstellung über alle Faschisten, die im Bezirk ... verhaftet worden sind, deshalb nicht gegeben werden* kann, *weil derartige Inhaftierte sofort über die Überwachungsoffiziere der Zentralkommandantur der NKWD zugeführt worden sind.*[742] Von seiten der Kommandanten und des Militärstaatsanwalts in Weißensee konnten ebenfalls keine Auskünfte über den Verbleib von Verhafteten gegeben werden. Staatsanwalt Bessedin verwies im Februar und März 1946 darauf, daß die betreffenden Personen nach dem Passieren der NKWD-Dienststelle meist ohne Gerichtsverfahren sofort in das Lager Hohenschönhausen überstellt würden. Er wäre nur in der Lage, über jene Auskunft zu geben, die in den Kompetenzbereich seiner Dienststelle fallen würden.[743] Die gleiche Antwort erhielt Bürgermeister Knappe im Oktober 1946, als er darauf aufmerksam machte, *daß namentlich in den vorangehenden Monaten mehrfach auch Antifaschisten inhaftiert worden seien. Man bekäme niemals Nachricht über den Verbleib der Personen, auch nicht darüber, ob sie verurteilt seien usw. Es sei vor der Wahl besonders bemerkbar ... Die Bürgermeister aus den englischen, amerikanischen usw. Bezirken erklärten, daß sie ... immer Auskunft bekämen.*[744]

Die Kommandanturen in Weißensee und Hohenschönhausen waren wie die örtlichen Verwaltungs- und Polizeidienststellen tagtäglich mit Anfragen nach Verhafteten und anderen »Begleiterscheinungen« des Internierungslagers konfrontiert.[745] Das betraf zum einen die willkürliche Besetzung von Hohenschönhausener Betrieben, deren Gelände für das Lager in Anspruch genommen wurde, die Räumung von Häusern und Wohnungen sowie die Beschlagnahme von Möbeln. Das Lager war zunächst in der ehemaligen NSV-Großküche in der Genslerstraße eingerichtet worden (Lager I). In der Folgezeit wurden das Gelände der benachbarten Maschinenfabrik Richard Heike und weiterer angrenzender Betriebe einbezogen (Lager II). Hier hatten sich bereits während des Krieges Baracken für »Ostarbeiter« befunden. Das Amt für Industrie der Ortsamtsstelle Hohenschönhausen meldete im Juli 1945, daß durch den Lagerkommandanten eine willkürliche Einzäunung der Maschinenfabrik Heike, der Kohlenanzünderfabrik »Deutsche Syrolit Fabrik«,

---

740 LAB (StA), Rep. 148/1, Nr. 147.
741 LAB (StA), Rep. 148/1, Nr. 16; 148.
742 LAB (StA), Rep. 148/1, Nr. 148.
743 LAB (StA), Rep. 148/1, Nr. 6.
744 LAB (StA), Rep. 148/1, Nr. 8.
745 Es gab wiederholt erfolglose Anträge an die Zentralkommandantur, das NKWD-Lager in die weitere Umgebung von Berlin zu verlegen. LAB (StA), Rep. 148/1, Nr. 8.

der Aachener Spiegelmanufaktur A.G., der Firma ASID Preßwerk A.G. und der Knopffabrik Koch & Co. erfolgt sei und diese somit nicht für die Friedensproduktion zur Verfügung stünden. Auf Interventionen der deutschen Ortsverwaltung sowie des sowjetischen Ortskommandanten erklärte der Lagerkommandant, *daß er auf höheren Befehl gehandelt habe*.[746] Die Heike-Fabrik wurde völlig demontiert und als Reparationsleistung in die Sowjetunion verbracht. Das betraf auch Restbestände an Maschinen und Materialien der anderen Betriebe.

Vor allem für die Bewohner der umliegenden Straßen war das Lager mit einer Reihe von »Vorkommnissen« verbunden. Im Juni 1945 beschwerte sich ein Anwohner der Gärtnerstraße 17/18 darüber, daß *die Gefangenen des Politischen Lagers unter Bewachung auf seinem Grundstück Mauer und Stallungen niederlegen, Steine abputzen, um sie für Aufbauten innerhalb des Lagers zu verwenden*. Dies sei eine ständige Beschwerde, wie die Ortsamtsstelle Hohenschönhausen konstatierte, aber auch der Ortskommandant hätte ohne Erfolg dagegen intervieniert.[747] Das Betreten des Lagers war im übrigen auch für Arbeiter und Ingenieure, die dort im Herbst 1945 einen Kanalisationsschaden beheben mußten, erst nach langwierigen Verhandlungen mit der Lagerleitung möglich.[748] Wiederholt wurden Personen, die versucht hatten, mit den Insassen des Lagers in Verbindung zu treten, von einer sowjetischen Streife zum Polizeirevier Nr. 287 in Hohenschönhausen gebracht, wo sie nach Feststellung der Personalien wieder entlassen wurden. Der offizielle Zugang des Lagers befand sich in der Freienwalder Straße 17/19. Bewohner des Hauses Freienwalder Straße 20 klagten im Oktober 1945 darüber, daß *täglich ... Ansammlungen von Privatpersonen vor dem Haus stattfinden, die ihre Angehörigen in dem russischen Auffanglager Genslerstraße besuchen wollen. Dadurch ist unser Haus ein ständiger Unruheherd geworden. Die Frauen versuchen, sich beim Nahen des russischen Postens in dem Hause zu verstecken. Die gesamte Mieterschaft bittet um Abhilfe, da sie durch den dienstlichen Zugriff von Streifen der Roten Armee gegen die Nazi-Frauen Gefahren auch für sich fürchten.*[749]

Das Lager Hohenschönhausen hatte durchschnittlich 2 000 Strafgefangene und Internierte; die Gesamtbelegung betrug 10 000 bis 12 500 Personen, von denen 3 000 bis 3 500 verstarben.[750] Sie wurden in Massengräbern verscharrt, die sich nach Berichten von Zeitzeugen auf dem Gelände zwischen Grosse-Leege-, Gärtner-, Ferdinand-Schultze- und Bahnhofstraße befinden sollen. Dokumente vom August 1945 belegen dies auf makabre Art und Weise. Am 8. August 1945 meldete eine Einwohnerin dem Polizeirevier, daß auf dem Schuttabladplatz in der Gärtnerstraße eine Leiche liege. Erste Ermittlungen ergaben, daß es sich um 37 Leichen handelte. Aber nach weiteren Nachforschungen hieß es im Bericht des Reviervorstehers vom 10. August: *Das Gelände an der Gärtnerstraße befindet sich in der Nähe eines Konzentrationslagers, das der russischen Besatzungsarmee untersteht. Die in diesem Lager verstorbenen Insassen werden während der Nachtstunden in den Granattrichtern des etwa 4 bis 5 Morgen großen Freigeländes verscharrt. Mehrere Granattrichter mit Toten wurden fest-*

---

746 Im August 1945 versuchte das Weißenseer Amt für Industrie nach wie vor, die *Freigabe der durch das politische Häftlingslager blockierten 8 Fabriken* zu erreichen. LAB (StA), Rep. 148/1, Nr. 19.
747 LAB (StA), Rep. 148/1, Nr. 16.
748 LAB (StA), Rep. 148/1, Nr. 16.
749 LAB (StA), Rep. 148/1, Nr. 148.
750 *Sowjetische Internierungs- bzw. Speziallager*, S. 18.

Eingang zur ehemaligen Untersuchungshaftanstalt des MfS in der Freienwalder Straße; Aufnahme 1992.

gestellt. Eine genaue Zahl kann nicht angegeben werden. Dieser Zustand ist weiterhin nicht haltbar, zumal das Moment der Seuchengefahr von Tag zu Tag steigt. Meldung an die Bezirksverwaltung und das Gesundheitsamt für Abstellung des Mißstandes ist ergangen. Es wird angestrebt, eine Grabstelle zu ermitteln, um umgehend die Umbettung vorzunehmen.[751] Auf dem Schuttabladeplatz waren 200 bis 250 Leichen gefunden worden. Die Kriminalpolizei Weißensee, der die Angelegenheit zur Bearbeitung übergeben worden war, teilte dem Polizeipräsidium Berlin am 16. August mit: *Nach der nun heute mit dem Lagerkommandanten gehabten Unterredung ist dieser keineswegs geneigt, die dort liegenden und gefundenen Leichen zur Umbettung freizugeben. Seiner Erklärung nach genüge es, auf die Leichen Sand bzw. Erde zu schaufeln, und sie somit an Ort und Stelle zu belassen. Der Herr Lagerkommandant will für die Erledigung dieser Angelegenheit selbst Sorge tragen und wünscht, daß wir von hier aus nichts weiter unternehmen.*[752]

Nach Auflösung des Internierungslagers im Herbst 1946 diente das Gebäude der ehemaligen Großküche bis März 1951 als zentrales Untersuchungsgefängnis des »Ministeriums für Innere Angelegenheiten der UdSSR« (MWD).[753] 1951 über-

---

751 LAB (StA), Rep. 148/1, Nr. 147.
752 LAB (StA), Rep. 148/1, Nr. 147.
753 Das MWD war seit 1946 die Nachfolgeeinrichtung des NKWD. Zu den Inhaftierten gehörten *deutsche Kommunisten, Sozialdemokraten, Bürgerliche, Titoisten und Trotzkisten*, aber ebenso sowjetische Offiziere, die der stalinistischen Verfolgung innerhalb der SMA zum Opfer gefallen waren, darunter zahlreiche Redakteure der »Täglichen Rundschau« sowie *Oberst Feldmann, der sowjetische Manager der Zeitung »Nachtexpreß«, ein Kulturoffizier jüdischer Herkunft. Fall 6 Josef Scholmer,* in: Horst Krüger (Hrsg.), *Das Ende einer Utopie. Hingabe und Selbstbefreiung früherer Kommunisten*, Olten-Freiburg im Breisgau 1963, S. 145.

nahm das MfS die Haftanstalt.[754] Bis zur Fertigstellung eines Neubaus Anfang der sechziger Jahre waren die Kellerzellen des Gebäudes noch mit Häftlingen belegt. Das ehemalige Lager II diente bis 1971 als Haftarbeitslager (Lager X). Die Häftlinge waren Mitte der fünfziger Jahre beim Bau einer Wohnsiedlung im Gebiet Schöneicher, Küstriner und Werneuchener Straße sowie in der auf dem Lagergelände gelegenen KfZ-Werkstatt für Regierungs- und MfS-Fahrzeuge eingesetzt. Bis etwa 1954/55 gab es dort außerdem eine Spezialwerkstatt für Sonderaufträge des MfS.[755] In Hohenschönhausen befand sich bis zum Herbst 1989 die Leitzentrale für alle MfS-Haftanstalten der DDR.[756] Teile der ehemaligen Haftanstalt werden als Gedenkstätte gestaltet. Ein dem MfS unterstelltes Archiv mit Unterlagen aus der NS-Zeit, das seinen Standort gleichfalls in der Freienwalder Straße hatte, gehört heute zum Bundesarchiv.

Gründung der »Einheitspartei« und Wahlen 1946

Bereits im Juni 1945 war von der SPD- und der KPD-Führung vereinbart worden, auf allen Parteiebenen Arbeitsgemeinschaften zu bilden. Die mögliche Verschmelzung beider Parteien wurde als ein langfristiges Ziel angesehen. Die im Widerstand während der NS-Diktatur vielfach entstandene Bereitschaft bei SPD-Mitgliedern, eine gemeinsame Partei mit den Kommunisten aufzubauen, hielt jedoch nicht lange an. Zum einen sah die SPD in der Schaffung einheitlicher Reichsparteien die entscheidende Voraussetzung für die Einheit der Arbeiterbewegung. Zum anderen und vor allem mehrten sich Klagen über die massive Benachteiligung von Sozialdemokraten beim Aufbau der neuen Verwaltungen.[757] Im Juli 1945 erhob die Weißenseer SPD beim Bürgermeister Einspruch gegen die dominierende Rolle der KPD bei der Besetzung der Bezirksobleute der Ortsamtsstelle Hohenschönhausen. Sollte ein gütlicher Ausgleich nicht möglich sein, so wollte die SPD die von ihr nominierten Obleute zurückziehen. Es wurde darauf verwiesen, daß ihnen bei einer Besprechung in der sowjetischen Kommandantur im Beisein der KPD-Vertreter ausdrücklich versichert worden sei, daß *eine auf Parität beruhende Verwaltung durchaus erwünscht ist*.[758]

Ansprüche der Christlich-Demokratischen Union (CDU) auf freigewordene Posten im Zusammenhang mit nicht näher bekannten »Hohenschönhauser Vor-

---

754 Zu den »Insassen« der Haftanstalt in den fünfziger Jahren gehörte unter anderen der Leiter des Aufbau-Verlages Walter Janka. Vgl. Walter Janka, *Schwierigkeiten mit der Wahrheit*, Reinbek bei Hamburg 1989, insbes. S. 66ff. Des weiteren: Dieter Borkowski, *Für jeden kommt der Tag ... Stationen einer Jugend in der DDR*, Berlin 1990; Herbert Crüger, *Verschwiegene Zeiten. Vom geheimen Apparat der KPD ins Gefängnis der Staatssicherheit*, Berlin 1990, S. 154ff.
755 Materialsammlung Internierungslager und MfS-Haftanstalt; Gerhard Finn, *Die politischen Häftlinge in der Sowjetzone 1945–1959*, Köln 1989, S. 197ff.
756 Durchschnittlich sechshundert politische Häftlinge sollen hier in den achtziger Jahren inhaftiert gewesen sein, das Personal etwa vierhundert Personen umfaßt haben. Informationen des Kulturstadtrates Rainer Hartmann bei einer Begehung des Geländes der ehemaligen MfS-Haftanstalt durch den Kulturausschuß der BVV Hohenschönhausen am 2. April 1992. Nach Herstellung der deutschen Einheit wurde die Haftanstalt teilweise durch die Berliner Justiz genutzt. Letzter Häftling war der ehemalige Minister für Staatssicherheit der DDR, Erich Mielke.
757 Hurwitz, *Zwangsvereinigung*, S. 86f.
758 LAB (StA), Rep. 148/4, Nr. 18.

gängen« im Herbst 1945 wurden vom Weißenseer Bezirksamt abgewiesen.[759] Im April 1946 klärte der sowjetische Kommandant, daß seinerseits keine Bedenken gegen eine Wiedereinsetzung des Ortsamtsstellenleiters Großmann vorliegen würden. Diese könnte jedoch *erst nach dem Zusammenschluß der Parteien, um die Bevölkerung nicht auf Trugschlüsse kommen zu lassen, ... vorgenommen werden.*[760]

Während die Tätigkeit der Obleute von den amerikanischen und britischen Alliierten in ihren Sektoren im August beziehungsweise Oktober 1945 untersagt worden war, erließ der Magistrat im September 1945 ein Obleute-Statut, auf dessen Grundlage sie Teil der Selbstverwaltung wurden.[761] Aufschlußreich ist in diesem Zusammenhang eine Besprechung des Bürgermeister-Stellvertreters Becker mit den Bezirksobleuten am 26. September 1945, auf der er hervorhob, daß die Versammlungen mit den Obleuten keine Diskussionsveranstaltungen seien, sondern es hierbei um die Festlegung der Richtlinien für die Arbeit der Obleute gehe. Es bliebe den Bezirksobleuten jedoch überlassen, die Zusammenkünfte politisch zu beeinflussen: *Aus den Zeitungen haben wir ersehen, daß der Magistrat bestrebt ist, diese Institutionen zu erhalten. Wie wäre es ohne diesen Apparat möglich, die Bevölkerung im antifaschistischen Sinne zu beeinflussen. Um auf eine demokratische Basis zu gelangen, sollen die Hausobleute durch Hausversammlungen gewählt werden ... Die Blockobleute werden wieder aus dem Kreise der Hausobleute gewählt, die Straßenobleute wieder von den Blockobleuten. Den Einwand Hohenschönhausens, daß auch die Möglichkeit besteht, daß die Bezirksobleute gewählt werden müssen, beantwortete Herr Becker, daß das schon möglich sei. Jedoch ist diese Frage bei uns im russischen Sektor nicht so sehr akut.*[762]

Die forcierte Einheitskampagne der KPD seit Herbst 1945 und insbesondere seit Beginn des Jahres 1946 sowie der Vereinigungsbeschluß des Zentralausschusses der SPD vom 11. Februar 1946[763] wurden von einem Teil der sozialdemokratischen Mitglieder und Funktionäre, darunter dem Weißenseer Kreisvorstand,[764] nicht mitgetragen. Ende März war die Opposition im Weißenseer Kreisverband jedoch ausgeschaltet.[765] Unter den KPD-Mitgliedern gab es gleichfalls ablehnende Haltungen zumindest hinsichtlich einer schnellen Vereinigung. Diese gründeten sich vor allem auf ein grundsätzlich verschiedenes Macht- und Demokratieverständnis und damit verbundene Auffassungen über den Charakter des anzustrebenden gesellschaftlichen Systems in Deutschland und die Rolle der Sozialistischen Einheitspartei Deutschlands (SED). Hinzu kamen auf beiden Seiten tief verwurzelte politische und persönliche Vorbehalte.[766]

Nach dem Vereinigungsparteitag der beiden Parteien am 21./22. April konstituierte sich am 24. April 1946 der SED-Kreisvorstand Weißensee, dem 16 ehemalige KPD- und 14 frühere SPD-Mitglieder angehörten. Die ersten Vorsitzenden waren Kurt Steffen (KPD) und der im März gewählte neue Kreisleiter der SPD Georg Kaufmann.[767] Die Hoffnungen zahlreicher vormaliger SPD-Mitglieder hin-

---

759 LAB (StA), Rep. 148/1, Nr. 65.
760 LAB (StA), Rep. 148/1, Nr. 7.
761 Axel Reibe, *Kommunalpolitik an einem schwierigen Ort. Die acht Bezirke von Berlin nach 1945*, in: Unverhau, *Berlin in Geschichte und Gegenwart*, S. 188f.
762 LAB (StA), Rep. 148/1, Nr. 106.
763 Hurwitz, *Zwangsvereinigung*, S. 46f.
764 Hurwitz, *Zwangsvereinigung*, S. 133f.; *Chronik der Kreisparteiorganisation Berlin-Weißensee*, S. 22f.
765 Hurwitz, *Zwangsvereinigung*, S. 136.
766 Vgl. Eisenkolb-Großmann, *Erinnerungen*, S. 16f.; 19.
767 *Chronik der Kreisparteiorganisation Berlin-Weißensee*, S. 23ff. Am 31. Mai 1946 wurden jedoch

sichtlich der SED als einer Partei, in der sich Traditionen und Ideen beider Bewegungen finden würden, zerschlugen sich spätestens mit der Umwandlung der SED in eine »Partei neuen Typus« seit 1948. In deren Folge verloren Tausende Sozialdemokraten ihren Arbeitsplatz oder wurden politisch verfolgt; die »Säuberungen« innerhalb der SED betrafen aber ebenso vormalige KPD-Mitglieder.[768]

Die Zusammensetzung der Bezirksämter, deren gesetzliche Grundlage seit September 1945 das vom Magistrat ausgearbeitete und von der Alliierten Kommandantur bestätigte Bezirksverfassungsstatut bildete, blieb bis zu den Oktober-Wahlen 1946 im wesentlichen unverändert.[769] Das von der SED-Kreisleitung herausgegebene »Weißenseer Volksblatt« konstatierte am 16. Oktober, daß es zwar zwei bürgerliche Bezirksräte gäbe, aber eigentlich das *Bezirksamt gleich SED* wäre und deshalb in Weißensee vieles besser als anderswo laufen würde.[770] Dennoch wurde – für die SED überraschend und enttäuschend – die beachtliche Aufbauleistung der von ihr dominierten Verwaltung bei den Wahlen am 20. Oktober nicht entsprechend honoriert.[771] In Weißensee entfielen 26,9 Prozent der Stimmen auf die SPD, 20,4 Prozent auf die SED, 13,6 Prozent auf die CDU und 5,1 Prozent auf die Liberaldemokratische Partei (LDP).[772] Neuer Bürgermeister wurde Wilhelm Reimann (SPD). Die SPD stellte zudem vier Bezirksstadträte, darunter für Personal, Wirtschaft und Gesundheit, die LDP erhielt das Bauamt, die CDU die Ressorts Arbeit und Ernährung. Die SED stellte mit Paul Becker den stellvertretenden Bürgermeister sowie die Sozial- und Bildungsstadträte.[773] Dennoch war damit kein wirklicher (partei)politischer Einfluß der neugewählten Bezirksämter verbunden. Bis 1948 verloren sie den größten Teil ihrer ohnehin geringen Kompetenzen. Nach der Konstituierung des separaten Ost-Magistrats am 30. November 1948 erfolgte eine Umbildung der Bezirksämter, die nur noch ausführende Organe des Magistrats waren.[774]

sowohl SED als auch SPD von der Alliierten Kommandantur in allen vier Berliner Sektoren zugelassen; die Anerkennung der SPD in den Ostbezirken erfolgte im Juni 1946. Reibe, *Kommunalpolitik*, S. 197.
768 Hurwitz, *Zwangsvereinigung*, S. 53; Andreas Malycha, *Die Vereinigung von SPD und KPD und die Stalinisierung der SED*, in: *Der Stalinismus in der KPD*, S. 54ff. Vgl. auch die Beiträge in: Krüger, *Das Ende einer Utopie*.
769 Reibe, *Kommunalpolitik*, S. 185ff.
770 *Weißenseer Volksblatt* vom 16. Oktober 1946.
771 Reibe, *Kommunalpolitik*, S. 199f.
772 Berechnet nach Reibe, *Kommunalpolitik*, S. 198.
773 LAB (StA), Rep. 148/1, Nr. 8.
774 Reibe, *Kommunalpolitik*, S. 176, 228f.

Sozialistischer Aufbau in den Ortsteilen des Stadtbezirks Weißensee

Nach der Spaltung Berlins 1948 und der Gründung der DDR am 7. Oktober 1949 bildete Weißensee einen Stadtbezirk der Hauptstadt der DDR. Die politische Ordnung innerhalb des Bezirks erfolgte nach dem Prinzip des demokratischen Zentralismus, wobei die staatlichen Organe von Anbeginn der politischen »Anleitung«, das heißt der Einflußnahme und Kontrolle der SED-Parteiinstitutionen unterstanden.[775]

Noch während der einheitlichen Verwaltung ganz Berlins hatte die Stadtverordnetenversammlung im Februar und März 1947 Gesetze zur »Überführung von Konzernen und sonstigen wirtschaftlichen Unternehmen in Volkseigentum« sowie zur »Einziehung von Vermögenswerten der Kriegsverbrecher und Naziaktivisten« beschlossen, die jedoch in den Westsektoren aufgrund des Einspruchs der Westalliierten Kommandanten nicht zur Anwendung gekommen waren. Nach Spaltung der Stadt erlangten sie jedoch im Sowjetischen Sektor im Februar und Mai 1949 Gesetzeskraft, wobei man teilweise eine recht weitgehende Auslegung derselben praktizierte. Auch in Hohenschönhausen und den anderen Ortsteilen wurden in der Folgezeit die meisten Betriebe in Volkseigentum überführt, anfangs unter treuhänderischer Verwaltung, wie die Metallwarenfabrik Fröhlingshausen & Haut in der Freienwalder Straße 28/29. Seit Anfang der fünfziger Jahre vollzog sich die Umwandlung in Volkseigene Betriebe (VEB). Bereits 1955 hatte die volkseigene Industrie in Weißensee einen Anteil von knapp neunzig, die private von sieben Prozent an der industriellen Bruttoproduktion des Bezirks (ohne Handwerk); der übrige Teil entfiel auf Treuhandbetriebe.[776] Die städtischen Güter, die bis 1949 unter sowjetischer Verwaltung standen, wurden in Volkseigene Güter (VEG) umgewandelt. Sie umfaßten über vierzig Prozent der landwirtschaftlichen Nutzfläche im Ostteil Berlins. Die VEG in Malchow und Falkenberg entwickelten sich zu Schwerpunkten der Viehzucht und -haltung und spielten eine wichtige Rolle bei der Fleischversorgung der Berliner Bevölkerung.[777] Das ehemalige Gutshaus in Malchow wurde 1951 von der Humboldt-Universität zu Berlin übernommen. Seit 1952 hatte hier eine Außenstelle des Instituts für Acker- und Pflanzenbau ihren Sitz, 1964 kam ein Institut für Pflanzenschutz hinzu. Zu den Forschungsschwerpunkten zählte seit Ende der sechziger/Anfang der siebziger Jahre die landwirtschaftliche Nutzung der ehemaligen Rieselfelder.[778]

Einen Eindruck von Größe und Profil Hohenschönhausener Betriebe, der Anzahl der Volkseigenen (VEB), Privaten (PB) und Treuhandbetriebe (TB) sowie dem politischen Einfluß der SED, gemessen an der Mitgliederzahl der Betriebsparteiorganisationen (BPO), vermittelt die folgende Übersicht vom Sommer 1954:[779]

---

775 *Berlin. Sowjetsektor. Die politische, rechtliche, wirtschaftliche, soziale und kulturelle Entwicklung in acht Berliner Verwaltungsbezirken*, Berlin 1965, S. 58ff.
776 SAPMO-BArch, Bezirksparteiarchiv [künftig zitiert: BPA], Nr. IV 4/08/116.
777 LAB (StA), Rep. 148/1, Nr. 1.
778 *Chronik der Außenstelle Malchow des Bereiches Acker- und Pflanzenbau an der Humboldt-Universität zu Berlin* [1972].
779 SAPMO-BArch, BPA, Nr. IV 4/08/115. Die Liste enthält ebenso Angaben zu den VEG und der zu diesem Zeitpunkt noch einzigen LPG des Stadtbezirks, erfaßt aber nicht alle hier ansässigen Betriebe.

Betrieb	Anzahl der Beschäftigten	Mitglieder der BPO
Metallbetriebe		
VEB Elektromont, Quitzowstraße	437	15
PB Reiser, Werneuchener Straße	30	
PB Elle, Degnerstraße	23	
PB Ritter, Degnerstraße	32	
PB Lütke, Degnerstraße	75	
Chemiebetriebe		
VEB Scheidemandel, Weißenseer Weg	55	
VEB I[ndustrie]ga[s], Goeckestraße	36	5
VEB Seifenfabriken Werk II, Quitzowstr.	keine Angabe	
VEB Pyrotechnische Werkstatt Malchow	keine Angabe	
Holzverarbeitende Industrie		
VEB Holzwerk, Quitzowstraße	481	39
VEB Sperrholzwerk, Malchow	90	9
TB Mergler, Berliner Straße	32	
PB Haase, Mittelstraße	22	
Nahrungs- und Genußmittelindustrie		
VEB Gnom, Hohenschönhauser Straße	313	29
VEB Kahlbaum, Grosse-Leege-Straße	207	28
VEB Lebensmittel und Konserven, Grosse-Leege-Straße	173	9
VEB Fernküche, Freienwalder Straße	keine Angabe	
TB Mampe, Weißenseer Weg	45	
PB Hähnge, Werneuchener Straße	17	
PB Reetz, Freienwalder Straße	18	
Handel und Transport		
VEB Konsum-Bäckerei, Bahnhofstraße	71	7
VVB Leitverlag, Berliner Straße	46	7
HO Sport, Freienwalder Straße	145	14
Post Hohenschönhausen	125	11
Landwirtschaftsbetriebe		
VEG Falkenberg	201	17
VEG Malchow	24	15
Ingenieurschule Wartenberg	57	53
LPG »1. Mai« Wartenberg	131	14

Mit der Veränderung in den Eigentumsverhältnissen war die »planmäßige Entwicklung der Volkswirtschaft« verbunden. Markantes Kennzeichen des alljährlichen »Kampfes um die Planerfüllung« wie überhaupt der politischen Propaganda waren stets und vor allem die Losungen, deren gewünschte Wirkung bezweifelt werden darf, die aber durchaus Zeitkolorit vermitteln. Im Bericht der SED-Kreisleitung Weißensee über die 1. Mai-Demonstration 1953 wurde beispielsweise vermerkt, daß der Höhepunkt des Vorbeimarsches an der Tribüne des ZK durch *zu wenig anfeuernde Worte von den Sprechern der Tribüne* geschmälert worden sei.[780] Und im Jahre 1960 stand die »Ehrenbuchbewegung« der Weißenseer Betriebe unter der Losung: *Jeder Hammerschlag, jeder Doppelzentner Getreide und Fleisch über den Plan ist ein Nagel zum Sarge der Kriegstreiber.*[781] Dennoch zeigten sich bereits in der zweiten Hälfte der fünfziger Jahre »planwidrige Entwicklungstendenzen«, wie man die höheren Produktionssteigerungen der privaten gegenüber der volkseigenen Industrie bewertete. Analoges wurde für das private Handwerk konstatiert. Aus der Tatsache, daß die Produktivität der Privaten zwar höher sei als die der VEB, letztere jedoch die Löhne gesteigert hätten, schlußfolgerte man, daß sich der Ausbeutungsgrad der Werktätigen in der Privatindustrie verschärft habe und dies im Widerspruch zu den Zielen von Partei und Regierung und dem Aufbau des Sozialismus stünde.[782]

Das endgültige Ende der halbstaatlichen und fast aller privaten Betriebe in Berlin datiert in das Jahr 1972, als versucht wurde, mit der völligen Verstaatlichung die sich seit 1970 abzeichnende ökonomische und soziale Krisensituation in der DDR in den Griff zu bekommen.[783] Im Bezirk Weißensee wurden bis Juni 1972 aus vorherigen Betrieben mit staatlicher Beteiligung (BSB), Treuhand- und Privatbetrieben (PB) sowie industrieproduzierenden Produktionsgenossenschaften des Handwerks (PGH) 45 selbständige VEB gebildet sowie 17 als Betriebsteile an bestehende oder neugebildete VEB angegliedert; vier der neuen VEB waren zudem Kombinaten angeschlossen. 27 der ehemaligen Komplementäre oder Inhaber wurden zu Betriebsleitern ernannt, in 18 Betrieben die ehemaligen Geschäftsführer oder neu berufene Direktoren eingesetzt.[784] Während die Verstaatlichung bei den bisherigen Inhabern oder Komplementären überwiegend auf Ablehnung stieß, stand bei nicht wenigen Arbeitern die Hoffnung auf Lohnerhöhungen im Vordergrund.

Von den Maßnahmen waren in Hohenschönhausen unter anderem die folgenden Betriebe betroffen: PB Passoth & Co., Küstriner Straße, zehn Beschäftigte: Betriebsteil des VEB Möbelkombinat Berlin; BSB Wagenknecht KG, Orankestraße, 75 Beschäftigte: VEB Starkstromanlagen; BSB Reiser KG, Werneuchener Straße, 24 Beschäftigte: Betriebsteil des VEB Straßeninstandhaltung; PB Ernst Liess, Freienwalder Straße, 18 Beschäftigte: VEB Spezialverpackung; BSB A. M. Barth Nachf. Türk KG, Werneuchener Straße, 30 Beschäftigte: VEB Tiefbau; BSB Coloran. Spezialfabrik für Theaterkosmetik Krause & Co. KG, Küstriner Straße, 50 Beschäftigte: VEB Coloran; BSB Georg Heise KG, Degnerstraße: Betriebsteil des Elektro-Appa-

---

780 SAPMO-BArch, BPA, Nr. IV 4/08/034.
781 SAPMO-BArch, BPA, Nr. IV 4/08/115.
782 SAPMO-BArch, BPA, Nr. IV 4/08/116.
783 Kerstin Ohms, *Die Verstaatlichung. Das Ende halbstaatlicher und privater Betriebe 1972 in Berlin*, in: Jochen Černy (Hrsg.), *Brüche, Krisen, Wendepunkte. Neubefragung von DDR-Geschichte*, Berlin 1990, S. 273ff.
784 SAPMO-BArch, BPA, Nr. IV C 4/08/151.

rate-Werks Treptow; BSB Hermann Ritter KG, Degnerstraße, 67 Beschäftigte: VEB Fernmeldeanlagen Berlin.[785] Die überstürzte Verstaatlichung brachte jedoch nicht die gewünschten Ergebnisse, sondern bewirkte das Gegenteil – eine weitere Verschärfung der wirtschaftlichen, insbesondere der Versorgungslage bei Konsumgütern.[786]

Nachdem noch Anfang der fünfziger Jahre von seiten der Regierung erklärt worden war, daß eine Kollektivierung der Landwirtschaft nicht vorgesehen sei, änderte sich dies nach der 2. Parteikonferenz der SED im Jahre 1952. Der administrative und ökonomische Druck auf einen wachsenden Teil der Einzelbauern nahm zu. Vor dem Hintergrund der Stalinschen These von der gesetzmäßigen Verschärfung des Klassenkampfes waren von den in vielen Fällen ungerechtfertigten Zwangsmaßnahmen vor allem Großbauern betroffen, denen man bei Ablieferungsschwierigkeiten und Steuerrückständen sofort Sabotage unterstellte und ihre Wirtschaften beschlagnahmte. 77 Prozent der zumeist großbäuerlichen Betriebe, die man bis Ende Mai 1953 in staatliche Verwaltung überführte beziehungsweise an LPG übergab, waren von Februar bis Mai 1953 beschlagnahmt worden. Zahlreiche Bauern wurden in oftmals öffentlich geführten Prozessen zu Vermögenseinzug und Freiheitsstrafen verurteilt. Eine zunehmende Republikflucht von Einzel-, insbesondere Großbauern war die Folge.[787] Nach dem 17. Juni 1953 und der Verkündung des Neuen Kurses erhielten in Malchow fünf und in Wartenberg ein Bauer ihre Höfe zurück.[788]

Im Februar 1953 fand in Wartenberg eine öffentliche Verhandlung gegen den Gärtnereibesitzer Fritz Arndt sowie den Großbauern Helmut Böttcher statt. Böttcher war wegen Nazipropaganda, Sabotage und *Gefährdung des Friedens des deutschen Volkes durch tendenziöse Gerüchte*, Arndt unter anderem wegen *Gefährdung der Wirtschaftsplanung und der Versorgung der Bevölkerung* durch Schiebungen angeklagt worden. Beide wurden zu mehrjährigen Freiheitsstrafen sowie zum Einzug ihres Vermögens verurteilt. An der Verhandlung nahmen etwa dreihundert Zuschauer teil, und in der Beratungspause des Gerichts wurde der Dokumentarfilm »Die große Kraft« gezeigt.[789] Ein solches Vorgehen stieß zumindest bei Landarbeitern und Gärtnern der enteigneten Betriebe auf Zustimmung, nicht zuletzt aufgrund ihrer ganz persönlichen Erfahrungen als Arbeitskräfte auf den Höfen der Großbauern. Als sich 45 von ihnen am 18. April 1953 zur LPG »1. Mai« zusammenschlossen, hofften sie auf eine Verbesserung ihrer wirtschaftlichen und sozialen Verhältnisse.[790] In die LPG, deren erster Vorsitzender Willi Fröhlich war, wurde das Land der beschlagnahmten Betriebe und Rieselland, insgesamt über 172 Hektar landwirtschaftliche Nutzfläche, sowie ein Maschinenpark eingebracht.

Im Zusammenhang mit der Wartenberger LPG-Gründung organisierte die SED-Kreisleitung Weißensee Agitationseinsätze, »Stalin-Kurse«, und in allen Ortsteilen

---

785 SAPMO-BArch, BPA, Nr. IV C 4/08/152, 153.
786 Ohms, *Die Verstaatlichung*, S. 276f.
787 Dieter Schulz, *Ruhe im Dorf. Die Agrarpolitik von 1952/53 und ihre Folgen*, in: Černy, *Brüche, Krisen, Wendepunkte*, S. 106f.
788 LAB (StA), Rep. 148/1, Nr. 130.
789 SAPMO-BArch, BPA, Nr. IV 4/08/033.
790 Kristine Hoernecke, *Aus der Dorfchronik von Berlin-Wartenberg*, T. 1, in: *Berliner Heimat* (1960), H. 4, S. 173f.; dies., *Dorfchronik Berlin-Wartenberg*, unveröff. Manuskr. [1959], Heimatmuseum Berlin-Hohenschönhausen, S. 6f.

zeigte man den Film »Licht über Koordi«. Der neugegründeten LPG wurde vielfältige Unterstützung zuteil. Zu ihren acht Patenbetrieben gehörten unter anderem die Ingenieurschule für Landtechnik[791] in Wartenberg und das Staatliche Rundfunkkomitee der DDR.[792] Als im Juni 1953 ein Hochwasser den größten Teil der Blumenkohlernte vernichtete, bezahlte die Regierung den Schaden und trug zudem die Kosten für die Luchregulierung in Höhe von 250 000 Mark.[793] Neue Mitglieder erhielt die LPG in der ersten Hälfte der fünfziger Jahre durch die von der SED beschlossene Initiative »Industriearbeiter aufs Land«; 1956/57 kamen die ersten Einzelbauern hinzu. 1960 erfolgten die Gründung der LPG »Frieden« und der Gärtnerischen Produktionsgenossenschaft (GPG) »Weiße Taube« in Hohenschönhausen, der LPG »Florian Geyer« in Malchow[794] und der LPG Falkenberg.

Die Entwicklung der LPG in Wartenberg, das 1960 erstes vollgenossenschaftliches Dorf in Berlin war, gestaltete sich wie überall konfliktreich, auch wenn die bisherigen Dorfchroniken mehr oder weniger nur eine Erfolgsgeschichte beschreiben. Der häufige Wechsel der LPG-Vorsitzenden in den Anfangsjahren – allein von 1953 bis 1956 vier –, der Widerstand vieler Einzelbauern gegen die LPG, die *fehlende Zeit und Geduld, um sie von der Richtigkeit der LPG zu überzeugen*, von der die Rede ist, die zahlreichen Republikfluchten in jener Zeit deuten dies nur an.[795] Skepsis und Vorbehalte gegenüber der LPG, vor allem hinsichtlich der Rentabilität der landwirtschaftlichen Großproduktion, prägten auch in den anderen Dörfern die Einstellung vieler Bauern.[796] In einem »Stimmungsbericht« der Bevölkerung der ländlichen Ortsteile vom März 1954 wird die Beteiligung der Dorfbewohner an Versammlungen und Demonstrationen als *wachsende politische Aktivität* bewertet, aber auch der Klassengegner, womit insbesondere Mitglieder der SPD und kirchliche Kreise gemeint waren, verstärke seinen Einfluß. Die SED besitze im VEG Malchow und in der LPG »1. Mai« noch nicht das Vertrauen der Belegschaft und der Genossenschaftsmitglieder, denn es sei bisher kein werktätiger Bauer Mitglied der Wartenberger LPG geworden.[797]

Im Mai 1956 wurde hinsichtlich der *politischen Haltung unserer Bauern* konstatiert, daß es zwar in allen Ortsteilen Gruppen der Demokratischen Bauernpartei Deutschlands (DBD) gäbe, allein in Wartenberg mit zwanzig Mitgliedern, diese aber politisch wenig aktiv würden.[798] Die Bauern gehörten größtenteils der Vereinigung der gegenseitigen Bauernhilfe (VdgB) an. Durch die Einrichtung der Maschinen-Traktoren-Station (MTS) in Malchow[799] wäre der bis 1953 dominierende

---

791   1949 war in Wartenberg die zentrale Schule der Maschinen-Ausleih-Stationen (MAS) eröffnet worden, aus der 1952 die Ingenieurschule für Landtechnik hervorging. 1969 erhielt sie den Status einer Ingenieurhochschule.
792   SAPMO-BArch, BPA, Nr. IV 4/08/034.
793   Kristine Hoernecke, *Aus der Dorfchronik von Berlin-Wartenberg*, T. 2, in: *Berliner Heimat* (1961), H. 1, S. 36.
794   *Die Herren von Malchow*, hrsg. von der Sozialistischen Einheitspartei Deutschlands, Bezirksleitung Berlin, Abteilung Agitation/Propaganda [1961].
795   Vgl. Dieter Beseler/Kristine Hoernecke/Liesel Jacoby, *Dorfchronik Wartenberg*, unveröff. Manuskr., Heimatmuseum Berlin-Hohenschönhausen.
796   LAB (StA), Rep. 148/7, Nr. 44.
797   SAPMO-BArch, BPA, Nr. IV 4/08/129.
798   So habe es keinesfalls Einigkeit zwischen SED und DBD gegeben, denn einige DBD-Mitglieder hätten Vorstellungen gehabt, wonach es außer der Regierung auch noch eine Opposition geben müsse. Beseler/Hoernecke/Jacoby, *Dorfchronik Wartenberg*.
799   In Malchow war der Sitz der MTS Groß-Berlin. Bis zu ihrer Einrichtung befand sich der

Einfluß der Großbauern überwunden worden; sie hätten jedoch nach wie vor *mangelndes Vertrauen zur Agrarpolitik unserer Arbeiter-und-Bauern-Macht.* Nach dem V. Parteitag der SED im Juli 1958 nahm die SED-Kreisleitung Weißensee den angestrebten *politischen und wirtschaftlichen Umschwung* im VEG Falkenberg, das zum *führenden Faktor in der sozialistischen Landwirtschaft* werden sollte, in eigene Regie.[800]

Im Frühjahr 1962 resümierte die kleine SED-Parteigruppe der LPG Falkenberg über die Wirksamkeit ihrer politischen Arbeit: *Obwohl wir als Grundorganisation immer wieder mit unseren Bauern diskutieren, daß sie bei uns auf der Scholle des Sozialismus und damit der glücklichen Zukunft sitzen, treten von Zeit zu Zeit bei ihnen Schwankungen auf.* Nur durch die kollektive Arbeit in der Genossenschaft könne aber das egoistische Denken des Einzelnen überwunden werden. Da zwangsläufig zu Hause Probleme der LPG zur Sprache kämen, und sich auch die Widersprüche in der Ehe zuspitzen könnten, sollten die Frauen ihre Männer unterstützen und ebenfalls in der LPG mitarbeiten. Nicht richtig wäre das Verhalten von Frau T., die ihren Mann nach 25 Jahren Ehe und *gemeinsamem Schlafplatz* verlassen habe: *Wie schön wäre es, wenn Frau T. auch Mitglied der LPG wäre, wenn sie im trauten Schlafzimmer bei gleichen Interessen beraten würden, wie könnten wir gemeinsam schneller unsere LPG entwickeln.*[801]

Die LPG »1. Mai« war zu DDR-Zeiten stets eine »Vorzeige-LPG«, ein Aushängeschild für die erfolgreiche Agrarpolitik der SED. Die harte Arbeit und das Engagement ihrer Mitglieder wurden nicht selten in diesem Sinne instrumentalisiert. Vor allem in den fünfziger und sechziger Jahren gab es in Zeitungen und Zeitschriften sowie im Rundfunk zahlreiche Beiträge über Wartenberg, die LPG und ihren langjährigen Vorsitzenden Dieter Beseler; einzelne Mitglieder erhielten hohe staatliche Auszeichnungen, in- und ausländische Delegationen – auch aus westlichen Staaten – waren häufig zu Gast, wissenschaftliche Veranstaltungen zu Landwirtschaftsfragen fanden hier statt, zumal in Wartenberg eine Reihe von sowjetischen »Neuerermethoden« und landwirtschaftlichen Experimenten,[802] aber auch wirkliche produktionstechnische Neuerungen zur Anwendung kamen.[803]

Dennoch stand für die meisten Mitglieder der Wartenberger – und später auch der anderen im Bezirk ansässigen – LPG die tägliche schwere Arbeit im Vordergrund, die ihnen im Laufe der Zeit ein Leben auf dem Lande gestattete, wie sie es vorher nicht für möglich gehalten hätten. Geregelte Arbeitszeit, steigender Verdienst und Urlaub wurden zur Normalität. Neue Wohnungen, Kindereinrichtungen, Sportanlagen, Jugendklub und ein Landwarenhaus konnten gebaut werden. Bildung, Kunst und Kultur standen ihnen offen; ihre Kinder konnten studieren und waren nicht mehr als billige und notwendige Arbeitskräfte an den elterlichen Betrieb gebunden. 1959 wurde die Dorfakademie gegründet, an der 1962 fünfzig Genossenschaftsmitglieder nach Abschluß des Studiums den Facharbeiterbrief er-

---

Stützpunkt der MAS Schönow, Außenstelle Berlin, in der Ingenieurschule für Landtechnik in Wartenberg.
800 SAPMO-BArch, BPA, Nr. IV 4/08/130.
801 SAPMO-BArch, BPA, Nr. IV 4/08/132.
802 Dazu zählten Rinderoffenstall, Fischgrätenmelkstand und das »grüne Fließband« ebenso wie die Anlage von Maulbeerhecken für die Seidenraupenzucht und der Anbau von Mais, der »Wurst am Stengel«. SAPMO-BArch, BPA, Nr. IV 4/08/129.
803 Dazu gehörte unter anderem die Inbetriebnahme einer Anlage zur Aufzucht von Champignons, der erster dieser Art in der DDR, im Jahre 1970. Vgl. *Chronik der LPG »1.Mai«* [1953-1988]; Beseler/Hoernecke/Jacoby, *Dorfchronik Wartenberg.*

Ronald Paris, »Dorffestspiele in Wartenberg«, Triptychon, 1961. Die Bilder zeigen den genossenschaftsbauern Hilmar Henne, der ein Gedicht über die Vorbehalte eines Bauern gegenüber der LPG rezitiert, den Festumzug sowie die Ausstellung der von den beiden Studenten gemalten Bilder im Verbinder.

hielten. Zu den Dozenten zählten neben Praktikern landwirtschaftlicher Betriebe auch Wissenschaftler der Berliner Humboldt-Universität.

Mochte auch mancher mit Skepsis und Vorbehalten Mitglied der LPG geworden sein, so spürte er im Laufe der Jahre, daß mit der Stabilisierung der Genossenschaft ein realer sozialer Fortschritt verbunden war, den man nicht mehr missen wollte. Das sich verändernde Leben auf dem Dorf, das Gefühl, gemeinsam etwas geschaffen und erreicht zu haben, wie den Bau der neuen Schule, des Kulturhauses oder die Einrichtung der Omnibuslinie nach Wartenberg, trug auch dazu bei, daß sich die Beziehungen zwischen den Dorfbewohnern wandelten. In der Wartenberger Chronik heißt es Ende der fünfziger Jahre über eine ehemalige Landarbeiterin, die nach dem Krieg ihre drei Kinder allein durchbringen mußte, in der Gärtnerei Arndt für geringen Lohn arbeitete und 1953 zu den Gründungsmitgliedern der LPG zählte: *Eine gute Arbeiterin und Mutter ist Frau J. Aber das war sie vielleicht schon früher. Jetzt ist sie außerdem ein Mensch unserer Zeit geworden, ein Beweis für die Entwicklung der Frauen: Sie nimmt an der Dorfakademie teil, an dem Gymnastikkursus des Dorfclubs, ist Mitglied der Wettbewerbskommission und ist vorgeschlagen und auch bestätigt als Schöffe. Auch das ist das neue Gesicht unseres Dorfes.*[804]

Welche abstrusen Vorstellungen es hinsichtlich der Entwicklung des »politischen Bewußtseins« aber auch gab, belegt das folgende Beispiel. In den sechziger Jahren kamen von der Parteihochschule der SED Studenten nach Wartenberg, die das Bewußtsein messen wollten! Wie sie dies anstellten, ist nicht bekannt, aber vielleicht wurde die Planerfüllung zugrunde gelegt, nach dem Motto: Gute Arbeitsergebnisse = hohes politisches Bewußtsein = SED. Am besten schnitt nun jedoch eine Gemüsebaubrigade ab, der nur ein SED-Mitglied angehörte, während der Brigadier Mitglied der DBD war: *Der Parteisekretär erschrak genauso wie die Studenten. Von wegen der führenden Rolle ... Es gab zu den Ursachen ein Rätselraten, das eigentlich nicht nötig war, wenn man die Brigade und ihn* (den Brigadier – A.H.) *kannte.*[805]

804 Hoernecke, *Aus der Dorfchronik*, T. 1, S. 174.

> **DAS GESTÄNDNIS**
>
> Erzählung von Galina Nikolajewa, dramatisiert von Armin Stolper
>
> Eine Gemeinschaftsarbeit des Dorftheaters Wartenberg und des Arbeitertheaters Stern-Radio
> unter Anleitung von Mitgliedern des Maxim-Gorki-Theaters und des Deutschen Theaters
>
> Inszenierung: Horst Schönemann und Christoph Schroth / Bühnenbild: Siegfried Bonitz
>
> PERSONEN
>
> [Personenverzeichnis mit Rollen und Darstellern]
>
> **URAUFFÜHRUNG ANLÄSSLICH DER BERLINER FESTTAGE 1963**

Aus dem Programmheft zur Uraufführung des Theaterstückes »Das Geständnis« anläßlich der Berliner Festtage 1963.

    Ende der fünfziger Jahre führte der »Bitterfelder Weg«, der auf eine engere Verbindung von Künstlern mit der materiellen Produktion zielte,[806] einige von ihnen nach Hohenschönhausen und Wartenberg. Im Jahre 1957 beendete der Maler Wolfgang Frankenstein die Arbeit an einem Wandbild im Speisesaal des Holzwerkes in der Quitzowstraße, das – typisch für viele Darstellungen jener Zeit – eine Reihe von Betriebsangehörigen zeigte.[807] 1959 arbeiteten zwei Studenten der Hochschule für bildende und angewandte Kunst, die Maler Ronald Paris und Horst Zikkelbein, für mehrere Monate in der Wartenberger LPG und malten die Kollegen bei der Arbeit.[808] Um die Darstellungsweise entbrannten heiße Debatten, so auch um das 1961 fertiggestellte Triptychon »Dorffestspiele in Wartenberg« von Ronald Paris.[809] 1960 wurde in Wartenberg eine Laienspielgruppe gegründet, die sich später »Dorftheater« nennen durfte.[810] Es entwickelte sich in den folgenden Jahren

---

805 Materialsammlung zur Geschichte der LPG Wartenberg, Heimatmuseum Berlin-Hohenschönhausen.

806 Leonore Krenzlin, *Am Ende des Bitterfelder Weges. Ein Jahrfünft Literatur und Literaturpolitik*, in: Černy, *Brüche, Krisen, Wendepunkte*, S. 217f.

807 Bemühungen um den Erhalt und die Restaurierung des Wandbildes scheiterten; es fiel 1992 – im Einvernehmen mit dem damaligen Bezirksbürgermeister – Abrißarbeiten zum Opfer. Vgl. *Berliner Zeitung* vom 30. Juni 1992.

808 1961 entstanden von Ronald Paris beispielsweise die Bilder »Bei der Heuernte«, »Gemüsebrigade von der LPG Wartenberg« sowie »Heimkehr vom Feld«.

809 Elisabeth (Liesel) Jacoby, *Die Geschichte der Laienspielgruppe Wartenberg*, [1961/64], unveröff. Manuskr., Heimatmuseum Berlin-Hohenschönhausen, S. 50ff.; *Dorffestspiele*, in: *Sonntag* vom 2. Dezember 1979, S. 2.

810 Jacoby, *Die Geschichte der Laienspielgruppe Wartenberg*.

Titel des Programmheftes zur Uraufführung.

eine interessante Zusammenarbeit mit Schauspielern des Maxim-Gorki-Theaters wie Karl-Heinz Oppelt, Uwe-Detlev Jessen und Armin Stolper; später wurde der Dramaturg des Gorki-Theaters, Christoph Schroth, Betreuer des Dorftheaters. Die einstudierten Theaterstücke stammten von DDR- und sowjetischen Autoren und hatten Probleme der Umgestaltung auf dem Lande zum Gegenstand. Zu den Inszenierungen gehörten 1960/61 der Schwank »Weiberzwist und Liebeslist« von Helmut Sakowski und »Das Geständnis« nach einer Erzählung von Galina Nikolajewa, das anläßlich der Berliner Festtage 1963 uraufgeführt und bis Oktober 1964 dreißigmal und vor 7 000 Zuschauern gezeigt wurde. Mit dieser letzten Vorstellung endete die Zusammenarbeit zwischen den Wartenberger Laiendarstellern und den Künstlern und damit auch die Geschichte des Dorftheaters.[811]

Der 17. Juni 1953 in Hohenschönhausen

Lebensmittelverknappung und Preissteigerungen gehörten neben den Normerhöhungen zu den Ursachen der sozialen Spannungen im Vorfeld des 17. Juni 1953. Von den gesellschaftlichen Krisenerscheinungen seit Herbst 1952, die in den Ereignissen um den 17. Juni 1953 kulminierten,[812] wurde auch der Stadtbezirk Weißensee erfaßt. Bereits Ende 1952/Anfang 1953 war es in einigen Betrieben, so im VEB »7. Oktober« (vormals Niles), zu ersten Streiks gekommen und konstatierte die SED-Kreisleitung *gegnerische Tendenzen* wie im VEB Turbonit, wo es unter anderem Proteste gegen die Verhaftung von Betriebsangehörigen gegeben hatte.[813] Zwar gestand die SED-Führung in ihrem Kommuniqué vom 9. Juni 1953 Fehler ein und nahm die repressiven politischen, ökonomischen und sozialen Maßnahmen der vorangegangenen Monate – mit Ausnahme der Normenerhöhung – zurück, aber diese Verlautbarungen stießen wie die Regierungsbeschlüsse vom 11. Juni durchaus nicht auf die erhoffte *freudige Zustimmung* unter allen Schichten der Bevölkerung, wie sie die SED-Kreisleitung Weißensee bemerkt haben wollte,[814] sondern vielmehr auf Skepsis und Mißtrauen.

Am 16. Juni 1953 hatte beispielsweise der Weißenseer Kreisfriedensrat ortsansässige Handwerker zu einem Forum geladen; die Beteiligung war jedoch äußerst gering. Viele Handwerker trauten dem Kommuniqué, das unter anderem die Rücknahme der Zwangsmaßnahmen bei der Steuereintreibung, die Gewährung von Krediten und die Rückgabe beschlagnahmter Betriebe empfohlen hatte, nicht. Die Anwesenden fragten, wer die Verantwortung für die Fehler der Regierung trage, und inwieweit diese überhaupt selbst entscheide könne, sei man doch ein *besetztes Land*. Eine der Hauptsorgen der Handwerker war die Steuerbelastung. Die harte und ehrliche Arbeit der privaten Geschäftsleute sollte anerkannt werden, so ihre

---

811 Das Ende des Dorftheaters zu diesem Zeitpunkt ist sicher kein Zufall. Im Dezember 1965 fand das berühmt-berüchtigte 11. ZK-Plenum statt, das den folgenreichsten Eingriff der SED-Führung in Kunst und Kultur in der DDR-Geschichte markiert. Vgl. *Kahlschlag. Das 11. Plenum des ZK der SED 1965. Studien und Dokumente*, Berlin 1991, insbes. Ernst Schumacher, *DDR-Dramatik und 11. Plenum*, S. 93ff. sowie auch S. 296ff.
812 Vgl. unter anderem Wolfgang Ribbe, *Der 17. Juni 1953 in Berlin. Vorgeschichte, Verlauf und politische Folgen*, in: *Berlin. 17. Juni 1953. Eine Ausstellung des Landesarchivs Berlin*, 17. Juni bis 15. Dezember 1993, Berlin 1993, S. 7ff. sowie die Quellen- und Literaturhinweise S. 95ff.
813 SAPMO-BArch, BPA, Nr. IV 4/08/033.
814 SAPMO-BArch, BPA, Nr. IV 4/08/092.

Forderung. Bereits bei geringfügigen Fehlern in der Buchführung seien Geschäftsinhaber sofort verhaftet und ihr Geschäft geschlossen worden, von Rechtssicherheit keine Spur. Viele Handwerker hätten aufgrund von unverschuldeten Steuerrückständen – das neue Steuergesetz vom Mai galt rückwirkend ab Januar 1953 – und Angst vor einer Verhaftung Republikflucht begangen.[815]

Die sozialen und politischen Probleme, die im Vorfeld des 17. Juni in den Betrieben debattiert, jedoch von der SED nicht zur Kenntnis genommen worden waren und nun erst zur Sprache kamen, wurden im Nachhinein flugs im Sinne der verkündeten Parteilinie »uminterpretiert«. Die »Einschätzung der Arbeit der Kreisparteiorganisation am 17. Juni 1953« vom 15. Juli 1953[816] ist bereits durchweg geprägt durch die offiziellen Verlautbarungen der SED, wonach es sich am 17. Juni um einen vom *imperialistischen Gegner* initiierten *faschistischen Putschversuch* gehandelt habe. Nach der *freudigen Zustimmung* unter allen Schichten der Bevölkerung zum Kommuniqué vom 9. Juni 1953 habe es vom 12. bis 14. Juni erste *Unklarheiten*, insbesondere bei den Genossen, und *gegnerische Arbeit*, beispielsweise in Form von Gerüchten, gegeben. So war geäußert worden, Präsident Wilhelm Pieck befände sich gar nicht in der UdSSR,[817] sondern sei geflüchtet, Ministerpräsident Otto Grotewohl und SED-Generalsekretär Walter Ulbricht sollten abtreten, und andere hatten laut darüber nachgedacht, ob es angebracht wäre, das Bild von Pieck abzunehmen. Über die Vorbereitung und Durchführung der *feindlichen Aktionen* heißt es dann unter anderem: *In der Mehrzahl der VEB konzentrierte sich der Gegner auf die Normenfrage. Viele Kollegen waren der Ansicht, daß zwar im Kommuniqué nichts über Normenfragen steht, daß aber die Normenerhöhung ebenfalls ein Fehler ist und korrigiert werden muß.*[818]

Am 16. Juni hatten zuerst die auf der Baustelle Grosse-Leege-Straße in Hohenschönhausen tätigen Bauarbeiter die Arbeit niedergelegt. Alle Weißenseer Baustellen schlossen sich bis zum Mittag an. Die SED-Kreisleitung erfuhr aber erst durch einen Anruf von dem Protestmarsch Berliner Bauarbeiter auf der Stalinallee. Mitglieder des Sekretariats sowie des FDGB-Kreisvorstandes begaben sich daraufhin zu den im Bezirk gelegenen Baustellen und versuchten, mit den aufgebrachten Arbeitern zu diskutieren. Die Stimmung war jedoch sehr erregt, man hatte bereits eine Delegation zur Stalinallee entsandt, und den Partei- und Gewerkschaftsfunktionären wurde empfohlen, sich schnellstens davonzumachen! Im Anschluß an die Groß-Berliner Parteiaktivtagung vom 16. Juni wurden im Laufe der Nacht in aller Eile Parteisekretäre, Betriebsleiter und Gewerkschafter, die der SED angehörten, zusammengerufen und ihnen »Argumente« übermittelt, die aber wohl über den Inhalt des Kommuniqués vom 9. Juni nicht hinausgingen. Zudem besprach man erforderliche *Sicherheitsmaßnahmen*. Vor allem wurden die Studenten der Ingenieurschule Wartenberg mobilisiert. Am 17. Juni um 5.30 Uhr sprach der 1. Kreissekretär der SED vor der gesamten Belegschaft der Schule, und eine Stunde später fanden sich bereits über einhundert Schüler und Lehrkräfte in der Kreisleitung ein.

---

815 SAPMO-BArch, BPA, Nr. IV 4/08/116.
816 Die folgenden Ausführungen zum 17. Juni 1953 im Stadtbezirk Weißensee stützen sich, soweit nicht anders vermerkt, auf diesen sowie weitere Berichte der SED-Kreisorganisation Berlin-Weißensee in: SAPMO-BArch, BPA, Nr. IV 4/08/092.
817 Wilhelm Pieck weilte seit längerer Zeit zur Kur in der UdSSR.
818 SAPMO-BArch, BPA, Nr. IV 4/08/092.

Die meisten von ihnen setzte man als Agitatoren in den Betrieben und zum Schutz der Kreisleitung ein.

Außer auf den Baustellen wurden am 17. Juni anfangs überall gearbeitet, es gab aber bereits Debatten um Arbeitsniederlegungen, und im Laufe des Vormittags formierte sich in Weißensee ein Demonstrationszug, der von Betrieb zu Betrieb zog, wobei sich viele Belegschaften am Verhalten der Großbetriebe orientierten. *Bereits in der Klement-Gottwald-Allee wurden von den Demonstranten, die von vier Zimmerleuten angeführt wurden, feindliche Losungen wie: Nieder mit der Regierung, nieder mit der SED! geschrien,* wie es im Bericht der SED-Kreisleitung hieß. Nähe Antonplatz seien ein Streifenwagen der Volkspolizei umgekippt und an einem Betrieb die schwarz-rot-goldene und die rote Fahne abgerissen worden. Weitere Forderungen, die sich in den Losungen von Weißenseer Demonstranten am 17. Juni widerspiegelten, waren der Abzug der sowjetischen Besatzungstruppen, die Senkung der Normen und der HO-Preise sowie freie Wahlen. In Hohenschönhausen ging die Streikbewegung vom VEB Holzwerk in der Quitzowstraße aus, das mit über 500 Beschäftigten zu den größten hier ansässigen Betrieben zählte, wobei viele Mitarbeiter auf auswärtigen Baustellen eingesetzt und somit bereits tags zuvor mit den Arbeitsniederlegungen konfrontiert worden waren. Die Funktionäre der SED-Kreisleitung, die sich am 17. Juni vor Arbeitsbeginn im Holzwerk eingefunden hatten, wurden aus dem Betrieb gewiesen. Nachdem das Holzwerk streikte, schlossen sich die Kollegen des gleichfalls in der Quitzowstraße gelegenen VEB Elektromont, die auch auf Baustellen arbeiteten, sowie einige Kleinbetriebe an.

Im Bezirk Weißensee streikten mindestens 25 Betriebe, darunter in Hohenschönhausen außer den bereits genannten unter anderem die Firma Lembke, der VEB Industriegas, der VEB Gnom (Erste Berliner Zwieback- und Keksfabrik)[819] sowie die Kindl-Brauerei und Kollegen der Berliner Verkehrsbetriebe in der Lichtenberger Straße. In vier Weißenseer Betrieben gab es offizielle Streikleitungen, die meisten waren von Arbeitern gebildet worden. An Streiks beteiligten sich nach Schätzung der SED-Kreisleitung rund 6 700 Beschäftigte, an Demonstrationen etwa 2 500 Kollegen; die anderen seien gleich nach Hause gegangen. Es gab keine ernsthaften Zerstörungen, nur einige Transparente, Fahnen und Bilder wurden beseitigt. Am 18. Juni streikten mittags in mehreren Betrieben noch etwa 1 350 Kollegen. Am 19. Juni war auf allen Baustellen und in den Betrieben die Arbeit wieder aufgenommen worden, nachdem man sich zuvor wiederum erkundigt hatte, ob dies beispielsweise im Großbetrieb »7. Oktober« der Fall war.

Nicht bestreikt wurden laut Bericht der SED-Kreisleitung unter anderem die Mehrzahl der Nahrungsmittelbetriebe, die Volkseigenen Güter sowie die staatlichen und genossenschaftlichen Handelseinrichtungen. Allerdings muß das nicht heißen, daß es in diesen Betrieben völlig ruhig blieb oder keine Streikbereitschaft vorlag. Im VEB Kahlbaum, einer Spirituosenfabrik in der Grosse-Leege-Straße mit über zweihundert Beschäftigten, konnten die *Genossen am 17. Juni eine Gesamtbelegschaftsversammlung und somit den Ausbruch des Streiks verhindern.*[820] In der Dampfwäscherei »Hilda« in der Quitzowstraße, die rund dreißig Mitarbeiterinnen zählte,

---

819 Im VEB Gnom in der Hohenschönhauser Straße war zunächst wie immer gearbeitet worden. Erst von einem Bäckermeister, der in den Betrieb gestürmt kam, erfuhr man, was los war. Eine sofort einberufene Betriebsversammlung beschloß die Beteiligung am Streik. Erinnerungsbericht Gerda Lohausen, Heimatmuseum Berlin-Hohenschönhausen.
820 SAPMO-BArch, BPA, Nr. IV 4/08/092.

hatte die Vorsitzende der Betriebsgewerkschaftsleitung am 17. Juni zur Beteiligung an den Streiks und dem Demonstrationszug aufgerufen. Nach einer kurzzeitigen Arbeitsniederlegung gelang es der Treuhänderin der Wäscherei jedoch, die Belegschaft zur Wiederaufnahme der Arbeit zu bewegen. Als am Nachmittag ein Arbeiter, der außerhalb zu tun gehabt hatte, in den Betrieb kam, war er erstaunt darüber, daß hier gearbeitet wurde.[821] Es gab demnach wahrscheinlich in viel mehr – sowohl größeren als auch kleineren – Betrieben zumindest kurzzeitige Arbeitsniederlegungen der gesamten oder von Teilen der Belegschaft, als die Liste der von der SED-Kreisleitung ermittelten bestreikten Betriebe erfaßt.

Die Verkündung des Ausnahmezustandes in den Mittagsstunden des 17. Juni und das Aufrollen der sowjetischen Panzer stießen in den Betrieben größtenteils auf Ablehnung: Die Macht der Regierung sei damit in die Hände der sowjetischen Besatzungsmacht übergegangen, und es gebe praktisch keine Regierung mehr. Die Unruhen seien eine innerdeutsche Angelegenheit, die die Russen nichts anginge.

In den Belegschaftsversammlungen nach dem 17. Juni war eine große Zurückhaltung bei vielen Kollegen zu spüren, die aufgrund der bereits einsetzenden Repressionswelle und den offiziellen Verlautbarungen über den »Tag X« kaum verwundert. Bereits am 17. Juni und in den Tagen danach waren angebliche *Rädelsführer* und *Provokateure*, zum Teil nachts, einige aber auch vom Arbeitsplatz weg, verhaftet worden. Mehrere Kollegen, die an Demonstrationen und Streiks beteiligt gewesen waren, wurden entlassen, weil sie schon vorher, wie es hieß, *gegen den demokratischen Staat aufgetreten* waren. Es gab Denunziationen innerhalb der Belegschaft, und so hatten viele einfach wie zuvor Angst, den Mund aufzumachen. Dennoch offenbaren die Berichte über Belegschafts-, Gewerkschafts- und Parteiversammlungen ein gehöriges Maß an Zivilcourage bei einigen, die sich nicht scheuten auszusprechen, was wohl nach wie vor viele bewegte, wobei materielle und soziale Forderungen dominierten. Ein bei Turbonit seit 35 Jahren tätiger Arbeiter äußerte beispielsweise: *Ich habe schon immer gesagt, Politik verdirbt den Charakter, davon hat mich meine Betriebsgruppe* (der SED – A.H.) *restlos überzeugt. Wer auf einen Lehrgang ging, bekam anschließend einen Posten, ohne Rücksicht auf Befähigung. Verdiente Genossen bekommen mehr Lohn. Mit jedem Kollektivvertrag haben wir Angst, daß es neue Verschlechterungen gibt. Unser Betrieb braucht keine Normerhöhungen, sondern die Abschaffung der Bürokratisierung.* Kommentar der berichtenden Genossin dazu: *Das war ein westberliner Kollege, der den kapitalistischen Verhältnissen nachtrauerte.* Die Frage, warum trotz gegenteiliger Zusicherungen Mitglieder der Streikleitung verhaftet worden waren, bewegte die Gemüter besonders. Es handele sich bei diesen Kollegen nicht um Provokateure, denn sie hätten die gleichen Forderungen gestellt wie die anderen Arbeiter auch, und gerade sie seien es zudem gewesen, die am 18. Juni zur Einsicht und zur Wiederaufnahme der Arbeit aufgerufen hätten. Man forderte daher nachdrücklich ihre Freilassung.

Als besonders verwerflich empfanden die »Parteioberen« der SED, daß viele Grundorganisationen *nicht Herr der Situation* waren, sich an den Demonstrationen und Streiks beteiligt hatten, und einzelne Parteimitglieder sogar in Streikleitungen vertreten waren. Auch dies belegt, daß die SED-Mitglieder durchaus keine »homogene Einheit« bildeten. Mit dem Ergebnis einer Anfang Juli in einem Weißenseer Großbetrieb einberufenen Mitgliederversammlung war man daher auch nicht zu-

---

821 SAPMO-BArch, BPA, Nr. IV 4/08/092.

frieden, denn es wurde resümiert, daß diese *zwar eine Reihe ganz guter Diskussionen gebracht hat, daß sie aber ihr Ziel nicht erreicht hat. Das Ziel hätte sein müssen, daß die Genossen, die sich an der Demonstration am 17. Juni beteiligt haben, offen diese Fehler kritisiert hätten, sich davon distanziert hätten, das ist nicht geschehen.*[822] In den größten Weißenseer Grundorganisationen der SED, darunter im VEB Holzwerk in Hohenschönhausen, würden große *ideologische Unklarheiten* bestehen, denn man gebe in erster Linie der Parteiführung die Schuld an der entstandenen Situation, und es habe sogar Parteiaustritte gegeben. Von *Zurückweichen* war bei SED-Mitgliedern die Rede, weil sie gemeint hatten, man solle die Kollegen jetzt nicht mit Agitation *erschlagen;* einen anderen bezichtigte man des *Versöhnlertums,* weil er die *Drohungen eines Arbeiters gegen die Regierung* als nicht so schlimm empfunden und geäußert hatte, er kriege das schon hin.[823]

In einigen Betrieben debattierten SED-Mitglieder über die »Parteidisziplin« (*Hat die Partei wirklich immer recht?*), brachten zum Ausdruck, daß man die Unzulänglichkeiten doch schon lange gespürt habe und künftig mehr auf die »einfachen Genossen« gehört werden sollte: *Hätten sich unsere Genossen statt Schulungen abzuhalten und mit dem Auto sich täglich bloß vor die Tür fahren zu lassen, in die S-Bahn oder Straßenbahn gesetzt und die Stimme des Volkes wahrgenommen, dann wäre es zu einem 17. Juni nicht gekommen.*[824] Kritische Äußerungen, die zu sehr von der »Linie« abwichen, wurden jedoch sofort in das von der SED-Führung vorgegebene Bild vom gesteuerten faschistischen Putschversuch »eingepaßt«. Zudem führte man »Argumente« ins Feld, mit denen die SED bereits seit 1948[825] ihre Reihen von »feindlichen Elementen« säuberte. Politisches »Fehlverhalten« wurde mit »parteierzieherischen Maßnahmen«, Parteiverfahren und -strafen sowie Ausschlüssen geahndet, ganz abgesehen von der doppelten Bestrafung, denn damit verbunden war nicht selten der Verlust des Arbeitsplatzes. Dies bewirkte auch in den Folgejahren eine Art »negative Auslese«, denn viele kritische Geister innerhalb der SED wurden gemaßregelt, mundtot gemacht oder ausgeschlossen. Von Ende Juni bis Ende September 1953 erfolgten bereits 28 Parteiausschlüsse, darunter mit folgenden Begründungen: Verhalten am 17. Juni 1953; »Parteischädling«; »Parteifeind«; Republikflucht; Diffamierung der Partei und des Genossen Walter Ulbricht anläßlich des 17. Juni 1953; Verlust des Parteidokuments am 17. Juni auf dem Marx-Engels-Platz; »Sowjethetze«; »Paketabholer« (von Lebensmittelpaketen aus West-Berlin – A.H.). Nicht wenige sahen in der Republikflucht den einzigen Ausweg, um weitergehenden Repressalien zu entgehen. Von Juli 1953 bis Ende September 1954 wurden in Weißensee 21 SED-Mitglieder, die teilweise am 17. Juni aktiv beteiligt gewesen waren, wegen Republikflucht aus der Partei ausgeschlossen.[826]

Drei Jahre später spielten im Zusammenhang mit dem XX. Parteitag der KPdSU und den Ungarn-Ereignissen 1956 in Hohenschönhausener Betrieben erneut ähnliche politische Fragen eine Rolle wie im Umfeld des 17. Juni 1953. Zwar herrschte vielerorts *Schweigen, zumindest im Beisein der Genossen,* aber einige Arbeiter rechneten mit *Unruhen vor Ort.* Es gab Diskussionen, welchen SED-Mitgliedern im Falle einer

---

822 SAPMO-BArch, BPA, Nr. IV 4/08/092.
823 SAPMO-BArch, BPA, Nr. IV 4/08/035.
824 SAPMO-BArch, BPA, Nr. IV 4/08/092.
825 Andreas Malycha, *»Partei neuen Typus«. Die Umwandlung der SED in eine Organisation Stalinschen Typs 1948,* in: Černy, Brüche, Krisen, Wendepunkte, S. 36ff.
826 SAPMO-BArch, BPA, Nr. IV 4/08/072.

Revolution nichts passieren werde, wer aber der erste sei ... Der SED-Bezirksleitung wurde gemeldet, daß in einem Hohenschönhausener Privatbetrieb *eine Stimmung sein* soll *wie am 17. Juni 1953. Wir haben den Sicherheitsorganen hiervon Kenntnis gegeben.*[827] Vor allem bis 1961 verließen auch zahlreiche Weißenseer die DDR, wurden »republikflüchtig«. Die Ursachen dafür waren vielgestaltig und nicht ausschließlich Resultat einer *feindlichen Einstellung zur DDR*, wie offiziell zumeist verkündet. Das Spektrum der Beweggründe reichte von familiären über materielle bis zu politischen Motiven.[828]

Nach dem 13. August 1961

Wenige Wochen vor dem Mauerbau bewegte ein anderes Thema die Gemüter in Malchow. Im Bericht der Ortsparteigruppe der SED vom 1. August 1961 hieß es, daß *im Gegensatz zur Partei der Gegner aktiv* sei, *denn ganz Malchow diskutiere die Verlegung der Bushaltestelle.* Hintergrund dieser »gegnerischen Aktivität« war die Tatsache, daß über die Malchower Chaussee/Dorfstraße (bis zum Herbst 1989) die »Protokollstrecke« Richtung Wandlitz führte, und die Bushaltestelle daher störte. Die Meinung der meisten Malchower dazu war eindeutig: *Was ist das für eine Regierung, die in rasendem Tempo durch die Ortschaften jagt und die Berührung mit der Bevölkerung scheut?*[829]

Am 13. August 1961 war auch in Wartenberg Kampfgruppenalarm. In der Dorfchronik heißt es dazu: *Von Malchow her auf der F 2 ratterten die Panzerketten. Die Staatsgrenze wurde besetzt ... Die geschlossene Staatsgrenze machte sich bemerkbar. Wir wurden nicht fortwährend gestört. Außerdem wurde nichts mehr so leicht herausgeschleppt. Und niemand schmiß mehr so leicht mit dem großen Geld des Austausches 1:4. Unser Geld hatte einen besseren Sinn und seine Kaufkraft wiedererlangt. Es lohnte sich, fleißig zu arbeiten.*[830]

Die Errichtung der Mauer am 13. August 1961 fand bei Ost-Berlinern hinsichtlich der »Grenzgänger« eine gewisse Akzeptanz, nicht aber die Trennung von Verwandten und Freunden, die damit verbunden war.[831] Zudem waren viele der Überzeugung, daß die Schließung der Grenze nur von relativ kurzer Dauer sein würde. Aus einer Reihe von Betrieben und Einrichtungen in Hohenschönhausen gab es »Zustimmungserklärungen« zu den »Grenzsicherungsmaßnahmen«,[832] denn *immer wenn es besonders kritisch wurde, ließ die Partei das Volk zu Wort kommen, um die Maßnahmen der Regierung gutzuheißen. Immer wenn viele Leserbriefe in den Zeitungen standen, dann drohte Gefahr.*[833] Und so spiegelten auch diese Wortmeldungen kaum wider, was die meisten Bürger wirklich dachten. In Hohenschönhausener Betrieben waren die Mauer und ihre Folgen über die Jahrzehnte hinweg ein ständiges Diskus-

---

827 SAPMO-BArch, BPA, Nr. IV 4/08/102.
828 Vgl. unter anderem SAPMO-BArch, BPA, Nr. IV 4/08/072.
829 Es war jedoch auch ein SED-Mitglied, das die Unterschriftensammlung gegen diese Verkehrsregelung initiierte. SAPMO-BArch, BPA, Nr. IV 4/08/130.
830 Beseler/Hoernecke/Jacoby, *Dorfchronik Wartenberg.*
831 SAPMO-BArch, BPA, Nr. IV A 4/08/080.
832 SAPMO-BArch, BPA, Nr. IV 4/08/93.
833 Friedrich Schorlemmer, *DDR kaputt*, in: Helmut Fensch (Hrsg.), *Olle DDR. Eine Welt von gestern*, Berlin 1990, S. 162.

sionsthema.⁸³⁴ Im Jahre 1967 konstatierte die SED-Kreisleitung Weißensee hinsichtlich des »Entwicklungsstandes des sozialistischen Bewußtseins« im Stadtbezirk, daß die Sicherung der Grenze am 13. August 1961 *im Prinzip* schon von vielen Bürgern anerkannt würde, meist aber nur hinsichtlich der volkswirtschaftlichen Entwicklung der DDR. Viele Menschen aus allen Bevölkerungsschichten und besonders Jugendliche bedauerten den Verlust der Besuchsmöglichkeiten und machten den Staat dafür verantwortlich. Es werde geäußert, die Grenze sei *zu hart* oder *unmenschlich* und teilweise gebe es *sogar* eine *direkt ablehnende Haltung zu unserer Politik, besonders in den kleineren Privatbetrieben*. Angehörige der Intelligenz verwiesen darauf, daß der DDR durch die Einschränkungen im Reiseverkehr mit der Bundesrepublik viele Möglichkeiten der technischen Information entgingen. Die SED-Kreisleitung schlußfolgerte daraus, daß solche Auffassungen eine mangelnde Einsicht in das Klassenwesen der nationalen Frage offenbarten, und sich gerade hierbei *der schädliche Einfluß der westlichen Rundfunk- und Fernsehstationen am deutlichsten widerspiegele*; etwa zwei Drittel *unserer Menschen* würden solche Sendungen sehen und hören.⁸³⁵

Zwar wandelten sich im Laufe der Jahrzehnte die Prämissen, doch der Gedanke der deutschen Einheit spielte insbesondere bei jenen eine Rolle, die die Zeit vor der Teilung noch bewußt erlebt hatten. Für die nachfolgenden Generationen war die deutsche Zweistaatlichkeit bereits eine mehr oder weniger akzeptierte Realität. Während in den fünfziger Jahren noch die Hoffnung auf eine baldige Wiedervereinigung bei nicht wenigen Menschen dominierte, war es bis zum Ende der DDR die immer wieder erhobene Forderung nach Reisefreiheit oder zumindest -erleichterungen. Die politische Entwicklung in der Bundesrepublik wurde stets mit großem Interesse verfolgt. Insbesondere mit dem Wahlsieg der SPD und dem Grundlagenvertrag von 1972 verbanden viele Menschen die Erwartung, daß es zu einer Normalisierung der Beziehungen zwischen beiden deutschen Staaten kommen würde; einige sahen darin sogar den ersten Schritt zur deutschen Vereinigung.⁸³⁶

Die widerspruchsvolle Entwicklung der DDR im Laufe der Jahrzehnte, wie sie wohl von vielen ihrer Bürger empfunden wurde, hat Friedrich Schorlemmer treffend charakterisiert, wenn er unter anderem schreibt: *In diesem willkürlich abgeteilten Land mit unzähligen Sperrgebieten und der unmenschlich abgeschotteten Grenze, mit den Armeeghettostädten und den Betongeschwüren an den Rändern unserer verfallenden Altstädte, mit Schleuderpreisen für das tägliche Brot und die Mieten, mit hochsubventionierten Nahverkehrsmitteln und Kultureinrichtungen, mit vielen Theatern als künstlerischer Spielwiese und vielen Kabaretts als politischem Ventil, mit Kaufkraft abschöpfenden Delikatläden und den Forumscheckoasen der Intershops, mit ideologisch motivierter Förderung der Arbeiterkinder, mit den über 80 Prozent berufstätigen Frauen und dem großzügigen Jungehenkredit, mit den Würstchenbuden und Getränkestützpunkten, den Komplexannahmestellen und den Kinderkombinationen, mit den Sprelacartmöbeln in den Normtypen der Zwei-Raum-Wohnungen, mit den rührenden 8.-März-Feiern und zackigen 7.-Oktober-Paraden, den Aktivistenwimpeln und den goldenen Urkunden für »Gutes Wissen«, mit den Veteranenclubs und den Zirkeln »Schreibender Arbeiter«, mit Bitterfelder Weg und FDJ-Aufgebot »40. Jahrestag«, mit Jugendtourist und Kinderferienlager, mit Parteilehrjahr und Brigadetagebuch, mit Pro-*

---

834 SAPMO-BArch, BPA, Nr. IV A 4/08/080; IV A 4/08/104; IV B 4/08/110.
835 SAPMO-BArch, BPA, Nr. IV A 4/08/096.
836 SAPMO-BArch, BPA, Nr. IV B 4/08/110.

blembürgern und Wiedereingliederungsprogrammen, mit Ausreisetreffs und Stasipärchen, FDJ-Opas und Jugendobjekten, mit Schulgeldfreiheit, mit Solimarken und Freundschaftstreffen, mit Straftatbeständen staatsfeindlichen Menschenhandels, staatsfeindlicher Hetze, staatsfeindlicher Gruppenbildung, Rowdytum und Zusammenrottung, mit sozialpolitischen Maßnahmen einerseits und komplexen Sicherungsmaßnahmen andererseits – in diesem Land konnte man sich einrichten, trotz alledem.[837]

Vom Ortsteil zum Stadtbezirk Hohenschönhausen

Das Gebiet um den ehemaligen Dorfkern in der Hohenschönhausener Hauptstraße wurde in den fünfziger und sechziger Jahren nach wie vor von kleinen und mittleren Betrieben, Gewerben und Geschäften geprägt und bewahrte noch geraume Zeit seinen ländlichen Charakter. Dort waren Schmied, Schuhmacher, Sattler und Stellmacher ebenso ansässig wie Bäcker, Schlachter und Gemüsehändler. Auf einigen Grundstücken wurden bis Ende der fünfziger Jahre private Bauernwirtschaften betrieben. Es gab mehrere Kinos und natürlich zahlreiche Kneipen, vom Lokal »Zur Dogge« in der Falkenberger Straße bis nach Wilhelmsberg sollen es über fünfzig gewesen sein, wie alte Hohenschönhausener berichten. An der Berliner/Ecke Suermondtstraße befand sich eine Tankstelle, an der zuweilen nicht nur der Bus, sondern auch der Fahrer »betankt« worden sein soll, ehe die Fahrt über die Dörfer ging. Den Bus, der seit dem 1. Mai 1949 wieder von Malchow über Weißensee nach Falkenberg fuhr, nannten die Berliner seit jeher »Rieselfeld-Expreß«, was den Einheimischen gar nicht gefiel. Erst seit 1951 bestand über die Buschallee—Suermondtstraße eine Straßenbahnverbindung zwischen Weißensee und Hohenschönhausen.

Im Jahre 1954 begann auf dem Gelände der ehemaligen Kolonie Neu-Hohenschönhausen, das der Magistrat zwei Jahre zuvor der Berliner Volkspolizei als Sportplatz zur Verfügung gestellt hatte, der Bau des Dynamo-Sportforums. In mehreren Etappen entstanden bis Ende der achtziger Jahre unter anderem die Dynamo-Sporthalle, mehrere Trainingshallen für Boxen, Fechten, Turnen und andere Sportarten, Schwimmhalle, Eisstadion, Fußballstadion sowie Sportanlagen für Leichtathletik. Hinzu kamen ein Sporthotel, Internate des Sportclubs Dynamo sowie Unterrichts- und Internatsgebäude von zwei Kinder- und Jugendsportschulen sowie sportmedizinische Einrichtungen.[838] »Dynamo« galt als größter Sportverein der Welt. Nahezu eintausend Trainer, Lehrer und Pflegekräfte betreuten etwa achthundert Leistungssportler.[839] Zahlreichen Weltklassesportlern der DDR diente das Sportforum als Trainingsstätte.

Von 1956 bis 1960 wurden an der Kniprodeallee und in den sechziger Jahren in der Grosse-Leege-Straße Wohnkomplexe errichtet. Im Jahre 1957 konnte das Freibad am Orankesee wieder in Betrieb genommen werden. Von 1959 bis 1966 entstand an der Lichtenberger Straße ein Busbahnhof der Berliner Verkehrsbetriebe (BVB). Im Zuge der Verlagerung von 266 Betrieben aus der Berliner Innenstadt

---

837 Schorlemmer, *DDR kaputt*, S. 166. Vgl. auch die Beiträge in: Hartmut Kaelble/Jürgen Kocka/Hartmut Zwahr (Hrsg.), *Sozialgeschichte der DDR*, Stuttgart 1994.
838 Herrmann, *Berlin. Ergebnisse der heimatkundlichen Bestandsaufnahme*, S. 287f.
839 Fischer, *Berliner Sportstätten*, Berlin 1992, S. 164f.

erfolgte seit 1961 der Aufbau eines Gewerbekomplexes an der Storkower Straße, was ein allmähliches Zurückdrängen der weiträumigen Kleingartenanlagen, die sich beiderseits der Landsberger Allee bis Bürknersfelde hinzogen, zur Folge hatte.[840] Etwa Anfang/Mitte der siebziger Jahre wurden das neue Industriegebiet Lichtenberg Nordost errichtet und im Zusammenhang mit der Erschließung von Industriegelände im Osten und Südosten von Hohenschönhausen die Rhinstraße über die Landsberger Allee bis zur Hauptstraße verlängert. Zwischen Marzahner und Plauener Straße entstand der Gebäudekomplex der Bauakademie der DDR mit dem weithin sichtbaren Turm, der als Versuchsstrecke für die industriemäßige Plattenbauweise diente.

1971 hatte die SED auf ihrem VIII. Parteitag ein umfangreiches sozialpolitisches Programm verkündet; auf dem IX. Parteitag 1976 stellte sie die Aufgabe, in der DDR die Wohnungsfrage als soziales Problem bis 1990 zu lösen. Im Rahmen dieses Wohnungsbauprogramms wurden seit Beginn der siebziger Jahre bis Oktober 1988 drei Millionen Wohnungen vorwiegend in Großplattenbauweise gebaut und rekonstruiert, was hinsichtlich der Verbesserung der Wohnbedingungen für Tausende Menschen eine durchaus beeindruckende Leistung ist. Die Konzentration der Baukapazitäten, einschließlich der Arbeitskräfte, auf den Neubau von Wohnungen und hier vorrangig in der Hauptstadt hatte jedoch eine bittere Kehrseite: Der Wohnungsbau in kleineren Städten und Gemeinden, die Sanierung von Altbaugebieten und die Erhaltung historisch wertvoller Baudenkmäler wurden sträflich vernachlässigt. Von 1972 bis 1975 entstanden im Gebiet zwischen Falkenberger und Wartenberger Straße die ersten neuen Wohnbauten. In den Jahren 1975 bis 1981 und 1979 bis 1984 folgten die Wohnkomplexe Hohenschönhausen I und II an der Rhin- und der Degnerstraße sowie um die Hauptstraße in Hohenschönhausen mit rund 8 000 Wohnungen für etwa 25 000 Menschen.[841] Dabei sollte besonderer Wert auf die *harmonische Verbindung* mit den vorhandenen Wohngebäuden rings um den alten Dorfkern gelegt werden, was jedoch nur begrenzt gelang.[842]

Anfang 1981 begann die komplexe Erschließung des Geländes für das künftige Weißenseer Neubaugebiet »Hohenschönhausen-Nord«. Im Februar 1984 erfolgte mit großem propagandistischen Aufwand die Grundsteinlegung durch Erich Honecker. Das neue Hohenschönhausen, welches heute den gleichnamigen Bezirk prägt, entstand weitgehend »auf der grünen Wiese«, auf nicht mehr genutzten Rieselfeldern beiderseits der Falkenberger Chaussee. Außer dieser »Hauptmagistrale« wurde das Baugelände anfangs nur vom Hohenschönhauser und Malchower Weg und der Wartenberger Straße tangiert; die Anlage aller anderen Straßen vollzog sich erst im Zuge des Baugeschehens. An der Errichtung der sechs Wohngebiete waren neben dem WBK Berlin Betriebe aus den Bezirken Rostock, Schwerin, Neubrandenburg und Frankfurt/Oder beteiligt, zum Teil erkennbar an der unterschiedlichen Plattenbauweise und den Straßenbenennungen, die nach Städten und Gemeinden der drei Nordbezirke vorgenommen wurden.

---

840 *Kleine Chronik*, S. 78.
841 *Berlin. Hauptstadt der DDR. Dokumentation komplexer Wohnungsbau 1971–1985*, Berlin 1986, S. 48f.
842 Der Straßenverbreiterung fiel unter anderem die seit 1905 in der Hauptstraße 18 befindliche Schmiede zum Opfer; an dieser Stelle verlaufen heute Straßenbahngleise. Auch Kirchhof und Schloßpark reichten ursprünglich über die heutige Straßenbahntrasse hinaus. Vgl. auch Uwe Bartels, *Ortsgeschichte*, in: *Temperamente. Blätter für junge Literatur* (1989), H. 4, S. 93ff.

Kontraste in der Hauptstraße: Hochhäuser, wo einst der Gutspark war, im Vordergrund die ehemalige Gemeindeschule; Aufnahme 1992.

Im Januar 1985 beschloß das Politbüro des ZK der SED die Bildung des Stadtbezirks Berlin-Hohenschönhausen mit Wirkung vom 1. September 1985.[843] Das Bezirksterritorium umfaßte das alte und neue Hohenschönhausen sowie die Dörfer Malchow, Wartenberg und Falkenberg. Verkehrstechnisch wurde der Stadtbezirk mit der S-Bahnlinie Alexanderplatz—Hohenschönhausen, später —Wartenberg sowie durch mehrere neue Straßenbahnlinien beziehungsweise die Verlängerung bereits vorhandener erschlossen. Ursprünglich war eine U-Bahn-Verbindung geplant, die das Stadtzentrum über Weißensee mit dem Nordraum verbinden sollte.[844] Dieses Projekt konnte offenbar aus Kostengründen nicht realisiert werden.

Zu den Betrieben und Einrichtungen des neugegründeten Stadtbezirks gehörten unter anderem der Stammbetrieb des VEB Getränkekombinat Berlin in der Indira-Gandhi-Straße, der VEB Chemiehandel Berlin, das Versorgungsdepot für Pharmazie und Medizintechnik, die Werke I und II des VEB Werk für Signal- und Sicherungstechnik, der Betriebsteil Omnibus der BVB, ein Betriebsteil des Möbelkombinats Berlin, ein Plattenwerk des WBK in der Gehrenseestraße, der VEB Baureparaturen Hohenschönhausen sowie das 1963/68 errichtete Klärwerk in Falkenberg.[845] Hinzu kamen die Bauakademie der DDR, die Ingenieurhochschule Wartenberg und das neugeschaffene Institut für Lehrerbildung in Hohenschönhausen. Etwa ein Viertel des Bezirksterritoriums wurde landwirtschaftlich genutzt. Die Genossenschaftsbauern arbeiteten in der LPG »1.Mai«, die den größten und vielseitigsten Agrarproduzenten im Berliner Osten darstellte.[846] Weitere Arbeitsmöglichkeiten gab es in der GPG »Weiße Taube« und im Agrochemischen Zentrum Falkenberg, das 1977 eingerichtet worden war. Die in Falkenberg, Malchow und Wartenberg ansässigen Betriebsteile des VEG Schweinemast und des VEG Tierproduktion waren auf die Schweine- und Kälbermast, die Milchproduktion sowie den Obstbau spezialisiert.[847]

Zum Zeitpunkt seiner Gründung zählte der Bezirk, dessen erster Bürgermeister Wilfried Franke war, rund 67 000 Einwohner. Das dem Stadtbezirk 1986 verliehene Wappen stammte von dem Bildhauer Gerhard Thieme und zeigte zwei Kinder beim Pflanzen eines Baumes vor dem Hintergrund zweier Hochhäuser. Im Jahre 1989 hatte Hohenschönhausen einen Bestand von 47 414 größtenteils staatlichen und genossenschaftlichen Wohnungen, davon rund 29 500 Neubauwohnungen. Die Einwohnerzahl war auf 118 056 gestiegen, das waren 9,2 Prozent der Ost-Berliner Bevölkerung, und die Besiedlungsdichte hatte sich im Vergleich zu 1985 fast verdoppelt.[848] Hohenschönhausen gehörte zu den bevölkerungsreichsten und hin-

---

843 SAPMO-BArch, Zentrales Parteiarchiv [künftig zitiert: ZPA], Nr. J IV 2/2/2093; J IV 2/2A/2719.
844 Die Strecke sollte vom Roten Rathaus über Alexanderplatz, Thälmannpark, Greifswalder Straße, Ostsee-, Smetana-, Falkenberger- und Gehringstraße führen und über diverse U-Bahnhöfe bis Malchow und Karow reichen. SAPMO-BArch, ZPA, Nr. J IV 2/2/2098.
845 Durch den Aufbau der vollbiologischen Kläranlage Falkenberg und die Erweiterung ihrer Leistungen seit den sechziger Jahren wurde die allmähliche Ablösung der Abwässerreinigung durch die Rieselfelder möglich.
846 Zum Produktionssortiment zählten frisches, küchenfertiges und gefrostetes Gemüse, vorrangig Mohrrüben und Champignons, sowie Milch, Schweinefleisch, Blumen und Zierpflanzen.
847 Vgl. zur Agrarproduktion des Berliner Ostens Alfred Zimm, *Berlin und sein Umland*, Gotha 1989, S. 298f.
848 Sigrun Below, *Zur Entwicklung der Neubaubezirke Marzahn, Hohenschönhausen und Hellersdorf bis 1989*, in: *Berliner Statistik* (1992), H. 7, S. 179.

Der Prerower Platz in Hohenschönhausen; Aufnahme 1992.

sichtlich der Altersstruktur auch zu den jüngsten Berliner Bezirken.[849] Obwohl es hier einige Arbeitsmöglichkeiten gab, waren die meisten Einwohner in den Innenbezirken tätig, so daß Hohenschönhausen vorrangig als Wohnstadt diente. Neben den Wohnhäusern baute man die sogenannten Folgeeinrichtungen, das heißt Kinderkrippen und -gärten, Schulen, Kaufhallen, Gaststätten sowie Dienstleistungs- und Versorgungseinrichtungen, die unter anderem im Bereich Rüdickenstraße/Rotkamp/Matenzeile, rund um den Prerower Platz, entlang der Ribnitzer Straße und in der Warnitzer Straße konzentriert wurden. Die Bezeichnung Folgeeinrichtungen traf insofern zu, als sie zumeist nicht parallel, sondern nach den Wohnhäusern entstanden; ihre Kapazität, insbesondere die der Kaufhallen, reichte trotz gegenteiliger offizieller Verlautbarungen bei weitem nicht aus.

Wohl die meisten, vor allem junge Familien mit Kindern, die nach Hohenschönhausen zogen, waren froh, endlich eine bessere, größere oder überhaupt eine Wohnung zu erhalten.[850] Dennoch wohnte man in den ersten Jahren mehr oder weniger auf einer Baustelle. Unbeleuchtete und unbefestigte Straßen, »Schulwege« entlang von Baugruben, mangelnde Versorgungsmöglichkeiten und andere Probleme gehörten zum Alltag; Wohnumfeld und Infrastruktur nahmen erst allmählich Gestalt an, entsprachen aber dennoch nicht den Erfordernissen, die sich aus der hohen Bevölkerungsdichte und dem überdurchschnittlichen Kinderanteil ergaben. Nicht

---

849 Das Durchschnittsalter betrug 1989 dreißig Jahre, der Anteil der Kinder und Jugendlichen unter 18 Jahren lag bei über dreißig Prozent, der Anteil der Kinder unter sechs Jahren sogar bei knapp 13 Prozent. Below, *Zur Entwicklung der Neubaubezirke*, S. 185f.
850 Vgl. auch Below, *Zur Entwicklung der Neubaubezirke*, S. 181f. Der vom Berliner WBK gebaute Wohnungstyp war zudem etwas größer als der in anderen Bezirken.

zuletzt durch das Engagement vieler Hohenschönhausener kamen Leben und Farbe in die tristen und eintönigen Betonblocks: Hauseingänge wurden mit Malereien verschönt, die zudem als »Orientierungshilfe« für Kinder und Besucher dienten, viele Loggien fungierten als »Minigärten«, auf den Freiflächen der Kindergärten und -krippen wurden Rasenflächen angelegt, Blumen und Sträucher gepflanzt, und bald zeigte sich zwischen den Wohnblöcken und auf den Höfen erstes Grün, obwohl es sich vor den Hochhäusern nach wie vor bescheiden ausnimmt. Das seit 1986 auf der Wartenberger Festwiese veranstaltete »Hohenschönhausener Erntefest« stellte für die meisten Besucher daher wohl kaum einen *politischen und gesellschaftlichen Höhepunkt* dar, auf dem sich die Politprominenz des Bezirkes präsentierte, sondern mit seinen kulturellen Veranstaltungen und Einkaufsmöglichkeiten[851] war es einfach eine willkommene Abwechslung.

Aufbruch zu politischen Veränderungen

Die Geschichte des neugegründeten Bezirks Hohenschönhausen seit 1985 fällt zusammen mit dem Beginn der gesellschaftlichen Veränderungen in der UdSSR im Zuge der Perestroika Michail Gorbatschows, die bei vielen Menschen mit Sympathie aufgenommen wurde und sich mit der Hoffnung auf Veränderungen auch im eigenen Land verband. Die Quellen widerspiegeln eine wachsende Unzufriedenheit vieler Hohenschönhausener Bürger mit der wirtschaftlichen und politischen Situation in der DDR,[852] obgleich die Stimmung in den Betrieben und den Wohngebieten laut Berichten der SED-Kreisleitung Hohenschönhausen 1986/87 stets *gut* und die Lage *normal* war, und *im Mittelpunkt der Meinungsäußerungen unserer Werktätigen und Bürger solche Schwerpunkte wie die Befürwortung der Linie der Partei standen.*[853] Zumindest ein »Problem«, das sicher auch für andere Betriebe hinsichtlich der Einführung moderner Technik, vor allem aber für die Planung solcher Prozesse bezeichnend war, kam in einem Bericht vom Februar 1986 zur Sprache: *In der Wohnungsverwaltung I der KWV steht seit einigen Tagen der erste Bürocomputer der KWV Hohenschönhausen. Es handelt sich um das Erzeugnis Robotron 1715 (Preis 28 TM). Probleme: Der Betrieb verfügt über keine entsprechenden Fachleute dafür; die Datenträger (Disketten) sind NSW (Nichtsozialistisches Wirtschaftsgebiet – A.H.) -Import und schlecht verfügbar, zur Zeit ist nur ein Stück vorhanden.*[854]

Das große Interesse der Bevölkerung am neuen politischen Kurs Gorbatschows wurde von seiten der SED-Kreisleitung zwar zur Kenntnis genommen, aber man beeilte sich stets zu erwähnen, daß natürlich auch Erich Honeckers Politik ungeteilte Zustimmung fände. Vor allem aber wurden die vielerorts geäußerten Erwartungen in eine gleichfalls kritische Positionierung des bevorstehenden XI. Parteitages der SED oder auch lediglich die Unzufriedenheit mit der mangelhaften Ver-

---

851 Für die rund 70 000 Besucher des ersten Erntefestes 1986 waren über 180 Verkaufsstände aufgebaut worden. SAPMO-BArch, BPA, Nr. 02252.
852 Wanja Abramowski (unter Mitarbeit von Ines Meinicke, Bärbel Ruben und Frank Tschörtner), *Ein Jahr danach. Eine Dokumentation über den Herbst 1989*, unveröff. Manuskr. zur Ausstellung des Heimatgeschichtlichen Kabinetts Hohenschönhausen, 16. Oktober 1990 bis 31. Januar 1991, Berlin-Hohenschönhausen 1991; SAPMO-BArch, BPA, Nr. 02250, 02251, 02252.
853 SAPMO-BArch, BPA, Nr. 02251.
854 SAPMO-BArch, BPA, Nr. 02252.

sorgungslage bei Fleisch und Gemüse in den Bezirken stets als »Einzelmeinungen« abgetan und als *negative Haltungen zu innenpolitischen Fragen* diffamiert. Es tauchte niemals der Gedanke auf, daß diese Überlegungen vielleicht berechtigt sein könnten und in vielen Fällen auf eine »Verbesserung« des bestehenden Systems hinausliefen. Statt dessen wurde überlegt, wie man *dagegen argumentieren* und die *politische Überzeugungsarbeit* besser organisieren könne.[855]

Die Vorbereitung der Wahlen zur Volkskammer und zur Stadtverordnetenversammlung 1986 nutzten einige Bürger, um in bewährter Weise mittels »Eingabe« oder Nichtannahme der Wahlbenachrichtigungskarte ihre Wohnungs- und andere Probleme zur Sprache zu bringen oder bestimmten Forderungen Nachdruck zu verleihen.[856] Es war ein offenes Geheimnis, daß im Vorfeld von Wahlen manches scheinbar Unmögliche möglich wurde, wie sich auch die Versorgungslage bei »besonderen Anlässen« stets etwas besser gestaltete als sonst, wobei dies zumeist auf Berlin und bestimmte Bezirksstädte beschränkt blieb. Bezeichnend ist der Bericht des Ministers für Handel und Versorgung für das ZK der SED vom März 1988 in Vorbereitung des bevorstehenden Osterfestes: *Die Versorgung mit Frischgemüse erfolgt wie im Vorjahr vor allem mit den Lagergemüsearten Möhren, Zwiebeln, Weißkohl, Rotkohl, Rote Beete, Kohlrüben und Kohlrabi. Das erste Treibgemüseaufkommen von 400-500 t Salatgurken wird vor allem in repräsentativen Gaststätten wirksam. Die Importzuführungen von 150 t Paprika aus Kuba werden ausschließlich in der Hauptstadt Berlin eingesetzt … Bei Äpfeln wird in der Osterwoche in allen Bezirken ein ausreichendes Angebot organisiert … Die Bereitstellung von Obststerilkonserven ist … im Sortiment begrenzt. Durchgängig steht Apfelmus zur Verfügung. Die anderen Konservensortimente werden schwerpunktmäßig eingesetzt. Zitronen und Apfelsinen werden kontinuierlich bereitgestellt.*[857]

Der Herbst 1989 in Hohenschönhausen[858]

Obgleich auch in Hohenschönhausen das Ergebnis der Kommunalwahlen vom 7. Mai 1989 manipuliert wurde, hatte doch die Mehrheit der Bürger für die Kandidaten der Nationalen Front gestimmt. Dennoch gab es in fast allen Kreisen der Bevölkerung, auch innerhalb der SED, Kritik am bestehenden gesellschaftlichen System und Diskussionen über notwendige Veränderungen, wobei die Vorstellungen über mögliche Alternativen und konkrete Handlungsmöglichkeiten sehr verschieden waren. Bezeichnend für das Verharren vieler Staats- und Parteifunktionäre in alten Denk- und Verhaltensweisen und für eine völlige Verkennung der brisanten politischen Situation war die Tatsache, daß der erste Sekretär der SED-Kreisleitung Hohenschönhausen und der Sekretär für Agitation/Propaganda im Oktober 1989 zur Kur fuhren, und der Stadtbezirksrat für Kultur die Information über den Rücktritt Honeckers für eine RIAS-Ente hielt. Im November und Dezember 1989 fanden in Hohenschönhausen wie überall im Land »Rathausgespräche« mit Partei- und Staatsfunktionären statt, die in erster Linie als Ventil für den angestauten Unmut der Bürger gedacht waren.

---

855 SAPMO-BArch, BPA, Nr. 02252.
856 SAPMO-BArch, BPA, Nr. 02251.
857 SAPMO-BArch, ZPA, Nr. IV 2/2039/268.
858 Die Ausführungen zum gesellschaftlichen Umbruch 1989/90 basieren, soweit nicht anders vermerkt, auf Abramowski, *Ein Jahr danach*.

Zu seiner für den 9. November 1989 geplanten Lesung in der »Anna-Seghers-Bibliothek« brachte Stefan Heym die Nachricht von der Grenzöffnung mit; die Veranstaltung wurde zu einem Gespräch über die aktuelle Situation. Nach dem erzwungenen Rücktritt der DDR-Regierung und dem Fall der Mauer begann Ende 1989 auch in Hohenschönhausen der Auflösungsprozeß der bisherigen gesellschaftlichen Strukturen.

Die Hohenschönhausener Oppositionsbewegung formierte sich vor allem unter dem Dach der Kirche. Neben dem Neuen Forum entstanden seit Herbst 1989 weitere Bürgerbewegungen, Gruppierungen und Parteien, darunter Demokratie Jetzt, Demokratischer Aufbruch, Grüne Partei, Vereinigte Linke, Sozialdemokratische Partei (SDP) und Unabhängiger Frauenverband. Viele Veranstaltungen der neuen Parteien und Bewegungen fanden im Gemeindezentrum »Heinrich Grüber« der Evangelischen Kirchengemeinde Berlin-Hohenschönhausen statt. Der »Runde Tisch Hohenschönhausen«, dem zeitweilig Abgesandte von über 18 verschiedenen politischen Parteien und Gruppierungen angehörten, konstituierte sich am 20. Dezember 1989. Während vor allem Vertreter der etablierten DDR-Parteien und Organisationen ihn als notgedrungen entstandenes und zeitweiliges Diskussionsforum betrachteten, stellte er für die neuen oppositionellen Kräfte ein basisdemokratisches Entscheidungs- und Kontrollgremium dar. Es gelang dem Runden Tisch in seiner knapp halbjährigen Existenz, eine Reihe wichtiger kommunaler Angelegenheiten zu behandeln und notwendige Entscheidungen der noch amtierenden Stadtbezirksversammlung zu erzwingen.[859] Dazu zählte insbesondere die Auflösung des MfS und die Überführung ehemaliger MfS-Objekte in kommunale Nutzung.[860] Im Januar 1990 fand erstmals eine Besichtigung des Geländes der MfS-Haftanstalt in der Freienwalder Straße durch die zeitweilige Kommission zur Untersuchung ehemaliger MfS-Objekte im Stadtbezirk statt.

Das 41. und letzte Jahr der DDR unterschied sich auch in Hohenschönhausen in vielfacher Hinsicht von den vorherigen »40 Jahren DDR«. Es war vor allem gekennzeichnet durch aufkommendes Selbstbewußtsein, wirkliches Interesse und aktive Teilnahme vieler Menschen am politischen Leben, durch neue Formen der demokratischen Mitbestimmung, interessante und kritische Medien und vieles andere mehr, das nicht in Vergessenheit geraten sollte. Inwieweit Hoffnungen des Herbstes 1989 wie die auf eine leistungsorientierte, gerechtere und soziale Gesellschaft, Forderungen wie die nach Abschaffung von Privilegien, integren und kompetenten Politikern, nach Gewaltfreiheit und Abschaffung der Geheimdienste inzwischen aufgegangen sind und sich die mit der deutschen Einheit verknüpften Erwartungen vieler Menschen erfüllt haben, muß jeder selbst entscheiden.[861]

Mit dem Beitritt der DDR zur Bundesrepublik Deutschland am 3. Oktober 1990 wurde zugleich die Spaltung Berlins überwunden. Hohenschönhausen ist seither

---

859 Das betraf unter anderem die Problemkreise Wohnungs- und Gewerbepolitik, Volksbildung und Gesundheitswesen, Vorbereitung der Wahlen am 18. März und 6. Mai 1990. Vgl. die *Protokolle des Runden Tisches Hohenschönhausen vom 20. Dezember 1989 bis 25. April 1990*, Heimatmuseum Berlin-Hohenschönhausen.
860 Das Heimatmuseum, die Musikschule und das Standesamt in der Oberseestraße 56 befinden sich in ehemals von MfS genutzten Häusern. In der Manetstraße 16 wohnte bis zu seiner »Ausreise« nach Bayern der sogenannte »Devisenbeschaffer« der DDR, Alexander Schalck-Golodkowski.
861 Vgl. unter anderem Schorlemmer, *DDR kaputt*, S. 158ff.; Helga Königsdorf, *Adieu DDR. Protokolle eines Abschieds*, Hamburg 1990.

einer von 23 Bezirken der Bundeshauptstadt. Das politische, wirtschaftliche, soziale und kulturelle Leben im Bezirk hat sich grundlegend verändert und tut es täglich. Hohenschönhausen feiert im September 1995 sein zehnjähriges Jubiläum als Bezirk von Berlin. Dazu gehören sowohl die ersten fünf Jahre als sozialistischer Stadtbezirk der Hauptstadt der DDR als auch die darauffolgenden als Bezirk im wiedervereinten Berlin.

Quellen- und Literaturhinweise

Ungedruckte Quellen und Darstellungen

Fundarchiv der Arbeitsstelle für Bodendenkmalpflege beim Märkischen Museum Berlin
Akte Berlin-Hohenschönhausen
Akte Berlin-Falkenberg
Akte Berlin-Malchow
Akte Berlin-Wartenberg

Heimatmuseum Berlin-Hohenschönhausen
Wanja Abramowski (unter Mitarbeit von Ines Meinicke, Bärbel Ruben und Frank Tschörtner), *Ein Jahr danach. Eine Dokumentation über den Herbst 1989*, Manuskr. zur Ausstellung des Heimatgeschichtlichen Kabinetts Hohenschönhausen, 16. Oktober 1990 bis 31. Januar 1991.
Dieter Beseler/Kristine Hoernecke/Liesel Jacoby, *Dorfchronik Wartenberg*.
Dokumente des Gemeinderates Hohenschönhausen 1896 bis 1919.
Gesprächsprotokolle und Erinnerungsberichte Hohenschönhausener Bürger.
Kristine Hoernecke, *Dorfchronik Berlin-Wartenberg* [1959].
Elisabeth (Liesel) Jacoby, *Die Geschichte der Laienspielgruppe Wartenberg* [1961/64].
Andreas Klingeberg/Lutz-Ronald Ryll, *Entstehung der Niles-Siedlung*, Belegarbeit, Humboldt-Universität zu Berlin, Sektion Geschichte, Berlin 1989.
Luftschutz-Wachbuch der Evangelischen Kirche Hohenschönhausen, Heft 1 bis 3 [1941–1945].
Materialsammlung Internierungslager und MfS-Haftanstalt.
Materialsammlung zu Vereinen in Hohenschönhausen.
Materialsammlung zur Geschichte der LPG Wartenberg.
Materialsammlung zur Geschichte der Siedlungsgenossenschaft »Die kinderreiche Familie« in Hohenschönhausen.
Materialsammlung zur Geschichte des Brauereiwesens in Hohenschönhausen.
Materialsammlung zur Ausstellung »Als die Befreier kamen. Hohenschönhausen vor 50 Jahren«, Mai 1995.
Protokolle des »Runden Tisches« Hohenschönhausen vom 20. Dezember 1989 bis 25. April 1990.
Regina Rahmlow, *Victor Aronstein. Lebenslauf nach Dokumenten und mündlichen Aussagen*.
Bärbel Ruben, *Zur Geschichte der Siedlungsgenossenschaft »Die kinderreiche Familie« in der Dingelstädter Straße*, Manuskr.

Landesarchiv Berlin
Pr. Br. Rep. 30 *Staatliche Polizeibehörden (Polizeipräsident zu Berlin)*, Nr. 257

Landesarchiv Berlin, Außenstelle Breite Straße
Pr. Br. Rep. 55 *Kreisverwaltung Niederbarnim*
  Rep. 148 *Stadtbezirksverwaltung Weißensee*
  Rep. 48–04/1 *Amtsverwaltung Hohenschönhausen*

Rep. 48–04/2 *Amtsverwaltung Malchow*
Rep. 48–05/1 *Gemeindeverwaltung Hohenschönhausen*
Rep. 48–06 *Gutsbezirksverwaltung Falkenberg*
Rep. 48–08 *Bezirksverwaltung Weißensee/Bezirksamt Weißensee*
Rep. 800 *Deutsche Treuhandverwaltung*

Stadtgeschichtliches Museum Berlin-Weißensee
Juden in Weißensee, Manuskr. der Arbeitsgruppe des Stadtgeschichtlichen Museums Weißensee unter Leitung von Rainer Kolitsch [1993].

Stiftung Archiv der Parteien und Massenorganisationen der DDR im Bundesarchiv
02249, 02250, 02251, 02252 *Bezirksparteiarchiv, Kreisleitung der SED Hohenschönhausen*
IV 2/2.039 *Zentrales Parteiarchiv, Zentralkomitee der SED, Büro Krenz*
IV 4/08, IV A 4/08, IV B 4/08, IV C 4/08, IV D 4/08 *Bezirksparteiarchiv, Kreisleitung der SED Weißensee*
J IV 2/2 *Zentrales Parteiarchiv, Zentralkomitee der SED, Internes Parteiarchiv*
Erinnerungsarchiv, Nr. 2080.

Weitere ungedruckte Quellen und Darstellungen

Chronik der Außenstelle Malchow des Bereiches Acker- und Pflanzenbau an der Humboldt-Universität zu Berlin [1972].
Chronik der Katholischen Pfarrkirche St. Konrad in Berlin-Hohenschönhausen.
Pfarrchronik der Gemeinde »Heilig Kreuz« in Berlin-Hohenschönhausen.
Rudolf Sehrndt, *Geschichte der Kirchhöfe St. Hedwig und St. Pius in Berlin-Hohenschönhausen*, handschriftliche Chronik, Berlin 1965–1970.
Unterlagen der Zentralen Friedhofsverwaltung von St. Hedwig und St. Pius, Berlin-Hohenschönhausen.

Gedruckte Quellen, Quellensammlungen und Regesten

Rüdiger Scholz/Michael Eckerl, *Archäologische Landesaufnahme der Funde und Fundstellen in Berlin*, Berlin 1987.
Joachim Herrmann/Peter Donat (Hrsg.), *Corpus archäologischer Quellen zur Frühgeschichte auf dem Gebiet der Deutschen Demokratischen Republik (7. bis 12. Jahrhundert)*, 3. Lieferung: Bezirke Frankfurt, Potsdam, Berlin, Textband und Tafelteil, Berlin 1989.
Christian Lübke, *Regesten zur Geschichte der Slaven an Elbe und Oder (vom Jahr 900 an)*. T. 2: *Regesten 900–983* (= Giessener Abhandlungen zur Agrar- und Wirtschaftsforschung des europäischen Ostens, Bd. 133), Berlin 1985.
Adolph Friedrich Riedel (Hrsg.), *Codex diplomaticus Brandenburgensis. Sammlung der Urkunden, Chroniken und sonstigen Geschichtsquellen für die Geschichte der Mark Brandenburg und ihrer Regenten*, 1.–4. Hauptteil = 35 Bde., 1 Suppl.-Bd., Berlin 1838–1869.

Das Landbuch der Mark Brandenburg von 1375, hrsg. von Johannes Schultze (= Veröffentlichungen der Historischen Kommission für die Provinz Brandenburg und die Reichshauptstadt Berlin VIII; Brandenburgische Landbücher Bd. 2), Berlin 1940.

Ernst Fidicin (Hrsg.), *Kaiser Karl's IV. Landbuch der Mark Brandenburg nach den handschriftlichen Quellen*, Berlin 1856.

Ernst Fidicin (Hrsg.), *Historisch-diplomatische Beiträge zur Geschichte der Stadt Berlin*, T. 1–5, Berlin 1837–1842, Nachdruck der Originalausgabe, Berlin 1990.

[Carl Ludwig August] von Eickstedt, *Beiträge zu einem neueren Landbuch der Marken Brandenburg. Prälaten, Ritter, Städte, Lehnschulzen oder Roßdienst und Lehnwar*, Magdeburg 1840.

Martin Haß, *Die Kurmärkischen Stände im letzten Drittel des sechszehnten Jahrhunderts*, Leipzig-München 1913.

Die Kurmärkischen Landstände 1571–1616, bearb. von Helmut Croon (= Veröffentlichungen der Historischen Kommission für die Provinz Brandenburg und die Hauptstadt Berlin IX,1; Brandenburgische Ständeakten 1), Berlin 1938.

Erich Kittel, *Die Erbhöfe und Güter des Barnim 1608/1652. Verzeichnis der Lehnsleute, Bauern, Kossäten und Knechte*, Bernburg 1937.

Siegmund Wilhelm Wohlbrück, *Die Dörfer Malchow und Hohen-Schönhausen. Als Fragment einer historisch-topographischen Beschreibung des Nieder-Barnimschen Kreises; aus dem Nachlasse des Kriegsraths S. W. Wohlbrück*, in: Leopold von Ledebur (Hrsg.), *Allgemeines Archiv für die Geschichtskunde des Preußischen Staates*, Bd. 15, Berlin-Posen-Bromberg 1834.

Friedrich Nicolai, *Beschreibung der königlichen Residenzstädte Berlin und Potsdam, aller daselbst befindlicher Merkwürdigkeiten, und der umliegenden Gegend*, 3., völlig umgearbeitete Auflage, Berlin 1786.

Johann Christoph Bekmann, *Historische Beschreibung der Chur und Mark Brandenburg...*, ergänzt, fortgesetzt und hrsg. von Bernhard Ludwig Bekmann, Bd. 1, Berlin 1751/53.

Die Russen und die Oesterreicher in Berlin, vom 3ten bis 13ten October 1760. Aus den Papieren des weiland Königl. Preuß. Staatsministers Grafen Otto Christoph v. Podewils auf Gusow (+1781). Mitgetheilet von Preuß, in: Leopold von Ledebur (Hrsg.), *Allgemeines Archiv für die Geschichtskunde des Preußischen Staates*, Bd. 16, Berlin-Posen-Bromberg 1835.

Anton Friedrich Büsching, *Beschreibung seiner Reise von Berlin nach Kyritz in der Prignitz, welche er vom 26sten September bis zum 2ten October 1779 verrichtet hat*, Leipzig 1780.

Inventar der Bau- und Kunstdenkmäler in der Provinz Brandenburg, bearb. von Rudolf Bergau, Berlin 1885.

Paul Ortwin Rave, *Verzeichnis der alten Gärten und ländlichen Parke in der Mark*, in: *Die alten Gärten und ländlichen Parke in der Mark Brandenburg, Brandenburgische Jahrbücher* 14/15 (1939), S. 143–190.

Verzeichnis der Pfarrstellen und der Pfarrer, bearb. von Otto Fischer (= Evangelisches Pfarrerbuch für die Mark Brandenburg seit der Reformation, hrsg. vom Brandenburgischen Provinzialsynodalverband, Bd. 1), Berlin 1941.

Alexander Giertz, *Bausteine zu einer Geschichte des Barnim sowie seiner Dörfer Petersha-*

gen und Eggersdorf. Chronik nach Quellen. Drei Theile. Mit 59 Abbildungen und Urkundenabdrücken, Petershagen bei Fredersdorf 1901–1905.

Historisches Ortslexikon für Brandenburg, T. 6: *Barnim*, bearb. von Lieselott Enders unter Mitarbeit von Margot Beck (= Veröffentlichungen des Staatsarchivs Potsdam 16), Weimar 1980.

Gerhard Schlimpert, *Brandenburgisches Namenbuch*, T. 5: *Die Ortsnamen des Barnim. Mit einem siedlungsgeschichtlichen Beitrag von Rolf Barthel* (= Berliner Beiträge zur Namenforschung, Bd. 6), Weimar 1984.

Georg Holmsten, *Die Berlin-Chronik. Daten. Personen. Dokumente*, 3., durchgesehene Aufl., Düsseldorf 1990.

Mark Brandenburg. Aus der Heimatpresse des Landes Brandenburg, ausgewählt und hrsg. von Peter Jung, Berlin 1991.

Von der sozialistischen Arbeiterpresse im 19. Jahrhundert veröffentlichte Anzeigen, Aufrufe, Berichte und Meldungen betreffend die örtliche Arbeiterbewegung in Weißensee, Hohenschönhausen, Wilhelmsberg, Falkenberg, Malchow und Wartenberg. Eine Quellensammlung, T. 1–5, hrsg. vom Ausschuß für Ortschronik im Stadtbezirk Weißensee unter Ltg. von Günter Nitschke, Berlin-Weißensee 1972–1975.

Die Landgemeindeordnung für die sieben östlichen Provinzen der Monarchie vom 3. Juli 1891 nebst den zu ihrer Ausführung erlassenen Anweisungen, erläutert von St[ephan] Genzmer, Berlin 1892.

Friedrich C. A. Lange, *Groß-Berliner Tagebuch 1920–1933*, Berlin-Lichtenrade 1951.

Martin Schönfeld, *Gedenktafeln in Ost-Berlin. Orte der Erinnerung an die Zeit des Nationalsozialismus* (= Schriftenreihe Aktives Museum, Bd. 4), Berlin 1991.

Klaus Scheel (Hrsg.), *Die Befreiung Berlins 1945. Eine Dokumentation*, 2., überarb. Aufl., Berlin 1985.

Zeitungen und andere Periodika

Berliner Zeitung vom 30. Juni 1992; 24. September 1993.

Das neue Berlin. Monatshefte für Probleme der Großstadt (1929), H. 3.

Evangelisch-Kirchliches Gemeindeblatt Berlin-Hohenschönhausen vom 1. August 1933; 1. Februar 1934.

Gemeindeblatt der Jüdischen Gemeinde zu Berlin. Amtliches Organ des Gemeindevorstandes vom 1. Dezember 1935.

Gemeindeblatt für die Jüdischen Gemeinden Preußens. Verwaltungsblatt des Preußischen Landesverbandes jüdischer Gemeinden vom 1. August 1935.

Hohenschönhausener Lokalblatt (1992), Nr. 9, 10, 12; (1993), Nr. 21, 27; (1994), Nr. 37; (1995), Nr. 44.

Hohenschönhausener Tageblatt vom 28. Januar; 2. April 1913.

Junge Welt vom 6. Mai 1983.

Neue Berliner Illustrierte (1946), Nr. 34; (1980), Nr. 19.

Neuer Social-Demokrat vom 26. November; 7. Dezember 1873.

Niederbarnimer Kreisblatt vom 25. Dezember 1910, 2. Beilage; 14. und 17. Januar 1912; 5. Juni 1912, Beilage; 11. September 1912, Beilage; 4. Oktober 1912, Beilage.

Orankepost (1990), Nr. 9.

Rote Fahne vom 26. Oktober 1929.
Sonntag vom 2. Dezember 1979.
Temperamente. Blätter für junge Leute (1989), H. 4.
Vorwärts vom 21. Januar 1919; 25. Oktober 1929, 3. Beilage.
Wasmuth's Monatshefte für Baukunst und Städtebau (1935), H. 2.
Weißenseer Volksblatt vom 10. und 16. Oktober 1946.
Wochenpost vom 26. April 1985.

Adreßbücher, Straßen- und Ortschaftsverzeichnisse, Karten und Pläne

Berliner Adreßbuch 1906. Mit der Beigabe: Großer Verkehrs-Plan von Berlin und Vororten, Bd. 2, T. 5: *Vororte von Berlin*.
Die Berliner Vororte. Ein Handbuch für Haus- und Grundstückskäufer, Baulustige, Wohnungssuchende, Grundstücksbesitzer, Vorortbewohner, Terraingesellschaften, Hypothekenverleiher, Architekten u.a.m., mit einer Übersichtskarte und 100 kleinen Plänen im Text, Berlin 1908.
Artur Görlitzer, (Hrsg.), *Gesamtadressenwerk der NSDAP-Geschäftsstellen*, Bd. 1: *Gau Groß-Berlin mit Gau-Stadt-Plan*, Berlin 1934.
Jüdisches Adreßbuch für Gross-Berlin, Ausgabe 1929/30, Berlin [1930].

Verwaltungsberichte, amtliche Schriften

Berlin Hohenschönhausen 1993/1994, hrsg. vom Bezirksamt Hohenschönhausen von Berlin, 1993.
Entdecken Sie Berlin-Hohenschönhausen, hrsg. vom Bezirksamt Hohenschönhausen von Berlin, 1994.
Erster Verwaltungsbericht der neuen Stadtgemeinde Berlin für die Zeit vom 1. Oktober 1920 bis 31. März 1924, H. 26: *Verwaltungsbezirk Weißensee*, bearb. im Statistischen Amt der Stadt Berlin.
J. Gründel/B. Langfeldt/J. Scharon/H. Schöder, *Der Faule See – ein innerstädtisches Naturschutzgebiet*, hrsg. vom Bezirksamt Weißensee von Berlin (= Weißenseer Hefte 3), Berlin-Weißensee 1991.
Umwelt- und Naturschutz in Hohenschönhausen, hrsg. vom Bezirksamt Hohenschönhausen von Berlin, Abteilung Umwelt- und Naturschutz, 1990.
Verwaltungsbericht der Bezirksverwaltung Weißensee für die Jahre 1932–1935, hrsg. vom Bezirksbürgermeister des Verwaltungsbezirks Weißensee der Stadt Berlin, Berlin 1936.
Verwaltungsbericht der Stadt Berlin 1924–1927, H. 26: *Verwaltungsbezirk Weißensee*, hrsg. vom Statistischen Amt der Stadt Berlin, Berlin 1930.
Wirtschaftsstandort Berlin-Hohenschönhausen, hrsg. vom Bezirksamt Hohenschönhausen von Berlin, Abteilung Wirtschaft, Umwelt und Finanzen, 1994.

Geographische und statistische Veröffentlichungen

Sigrun Below, *Zur Entwicklung der Neubaubezirke Marzahn, Hohenschönhausen und Hellersdorf bis 1989*, in: *Berliner Statistik*, hrsg. vom Statistischen Landesamt Berlin (1992), H. 7, S. 178–190.
Berlin in Zahlen 1947, hrsg. vom Hauptamt für Statistik, Berlin 1949.
Heinrich Berghaus, *Landbuch der Mark Brandenburg und des Markgrafthums Nieder-Lausitz in der Mitte des 19. Jahrhunderts oder geographisch-historisch-statistische Beschreibung der Provinz Brandenburg*, Bd. 1–3, Brandenburg 1854–1856.
Friedrich Wilhelm August Bratring, *Statistisch-topographische Beschreibung der gesamten Mark Brandenburg*, Bd. 2: *Die Mittelmark und Uckermark enthaltend*, Kritisch durchgesehene und verbesserte Neuausgabe von Otto Büsch und Gerd Heinrich (= Veröffentlichungen der Historischen Kommission zu Berlin, Bd. 22; Neudrucke Bd. 2), Berlin 1968.
Friedrich Leyden, *Gross-Berlin. Geographie einer Weltstadt*, Breslau 1933.
Ortschafts-Statistik des Regierungsbezirks Potsdam mit der Stadt Berlin, bearb. von Richard Boeckh, Berlin 1861.
Gerhard A. Ritter/Merith Niehuss, *Wahlgeschichtliches Arbeitsbuch. Materialien zur Statistik des Kaiserreiches 1871–1918* (= Statistische Arbeitsbücher zur neueren deutschen Geschichte), München 1980.
Statistisches Jahrbuch der Stadt Berlin 4 (1928).
Statistisches Jahrbuch für das Deutsche Reich 47 (1928), Berlin 1928.

Literatur

Werner Abelshauser/Anselm Faust/Dietmar Petzina (Hrsg.), *Deutsche Sozialgeschichte 1914–1945. Ein historisches Lesebuch*, München 1985.
Wanja Abramowski, *Chronik zur Geschichte des Stadtbezirks Berlin-Hohenschönhausen*, T. 1: *Von den Anfängen bis 1920* (= Beiträge zur Geschichte Hohenschönhausens, H. 2), Berlin 1990.
Wanja Abramowski, *90 Jahre Straßenbahn Berlin-Hohenschönhausen*, hrsg. vom Heimatgeschichtlichen Kabinett Hohenschönhausen, Textheft zur Sonderausstellung, Berlin 1989.
F. Adler, *Die niederländischen Kolonien in der Mark Brandenburg*, in: *Märkische Forschungen*, hrsg. vom Verein für Geschichte der Mark Brandenburg, Bd. 7, Berlin 1861, S. 110–127.
Archäologie als Geschichtswissenschaft. Studien und Untersuchungen (= Schriften zur Ur- und Frühgeschichte 30), Berlin 1977.
Martha Arendsee, *Vom Kampf der »Niederbarnimer Opposition« gegen den ersten imperialistischen Krieg*, in: *Berliner Heimat* (1955), H. 1, S. 6–11.

Ernst Badstübner/Sibylle Badstübner-Gröger, *Kirchen in Berlin. Von St. Nikolai bis zum Gemeindezentrum »Am Fennpfuhl«*, Berlin 1977.
Erich Barberowsky, *Besichtigung der Kunstkorkfabrik Granum, Emil Zorn AG und der wissenschaftlichen Sammlung des Herrn Pfarrer Dr. Kurth in Hohen-Schönhausen (6. Febr. 1929)*, in: *Brandenburgia* 38 (1929) 5/6, S. 103–104.

Die Bau- und Kunstdenkmale in der DDR. Hauptstadt Berlin II, hrsg. vom Institut für Denkmalpflege, Berlin 1987.

Roland Bauer, *Berlin. Illustrierte Chronik bis 1870*, Berlin 1988.

Joachim Bennewitz, *Die Stadt als Wohnung. Carl James Bühring. Architekt in Berlin und Leipzig*, Berlin-Weißensee 1993.

Gustav Berg, *Flurnamen aus Weißensee*, in: Berliner Heimat (1959), H. 1, S. 25–30.

Gustav Berg, *Hohenschönhausener Dingetage*, in: Berliner Heimat (1957), H. 2, S. 74–80.

Gustav Berg, *Wie Weißensee vor 200 Jahren verwaltet wurde*, in: Berliner Heimat (1956), H. 1, S. 36–44.

Berlin und Umgebung, bearb. von Alfred Kernd'l (= Führer zu archäologischen Denkmälern in Deutschland, Bd. 23), Stuttgart 1991.

Berlin. Bezirk XVIII: Weißensee, bearb. von Max Bellach (= Du und die Heimat. Heimatkundliche Lesehefte für den Unterrichtsgebrauch, 2. Reihe: Heimatkunden für die Verwaltungsbezirke der Reichshauptstadt Berlin), Breslau 1939.

Berlin Handbuch. Das Lexikon der Bundeshauptstadt, hrsg. vom Presse- und Informationsamt des Landes Berlin, Berlin 1992.

Berlin. Hauptstadt der DDR. Dokumentation komplexer Wohnungsbau 1971–1985, Berlin 1986.

Berlin. Sowjetsektor. Die politische, rechtliche, wirtschaftliche, soziale und kulturelle Entwicklung in acht Berliner Verwaltungsbezirken, Berlin 1965.

Berlinisch. Geschichtliche Einführung in die Sprache einer Stadt, Berlin 1986.

Kurt Berner, *Spezialisten hinter Stacheldraht*, Berlin 1990.

Eduard Bernstein, *Die Geschichte der Berliner Arbeiter-Bewegung. Ein Kapitel zur Geschichte der deutschen Sozialdemokratie, T. 3: Fünfzehn Jahre Berliner Arbeiterbewegung unter dem gemeinen Recht*, Berlin 1910.

Barbara Beuys, *Der Große Kurfürst. Der Mann, der Preußen schuf*, Reinbek bei Hamburg 1979.

Karl-Heinrich Bieritz, *Das Kirchenjahr. Feste, Gedenk- und Feiertage in Geschichte und Gegenwart*, Berlin 1986.

Wilhelm Boeck, *Kurfürstliche Lustgärten in der Mark*, in: Die alten Gärten und ländlichen Parke in der Mark Brandenburg, Brandenburgische Jahrbücher 14/15 (1939), S. 7–19.

[Gustav] Böß, *Die Not in Berlin. Tatsachen und Zahlen*, Berlin 1923.

Eberhard Bohm, *Siedlung und Agrarwesen*, in: Bürger, Bauer, Edelmann. Berlin im Mittelalter, Berlin 1987, S. 39–55.

Eberhard Bohm, *Teltow und Barnim. Untersuchungen zur Verfassungsgeschichte und Landesgliederung brandenburgischer Landschaften im Mittelalter* (= Mitteldeutsche Forschungen, 83), Köln-Wien 1978.

Dieter Borkowski, *Für jeden kommt der Tag ... Stationen einer Jugend in der DDR*, Berlin 1990.

Gottfried Bregulla (Hrsg.), *Hugenotten in Berlin*, Berlin 1988.

Hans-Norbert Burkert/Klaus Matußek/Wolfgang Wippermann, *»Machtergreifung« Berlin 1933* (= Stätten der Geschichte Berlins, Bd. 2), Berlin [1983].

Otto Büsch, *Geschichte der Berliner Kommunalwirtschaft in der Weimarer Epoche* (= Veröffentlichungen der Historischen Kommission zu Berlin, Bd. 1), Berlin 1960.

Otto Büsch/Wolfgang Haus, *Berlin als Hauptstadt der Weimarer Republik 1919–1933. Mit einem statistischen Anhang zur Wahl- und Sozialstatistik des demokratischen Berlin*

1919–1933 (= Veröffentlichungen der Historischen Kommission zu Berlin, Bd. 70/1), Berlin-New York 1987.

Heinz Braun, *Zur Geschichte des brandenburgisch-preußischen Landratsamtes*, in: *Archivmitteilungen* 12 (1962), H. 1, S. 23–30.

Jochen Černy (Hrsg.), *Brüche, Krisen, Wendepunkte. Neubefragung von DDR-Geschichte*, Berlin 1990.

Chronik der Kreisparteiorganisation Berlin-Weißensee der SED. April 1945 bis Oktober 1949, Berlin-Weißensee 1988.

Kleine Chronik zur Geschichte des Stadtbezirks Berlin-Hohenschönhausen (= Schriften der Kommission zur Erforschung der Geschichte der örtlichen Arbeiterbewegung in Berlin-Hohenschönhausen), Berlin-Hohenschönhausen 1987.

Herbert Crüger, *Verschwiegene Zeiten. Vom geheimen Apparat der KPD ins Gefängnis der Staatssicherheit*, Berlin 1990.

Walter Delius, *Aus dem Briefwechsel des Berliner Propstes Johann Porst mit A. H. Francke in Halle a.S.*, in: *Jahrbuch für Berlin-Brandenburgische Kirchengeschichte* 39 (1964), S. 89–113.

Laurenz Demps, *Dokumentation zur Zahl der ausländischen Zwangs- und Fremdarbeiter in Berlin*, in: *Berliner Geschichte. Dokumente, Beiträge, Informationen*, hrsg. vom Stadtarchiv Berlin, (1986), H. 7, S. 23–27.

Laurenz Demps, *Konzentrationslager in Berlin*, in: *Jahrbuch des Märkischen Museums*, Bd. 3, Berlin 1977, S. 7–19.

Laurenz Demps, *Die Luftangriffe auf Berlin. Ein dokumentarischer Bericht*, T. 1 in: *Jahrbuch des Märkischen Museums*, Bd. 4, Berlin 1978, S. 27–68; T. 2 in: ebda., Bd. 8, Berlin 1982, S. 7–44.

Laurenz Demps/Reinhard Hölzer, *Zwangsarbeiterlager in der faschistischen Reichshauptstadt Berlin 1939–1945* (= Miniaturen zur Geschichte, Kultur und Denkmalpflege Berlins, Nr. 20/21), Berlin 1986.

Julek Karl von Engelbrechten/Hans Volz, *Wir wandern durch das nationalsozialistische Berlin. Ein Führer durch die Gedenkstätten des Kampfes um die Reichshauptstadt*, München 1937.

Christian Engeli, *Die nationalsozialistischen Kommunalpolitiker in Berlin*, in: Wolfgang Ribbe (Hrsg.), *Berlin-Forschungen II* (= Einzelveröffentlichungen der Historischen Kommission zu Berlin, Bd. 61), Berlin 1987, S. 113–139.

Christian Engeli, *Gustav Böß. Oberbürgermeister von Berlin 1921–1930* (= Schriftenreihe des Vereins für Kommunalwissenschaften e. V. Berlin, Bd. 31), Stuttgart-Berlin-Köln-Mainz 1971.

Elke Erb, *Ein Siedlungshaus in Berlin-Hohenschönhausen*, in: *Gutachten. Poesie und Prosa*, Berlin-Weimar 1975, S. 82–88.

Peter Erler/Thomas Friedrich, *Das sowjetische Speziallager Nr. 3 Berlin-Hohenschönhausen (Mai 1945–Oktober 1946)*, Berlin 1995.

Felix Escher, *Berlin und sein Umland. Zur Genese der Berliner Stadtlandschaft bis zum Beginn des 20. Jahrhunderts* (= Einzelveröffentlichungen der Historischen Kommission zu Berlin, Bd. 47), Berlin 1985.

Helmut Eschwege (Hrsg.), *Kennzeichen J. Bilder, Dokumente, Berichte zur Geschichte der Verbrechen des Hitlerfaschismus an den deutschen Juden 1933–1945*, Berlin 1966, Frankfurt/M. 1979.

Festschrift »700 Jahre Weißensee« 1937, hrsg. von der Bezirksverwaltung Weißensee, Berlin-Weißensee 1937.

Festschrift 650 Jahre Malchow. 1344–1994. Ein Streifzug durch die Geschichte, verfaßt und zusammengestellt von Anke Huschner, hrsg. vom Heimatmuseum Berlin-Hohenschönhausen 1994.

Ernst Fidicin, *Geschichte des Kreises Niederbarnim und der in demselben belegenen Städte, Rittergüter und Dörfer*, in: Die Territorien der Mark Brandenburg, Bd. 1, T. 2, Berlin 1857.

Gerhard Finn, *Die politischen Häftlinge in der Sowjetzone 1945–1959*, Köln 1989.

Bernd Fischer/Heinz Seyer, *Neue altslawische Siedlungen von Berlin-Wartenberg und Berlin-Marzahn*, in: Jahrbuch des Märkischen Museums, Bd. 1, Berlin 1975, S. 63–69.

Gerhard Fischer, *Berliner Sportstätten. Geschichte und Geschichten*, Berlin 1992.

Theodor Fontane, *Wanderungen durch die Mark Brandenburg*, T. 4: *Spreeland. Beeskow-Storkow und Barnim-Teltow*, hrsg. von Gotthard Erler und Rudolf Mingau, Berlin 1991.

Wilhelm Frank, *Friedhof und Friedhofskapelle (Kreuzkirchlein) der St. Pius- und St. Hedwigs-Gemeinde in Hohenschönhausen*, Berlin 1907.

Karl-Wilhelm Fricke, *Politik und Justiz in der DDR. Zur Geschichte der politischen Verfolgung 1945–1968*, Köln 1979.

Ernst Friedel/Robert Mielke (Hrsg.), *Landeskunde der Provinz Brandenburg*, Bd. 3: *Die Volkskunde*, Berlin 1912; Bd. 4: *Die Kultur*, Berlin 1916.

Wolfgang H. Fritze, *Das Vordringen deutscher Herrschaft in Teltow und Barnim*, in: Jahrbuch für brandenburgische Landesgeschichte 22 (1971), S. 81–154.

Fünfzig Jahre Berliner Stadtentwässerung 1878–1928, Berlin 1928.

50 Jahre Deutscher Turnerbund Berlin. 1890–1940, Berlin [1940].

Stephan Genzmer, *Entstehung und Rechtsverhältnisse der Gutsbezirke in den 7 östlichen Provinzen des Preußischen Staates, dargestellt unter Berücksichtigung der Landgemeindeordnung vom 3. Juli 1891*, Berlin 1891.

Wolfgang Gericke/Heinrich-Volker Schleiff/Winfried Wendland, *Brandenburgische Dorfkirchen*, Berlin 1985.

Geschichte der gemeinnützigen Wohnungsbauwirtschaft in Berlin, hrsg. vom Verband Berliner Wohnungsbaugenossenschaften und -gesellschaften e.V., Berlin 1957.

Deutsche Geschichte, Bd. 4: *Die bürgerliche Umwälzung von 1789 bis 1871*, Berlin 1984.

Deutsche Geschichte in Daten, hrsg. vom Institut für Geschichte der Deutschen Akademie der Wissenschaften zu Berlin, Berlin 1969.

Alexander Giertz, *Chronik der Gemeinde Weißensee bei Berlin*, Berlin-Weißensee 1905/06.

Alexander Giertz, *Alt-Landsbergs Werdegang, der Servitenorden und sein einstiges märkisches Kloster in Alt-Landsberg*, in: Archiv der Brandenburgia. Gesellschaft für Heimatkunde der Provinz Brandenburg zu Berlin, Bd. 13, Berlin 1911, S. 273–412.

Cornelius C. Goeters, *Chronologie der Berliner Bürgermeister*, in: Wolfgang Ribbe (Hrsg.), Berlin-Forschungen II (= Einzelveröffentlichungen der Historischen Kommission zu Berlin, Bd. 61), Berlin 1987, S. 293–328.

Wolfgang Gottschalk, *Die Friedhöfe der St.-Hedwigs-Gemeinde zu Berlin*, Berlin 1991.
Edward Gough, *Die SPD in der Berliner Kommunalpolitik 1925–1933*, MS. Phil. Diss., Berlin 1984.
Bernhard Gramsch, *Ein paläolitischer (?) Flintabschlag von Berlin-Hohenschönhausen*, in: *Ausgrabungen und Funde* 4 (1959), H. 2, S. 65–67.
Karin Grimme, *Nationalsozialistische Siedlungen in Berlin*, in: *Berlin in Geschichte und Gegenwart. Jahrbuch des Landesarchivs Berlin 1991*, S. 147–173.
Georg von Gynz-Rekowski, *Der Festkreis des Jahres*, Berlin 1981.

Hartmut Harnisch, *Vom Oktoberedikt des Jahres 1807 zur Deklaration von 1816. Problematik und Charakter der preußischen Agrarreformgesetzgebung zwischen 1807 und 1816*, in: *Studien zu den Agrarreformen des 19. Jahrhunderts in Preußen und Rußland, Sonderband des Jahrbuchs für Wirtschaftsgeschichte*, Berlin 1978, S. 229–293.
Heimatchronik Berlin (= Heimatchroniken der Städte und Kreise des Bundesgebietes, Bd. 25), Köln 1962.
Arne Hengsbach, *Natureiswerke im Umland von Berlin*, in: *Jahrbuch für brandenburgische Landesgeschichte* 21 (1970), S. 88–99.
Ulrich Herbert (Hrsg.), *Europa und der »Reichseinsatz«. Ausländische Zivilarbeiter, Kriegsgefangene und KZ-Häftlinge in Deutschland 1938–1945*, Essen 1991.
Ulrich Herbert, *Fremdarbeiter. Politik und Praxis des Ausländereinsatzes in der Kriegswirtschaft des Dritten Reiches*, Berlin-Bonn 1985.
Joachim Herrmann [Leiter eines Autorenkollektivs], *Berlin. Ergebnisse der heimatkundlichen Bestandsaufnahme* (= Werte unserer Heimat. Heimatkundliche Bestandsaufnahme in der Deutschen Demokratischen Republik, Bd. 49/50), Berlin 1987.
Joachim Herrmann (Hrsg.), *Die Slawen in Deutschland. Geschichte und Kultur der slawischen Stämme westlich von Oder und Neiße vom 6. bis 12. Jahrhundert. Ein Handbuch*, Neubearbeitung, Berlin 1985.
Kristine Hoernecke/Liesel Jacoby, *Aus der Dorfchronik von Berlin-Wartenberg*, T. 1 in: *Berliner Heimat* (1960), H. 4, S. 171–175, T. 2 in: ebda. (1961), H. 1, S. 35–40.
Michael Hofmann, *Die slawische Besiedlung des Barnims*, Diplomarbeit, Humboldt-Universität zu Berlin, Sektion Geschichte, Berlin 1989.
Friedrich Holtze, *Das Amt Mühlenhof bis 1600*, in: *Schriften des Vereins für die Geschichte Berlins* (1893), H. 30, S. 19–39.
Ernst Rudolf Huber, *Deutsche Verfassungsgeschichte seit 1789*, Bd. 1: *Reform und Reformation von 1789 bis 1830*, Stuttgart-Berlin-Köln 1977; Bd. 7: *Ausbau, Schutz und Untergang der Weimarer Republik*, Stuttgart-Berlin-Köln-Mainz 1984.
Harold Hurwitz, *Zwangsvereinigung und Widerstand der Sozialdemokraten in der Sowjetischen Besatzungszone und Berlin*, Köln 1990.
Karl-Heinz Hüter, *Architektur in Berlin 1900–1933*, Dresden 1987.

Walter Janka, *Schwierigkeiten mit der Wahrheit*, Reinbek bei Hamburg 1989.
Werner Jankowski, *450 Jahre Evangelische Kirchengemeinde Berlin-Hohenschönhausen*, Berlin-Hohenschönhausen 1990.
Juden in Weißensee. »Ich hatte einst ein schönes Vaterland«, hrsg. vom Bezirksamt Weißensee von Berlin, Kulturamt und Stadtgeschichtliches Museum (= Stätten der Geschichte Berlins, Bd. 107), Berlin 1994.
Ernst Kaeber, *Das Weichbild der Stadt Berlin seit der Steinschen Städteordnung*, T. 2: *Der*

Kampf um Groß-Berlin 1890–1920, in: Ders., *Beiträge zur Berliner Geschichte. Ausgewählte Aufsätze* (= Veröffentlichungen der Historischen Kommission zu Berlin, Bd. 14), Berlin 1964.

Hartmut Kaelble/Jürgen Kocka/Hartmut Zwahr (Hrsg.), *Sozialgeschichte der DDR*, Stuttgart 1994.

Kahlschlag. Das 11. Plenum des ZK der SED 1965. Studien und Dokumente, Berlin 1991.

Hilde Kammer/Elisabeth Bartsch, *Nationalsozialismus. Begriffe aus der Zeit der Gewaltherrschaft 1933–1945*, Reinbek bei Hamburg 1992.

Der illegale Kampf der KPD 1933–1945 in Berlin-Weißensee, Berichte vom antifaschistischen Widerstandskampf unter Führung der Kommunistischen Partei Deutschlands, hrsg. vom Komitee der Antifaschistischen Widerstandskämpfer der DDR Berlin-Weißensee, Berlin 1980.

Gerhard Kiersch/Rainer Klaus/Wolfgang Kramer/Elisabeth Reichardt-Kiersch, *Berliner Alltag im Dritten Reich*, Düsseldorf 1981.

Ernst Klein, *Christian Friedrich Scharnweber. Eine biographische Skizze*, in: *Wege und Forschungen der Agrargeschichte. Festschrift zum 65. Geburtstag von Günter Franz*, Frankfurt/M. 1967, S. 197–212.

Michael Klonovsky/Jan von Flocken, *Stalins Lager in Deutschland 1945–1950. Dokumentation. Zeugenberichte*, Berlin-Frankfurt a.M. 1991.

Hans Klose, *Die eiszeitlichen Denkmale und der Mensch*, in: Brandenburgische Jahrbücher 8 (1937), S. 50–57.

Richard Knoblauch, *Löwenbrauerei-Böhmisches Brauhaus A.G. Ein Rückblick auf 60 Jahre 1870–1930*, Berlin [1930].

Helga Königsdorf, *Adieu DDR. Protokolle eines Abschieds*, Hamburg 1990.

Anneliese Krenzlin, *Die mittelalterlich-frühneuzeitlichen Siedlungsformen im Raume von Groß-Berlin. Ein Beitrag zur Frage der ostdeutschen Plangewannfluren*, in: Die Erde 90 (1959), S. 327–345.

Anneliese Krenzlin, *Dorf, Feld und Wirtschaft im Gebiet der großen Täler und Platten östlich der Elbe* (= Forschungen zur deutschen Landeskunde, Bd. 70), Remagen 1952.

Hans-Joachim Kretzschmann, *Entwicklung, Bewirtschaftung und Bedeutung der Berliner Stadtgüter* (= Volkswirtschaftliche Studien. Arbeiten aus dem Institut für Volkswirtschaft der Landwirtschaftlichen Hochschule zu Berlin, H. 2), Berlin 1930.

Horst Krüger (Hrsg.), *Das Ende einer Utopie. Hingabe und Selbstbefreiung früherer Kommunisten*, Olten und Freiburg im Breisgau 1963.

Julius Kurth, *Die Kirche von Hohenschönhausen seit dem Jahre 1905. Eine Gabe zum Erntedankfest am 5. Oktober 1924* (= HOHENSCHOENHAUSENIANA III.), Berlin-Hohenschönhausen 1924.

Julius Kurth, *Die Kirche von Hohenschönhausen vor und nach der Reformation. Eine Festgabe zum Lutherjubiläum* (= HOHENSCHOENHAUSENIANA II.), Berlin-Hohenschönhausen 1917.

Julius Kurth, *Die Kirchenglocken von Berlin-Hohenschönhausen* (= HOHENSCHOENHAUSENIANA I.), Berlin-Hohenschönhausen 1917.

Julius Kurth, *Die Schicksale des Altarschreines von Berlin-Hohenschönhausen*, in: Brandenburgia 34 (1925), S. 45–52.

Annemarie Lange, *Berlin in der Weimarer Republik*, Berlin 1987.

Annemarie Lange, *Das Wilhelminische Berlin. Zwischen Jahrhundertwende und Novemberrevolution*, Berlin 1967.
Leopold von Ledebur, *Beitrag zur Glockenkunde der Mittelmark*, in: Märkische Forschungen, Bd. 6, Berlin 1858, S. 122–146.
Leopold von Ledebur, *Die Kalands-Verbrüderungen in den Landen Sächsischen Volks-Stammes mit besonderer Rücksicht auf die Mark Brandenburg*, in: Märkische Forschungen, Bd. 4, Berlin 1850, S. 7–76.
Wolfgang Leonhard, *Die Revolution entläßt ihre Kinder*, Leipzig 1990.

Märkisches Heimatbuch. Eine Einführung in Geologie, Botanik, Vogelkunde, Naturdenkmalkunde, Vorgeschichte, Geschichte und Volkskunde der Mark Brandenburg für die Hand des Lehrers und des Heimatfreundes, hrsg. von der Staatlichen Stelle für Naturdenkmalpflege in Preußen, Neudamm 1935, S. 309–330.
Ingo Materna [Leiter eines Autorenkollektivs], *Geschichte Berlins von den Anfängen bis 1945*, Berlin 1987.
Ingo Materna/Wolfgang Ribbe (Hrsg.), *Brandenburgische Geschichte*, Berlin 1994.
Bernhard Matz, *Methodische Fragen der Siedlungsarchäologie erläutert am Beispiel der ur- und frühgeschichtlichen Besiedlung von Teilen des Berliner Stadtgebietes*, in: Ausgrabungen und Funde 26 (1981), H. 6, S. 268–274.
Hans Maur, *Antifaschistische Agitationsmedaillen in Berlin*, in: Beiträge zur Geschichte der Berliner Arbeiterbewegung (1979), H. 10.
Gustav Metscher, *Aus alten Tagen. Kulturhistorische Skizzen* (= Märkische Heimatbücherei, H. 1), Eberswalde 1922.
Edina Meyer, *Paul Mebes. Miethausbau in Berlin 1906–1938*, Berlin 1972.
Otto Monke, *Laufschmieden im Nieder-Barnim*, in: Brandenburgia 18 (1909/10), S. 109.
Hans-Heinrich Müller, *Domänen und Domänenpächter in Brandenburg-Preußen im 18. Jahrhundert*, in: Jahrbuch für Wirtschaftsgeschichte, T. 4, Berlin 1965, S. 152–192.
Eckhard Müller-Mertens, *Die Entstehung Berlins. Die mittelalterliche Stadt*, in: Ingo Materna [Leiter eines Autorenkollektivs], *Geschichte Berlins von den Anfängen bis 1945*, Berlin 1987, S. 49–154.
Eckhard Müller-Mertens, *Hufenbauern und Herrschaftsverhältnisse in den brandenburgischen Dörfern nach dem Landbuch Karls IV. von 1375*, in: Wissenschaftliche Zeitschrift der Humboldt-Universität zu Berlin, Gesellschafts- und sprachwissenschaftliche Reihe 1 (1951/52), H. 1, S. 35–79.
Eckhard Müller-Mertens, *Tile Wardenberg – Schlüsselfigur der Berliner Geschichte 1363–1382. Porträt, politische Szene, historisches Verhältnis*, in: Jahrbuch für Geschichte 35 (1987), S. 59–92.
Eckhard Müller-Mertens, *Untersuchungen zur Geschichte der brandenburgischen Städte im Mittelalter (III u. IV)*, in: Wissenschaftliche Zeitschrift der Humboldt-Universität zu Berlin, Gesellschafts- und sprachwissenschaftliche Reihe 6 (1956/57), H. 1, S. 1–27.

Karl Nasch, *Die Berliner Rieselfelder. Städtischer Eigenbetrieb und Kleinverpachtung. Eine Untersuchung ihrer privat- und volkswirtschaftlichen Bedeutung*, Berlin 1916.
Nicht länger geheim. Zum unheilsamen Wirken und zur Liquidierung der Staatssicherheit, Berlin [1992].
Günter Nitschke, *Anmerkungen und Erläuterungen zu den Straßen und Straßennamen im*

Stadtbezirk Berlin-Hohenschönhausen (= Beiträge zur Geschichte Hohenschönhausens, H. 1), Berlin-Hohenschönhausen 1988.
Günter Nitschke, *Aus Malchows ältester Vergangenheit. 13. bis 15. Jahrhundert*, Berlin-Weißensee 1959.
Günter Nitschke, *Das Bauernlegen in Malchow*, Berlin-Weißensee 1960.
Günter Nitschke, *Malchow nach dem Dreißigjährigen Kriege*, Berlin-Weißensee 1961.
Günter Nitschke, *Die Weißenseer Arbeiterbewegung im Kaiserreich*, Berlin-Weißensee 1957.
Günter Nitschke, *Die Entwicklung der örtlichen Arbeiterbewegung in Weißensee von den Gründerjahren bis zum Ausgang des 19. Jahrhunderts*, T. 1: *Die Anfänge 1872 bis 1878*, T. 2: *Unter dem Sozialistengesetz*, Berlin-Weißensee 1970.
Günter Nitschke, *Der revolutionäre Kampf der Arbeiter in Weißensee und Hohenschönhausen 1917/1919*, Berlin-Weißensee 1965.
Günter Nitschke, *Der revolutionäre Kampf der Arbeiter in Weißensee und Hohenschönhausen von der Großen Sozialistischen Oktoberrevolution bis zur Niederlage der deutschen Arbeiterklasse in der Novemberrevolution*, Berlin-Weißensee 1965.
Günter Nitschke, *Der Arbeiterbezirk Berlin-Weißensee während der revolutionären Nachkriegskrise 1919/1923*, T. 1 und 2, Berlin-Weißensee 1966.

Alste Oncken, *Friedrich Gilly 1772–1800*, Berlin 1935.
Hans Ostwald, *Sittengeschichte der Inflation. Ein Kulturdokument aus den Jahren der Inflation*, Berlin 1931.

Parzelle. Laube. Kolonie. Kleingärten zwischen 1880 und 1930, Texte und Bilder zur Ausstellung im Museum »Berliner Arbeiterleben um 1900«, Berlin 1988/89.
Alfred Peter, *Die Schutzheiligen im Barnim und Teltow*, in: *Jahrbuch für Brandenburgische Kirchengeschichte* 25 (1930), S. 14–32.
Renate Petras/Ernst Oskar Petras, *Alte Berliner Dorfkirchen. Die Zeichnungen Heinrich Wohlers*, Berlin 1988.
Martin Pfannschmidt, *Geschichte der Berliner Vororte Buch und Karow*, Berlin 1927.
Otto Pniower, *Kirchliche Plastik im Märkischen Museum*, in: *Velhagen und Klasings Monatshefte* 37 (1922/23), H. 1.
Kurt Pomplun, *Berlins alte Dorfkirchen* (= Berliner Reminiszenzen 38), 4. Aufl., Berlin 1973.

Hans-Jürgen Rach, *Die Dörfer in Berlin. Ein Handbuch der ehemaligen Landgemeinden im Stadtgebiet von Berlin*, Berlin 1988.
Axel Reibe, *Kommunalpolitik an einem schwierigen Ort. Die acht Bezirke von Berlin nach 1945*, in: *Berlin in Geschichte und Gegenwart, Jahrbuch des Landesarchivs Berlin 1991*, S. 175–242.
Axel Reibe, *Reinickendorf* [= Wolfgang Ribbe (Hrsg.), Geschichte der Berliner Verwaltungsbezirke, Bd. 4], Berlin 1988.
Wolfgang Ribbe (Hrsg.), *Geschichte Berlins*, Bd. 1: *Von der Frühgeschichte bis zur Industrialisierung*; Bd. 2: *Von der Märzrevolution bis zur Gegenwart*, München 1987.
Wolfgang Ribbe, *Der 17. Juni 1953 in Berlin. Vorgeschichte, Verlauf und politische Folgen*, in: *Berlin. 17. Juni 1953. Eine Ausstellung des Landesarchivs Berlin, 17. Juni bis 15. Dezember 1993*, Berlin 1993, S. 7–103.

Wolfgang Ribbe, *Zur städteräumlichen Entwicklung Berlins. Stadtkern und Außenbezirke vor und nach der Eingemeindung von 1920*, in: *Stadtkern und Stadtteile* (= Stadt in der Geschichte. Veröffentlichungen des Südwestdeutschen Arbeitskreises für Stadtgeschichtsforschung, Bd. 17), Sigmaringen 1991, S. 89–103.
Wolfgang Ribbe/Jürgen Schmädeke, *Kleine Berlin-Geschichte*, Berlin 1994.
Adolph Friedrich Riedel, *Von dem Unterschiede zwischen den beschlossenen und unbeschlossenen Geschlechtern der Brandenburgischen Ritterschaft*, in: *Märkische Forschungen*, Bd. 1, Berlin 1841, S. 266–289.
Hans Joachim Rieseberg, *Mühlen in Berlin*, Katalog zur Ausstellung in der Domäne Dahlem, Berlin 1983.
Martin Riesenhuber, *Das Licht verlöschte nicht. Ein Zeugnis aus der Nacht des Faschismus. Predigten*, Berlin 1983.
Bärbel Ruben, *Marie Elisabeth von Humboldt (1741–1796). Spurensuche in Falkenberg. Begleitmaterial zur Sonderausstellung des Heimatmuseums Hohenschönhausen, 19. November 1993 bis 31. März 1994* (= Berliner Manuskripte zur Alexander-von-Humboldt-Forschung, H. 7), Berlin 1993.

F. von Salpius, *Paul von Fuchs, ein brandenburgisch-preußischer Staatsmann vor zweihundert Jahren*, Leipzig 1877.
Hermann Schall, *Der Name Oranke-See*, in: *Märkische Heimat* 6 (1962), H. 2, S. 160–166.
Rudolf Schmidt, *Das Geschlecht derer von Barfuß*, Freienwalde 1912.
Rudolf Schmidt, *Märkische Wassergeister*, in: *Brandenburgia* 25 (1917), S. 145–171.
Robert Scholz, *Ein unruhiges Jahrzehnt: Lebensmittelunruhen, Massenstreiks und Arbeitslosenkrawalle in Berlin 1914–1923*, in: Manfred Gailus (Hrsg.), *Pöbelexzesse und Volkstumulte in Berlin. Zur Sozialgeschichte der Straße (1830–1980)*, Berlin 1984, S. 79–123.
Friedrich Schorlemmer, *DDR kaputt*, in: Helmut Fensch (Hrsg.), *Olle DDR. Eine Welt von gestern*, Berlin 1990.
H. Schulze-Besse, *Aus der Geschichte des Berliner Brauwesens und seiner Braumeister*, Berlin 1927.
Gerd Sellenthin, *Geschichte der Juden in Berlin und des Gebäudes Fasanenstraße 79/80. Festschrift anläßlich der Einweihung des Jüdischen Gemeindehauses*, hrsg. vom Vorstand der Jüdischen Gemeinde zu Berlin, Berlin 1959.
Heinz Seyer, *Berlin im Mittelalter. Die Entstehung der mittelalterlichen Stadt*, Berlin 1987.
Heinz Seyer, *Zur Besiedlung Berlins in den Jahrhunderten vor Beginn u. Z.*, in: *Zeitschrift für Archäologie* 17 (1983), S. 39–46.
Rosemarie Seyer, *Zur Besiedlung Berlins in der Kaiser- und Völkerwanderungszeit*, in: *Zeitschrift für Archäologie* 17 (1983), S. 195–203.
Der Stalinismus in der KPD und SED – Wurzeln, Wirkungen, Folgen, hrsg. von der Historischen Kommission beim Parteivorstand der PDS, Berlin 1991.

Karl Themel, *Die Entstehung der Kirchenkreise in der evangelischen Kirche Berlin-Brandenburg*, in: *Jahrbuch für brandenburgische Landesgeschichte* 22 (1971), S. 11–34.
Ingrid Thienel, *Städtewachstum im Industrialisierungsprozeß des 19. Jahrhunderts* (=

Veröffentlichungen der Historischen Kommission zu Berlin, Bd. 39), Berlin 1973.

Paul Torge, *Rings um die alten Mauern Berlins. Historische Spaziergänge durch die Vororte der Reichshauptstadt*, Berlin 1939.

Walter C. Türck, *Die Dorfkirchen von Berlin*, Berlin 1950.

Klaus Vetter, *Kurmärkischer Adel und preussische Reformen*, Weimar 1979.

1945. Wie Weißensee aus Ruinen auferstand. Zu Ehren des 20. Jahrestages der Befreiung, Berlin-Weißensee [1965].

Folkwin Wendland, *Berlins Gärten und Parke von der Gründung der Stadt bis zum ausgehenden neunzehnten Jahrhundert*, Frankfurt a.M.-Berlin-Wien 1979.

Walter Wendland, *Siebenhundert Jahre Kirchengeschichte Berlins* (= Berlinische Forschungen, Bd. 3), Berlin-Leipzig 1930.

Antifaschistischer Widerstand in Berlin-Weißensee 1933 bis 1945. Erinnerungen, Berichte, Biographien, hrsg. vom Komitee der Antifaschistischen Widerstandskämpfer der DDR Berlin-Weißensee, Berlin 1988.

Ralph Wiener, *Als das Lachen tödlich war. Erinnerungen und Fakten 1933–1945*, 2. Aufl., Rudolstadt 1989.

Alexander Wilde, *Republikfeindschaft in der Berliner Bevölkerung und der Wandel der kommunalen Selbstverwaltung um 1931*, in: Otto Büsch (Hrsg.), *Beiträge zur Geschichte der Berliner Demokratie 1919–1933/1945–1985* (= Einzelveröffentlichungen der Historischen Kommission zu Berlin, Bd. 65), Berlin 1988, S. 107–142.

Fritz Wilke, *Über wenigem getreu*, Berlin 1964.

Wolfgang Wippermann, *Die Berliner Gruppe Baum und der jüdische Widerstand* (= Beiträge zum Thema Widerstand, 19), Berlin 1981.

Wolfgang Wippermann, *Die Verfolgung der Juden in Berlin. Einige kritische und konzeptionelle Überlegungen über eine Geschichte der Berliner Juden in der NS-Zeit*, in: *Heinrich Grüber und die Folgen, Beiträge des Symposiums am 25. Juni 1991 in der Jesus-Kirche zu Berlin-Kaulsdorf* (= Hellersdorfer Heimathefte, Nr. 1), Berlin-Hellersdorf 1991.

Wolfgang Wippermann, *Nationalsozialistische Zwangslager in Berlin II. Das »Arbeitserziehungslager« Wuhlheide*, in: Wolfgang Ribbe (Hrsg.), *Berlin-Forschungen II* (= Einzelveröffentlichungen der Historischen Kommission zu Berlin, Bd. 61), Berlin 1987, S. 179–188.

Wolfgang Wippermann, *Steinerne Zeugen. Stätten der Judenverfolgung in Berlin*, Berlin 1982.

Alfred Zimm, *Berlin und sein Umland. Eine geographische Monographie*, Gotha 1989.

Lotte Zumpe, *Die Entwicklung der Arbeitslosigkeit in Berlin 1932 bis 1935 und die Maßnahmen zu ihrer Verringerung (Vom »Papen-Plan« bis zum »Göring-Plan«)*, in: *Sonderband des Jahrbuchs für Wirtschaftsgeschichte*, Berlin 1986, S. 169–208.

Personenregister

Beide Register beziehen sich ausschließlich auf den Text, nicht auf die Anmerkungen und die Bildlegenden. Vom heutigen Sprachgebrauch abweichende Schreibweisen in den Quellen sind kursiv gesetzt.

Adam, Hans 45
Aken, Johannes 34
–, Michael 37
Albrecht der Bär, Markgraf von Brandenburg 22
Arndt, Friedrich 89f.
–, Fritz 152, 155
Aronstein, Victor 119f.

Barfuß (Barut[h]), Bernd Heinrich von 45, 48
–, Coppe von 34
–, Christoph von 39, 43
–, Dietlof von 45
–, Familie von 34, 38, 42f., 46f.
–, Georg von 41, 45
–, Jacob von 38f.
–, Joachim Valentin von 46
–, Johannes von 34
–, Jürgen von 42
–, Otto von 43, 45
–, Sigmundt von 43
Becher, Johannes R. 135
Becker, Paul 130, 136, 147f.
Beeren, Tyle von 36
Beerfelde, Christoph von 42
–, Familie von 38f., 47
Behrens, Heinz Ulrich 119
Berendt, Ernst jr. 116
Berg, Gustav 57
Bernhardus de Wardenberge 31
Beseler, Dieter 154
Billerbeck, Heinrich 26
Bismarck-Schönhausen, Otto Fürst von 108
Blankenfelde, Familie 32, 34
–, Peter 31
Böttcher, Adolf 109
–, Helmut 152
Bogdan, Herbert 119

Bolatzky, Emil 130
Bottstein, Max 118
Büsching, Anton Friedrich 58f.

Christian Ludwig, Markgraf von Brandenburg 51
Conradus de Schonenhusen 26
Conti, Leonardo 112

Dathe, Brunhild 17
Degner, Gustav 136
Donewitz, Merten 38
–, Paschen 38
–, Peter 38

Ebersbach, Adam 61
–, Familie 61
Emmerich, Paul 103, 106

Falkenberg, Hasse von 34
Festenberg, Nathan 118
Fidicin, Ernst 37
Fischer, Ernst 99
Flügge, Henning 34
Fontane, Theodor 50, 70
Franke, Wilfried 168
Frankenstein, Wolfgang 156
Friedrich III./I., Kurfürst von Brandenburg, König in Preußen 48, 50
Friedrich II. (der Große), König von Preußen 47, 57
Friedrich Wilhelm (der Große Kurfürst) 47
Friedrich Wilhelm I. (Soldatenkönig), König in Preußen 51f., 54
Fröhlich, Willi 152
Fuchs, Paul Freiherr von 48f.

Gerstel, Gustav 139
Giertz, Alexander 24, 30f.

Glienicke, Hans 38
Goebbels, Joseph 109
Gorbatschow, Michail S. 170
Gröben, Hans von der 34, 37, 42
–, Heinrich von der 34, 37, 42
Gröpler, Franz 120
Grosse-Leege, Julius 82
Großmann, Harry 130, 133, 136f., 147
Grotewohl, Otto 159

Hanß Robell s. Röbel, Hans von
Heiden-Heinrich, W. 101
Heike, Richard 88, 124f., 138, 143
Herbert, Ulrich 125
Heym, Stefan 172
Hildebrandt, Elsa 119
–, Otto 119
Hirschner, Margarete 126
–, Wilhelm 126
Hitler, Adolf 99, 108, 112, 115, 127
Hobrecht, James 72
Holtzendorf, Mentze von 37
Honecker, Erich 166, 170f.
Hornung, Arthur 139
Huge, Hans 32
Humboldt, Alexander von 48, 61
–, Alexander-Georg von 61
–, Marie-Elisabeth von 48, 61f.
–, Wilhelm von 48, 61

Jänicke (Gastwirt) 92
Jahn, Lampertus 39
Jakowlew (Sowjetischer Oberstleutnant) 129
Jarszinski, Fritz 130
Jessen, Uwe-Detlev 158
Joachim II., Kurfürst und Markgraf von Brandenburg 41
Johann Georg, Kurfürst und Markgraf von Brandenburg 41
Johann I. [Hans von Küstrin], Markgraf in Brandenburg-Küstrin 40

Karius, Otto 138
Karl IV., Deutscher König, Kaiser des Heiligen Römischen Reiches 26
Kaszewski, Jacob 130

Katharina von Alexandria, Schutzheilige der Philosophen 30f.
Katharina von Siena, Mystikerin 31
Kaufmann, Georg 147
Keßler, Michael 40
Kilian, Fritz 138
Klemt, Georg 126
Knappe, Max 130, 140-143
Koenig, Paul 84f., 94
Kremp, Willi 130
Krenzlin, Anneliese 28, 36
Kurth, Julius 31
Kuß (Gastwirt) 92

Lange, Eugen 118
–, Urban 58
Langrock, Karl 119
Lemke, Karl 16, 107
–, Martha 16, 107
Leonhard, Wolfgang 140
Leß, Heinrich 130
Lindicke (Gastwirt) 92
Löben, Joachim Sigmundt von 46

Marquardt, Erwin 135
Mebes, Ilse 106
–, Paul 103, 106
Michaelis, Johann Heinrich 49f.
Mies van der Rohe, Ludwig 16, 103, 107
Mildenhoff, Jan 31f.

Neander, Gottfried 49
Nicolai, Friedrich 51
Nikolajewa, Galina 158
Noske, Gustav 95
Nüßler, Karl Gottlob von 53

Oncken, Alste 62
Oppelt, Karl-Heinz 158
Otto [V. von Wittelsbach] der Faule, Markgraf von Brandenburg 34

Paris, Ronald 156
Patent, Georgi I. 135
Peter, Alfred 27
Pfaffenberg, Erich 109

Pfannkuch, Emil 98
Pieck, Arthur 136
–, Wilhelm 159
Pirtschenkov (Sowjetischer Major) 130
Podewils, Otto Christoph Graf von 53
Porst, Johann 49f.
Praefke, Gustav 130
Prey, Hermann 135
Puchmüller, Gerhard 82, 86
Putlitz, Joachim 46

Rathenow, Jacob 29
Reichelt, Oskar 90
Reimann, Wilhelm 148
Rieger, Ernst 95
Rochow, Familie von 29, 42
–, Johann von 27
–, Wichard von 29
Röbel (*Robell*), Christian Dietrich von 43
–, Christian Friedrich von 61
–, Familie von 38, 42, 47
–, Georg von 39
–, Hans (*Hanß*) von 36f.
–, Hans Christoph von 42f., 45, 47
–, Hans Dietrich von 45
–, Joachim von 42
–, Tamme von 37
–, Wolf (*Wulf*) von 42f.
Röhricht, Wolf 106
Rosenberger, Magda 130

Sakowski, Helmut 158
Salpius, F. von 50
Scharnweber, Christian Friedrich 65, 68, 70
–, Georg 68, 82
–, Manon 82
Schauß, Heinz 17
Schinkel, Karl Friedrich 67
Schlaberndorf, Simon 39
Schmidt, Otto 124
–, Otto L. 139
Schorlemmer, Friedrich 164
Schröder, Christian 45
Schrödter, Hedwig 119

–, Otto 119
Schroth, Christoph 158
Schultze, Robert 88
Seidel, Erasmus 46
Seydel, Andreas Erasmus von 62
–, Familie von 62
Seyer, Heinz 21
Shukow, Georgi K. 129
Simon, Heinrich 54
–, Paul Ludwig 62
Sitnik (Sowjetischer Major) 141f.
Sophie Charlotte, Kurfürstin von Brandenburg, Königin in Preußen 50
Stadthagen, Arthur 90, 94
Stalin, Jossif W. [Dschugaschwili] 136, 152
Steffen, Kurt 147
Stolper, Arnim 158
Suermondt, Henry 82

Taut, Bruno 103
Thieme, Gerhard 168
Thümen (*Thums*), Panthel 43
Tischendorf, Oswald 95, 98
Trajan [Marcus Ulpius Trajanus], Römischer Kaiser 20
Trinkaus (Gastwirt) 92

Uhlendorf, Max 138f.
Ulbricht, Walter 140, 159, 162
Ulrici, Johann George 53

Vahlberg, Richard 109, 111
Virchow, Rudolf 72
Vogel, Emil 116
Vorberg, Hans 46
Voß, Familie von 65
–, Grafen von 68
–, Otto Karl Friedrich von 64

Wählisch, Richard 124, 139
Wagner, Richard 108
Wallenstein, Albrecht Wenzeslaus Eusebius 43
Walter, H. 130
Wardenberg, Tyle 29

Wartenberg, Fritz 109, 111
Weinstock, Alfons 118
Welle, Ludwig 54
Wendland, Winfried 33
Wiener, Robert 130
Willibrord, Bischof von Utrecht 28
Wilß (Müllermeister) 72
Windisch, Hermann 139
Wins, Familie 37, 39

–, Martin 37
–, Valentin 37
Wissell, Rudolf 95
Wohlers, Heinrich 24
Wredig (Müllermeister) 55
Wulf Robell s. Röbel, Wolf von

Zeuge, Harry 130
Zickelbein, Horst 156

Ortsregister

Ahlbeck 101
Ahrensfelde 53, 55, 86
Ahrensfelder Chaussee 106, 128
Ahrensfeldisches Feld 36
Alexanderplatz 83, 168
Alta Schonehusen s. Hohenschönhausen
Alt-Hohenschönhausen (s. auch Hohenschönhausen) 12
Altmark (s. auch Brandenburg-Mark) 31, 36
Am Berl (Feuchtgebiet) 15
Amt Mühlenhof s. Mühlenhof (Amt)
Amt Niederschönhausen s. Niederschön hausen-Amt
Antonplatz 160
Arendsweg 12
Arnimstraße 123
Auschwitz 120

Bahnhofstraße 119, 144, 150
Bamberg 30
Barnim 14, 18-25, 27f., 30f., 33, 36f., 41, 43, 45-47, 54, 65
– Kreis 41
Barnimplatte 19
Barzelow 42
Bassa Schonhusen s. Niederschönhausen
Beelitz 37
Belgien 124
Berkholz 37
Berlin (s. auch Groß-Berlin) 9, 13-16, 18-20, 23f., 26, 29, 31f., 34, 36-40, 43, 45-48, 50, 53-55, 59, 61f., 64f., 67-70, 72, 74, 77, 80-84, 87-92, 94-101, 105, 107, 109f., 112f., 115-117, 119-128, 134, 136, 138-140, 145, 149, 151, 153, 155, 165, 168f., 171-173
– Biesdorf s. Biesdorf
– Blankenburg s. Blankenburg
– Buchholz s. Buchholz
– Charlottenburg s. Charlottenburg
– Cölln s. Cölln
– Dahlem s. Dahlem
– Falkenberg s. Falkenberg
– Friedrichsfelde s. Friedrichsfelde
– Friedrichshagen s. Friedrichshagen
– Friedrichshain s. Friedrichshain
– Heinersdorf s. Heinersdorf
– Hellersdorf s. Hellersdorf
– Hohenschönhausen s. Hohenschönhausen
– Karlshorst s. Karlshorst
– Karow s. Karow
– Kaulsdorf s. Kaulsdorf
– Köpenick s. Köpenick
– Lichtenberg s. Lichtenberg
– Malchow s. Malchow
– Marzahn s. Marzahn
– Mitte 14, 134
– Neukölln s. Neukölln
– Ost (s. auch -Ostsektor) 9, 168
– Ostsektor (s. auch -Ost) 149
– Pankow s. Pankow
– Prenzlauer Berg s. Prenzlauer Berg
– Schöneberg s. Schöneberg
– Spandau s. Spandau
– Steglitz s. Steglitz
– Tegel s. Tegel
– Tempelhof s. Tempelhof
– Treptow s. Treptow
– Wannsee s. Wannsee
– Wartenberg s. Wartenberg
– Weißensee s. Weißensee
– West (s. auch -Westsektor[en]) 161f.
– Westsektor(en) (s. auch -West) 149
– Wilmersdorf s. Wilmersdorf
Berliner Feld (früher: Blankenburger Feld; s. auch dort) 28, 34
Berliner Straße (heute: Konrad-Wolf-Straße; s. auch dort) 72, 83, 86, 88, 95, 100, 103, 118f., 150, 165
Berliner Weg 81
Bernau (*Bernov*) 38, 44f., 51, 53, 80, 89
– Landkreis 16
Bernov s. Bernau

Biesdorf 18, 60
Biesterfelder Straße 113
Birkenwerder 105
Bistum Brandenburg s. Brandenburg-Bistum
Bitterfeld 156
Blankenburg 21f., 48, 55
Blankenburger Feld (später: Berliner Feld; s. auch dort) 34
Brandenburg 9, 13, 18f., 22, 26, 31, 40, 45, 47f., 54f.
– Bistum 24, 38
– Kurmark 43, 45, 47, 54f.
– Mark 23, 30, 33, 36, 39f., 44, 45, 47, 61
– Provinz 69, 97
Buch 38, 42, 53
– Gut 64
Buchholz 43, 47
Bundesrepublik Deutschland (s. auch Deutsche Demokratische Republik, Deutschland) 164, 172
Bürknersfelde 166
Buschallee 141
Büschingstraße 83

Charlottenburg (früher: Lietzenburg; s. auch dort) 51, 97, 120
Cölln 23, 29, 32, 34, 36f.
Colonie Hohen Schönhausen s. Neu-Hohenschönhausen

Dahlem 84
Darßer Straße 10, 13
DDR s. Deutsche Demokratische Republik
Degnerstraße 16, 84f., 100, 150-152, 166
Deutsche Demokratische Republik (DDR; s. auch Bundesrepublik Deutschland, Deutschland) 146, 149, 151, 153f., 158, 163-166, 168, 170, 172f.
Deutschland (s. auch Bundesrepublik Deutschland, Deutsche Demokratische Republik) 10, 16, 40, 87, 98, 107, 110, 122, 142, 147

Dingelstädter Straße 103, 105, 109
Dorfstraße (später: Hauptstraße; s. auch dort) 14, 58, 67f.
Dorfstraße (Malchow) 163

Eggersdorf (*Eggerstorff*) 42
Elbe 22
Elspfuhl (s. auch Obersee) 87

Falkenberg (*Valkenberch, Valkenberg*) 13-16, 34, 36f., 39, 41-43, 45-48, 51f., 54, 57, 61f., 66-70, 72, 77, 79-81, 90f., 94, 96-98, 100, 106, 109, 115, 121, 128, 130, 132-134, 149f., 153f., 168
– Dorf 23, 44, 64, 168
– Feldmark 15
– Gemeinde 9
– Gut 48, 67f., 70, 72
Falkenberger Chaussee 9, 60, 166
Falkenberger Luch 16
Falkenberger Straße 165f.
Falkenhöhe (Kleingartenanlage) 106
Fauler See (Naturschutzgebiet) 51f., 100, 116
Ferdinand-Schultze-Straße 12, 144
Frankfurt (Oder) 166
Frankreich 124
Französisch-Buchholz (s. auch Buchholz) 48
Freienwalder Straße 107, 133, 144, 146, 149-151, 172
Friedland 42
Friedrichsfelde 53, 88
Friedrichsfelder Feld 28
Friedrichsfelder Garten (heute: Tierpark Friedrichsfelde) 51
Friedrichshagen 14
Friedrichshain 14, 134

Gartenstadt (Siedlung) 10, 83, 119, 121
Gärtnerstraße 106, 144
Gehrensee 14, 113
Gehrenseestraße 13, 168
Genslerstraße 124, 139, 143f.
Goeckestraße 14, 125, 138, 150

Grenzpfuhl 52
Grosse-Leege-Straße (früher: Steindamm; s. auch dort) 17, 106, 138, 144, 150, 159f., 165
Groß-Berlin (s. auch Berlin) 54, 96, 98, 109, 159
Gusow 53

Hamburg 25
Hansastraße 9
Hauptstraße (früher: Dorfstraße; s. auch dort) 10, 12, 57, 68, 85, 104, 106, 124, 130, 165f.
Havel 19
Havelberg 27, 33
– Bistum 24
Havelland 22
Heinersdorf 51, 86, 95, 113, 136
Hellersdorf 13f., 19
Hennigsdorf 105
Hertzfelde 42
Heyde-Feld 36
Hoenschonhusen s. Hohenschönhausen
Hoffstraße 124
Hohenschönhausen (*Alta Schonehusen, Hoenschonhusenn, Schonehusen, Schonenhusen*) 9-14, 16-22, 24, 26-30, 36-39, 41-43, 45-47, 50-55, 57-61, 66, 68f., 77, 80f., 83-101, 103-107, 109-113, 115f., 118-128, 130, 132-144, 146f., 149-151, 153, 156, 158-160, 162f., 165f., 168-173
– Dorf 23, 44, 58, 64f., 83
– Feldmark 83
– Gemeinde 9
– Gut 52, 65, 68, 70, 72, 82
– Nord 166
– Süd 10
Hohenschönhauser Straße 13, 15, 83, 124, 150
Hohenschönhauser Weg 166
Hundekehle 84

Indira-Gandhi-Straße 13, 168
Israel 119
Jerichow 28

Kahlenberg 44
Karlshorst 141
Karow (Gut) 64
Käthestraße 143
Kaulsdorf 19
Kirchsee 52
Klement-Gottwald-Allee (heute: Berliner Allee) 160
Kniprodeallee 165
Köln 28
– Erzbistum 27
Konrad-Wolf-Straße (früher: Berliner Straße; s. auch dort) 9f., 12, 118, 122, 140
Köpenick 18, 21, 97
Koskestraße 118
Kranichlake 52
Krebspfuhl 52
Krummensee 45
Krummer Pfuhl (Feuchtgebiet) 15
Kuba 171
Kunersdorf 42
Kurmark Brandenburg s. Brandenburg-Kurmark
Kurze Straße 83
Küstrin 40
Küstriner Straße 103, 124, 146, 151

Land in Sonne (Kleingartenanlage) 106
Landsberger Allee 9, 12, 81, 83, 166
Landsberger Chaussee 12, 60, 103, 106
Landschaftspark Nordost 15
Lebus 41
– Kreis 41
Lemgoer Straße 143
Lichtenauer Straße 124
Lichtenberg 9f., 13f., 82f., 97, 106, 166
Lichtenberger Straße 160, 165
Lietzenburg (später: Charlottenburg; s. auch dort) 50
Lindenberg 53, 55
Lindenberger Feld 34
Lindenweg 16, 141
Lindwerderberg 14, 87

195

Lindwerderlake (s. auch Obersee) 87
Łodz (Litzmannstadt) 120
Lüderitzstraße 118, 139
Lüttich (Bistum) 27

Magdeburg 23, 31
– Erzbistum 29, 34, 36
Malchow (*Malgov*) 10f., 14f., 19f., 24, 33, 36-42, 45-55, 57, 61, 65-70, 77, 79f., 84, 86, 90-92, 94, 96-98, 100, 103, 106f., 109, 113, 115f., 121-124, 128, 130, 132-134, 136, 138, 149f., 152f., 163, 165, 168
– Dorf 23, 33, 42, 44, 49, 64, 69, 168
– Gemeinde 9
– Gut 45, 50f., 68-70, 72, 77
– Schloß 67
– Vorwerk 54f., 68
Malchower Äckerpfuhl 49
Malchower Aue 15
Malchower Chaussee 10, 123, 163
Malchower Feldmark 65
Malchower See 14-16, 18-22, 33, 101, 113
Malchower Weg 10, 72, 103, 113, 166
Malgov s. Malchow
Mannetstraße (früher: Treskowstraße; s. auch dort) 127
Märchenland (Kleingartenanlage) 51, 106
Margaretenhöhe (Siedlung) 10f., 113
Marienaue (Siedlung) 106
Mark Brandenburg s. Brandenburg-Mark
Märkisches Viertel (Hohenschönhausen) 82
Marx-Engels-Platz 162
Marzahn 9f., 13f., 19f., 106
Marzahner Straße 13, 166
Marzahn-Hohenschönhausener Grenzgraben 14
Matenzeile 169
Mitte s. Berlin-Mitte
Mittelmark (s. auch Brandenburg-Mark) 41, 47
Mittelstraße 150
Mögelin 42

Mühlendamm 54
Mühlengrund (Kleingartenanlage) 106
Mühlenhof (Amt) 54f., 69
Mühlenpfuhl 52

Neubrandenburg 166
Neu-Hohenschönhausen (bis 1854: Colonie Hohen Schönhausen; gen. »Hungriger Wolf«) 70, 81, 86, 92f., 165
Neukölln 97
Neu-Malchow (Kleingartenanlage) 106
Neu-Wartenberg s. Siedlung Wartenberg
Neu-Weißensee 86
Niederbarnim 20, 40, 42, 47, 68, 89-91, 94f.
– Kreis 9, 43, 45, 58, 68, 89-92, 94, 96f.
– Landkreis 69
Niedersachsen 24
Niederschönhausen (*Bassa Schonhusen, Nieder Schonhaußen*) 28, 38, 42, 51, 55
– Amt 54, 70
Niles-Siedlung 113
Norddeutschland 19
Nürnberg 134

Oberbarnim 36
Obersee 10, 14, 16, 82, 85, 101, 120
Oberseepark 143
Oberseestraße 16, 107, 141, 143
Oberseeviertel 106, 141
Oder 22
Odertal 19
Orankesee 10, 14, 60, 82, 88, 100f., 115, 134, 142, 165
Orankeseeviertel 106, 141
Orankestraße 110, 151
Ost-Berlin s. Berlin-Ost
Ostsee 101

Pablo-Picasso-Straße 13
Panketal 21
Pankow 17, 109, 136

Paul-Koenig-Straße 103
Perleberg 125
Pistoriusplatz 133
Plauener Straße 166
Polen 22, 122-124
Potsdam 47f.
Predikow 42
Prenzlauer Berg 127, 134, 136
Prerower Platz 12, 169
Preußen 54f., 58, 64, 70, 90
Provinz Brandenburg
   s. Brandenburg-Provinz

Quitzowstraße 103, 119, 121, 124, 126, 150, 156, 160

Regensburg 30
Reichenberger Straße 124, 139
Rheinland 27f.
Rhinstraße 9, 166
Ribnitzer Straße 169
Roedernstraße 85, 100
Rostock 166
Rotkamp 169
Rüdickenstraße 169

Sachsen 44
Sandsee 20
SBZ s. Sowjetische Besatzungszone
Schlangengraben 52
Schleizer Straße 12
Schöneberg 97
Schöneiche 45
Schöneicher Straße 118, 146
Schöneweide 10, 113
Schönhausen 27f.
Schonehusen, Schonenhusen, Schonhusen
   s. Hohenschönhausen
Schwerin 166
Siedlung Hohenschönhausen (gen. »Weiße Taube«), 12, 113
Siedlung Wartenberg (Kleingartenanlage; bis 1948: Neu-Wartenberg) 106
Simon-Bolivar-Straße 10
Sommerstraße 100

Sonnenblume (Laubenkolonie; gen. »Klein-Moskau«) 104
Sowjetische Besatzungszone (SBZ) 142
Sowjetischer Sektor
   s. Berlin-Ostsektor
Sowjetunion (UdSSR) 122f., 135, 140, 143-145, 159, 170
Spandau 97
Spanien 127
Spree 14, 19
Stalinallee (heute: Karl-Marx-Allee, Frankfurter Allee) 159
Steffenstraße 100
Steglitz 82
Steindamm (heute: Grosse-Leege-Straße; s. auch dort) 86
Storkower Straße 166
Straße am Faulen See 135
Straße Berlin-Altlandsberg 70
Stuttgart 40
Suermondtstraße 103, 135, 165

Tassostraße 109
Tegel 88
– Schloß 61
Tegeler Fließ 18
Teltow 21, 23, 25, 27, 30, 37, 54
– Kreis 68, 96f.
– Landkreis 69
Tempelhof 84
Timrat (Israel) 17
Titastraße 103
Trebnitz 38, 42
Treptow 134
Treskowstraße (später: Mannetstraße; s. auch dort) 112, 127

UdSSR s. Sowjetunion
Ungarn 162
Utrecht 28
– Bistum 27

Valkenberch, Valkenberg s. Falkenberg

Waldowsraße 141
Wandlitz 163

Wannsee 18
Warnitzer Straße 169
Wartenberg 14f., 20, 24, 29-32, 36f., 39, 41-43, 45-47, 51-54, 57f., 60-62, 66-69, 80f., 86, 90f., 94, 96-98, 100, 106, 109, 114f., 118, 121-123, 128, 130, 132-134, 152-156, 158f., 163, 168, 170
– Dorf 23, 44, 64, 168
– Feldmark 15f.
– Gemeinde 9
– Gut 64, 68, 70, 72
Wartenberger Feld 28, 34, 36, 65
Wartenberger Luch 15f.
Wartenberger Straße 10, 57f., 103, 106, 166
Wartenberger Weg 77
Waßmannstraße (heute: Mollstraße) 83
Weichsel 20
Weiße Taube s. Siedlung Hohenschönhausen
Weißensee 9, 16f., 51-53, 55, 60, 70, 84, 86, 88-90, 92, 94f., 97-100, 105, 108-113, 116, 118-124, 126f., 129f., 132-136, 138-143, 145-149, 151f., 154, 158-166, 168
– Dorf 49
– Gut 60
Weißenseer Bergholzpfuhl 49
Weißenseer Weg 150
Werneuchener Straße 119, 124, 138f., 146, 150f.
West-Berlin s. Berlin-West
Westfalen 27f.
Westkreuz 9
Westsektor(en)
  s. Berlin-Westsektor(en)
Wien 44
Wiesenhöhe (Kleingartenanlage) 106
Wilhelmsberg (Kolonie) 81, 88, 92, 165
Wilhelmsberger Chaussee 83
Wilmersdorf 97
Wittenberg 31
Wriezener Straße 118, 124
Wuhle 14
Wuhlheide 125f.

Abbildungsnachweis

Schwabenflugbild Dombühl, S. 9.
Brandenburgisches Landeshauptarchiv Potsdam, S. 27.
Geheimes Staatsarchiv Preußischer Kulturbesitz, S. 32.
Georg Krause, S. 11, 12, 15, 17, 49, 57, 66, 67, 141, 145, 167, 169, Umschlag.
Gustav Berg, *Hohenschönhausener Dingetage*, in: *Berliner Heimat* (1957), H. 2. Nachzeichnung Michael Bock, S. 56.
Paul Torge, *Rings um die alten Mauern Berlins. Historische Spaziergänge durch die Vororte der Reichshauptstadt*, Berlin 1939, S. 59.
Fünfzig Jahre Berliner Stadtentwässerung 1878-1928, Berlin 1928, S. 63, 79, 105.
Heimatmuseum Hohenschönhausen; Repro Georg Krause, S. 35, 44, 69, 73, 74, 77, 78, 83, 85, 87, 89, 93, 102, 107, 113, 114, 115, 117, 121, 127, 156, 157.
Staatsbibliothek zu Berlin Preußischer Kulturbesitz, S. 71.
Hans-Joachim Kretzschmann, *Entwicklung, Bewirtschaftung und Bedeutung der Berliner Stadtgüter* (= Volkswirtschaftliche Studien. Arbeiten aus dem Institut für Volkswirtschaft der Landwirtschaftlichen Hochschule zu Berlin, H. 2), Berlin 1930. Nachzeichnung Michael Bock, S. 75.
Museum im Wasserwerk Friedrichshagen, S. 76.
Privat (Familie Teschner); Repro Hildur Mathias Bernitz, S. 81, 84.
Sammlung Gläser/Heimatmuseum Hohenschönhausen, S. 86.
»Prawda« vom 30. April 1982/Heimatmuseum Hohenschönhausen, S. 129.
Heinz Bergschicker, *Deutsche Chronik 1933-1945. Ein Zeitbild der faschistischen Diktatur*, Berlin 1981, S. 129.
SAPMO-BArch/ZPA 133/73, S. 131.
Neue Berliner Illustrierte (1946), Nr. 34, S. 137.
Kunstsammlung Neubrandenburg; Aufnahme Gabriele Hahn, S. 155.

GESCHICHTE DER BERLINER VERWALTUNGSBEZIRKE
Herausgegeben von Wolfgang Ribbe

Reihe A

Band 1:	**CHARLOTTENBURG**	von Dieter Schütte
Band 2:	**KREUZBERG**	von Heinrich Kaak
Band 3:	**NEUKÖLLN**	von Felix Escher
Band 4:	**REINICKENDORF**	von Axel Reibe
Band 5:	**SCHÖNEBERG**	von Volker Viergutz
Band 6:	**SPANDAU**	von Wolfgang Ribbe
Band 7:	**STEGLITZ**	von Annette Godefroid
Band 8:	**TEMPELHOF**	von Peter Buchholz
Band 9:	**TIERGARTEN**	von Rosemarie Baudisch und Michael S. Cullen
Band 10:	**WEDDING**	von Klaus Dettmer
Band 11:	**WILMERSDORF**	von Hans-Ulrich Kamke und Sigrid Stöckel
Band 12:	**ZEHLENDORF**	von Jürgen Wetzel

COLLOQUIUM VERLAG BERLIN

GESCHICHTE DER BERLINER VERWALTUNGSBEZIRKE

Herausgegeben von Wolfgang Ribbe

Reihe B

Band 13:	**FRIEDRICHSHAIN** von Rosemarie Baudisch und Wolfgang Ribbe
Band 14:	**HELLERSDORF** von André Gaedicke
Band 15:	**HOHENSCHÖNHAUSEN** von Anke Huschner
Band 16:	**KÖPENICK** von Judith Uhlig
Band 17:	**LICHTENBERG** von Andreas Herbst
Band 18:	**MARZAHN** von Daniela Schnitter
Band 19:	**MITTE** von Wolfgang Ribbe
Band 20:	**PANKOW** von Rosemarie Baudisch
Band 21:	**PRENZLAUER BERG** von Petra Grubitzsch
Band 22:	**TREPTOW** von Judith Uhlig
Band 23:	**WEISSENSEE** von Rainer Kubatzki

STAPP VERLAG BERLIN